Dusk Maiden of Amnesia

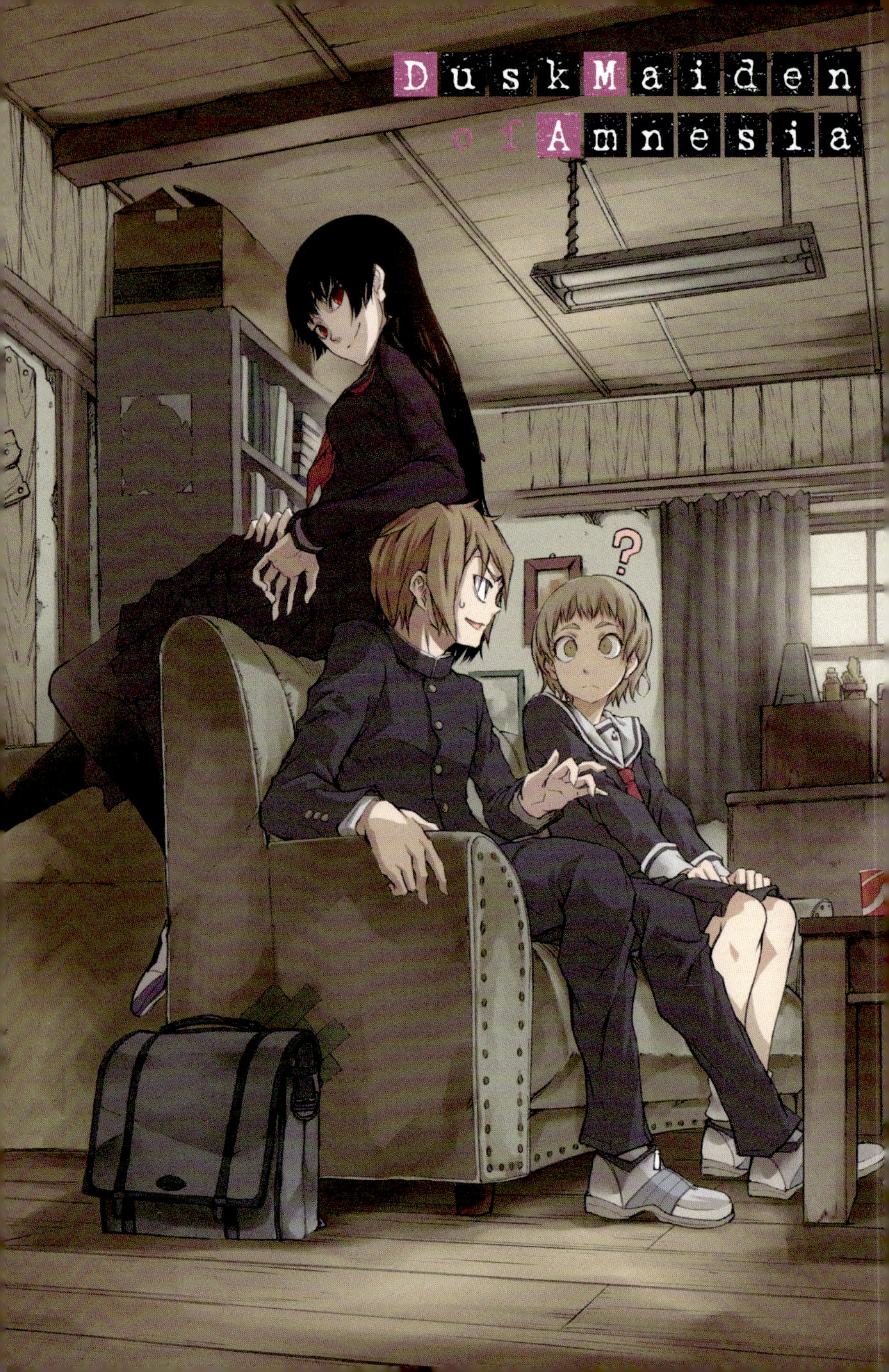
Dusk Maiden
of Amnesia
?

Dusk Maiden

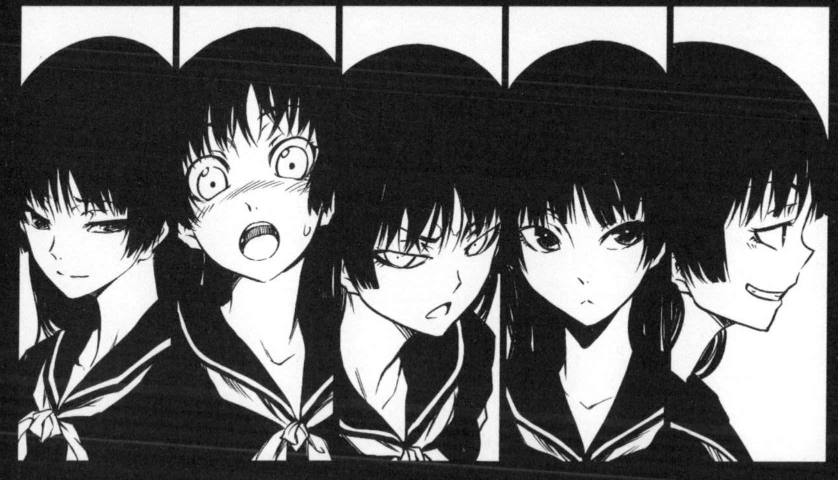

# of Amnesia

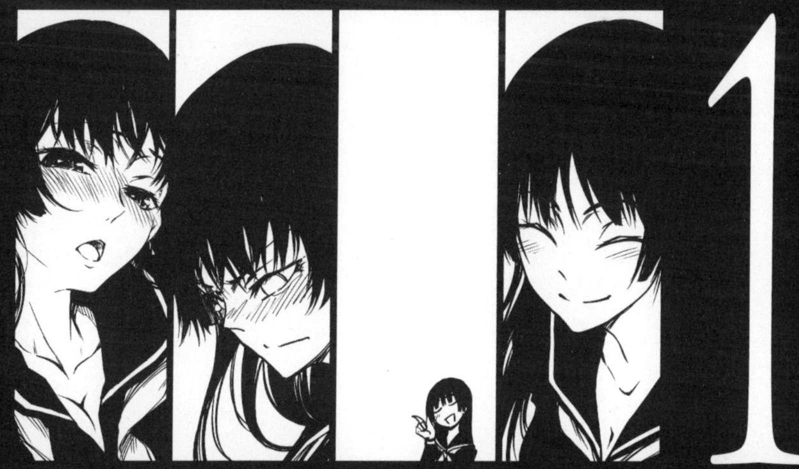

1

MAYBE

Inhalt

„Mädchenherz und Abendhimmel“ und „Spuk 0: Versteck dich vorm Teufel“ bilden eine abgeschlossene Geschichte.

DIE SCHULE WAR AUF VERBOTENEM LAND ERRICHTET WORDEN.

DARAUF LASTETE EIN FLUCH, DER DIE MENSCHEN IN ANGST UND SCHRECKEN VERSETZTE.

UM IHM NICHT ZUM OPFER ZU FALLEN, MUSSTE EIN MENSCHENOPFER DARGEBRACHT WERDEN.

EIN MÄDCHEN WURDE DAFÜR AUSGEWÄHLT.

ES FAND IRGENDWO AUF DEM SCHULGELÄNDE SEIN ENDE.

Mädchenherz und Abendhimmel

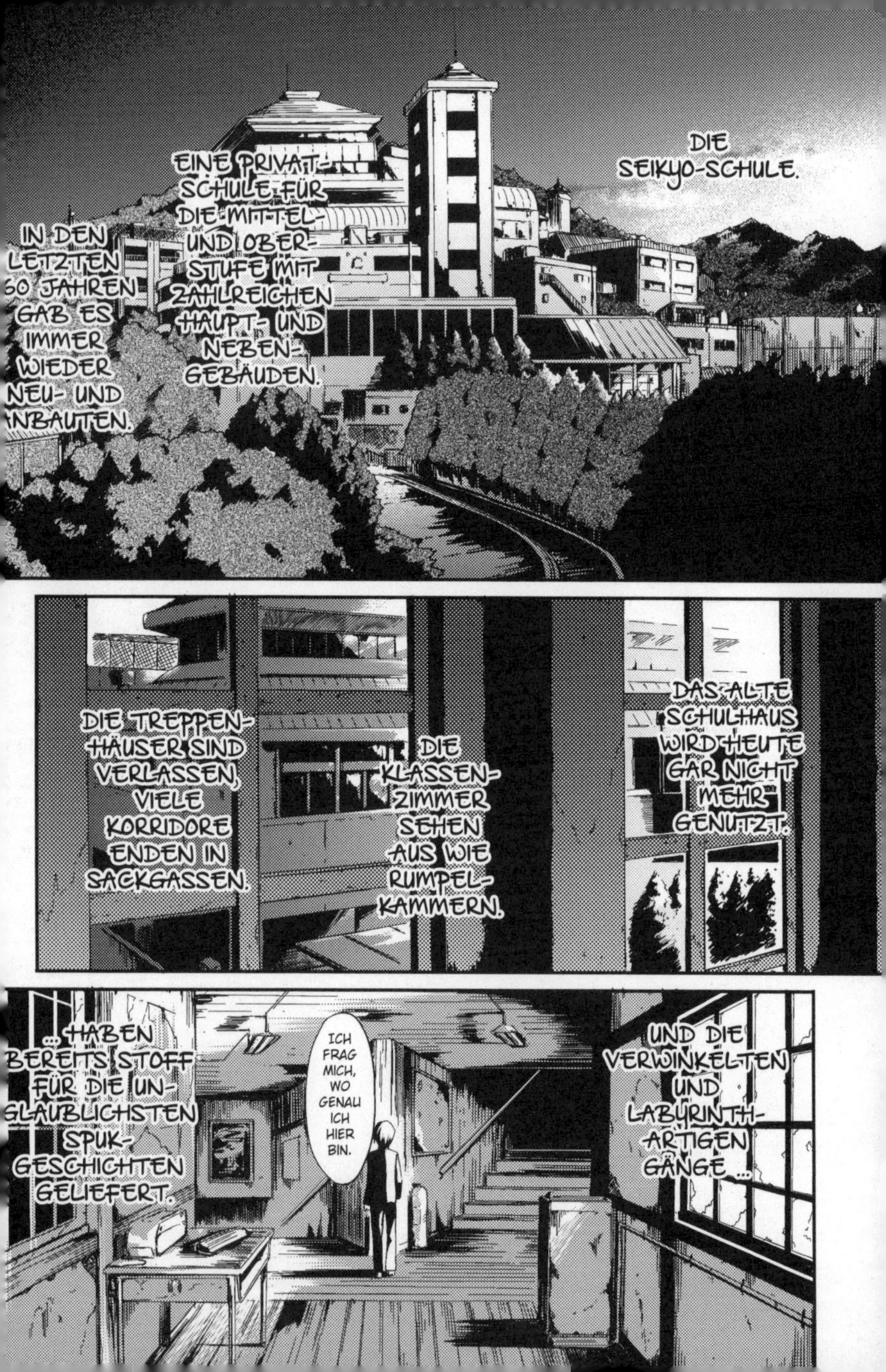

DIE SEIKYO-SCHULE.

EINE PRIVATSCHULE FÜR DIE MITTEL- UND OBERSTUFE MIT ZAHLREICHEN HAUPT- UND NEBENGEBÄUDEN.

IN DEN LETZTEN 60 JAHREN GAB ES IMMER WIEDER NEU- UND NBAUTEN.

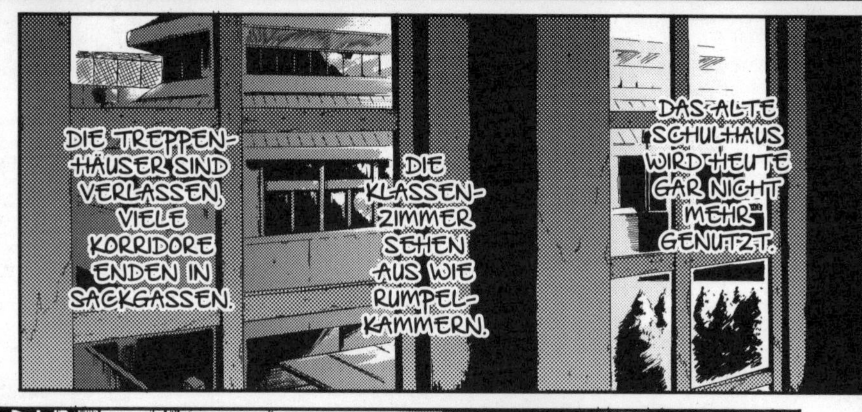

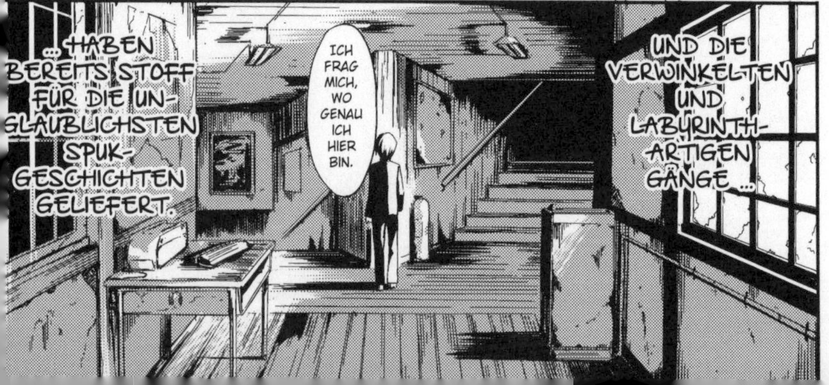

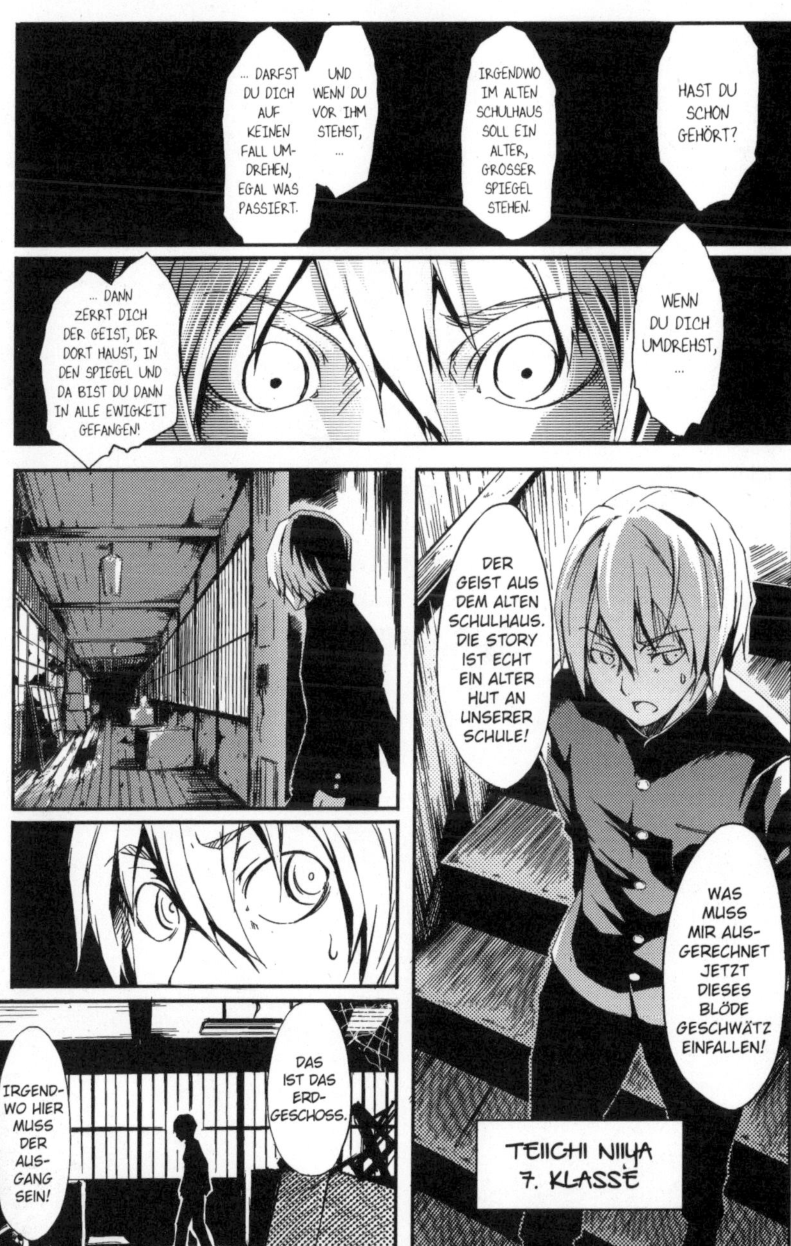
HAST DU SCHON GEHÖRT?
IRGENDWO IM ALTEN SCHULHAUS SOLL EIN ALTER, GROSSER SPIEGEL STEHEN.
UND WENN DU VOR IHM STEHST, ...
... DARFST DU DICH AUF KEINEN FALL UMDREHEN, EGAL WAS PASSIERT.
WENN DU DICH UMDREHST, ...
... DANN ZERRT DICH DER GEIST, DER DORT HAUST, IN DEN SPIEGEL UND DA BIST DU DANN IN ALLE EWIGKEIT GEFANGEN!
DER GEIST AUS DEM ALTEN SCHULHAUS. DIE STORY IST ECHT EIN ALTER HUT AN UNSERER SCHULE!
WAS MUSS MIR AUSGERECHNET JETZT DIESES BLÖDE GESCHWÄTZ EINFALLEN!
TEIICHI NIIYA 7. KLASSE
DAS IST DAS ERDGESCHOSS.
IRGENDWO HIER MUSS DER AUSGANG SEIN!

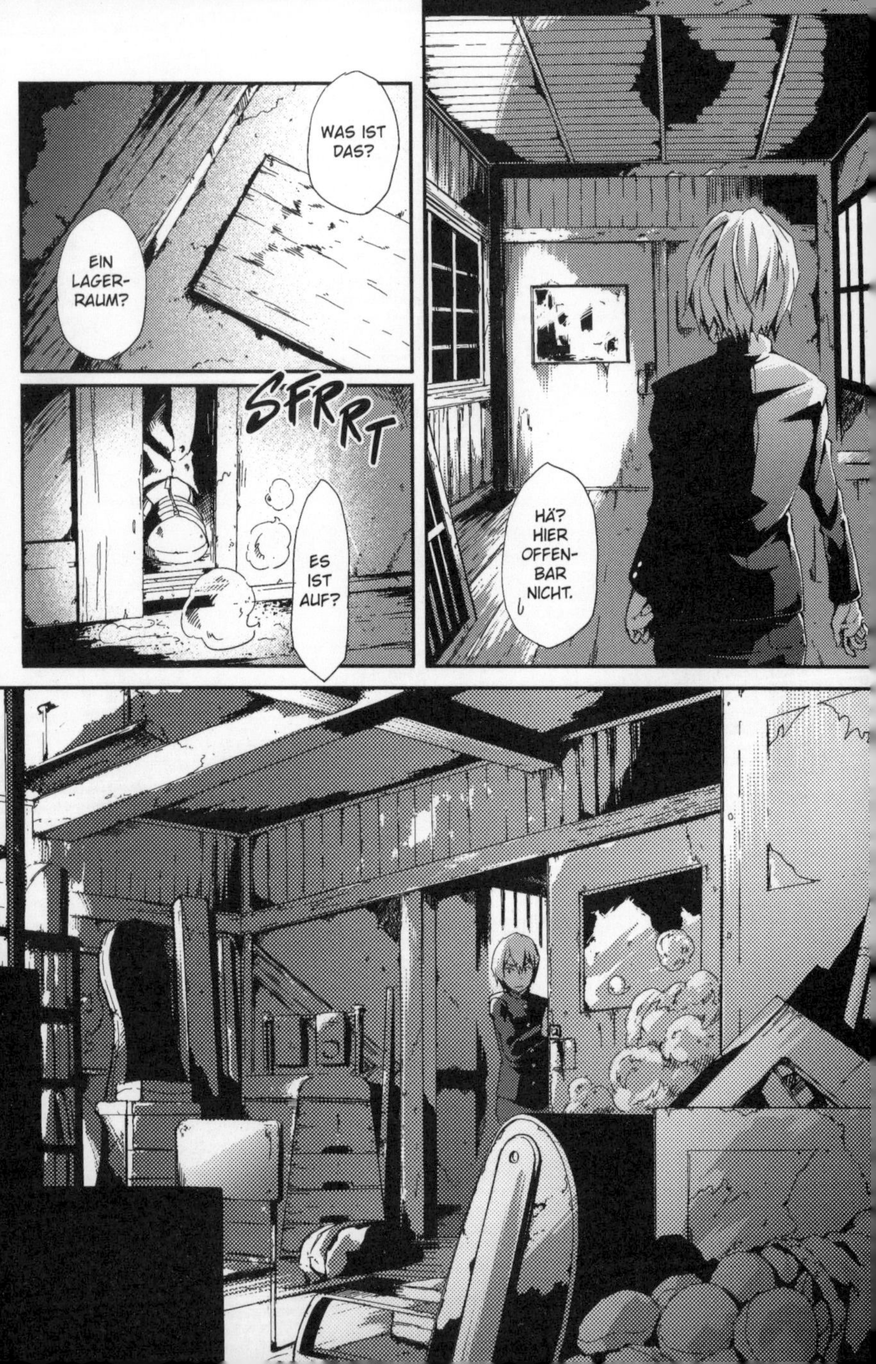

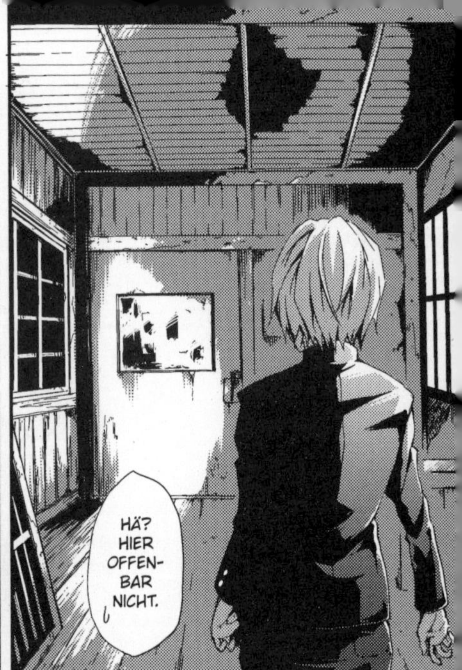
HÄ? HIER OFFENBAR NICHT.

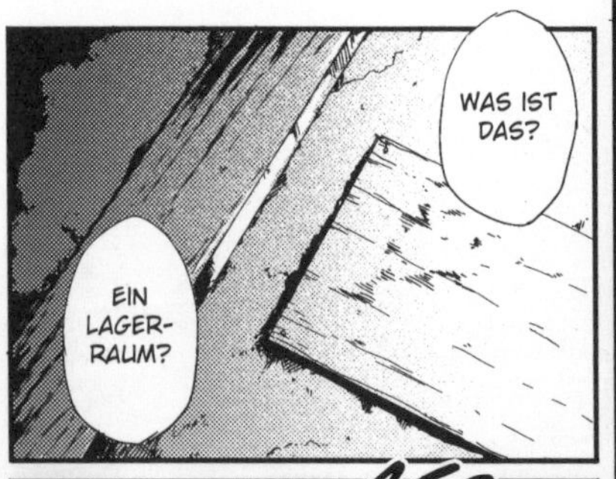
WAS IST DAS?
EIN LAGERRAUM?

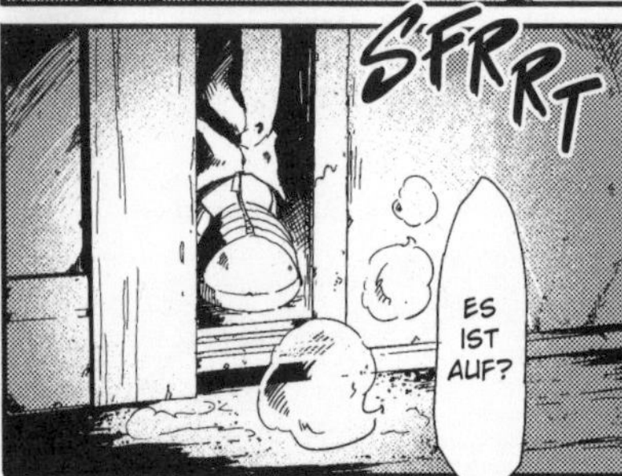
SFRRT
ES IST AUF?

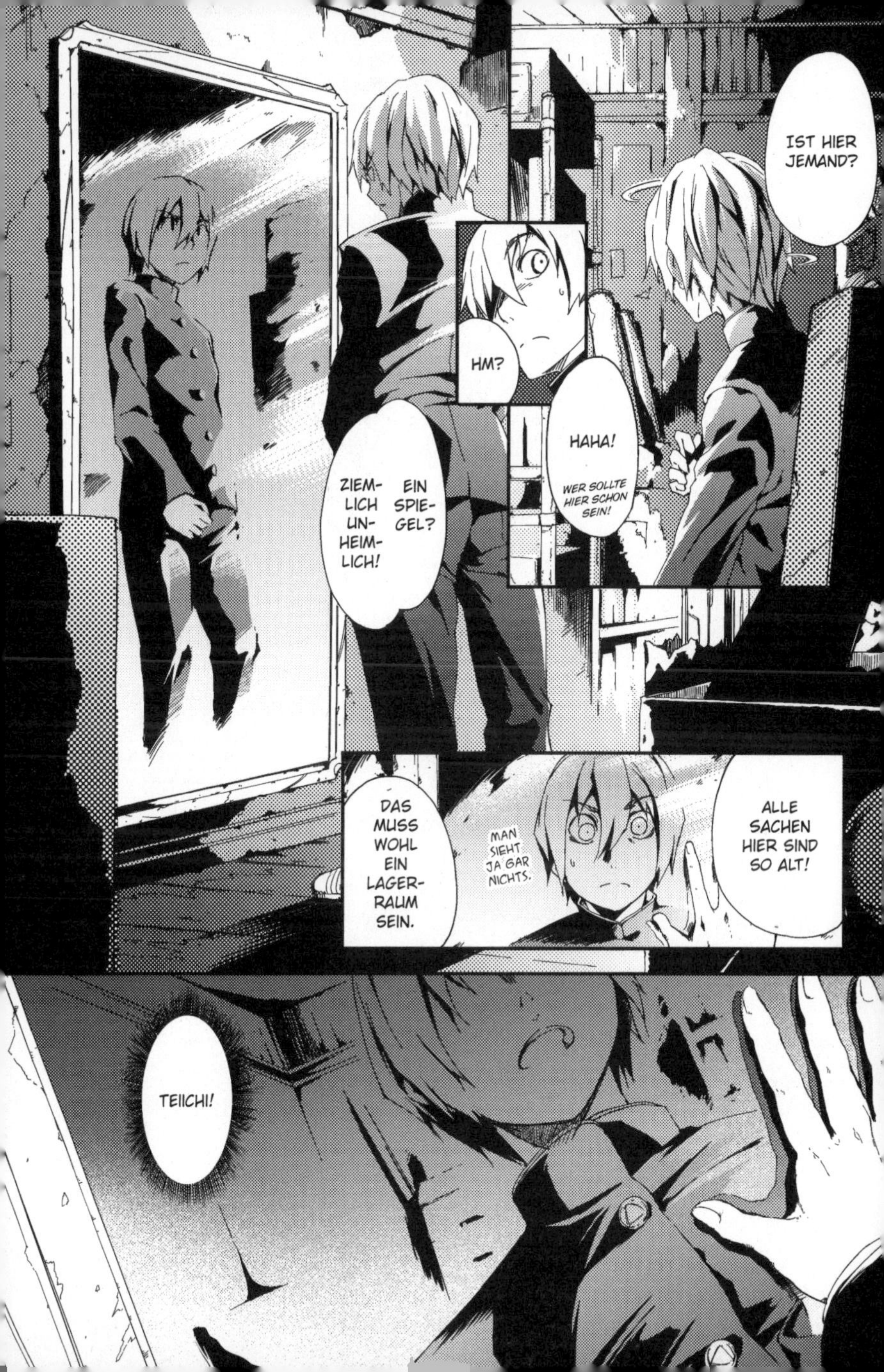
IST HIER JEMAND?
HM?
HAHA!
WER SOLLTE HIER SCHON SEIN!
EIN SPIE-GEL?
ZIEM-LICH UN-HEIM-LICH!
ALLE SACHEN HIER SIND SO ALT!
MAN SIEHT JA GAR NICHTS.
DAS MUSS WOHL EIN LAGER-RAUM SEIN.
TEIICHI!

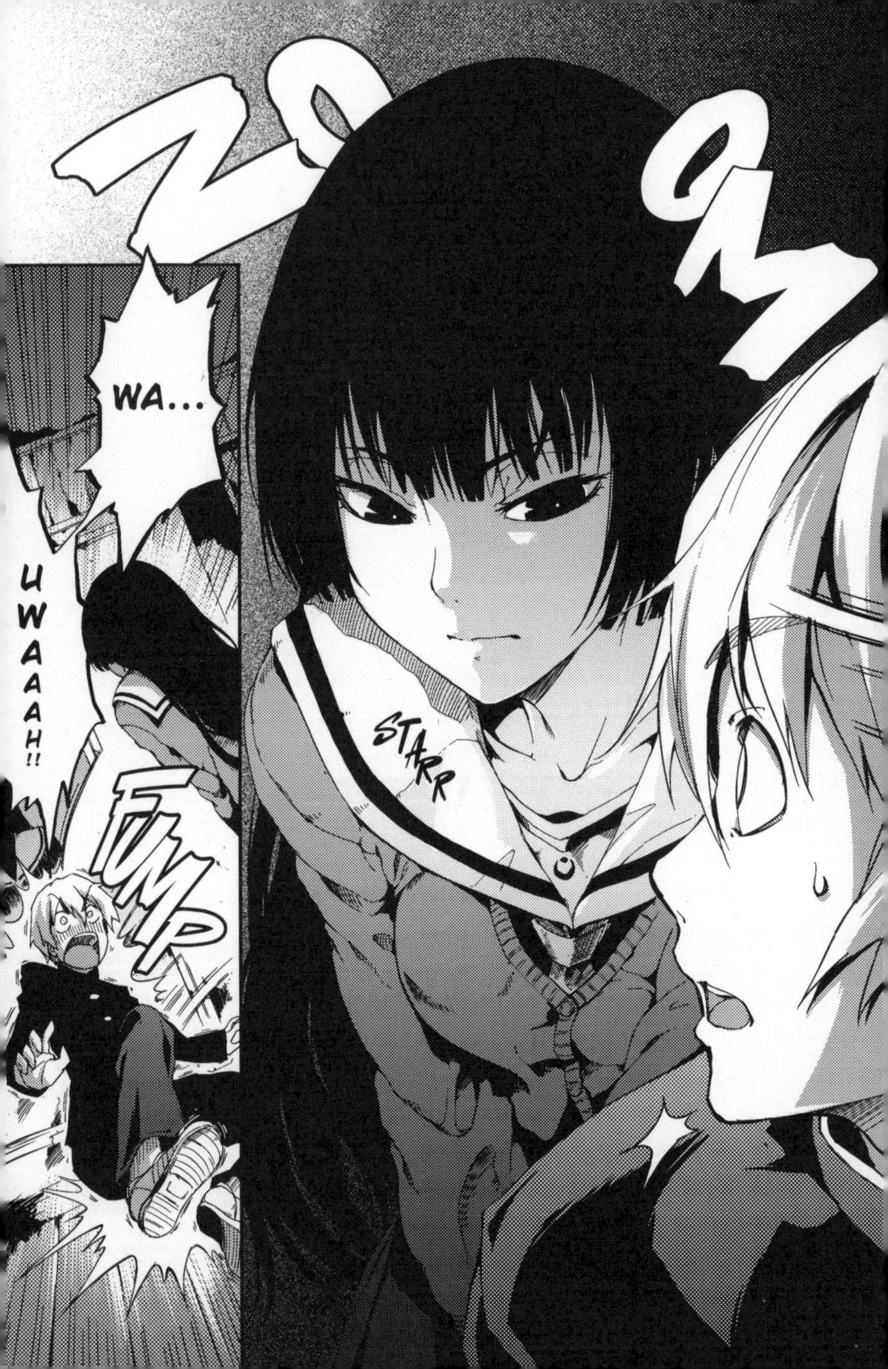
ZOOM
STARR
WA...
UWAAAAAH!!
FUMP

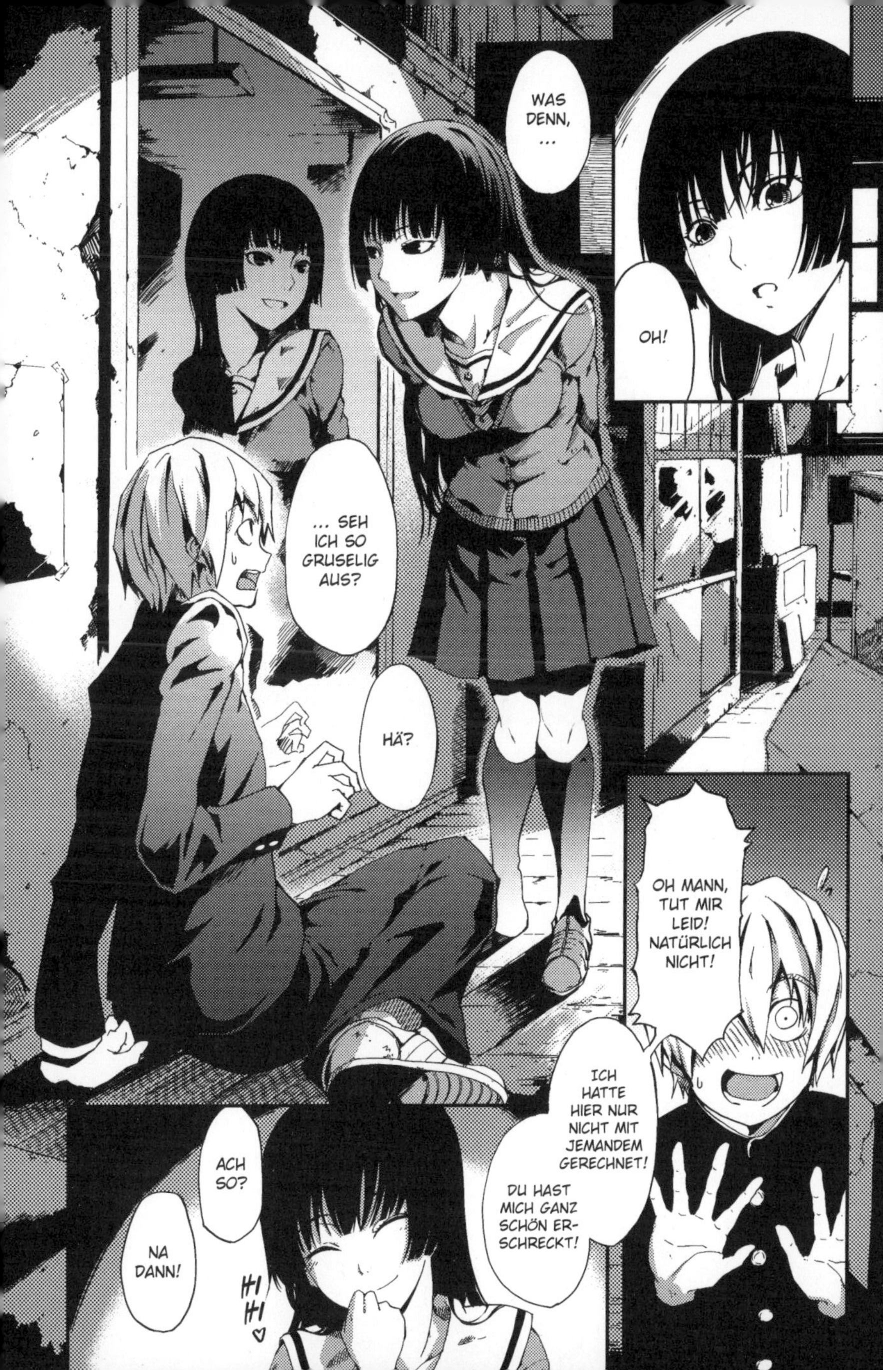
WAS DENN, ...
OH!
... SEH ICH SO GRUSELIG AUS?
HÄ?
OH MANN, TUT MIR LEID! NATÜRLICH NICHT!
ICH HATTE HIER NUR NICHT MIT JEMANDEM GERECHNET!
DU HAST MICH GANZ SCHÖN ER-SCHRECKT!
ACH SO?
NA DANN!
HI HI

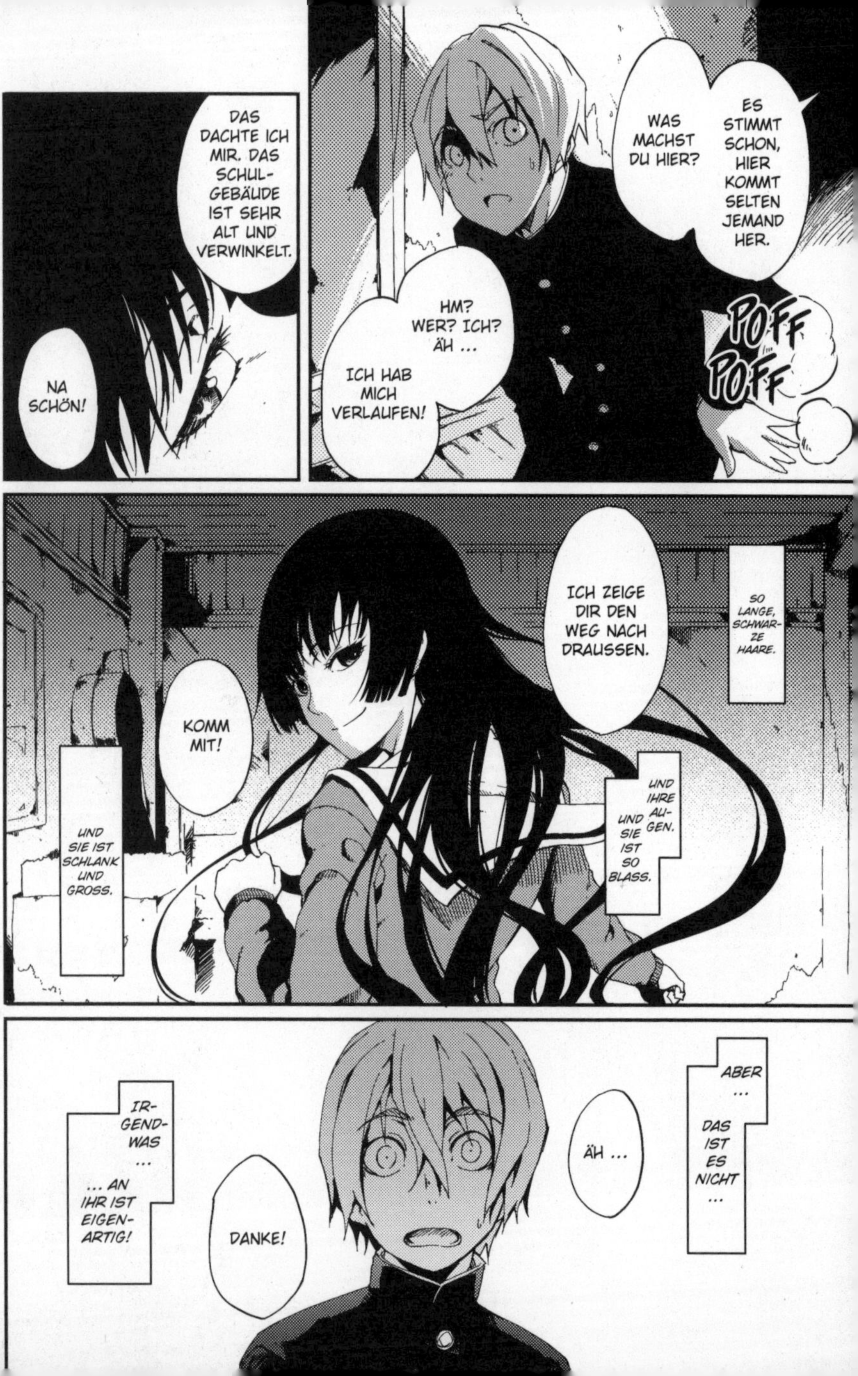

ES STIMMT SCHON, HIER KOMMT SELTEN JEMAND HER.
WAS MACHST DU HIER?
HM? WER? ICH? ÄH ...
ICH HAB MICH VERLAUFEN!
POFF POFF
DAS DACHTE ICH MIR. DAS SCHULGEBÄUDE IST SEHR ALT UND VERWINKELT.
NA SCHÖN!
SO LANGE, SCHWARZE HAARE.
ICH ZEIGE DIR DEN WEG NACH DRAUSSEN.
UND IHRE AUGEN.
UND SIE IST SO BLASS.
KOMM MIT!
UND SIE IST SCHLANK UND GROSS.

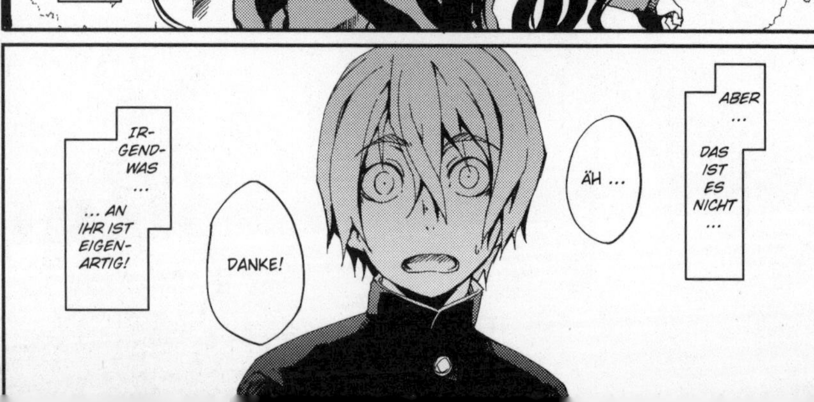

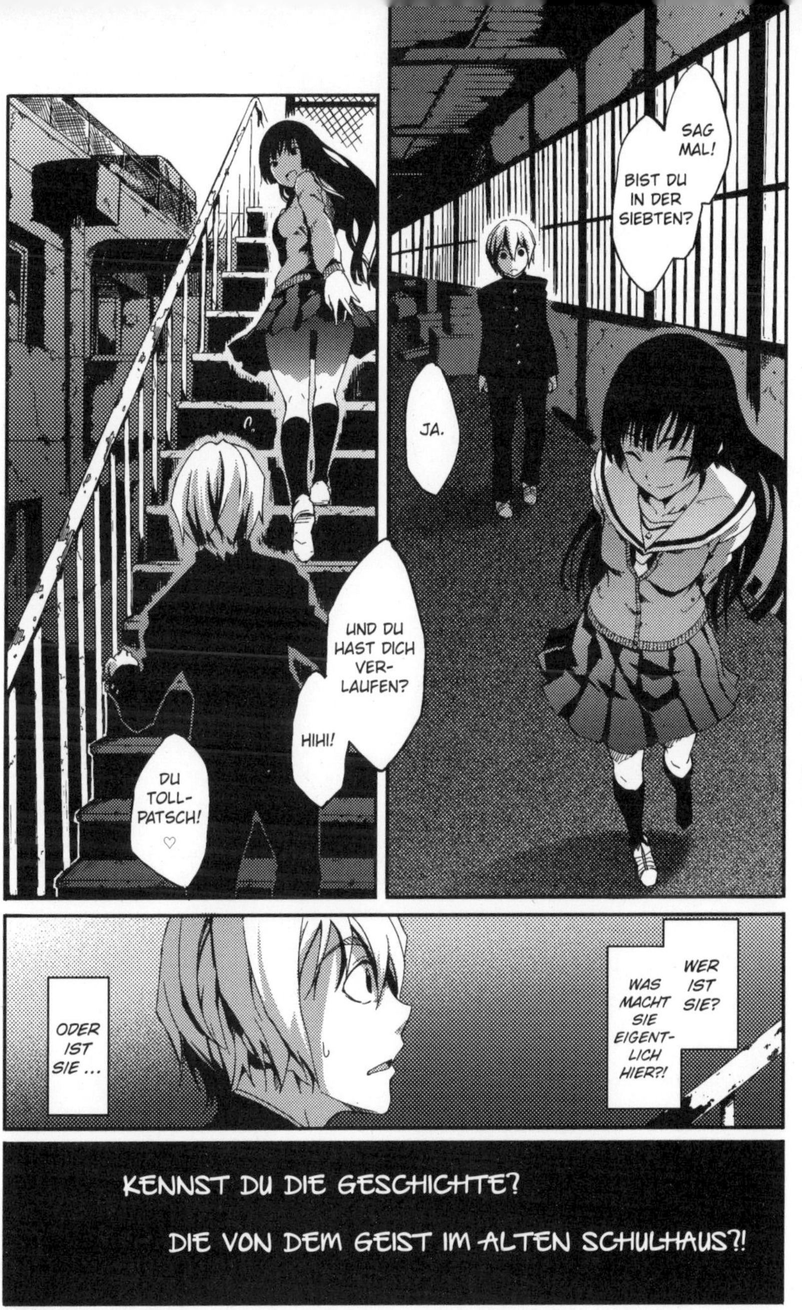

SAG MAL!
BIST DU IN DER SIEBTEN?
JA.
UND DU HAST DICH VER-LAUFEN?
HIHI!
DU TOLL-PATSCH! ♡

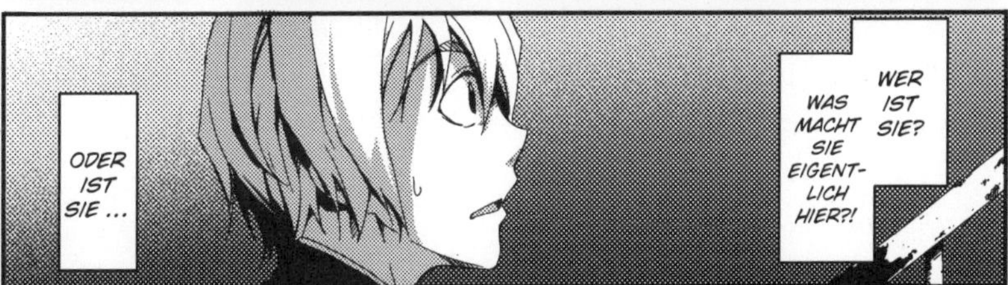

KENNST DU DIE GESCHICHTE?

DIE VON DEM GEIST IM ALTEN SCHULHAUS?!

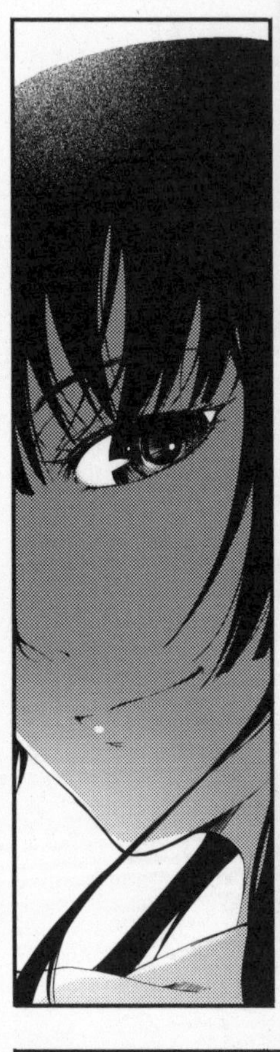

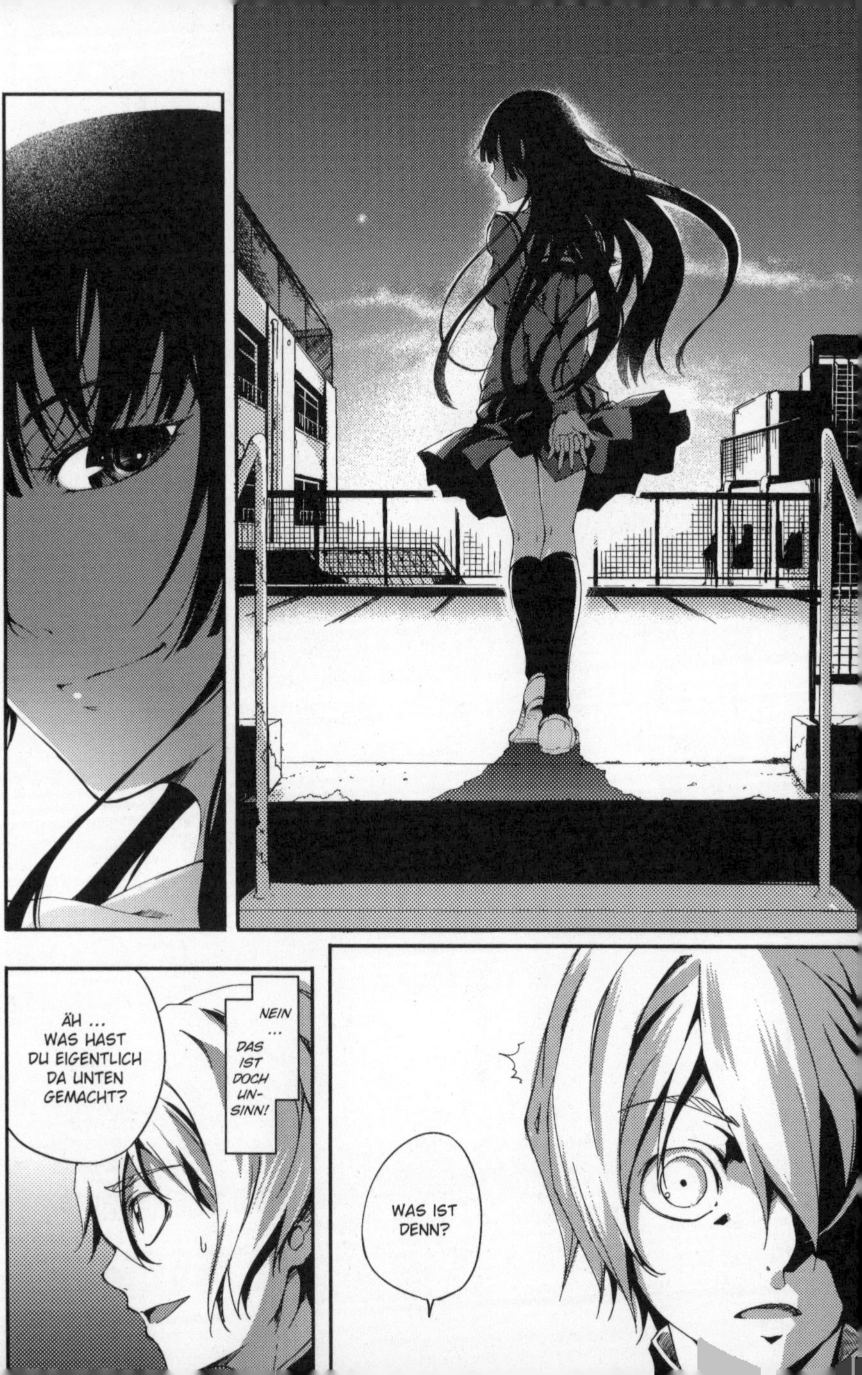

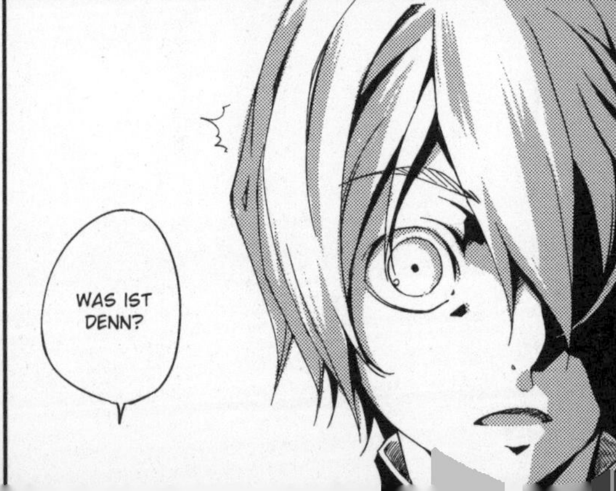
WAS IST DENN?

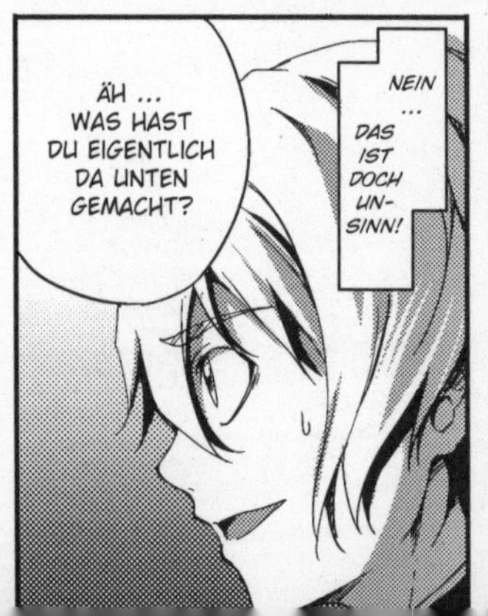
NEIN ... DAS IST DOCH UN-SINN!
ÄH ... WAS HAST DU EIGENTLICH DA UNTEN GEMACHT?

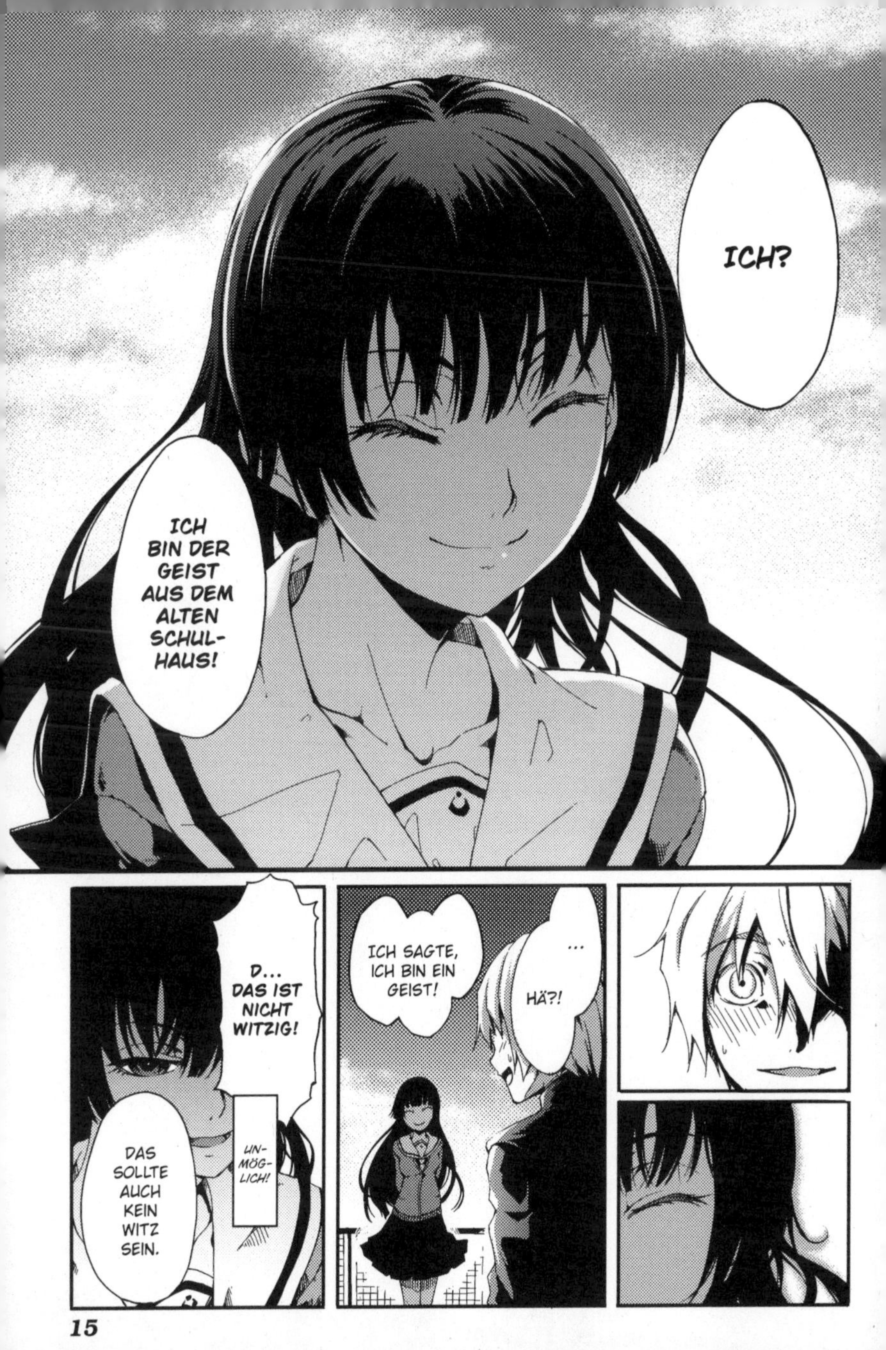

ICH?

ICH BIN DER GEIST AUS DEM ALTEN SCHULHAUS!

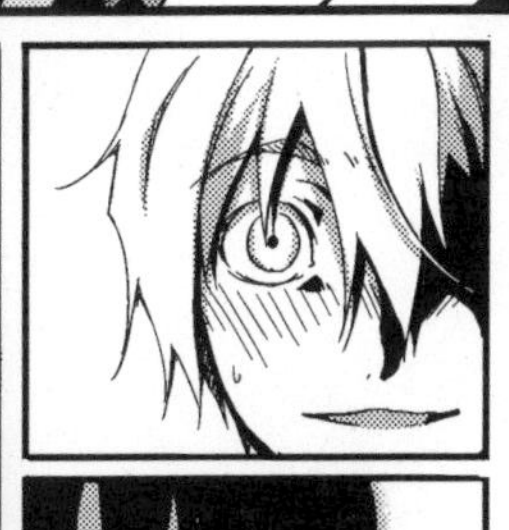

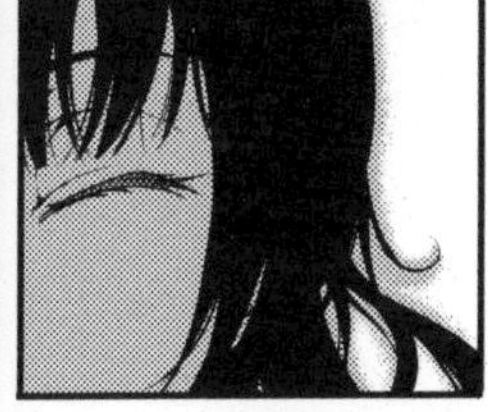

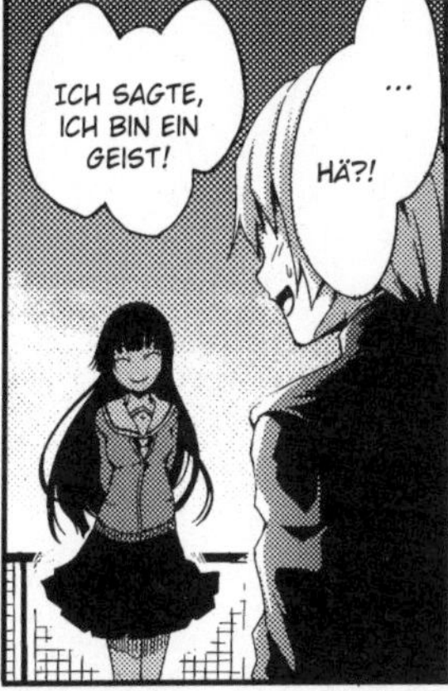

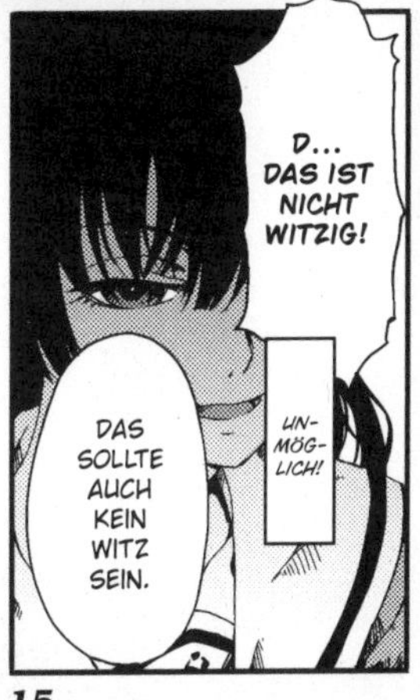

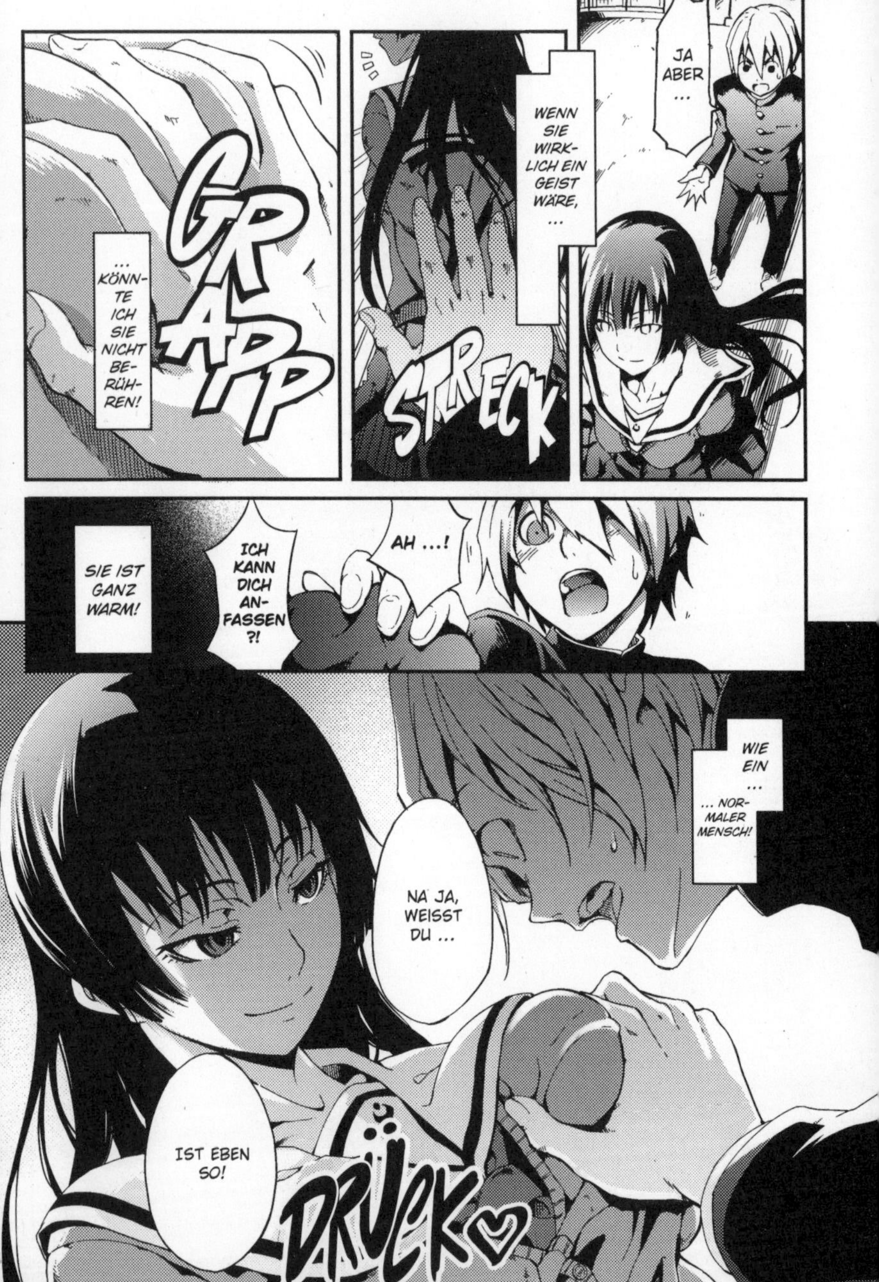
JA ABER …
WENN SIE WIRKLICH EIN GEIST WÄRE, …
STRECK
… KÖNNTE ICH SIE NICHT BERÜHREN!
GRAPP
AH …!
ICH KANN DICH ANFASSEN ?!
SIE IST GANZ WARM!
WIE EIN …
… NORMALER MENSCH!
NA JA, WEISST DU …
IST EBEN SO!
DRÜCK♡

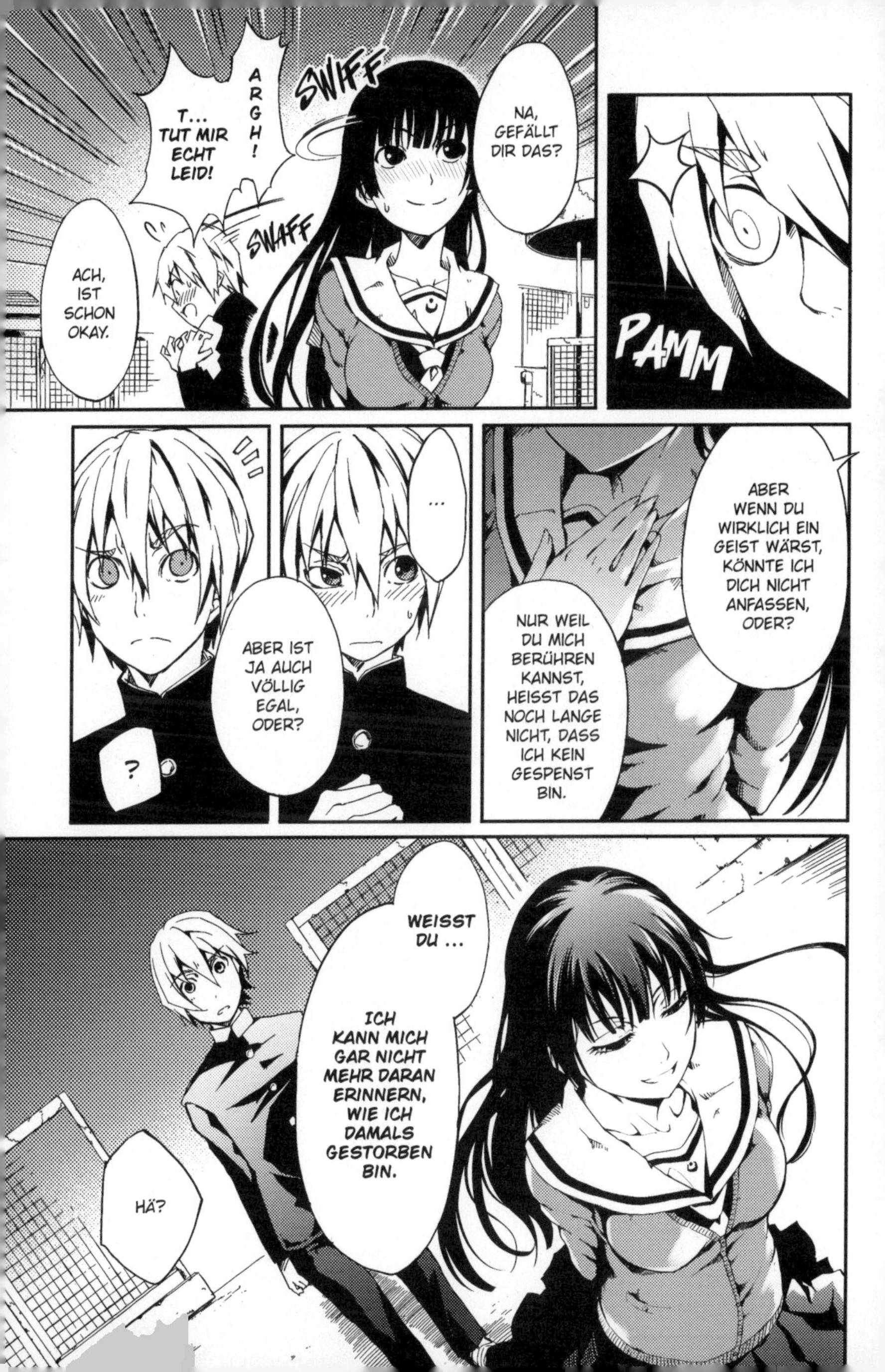

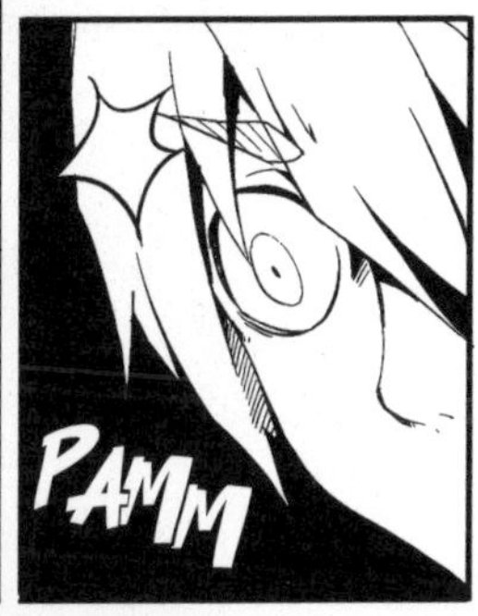

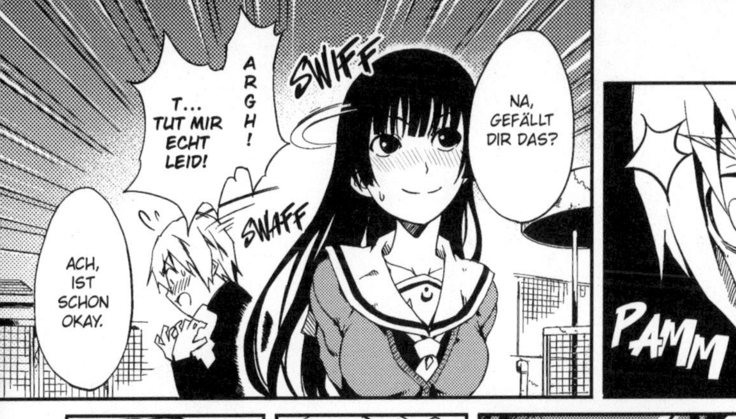

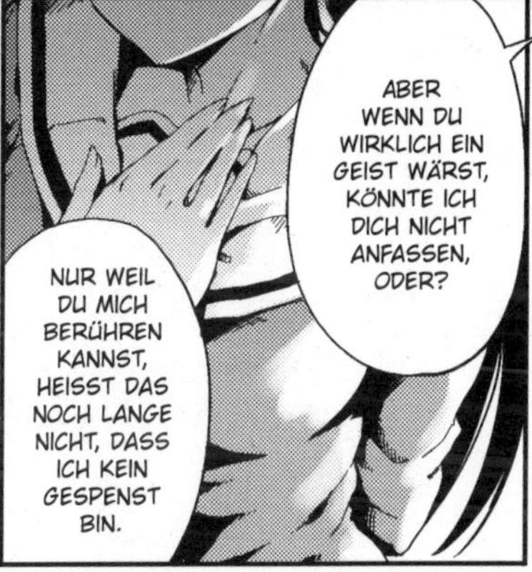

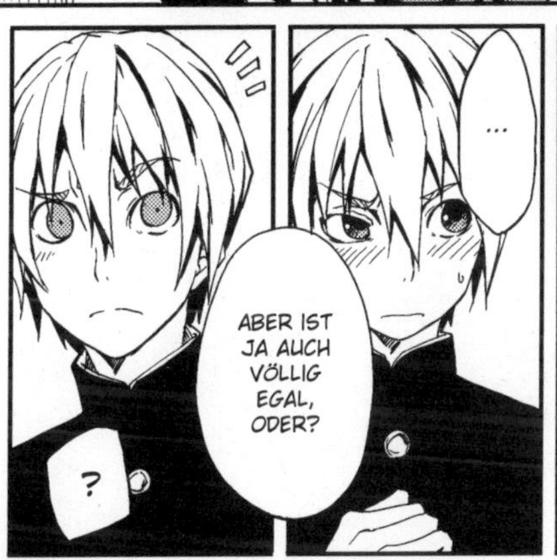

WEISST DU ...

ICH KANN MICH GAR NICHT MEHR DARAN ERINNERN, WIE ICH DAMALS GESTORBEN BIN.

HÄ?

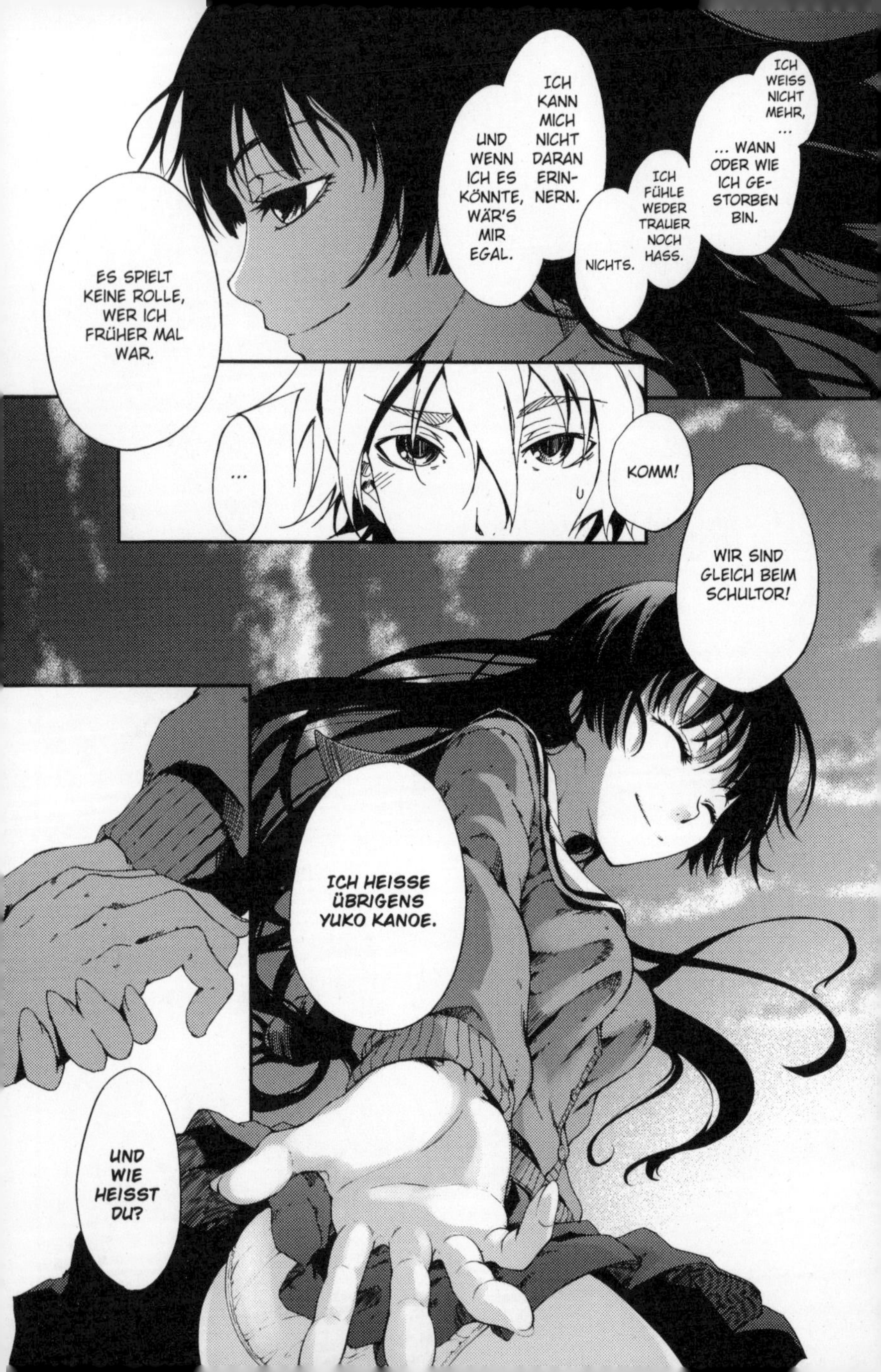
ICH WEISS NICHT MEHR, …
… WANN ODER WIE ICH GE-STORBEN BIN.
ICH FÜHLE WEDER TRAUER NOCH HASS.
NICHTS.
ICH KANN MICH NICHT DARAN ERIN-NERN.
UND WENN ICH ES KÖNNTE, WÄR'S MIR EGAL.
ES SPIELT KEINE ROLLE, WER ICH FRÜHER MAL WAR.
KOMM!
…
WIR SIND GLEICH BEIM SCHULTOR!
ICH HEISSE ÜBRIGENS YUKO KANOE.
UND WIE HEISST DU?

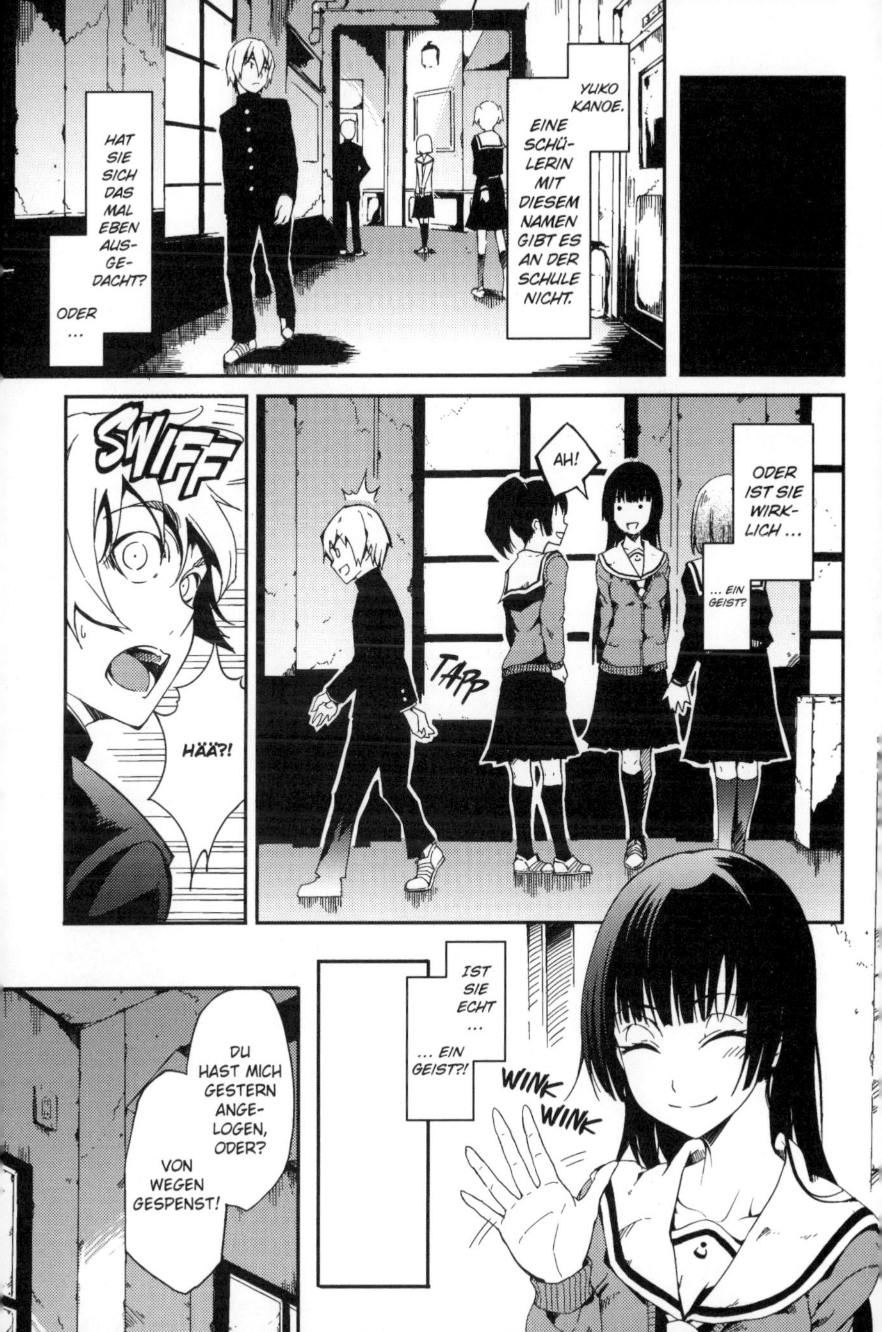

YUKO KANOE.
EINE SCHÜLERIN MIT DIESEM NAMEN GIBT ES AN DER SCHULE NICHT.
HAT SIE SICH DAS MAL EBEN AUSGEDACHT?
ODER …
ODER IST SIE WIRKLICH …
… EIN GEIST?
AH!
TAPP
SWIFF
HÄÄ?!
IST SIE ECHT …
… EIN GEIST?!
WINK WINK
DU HAST MICH GESTERN ANGELOGEN, ODER?
VON WEGEN GESPENST!

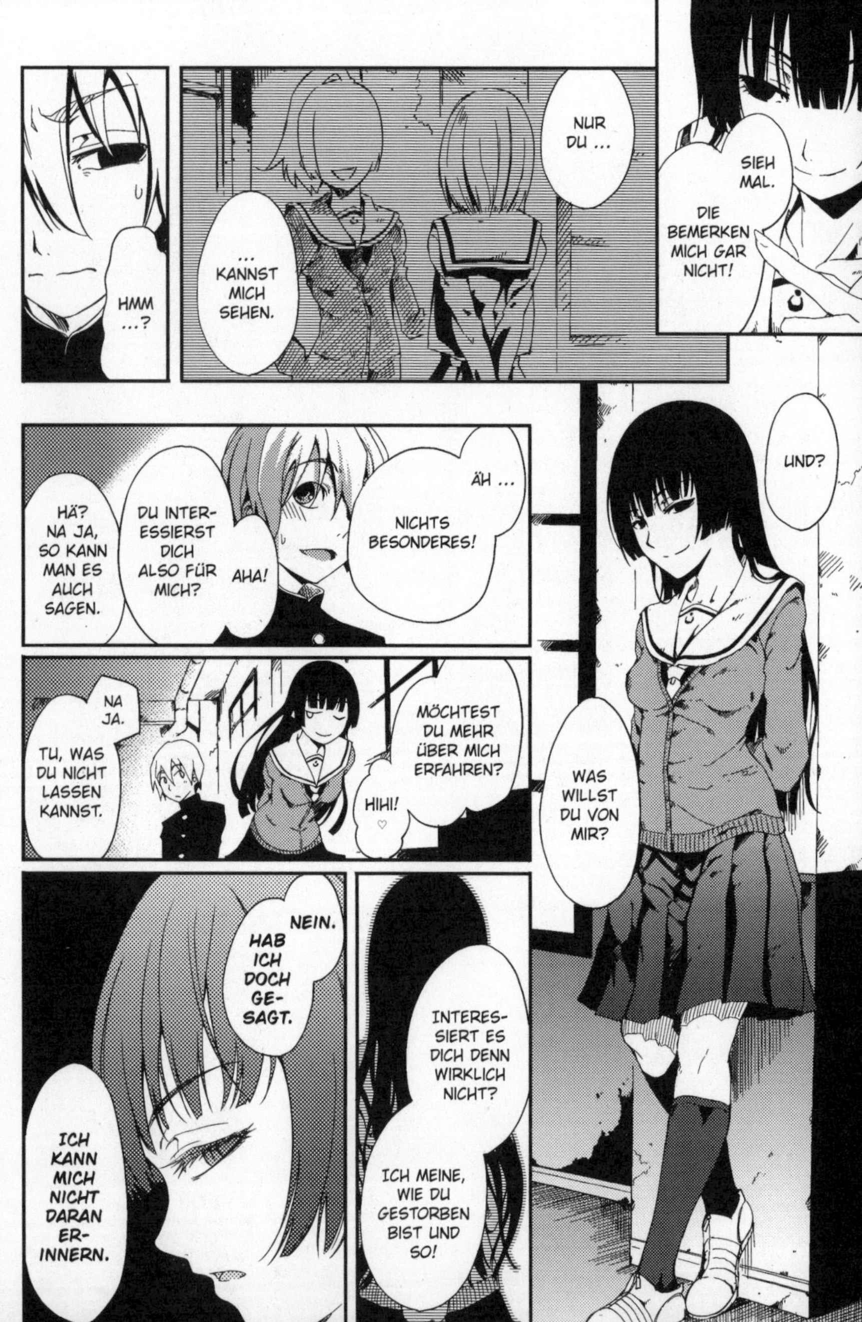
SIEH MAL.
DIE BEMERKEN MICH GAR NICHT!
NUR DU ...
... KANNST MICH SEHEN.
HMM ...?
UND?
WAS WILLST DU VON MIR?
ÄH ...
NICHTS BESONDERES!
AHA!
DU INTERESSIERST DICH ALSO FÜR MICH?
HÄ? NA JA, SO KANN MAN ES AUCH SAGEN.
MÖCHTEST DU MEHR ÜBER MICH ERFAHREN?
HIHI! ♡
NA JA.
TU, WAS DU NICHT LASSEN KANNST.
INTERESSIERT ES DICH DENN WIRKLICH NICHT?
ICH MEINE, WIE DU GESTORBEN BIST UND SO!
NEIN. HAB ICH DOCH GESAGT.
ICH KANN MICH NICHT DARAN ERINNERN.

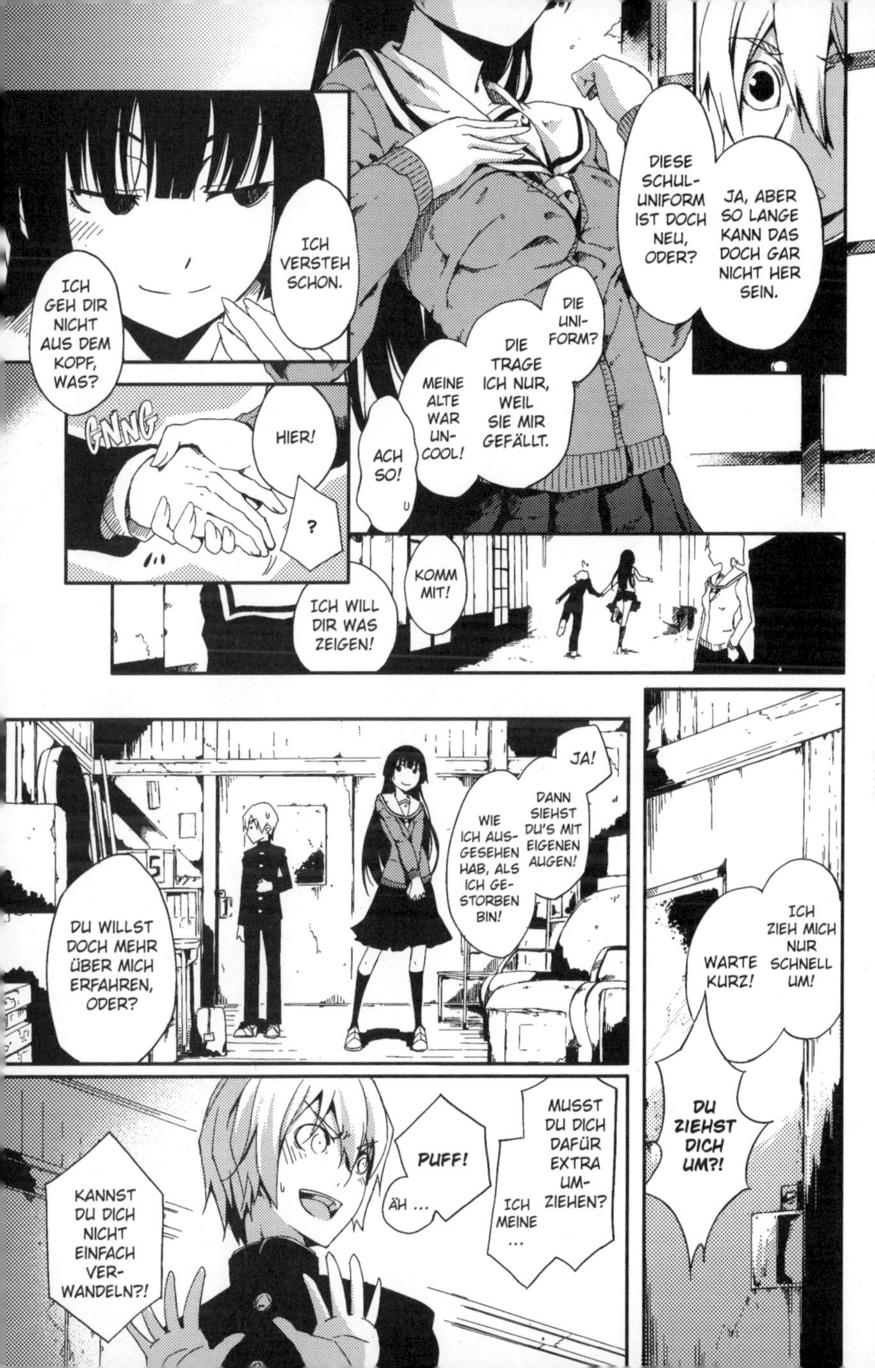
DIESE SCHUL-UNIFORM IST DOCH NEU, ODER?
JA, ABER SO LANGE KANN DAS DOCH GAR NICHT HER SEIN.
DIE UNI-FORM?
DIE TRAGE ICH NUR, WEIL SIE MIR GEFÄLLT.
MEINE ALTE WAR UN-COOL!
ACH SO!
ICH VERSTEH SCHON.
ICH GEH DIR NICHT AUS DEM KOPF, WAS?
GNNG
HIER!
?
KOMM MIT!
ICH WILL DIR WAS ZEIGEN!
DU WILLST DOCH MEHR ÜBER MICH ERFAHREN, ODER?
JA!
DANN SIEHST DU'S MIT EIGENEN AUGEN!
WIE ICH AUS-GESEHEN HAB, ALS ICH GE-STORBEN BIN!
WARTE KURZ!
ICH ZIEH MICH NUR SCHNELL UM!
DU ZIEHST DICH UM?!
PUFF!
MUSST DU DICH DAFÜR EXTRA UM-ZIEHEN?
ICH MEINE …
ÄH …
KANNST DU DICH NICHT EINFACH VER-WANDELN?!

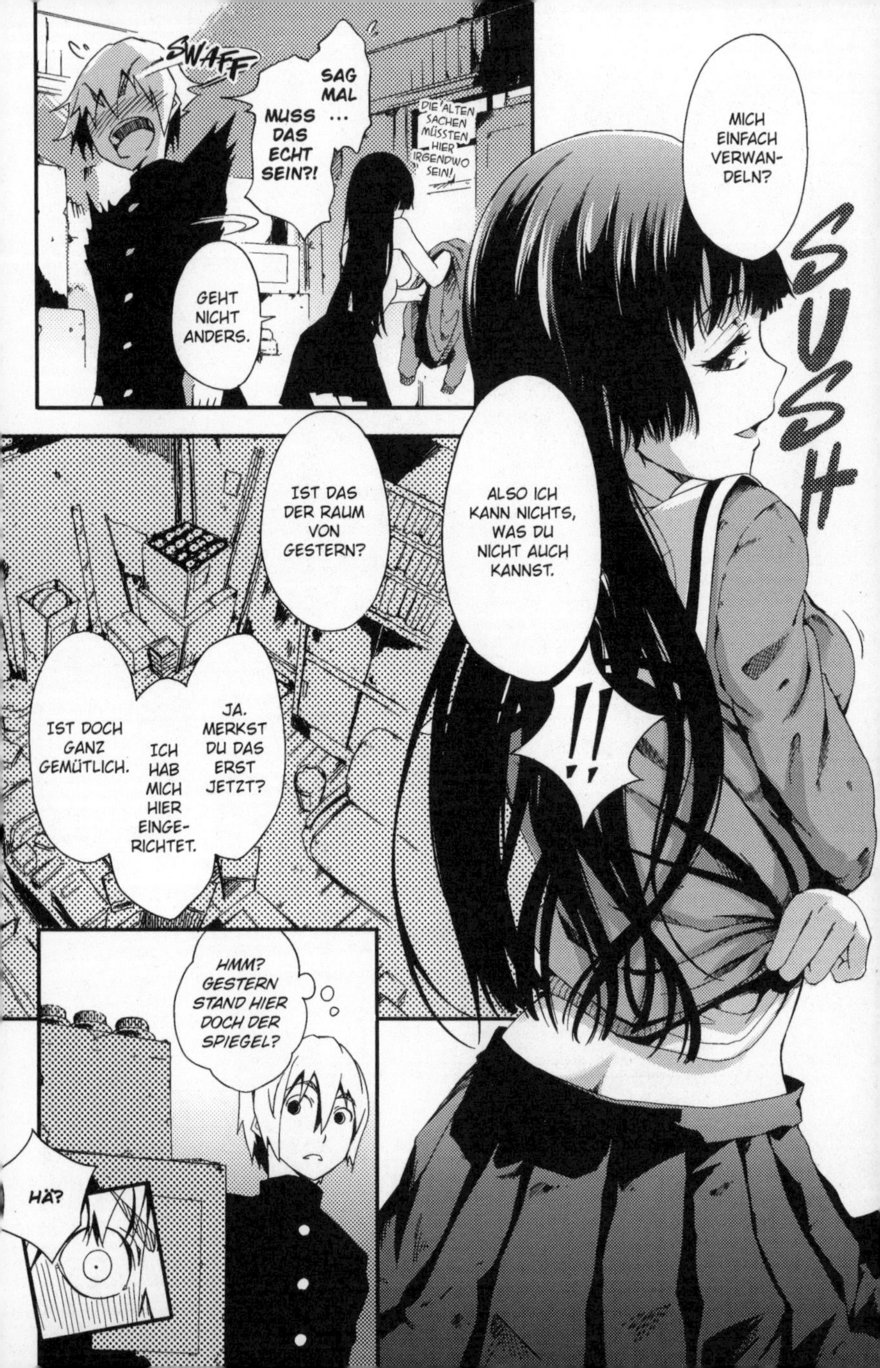
MICH EINFACH VERWANDELN?
SUSH
SAG MAL ... MUSS DAS ECHT SEIN?!
SWAFF
DIE ALTEN SACHEN MÜSSTEN HIER IRGENDWO SEIN!
GEHT NICHT ANDERS.
ALSO ICH KANN NICHTS, WAS DU NICHT AUCH KANNST.
!!
IST DAS DER RAUM VON GESTERN?
JA. MERKST DU DAS ERST JETZT?
ICH HAB MICH HIER EINGE-RICHTET.
IST DOCH GANZ GEMÜTLICH.
HMM? GESTERN STAND HIER DOCH DER SPIEGEL?
HÄ?

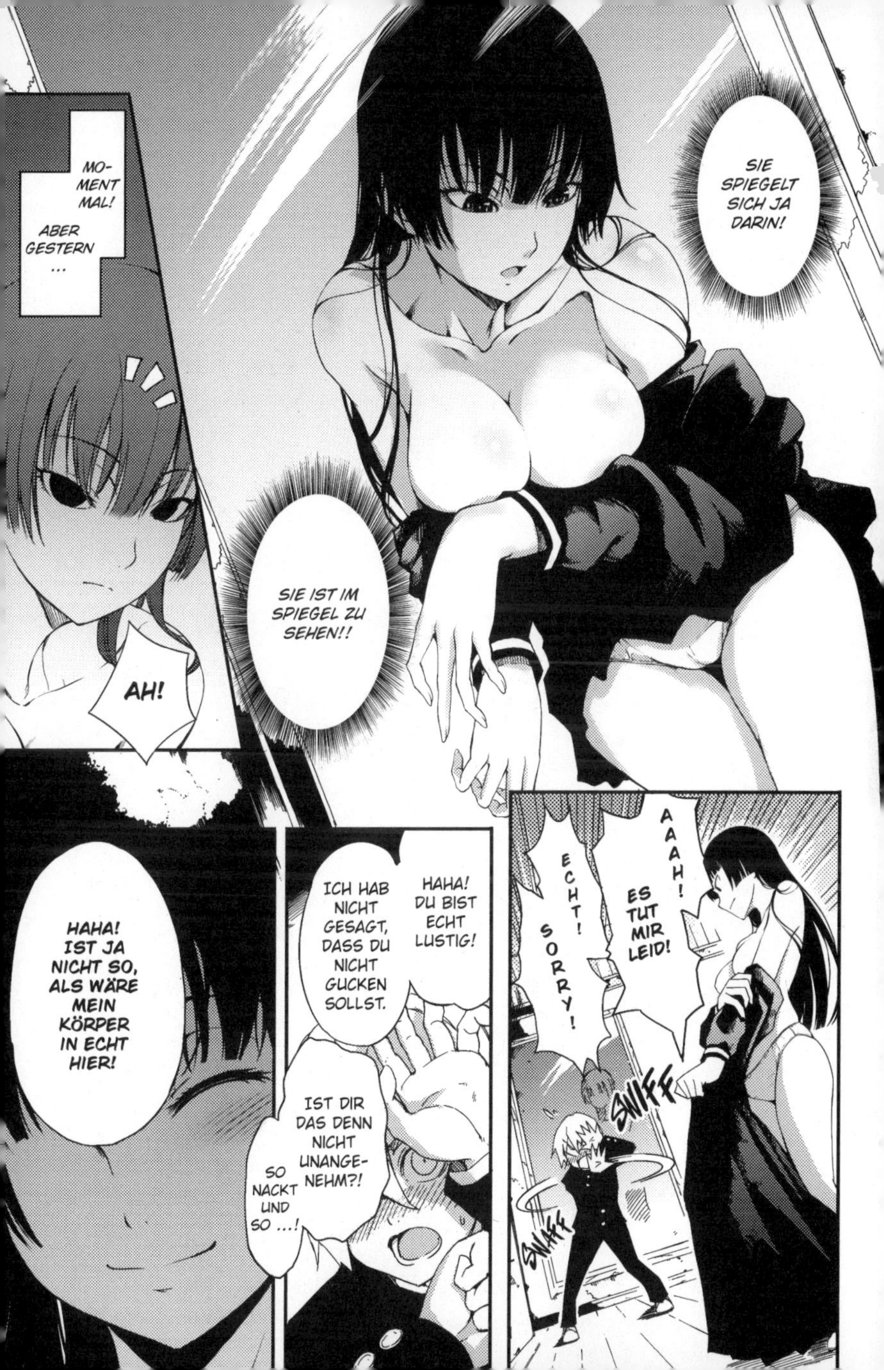
SIE SPIEGELT SICH JA DARIN!
SIE IST IM SPIEGEL ZU SEHEN!!
AH!
MO-MENT MAL!
ABER GESTERN ...
AAAAH!
ES TUT MIR LEID!
ECHT! SORRY!
SWIFF
SWAFF
HAHA! DU BIST ECHT LUSTIG!
ICH HAB NICHT GESAGT, DASS DU NICHT GUCKEN SOLLST.
IST DIR DAS DENN NICHT UNANGE-NEHM?!
SO NACKT UND SO ...!
HAHA! IST JA NICHT SO, ALS WÄRE MEIN KÖRPER IN ECHT HIER!

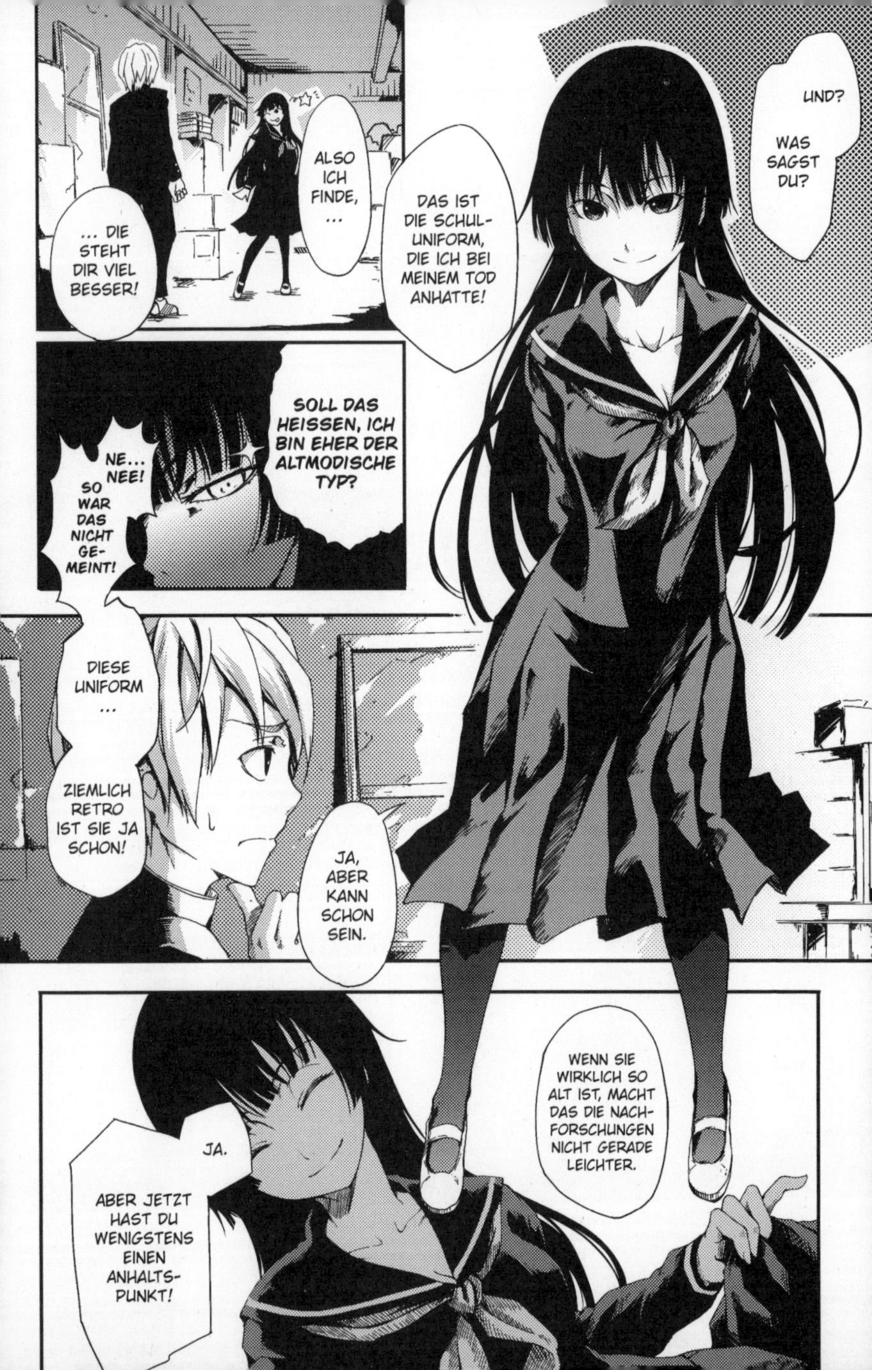
UND?
WAS SAGST DU?
DAS IST DIE SCHUL-UNIFORM, DIE ICH BEI MEINEM TOD ANHATTE!
ALSO ICH FINDE, ...
... DIE STEHT DIR VIEL BESSER!
SOLL DAS HEISSEN, ICH BIN EHER DER ALTMODISCHE TYP?
NE... NEE!
SO WAR DAS NICHT GE-MEINT!
DIESE UNIFORM ...
ZIEMLICH RETRO IST SIE JA SCHON!
JA, ABER KANN SCHON SEIN.
WENN SIE WIRKLICH SO ALT IST, MACHT DAS DIE NACH-FORSCHUNGEN NICHT GERADE LEICHTER.
JA.
ABER JETZT HAST DU WENIGSTENS EINEN ANHALTS-PUNKT!

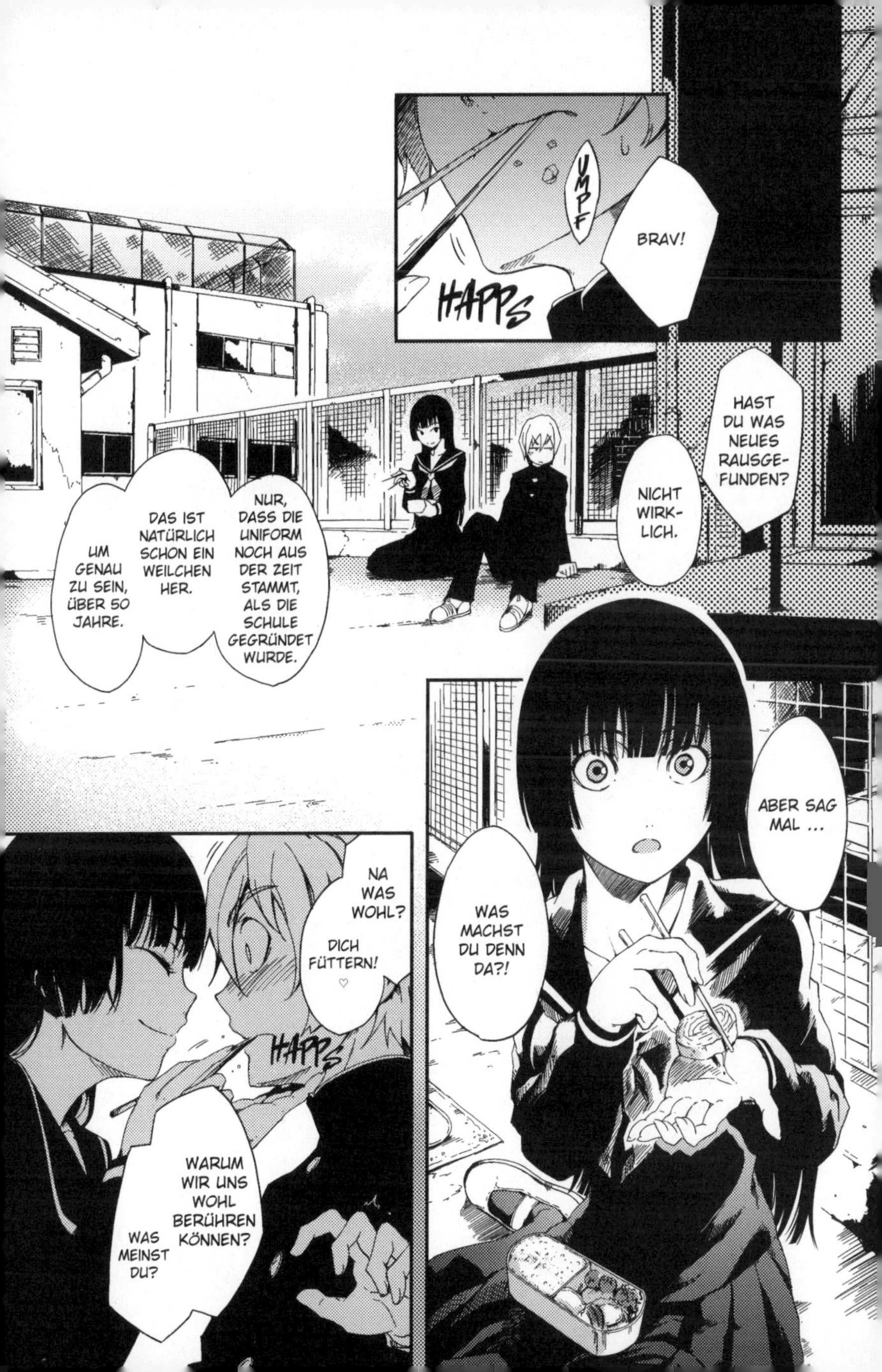
UMPF
BRAV!
HAPPS
HAST DU WAS NEUES RAUSGE-FUNDEN?
NICHT WIRK-LICH.
NUR, DASS DIE UNIFORM NOCH AUS DER ZEIT STAMMT, ALS DIE SCHULE GEGRÜNDET WURDE.
DAS IST NATÜRLICH SCHON EIN WEILCHEN HER.
UM GENAU ZU SEIN, ÜBER 50 JAHRE.
ABER SAG MAL ...
WAS MACHST DU DENN DA?!
NA WAS WOHL?
DICH FÜTTERN! ♡
HAPPS
WARUM WIR UNS WOHL BERÜHREN KÖNNEN?
WAS MEINST DU?

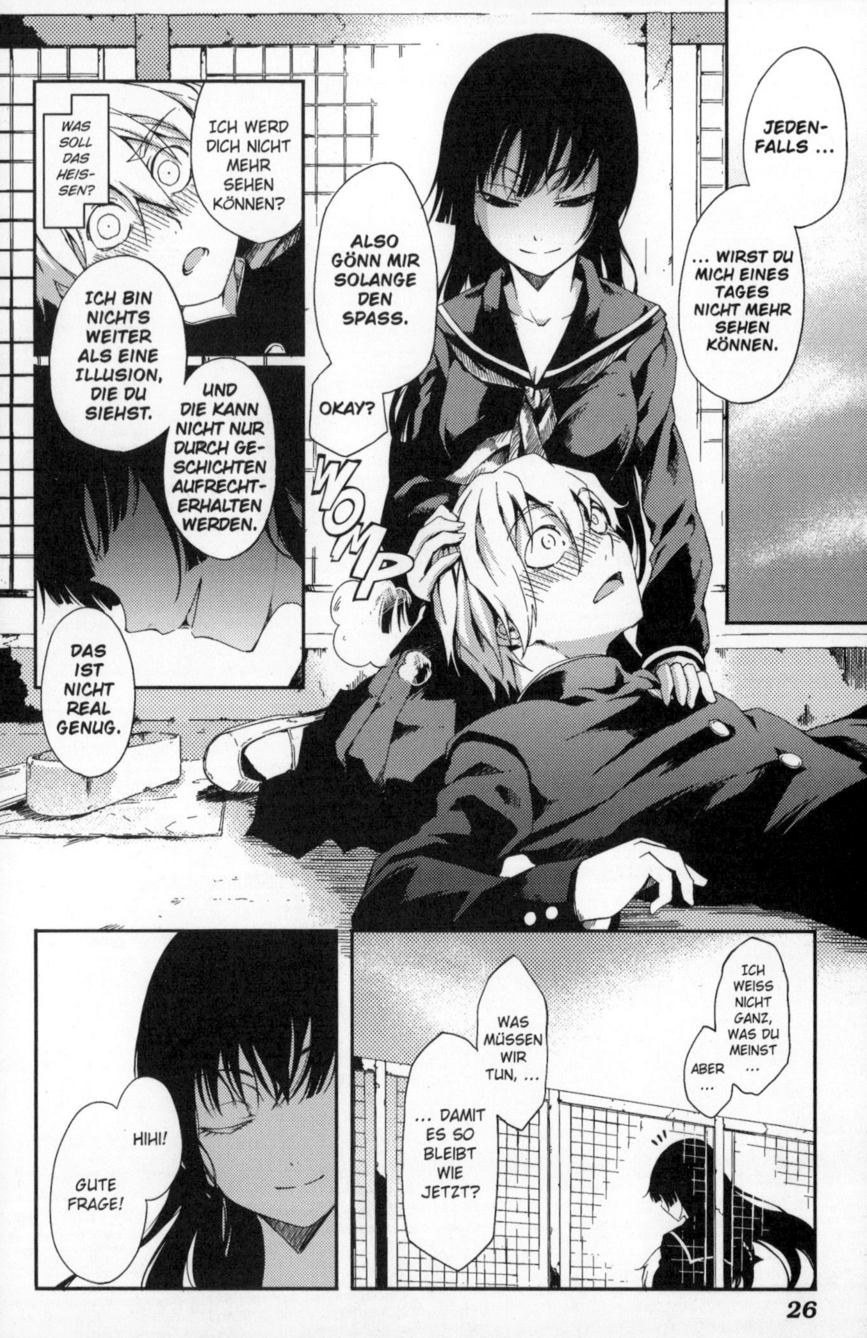
JEDEN-FALLS ...
... WIRST DU MICH EINES TAGES NICHT MEHR SEHEN KÖNNEN.
ICH WERD DICH NICHT MEHR SEHEN KÖNNEN?
WAS SOLL DAS HEIS-SEN?
ICH BIN NICHTS WEITER ALS EINE ILLUSION, DIE DU SIEHST.
UND DIE KANN NICHT NUR DURCH GE-SCHICHTEN AUFRECHT-ERHALTEN WERDEN.
DAS IST NICHT REAL GENUG.
ALSO GÖNN MIR SOLANGE DEN SPASS.
OKAY?
WOMP
ICH WEISS NICHT GANZ, WAS DU MEINST ...
ABER ...
WAS MÜSSEN WIR TUN, ...
... DAMIT ES SO BLEIBT WIE JETZT?
HIHI!
GUTE FRAGE!

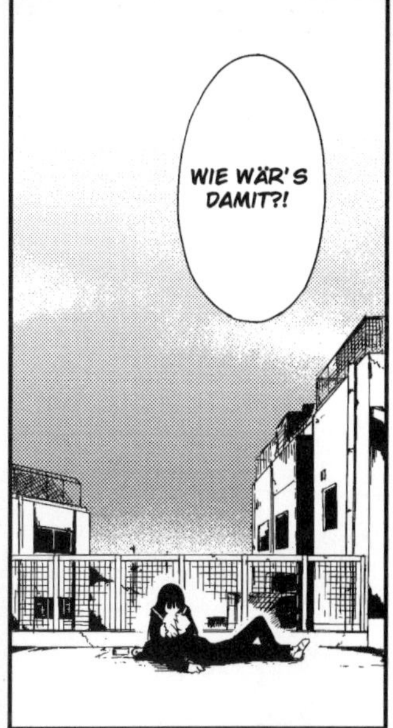
WIE WÄR'S DAMIT?!
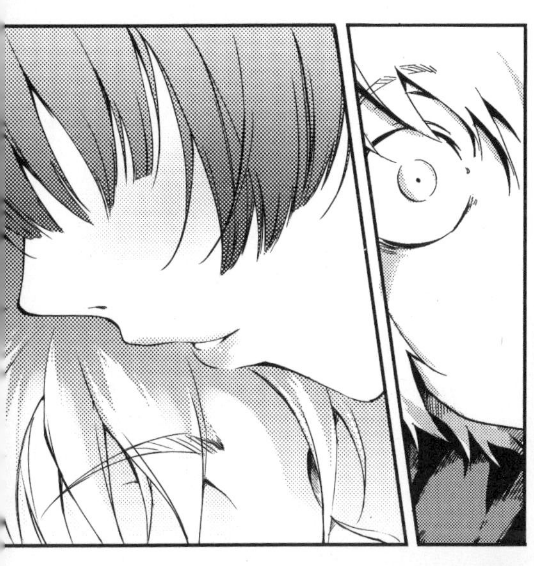
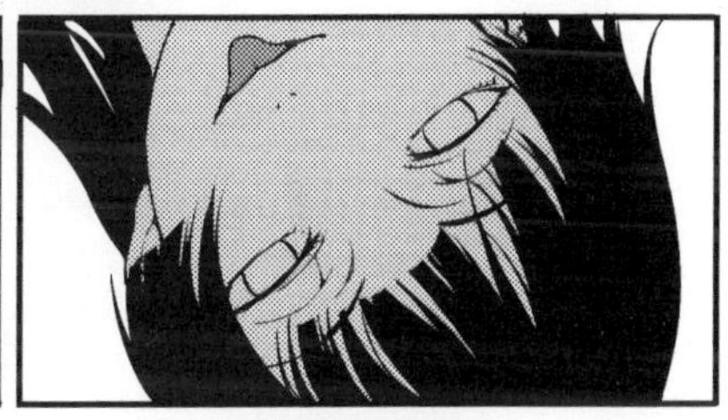
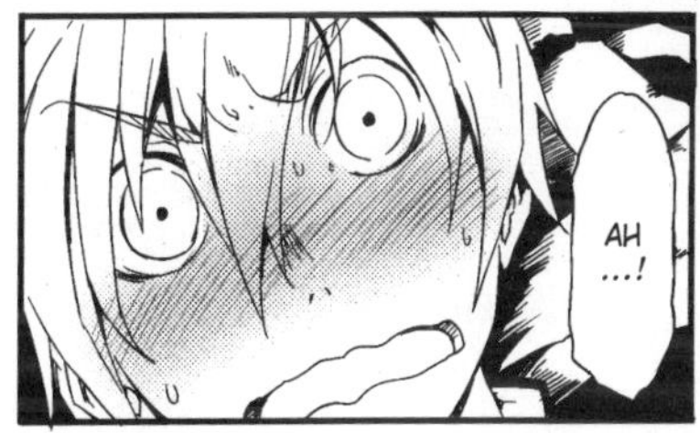
AH ...!
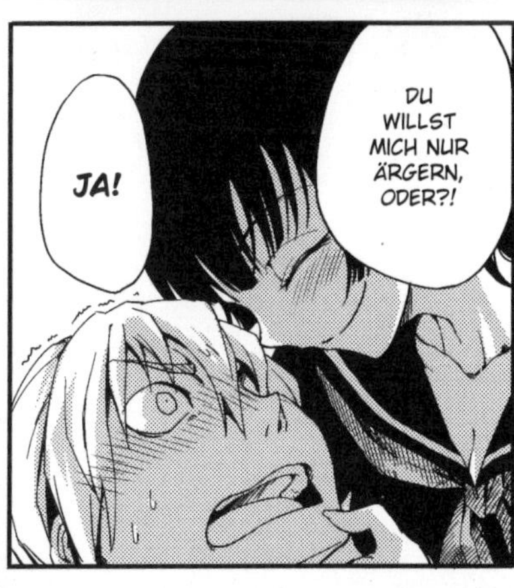
DU WILLST MICH NUR ÄRGERN, ODER?!
JA!
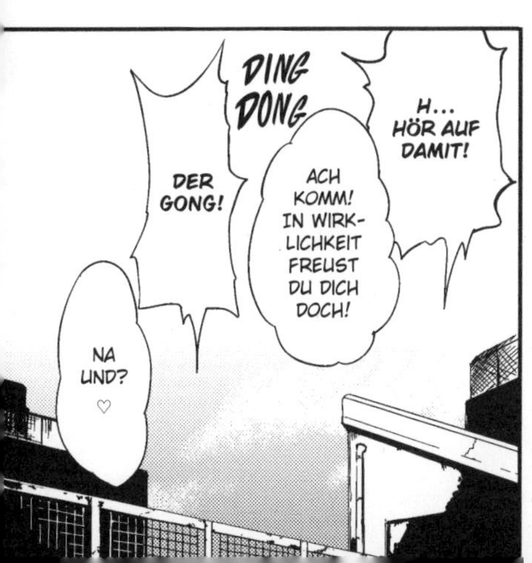
H... HÖR AUF DAMIT!
DING DONG
ACH KOMM! IN WIRKLICHKEIT FREUST DU DICH DOCH!
DER GONG!
NA UND? ♡

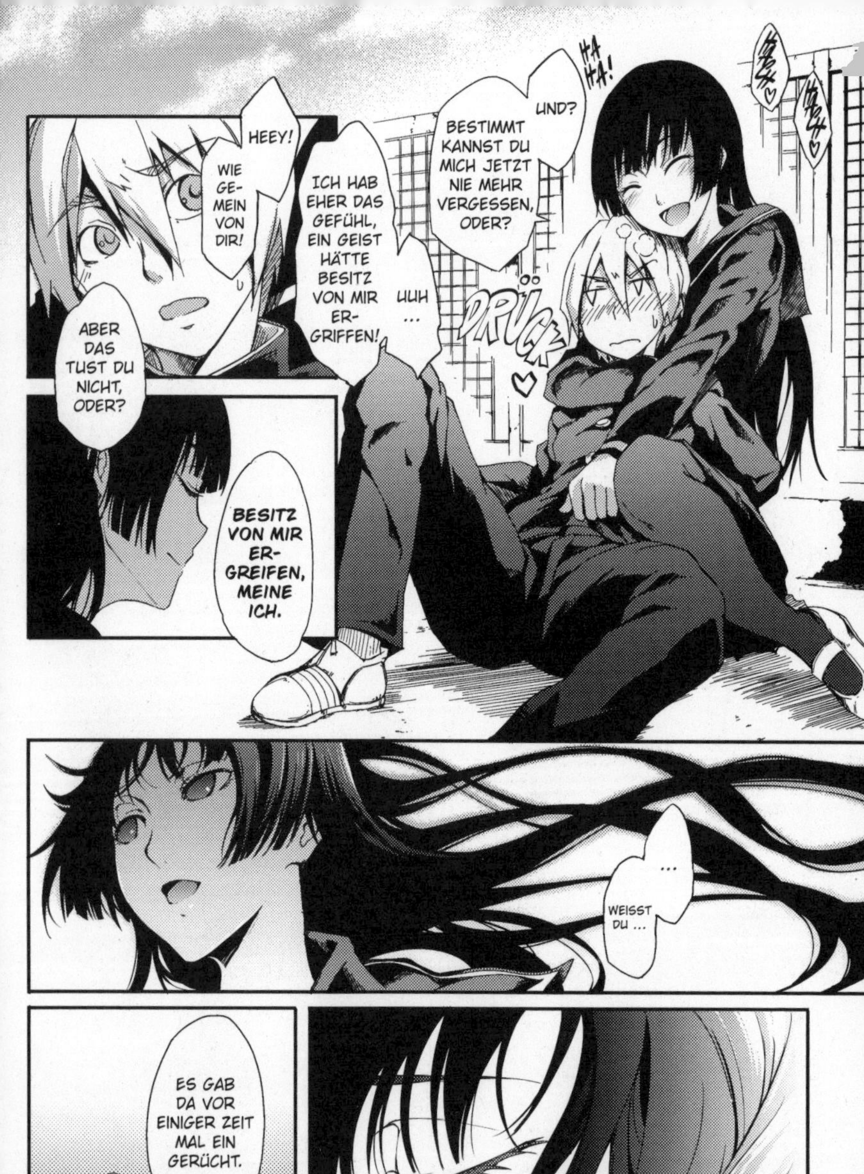
HA HA!
UND?
BESTIMMT KANNST DU MICH JETZT NIE MEHR VERGESSEN, ODER?
DRÜCK
UUH ...
ICH HAB EHER DAS GEFÜHL, EIN GEIST HÄTTE BESITZ VON MIR ER-GRIFFEN!
HEEY!
WIE GE-MEIN VON DIR!
ABER DAS TUST DU NICHT, ODER?
BESITZ VON MIR ER-GREIFEN, MEINE ICH.
...
WEISST DU ...
ES GAB DA VOR EINIGER ZEIT MAL EIN GERÜCHT.
?

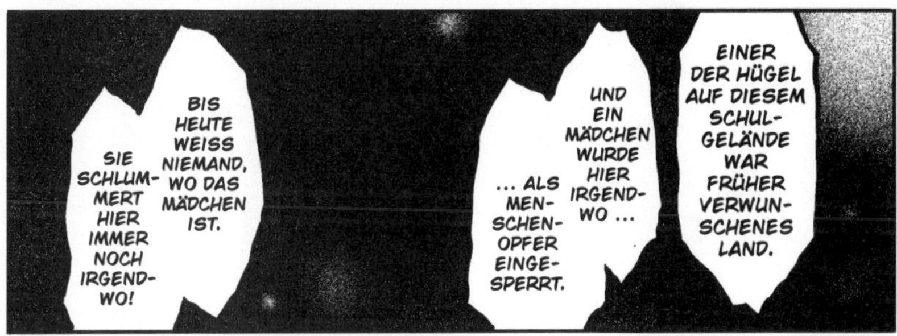
EINER DER HÜGEL AUF DIESEM SCHUL-GELÄNDE WAR FRÜHER VERWUN-SCHENES LAND.
UND EIN MÄDCHEN WURDE HIER IRGEND-WO …
… ALS MEN-SCHEN-OPFER EINGE-SPERRT.
BIS HEUTE WEISS NIEMAND, WO DAS MÄDCHEN IST.
SIE SCHLUM-MERT HIER IMMER NOCH IRGEND-WO!

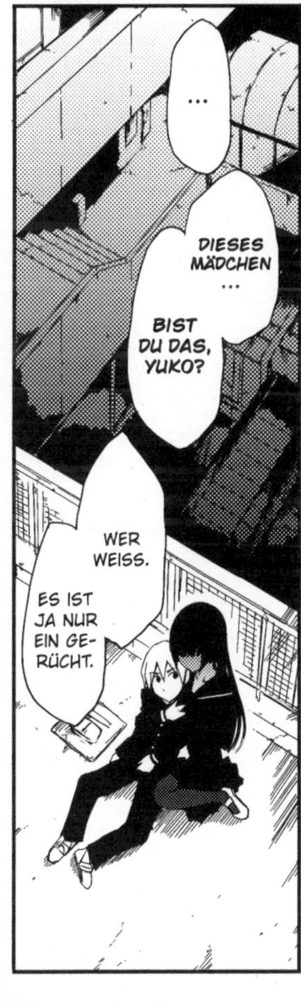
…
DIESES MÄDCHEN …
BIST DU DAS, YUKO?
WER WEISS.
ES IST JA NUR EIN GE-RÜCHT.

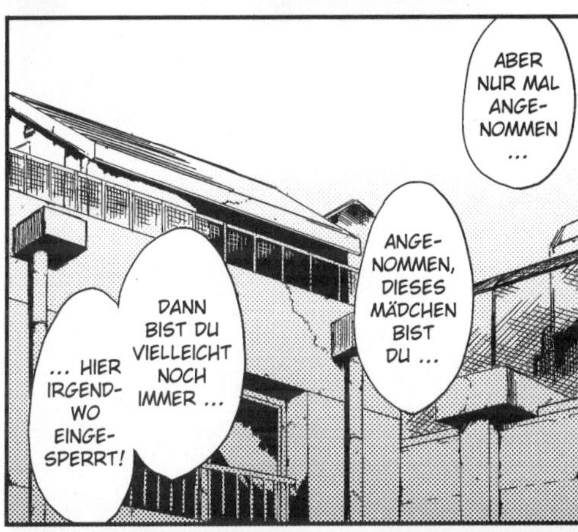
ABER NUR MAL ANGE-NOMMEN …
ANGE-NOMMEN, DIESES MÄDCHEN BIST DU …
DANN BIST DU VIELLEICHT NOCH IMMER …
… HIER IRGEND-WO EINGE-SPERRT!

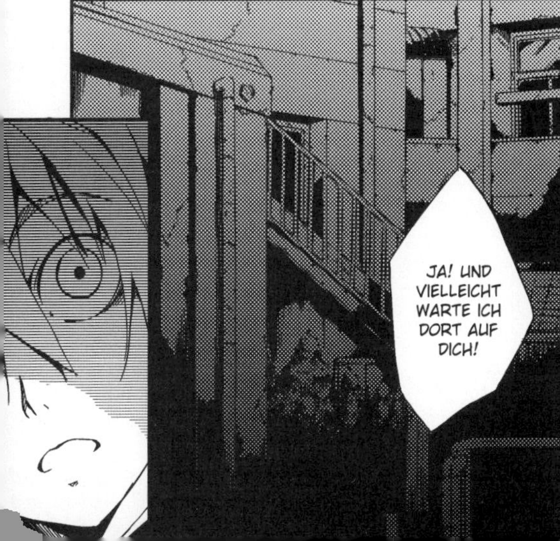
JA! UND VIELLEICHT WARTE ICH DORT AUF DICH!

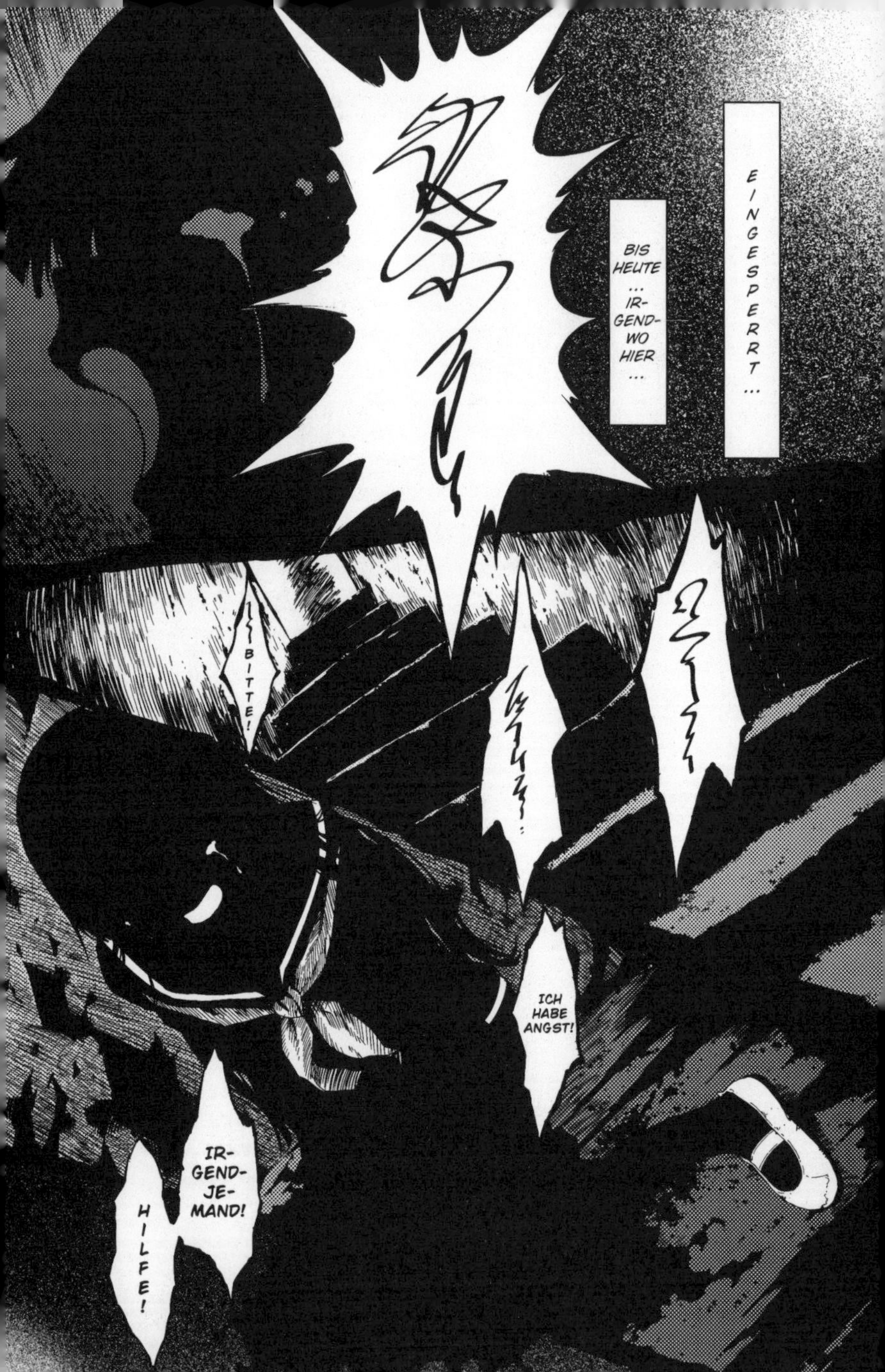
EINGESPERRT...
BIS HEUTE ... IRGENDWO HIER ...
BITTE!
ICH HABE ANGST!
IRGENDJEMAND!
HILFE!

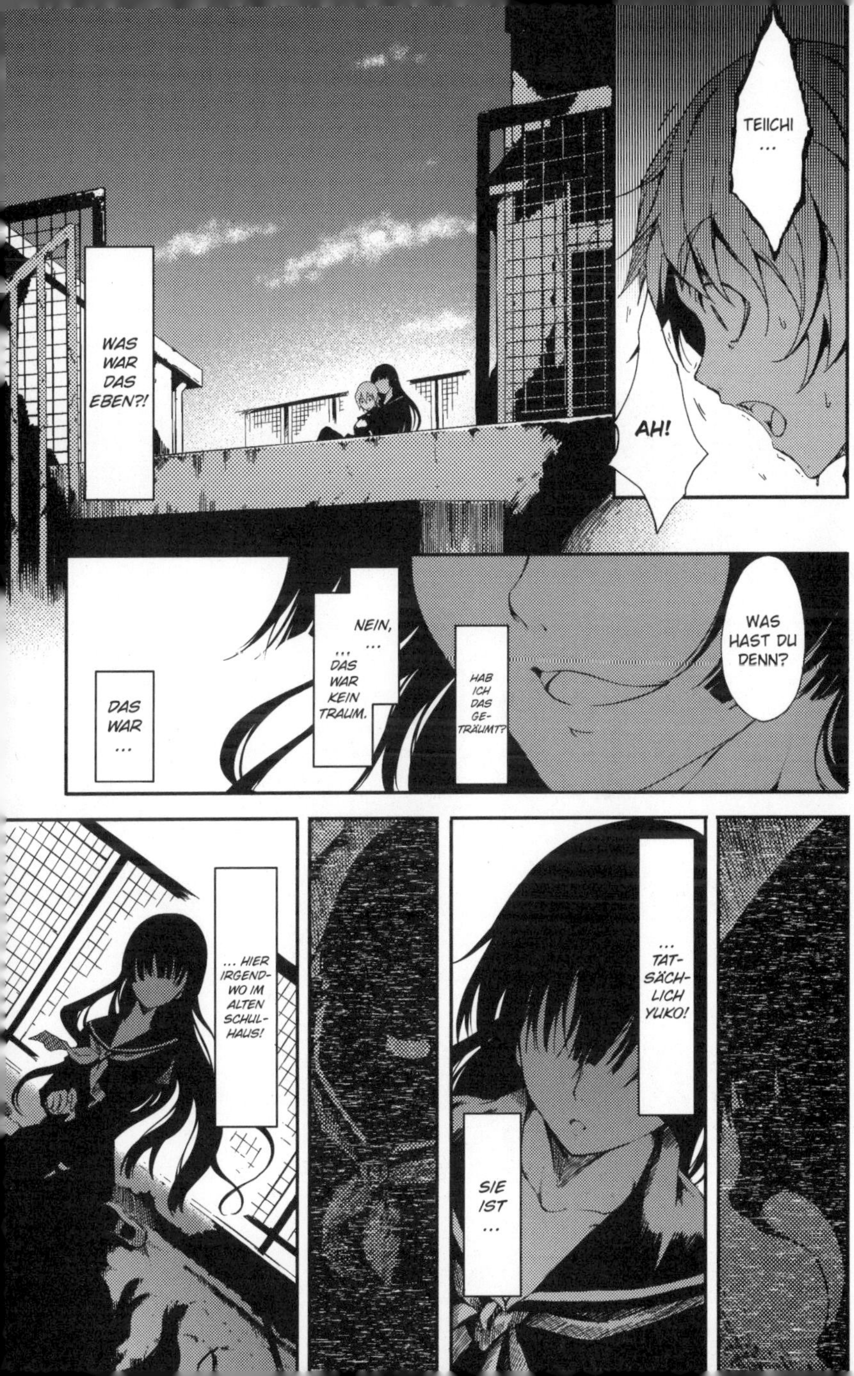

TEIICHI ...

AH!

WAS WAR DAS EBEN?!

WAS HAST DU DENN?

HAB ICH DAS GETRÄUMT?

NEIN, ...

... DAS WAR KEIN TRAUM.

DAS WAR ...

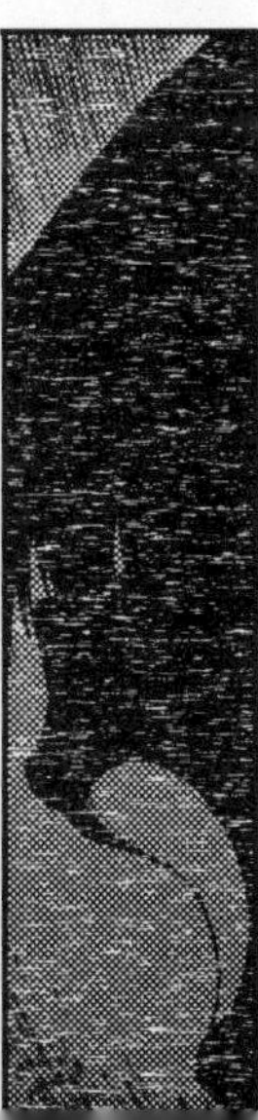

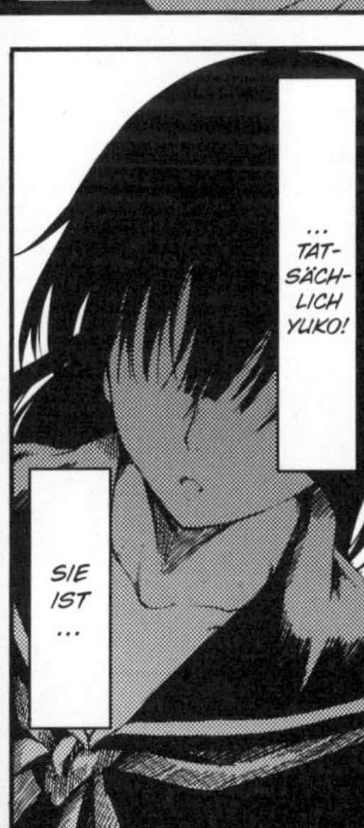

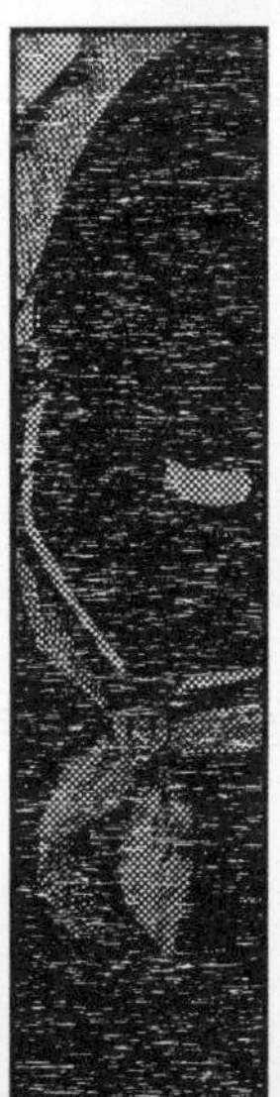

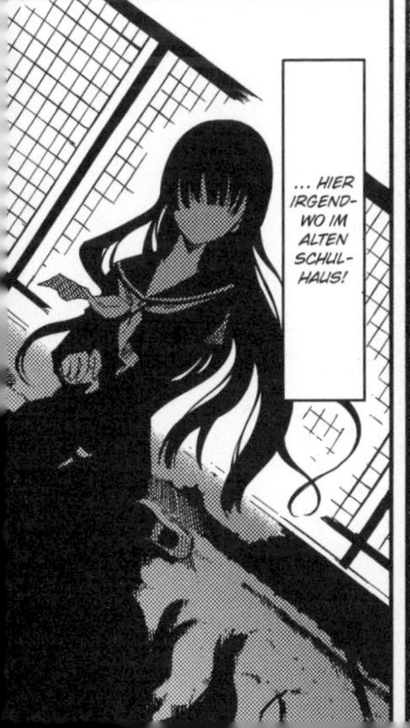

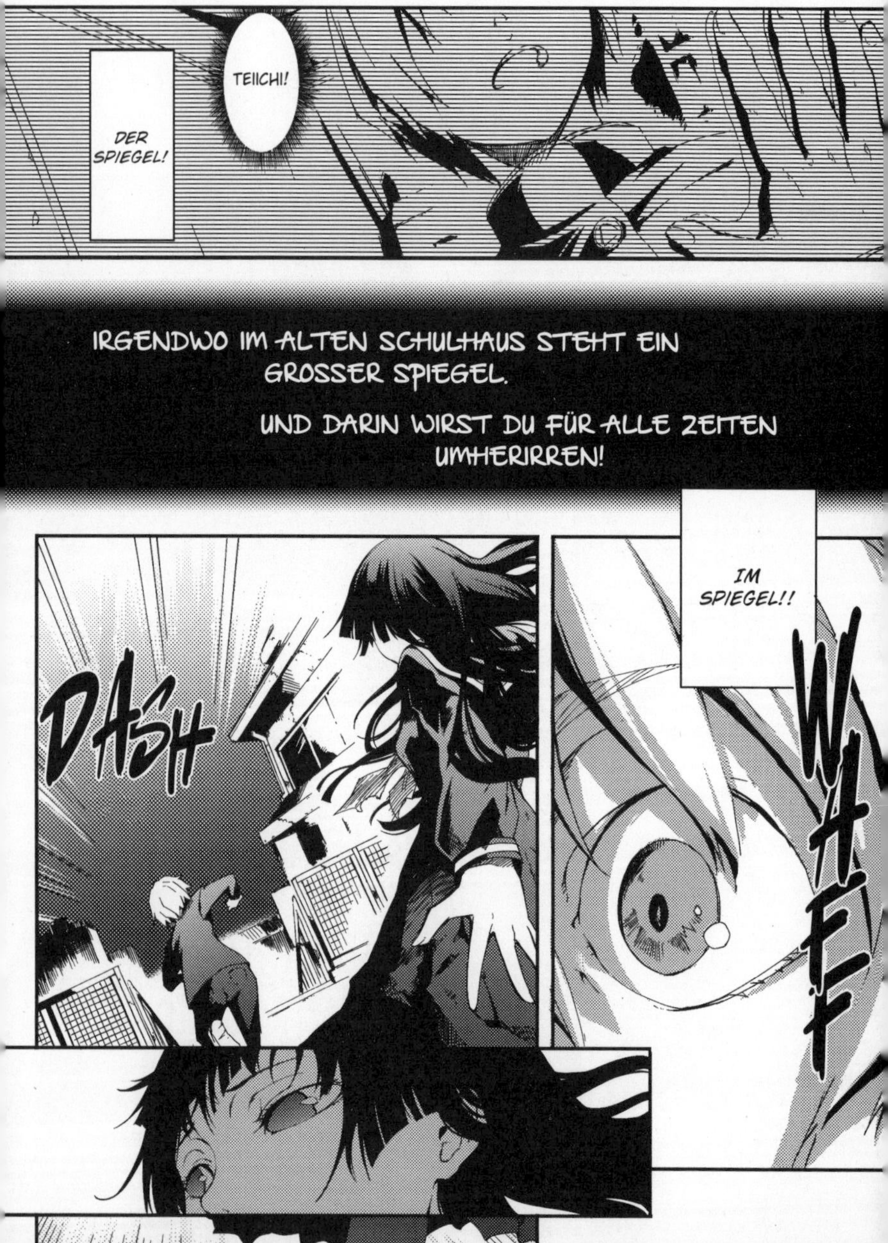

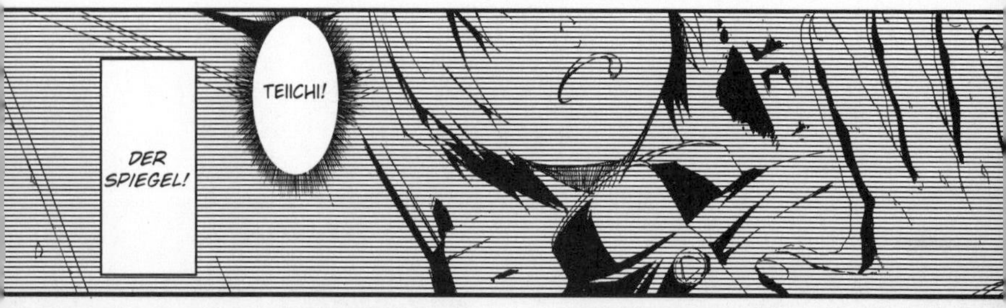

IRGENDWO IM ALTEN SCHULHAUS STEHT EIN GROSSER SPIEGEL.

UND DARIN WIRST DU FÜR ALLE ZEITEN UMHERIRREN!

IM SPIEGEL!!

WHFF

DASH

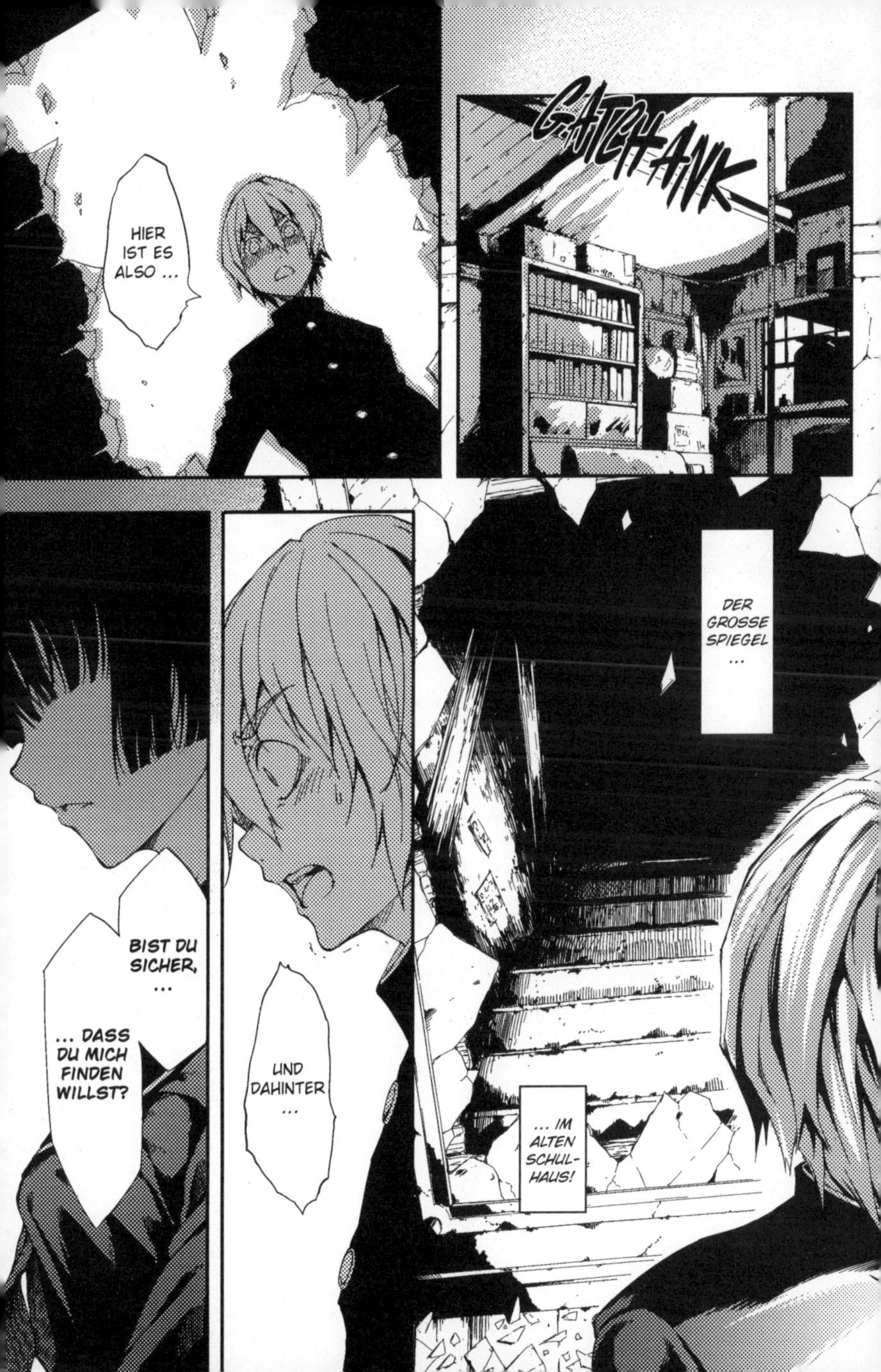
GATCHANK
HIER IST ES ALSO …
DER GROSSE SPIEGEL …
… IM ALTEN SCHULHAUS!
UND DAHINTER …
BIST DU SICHER, …
… DASS DU MICH FINDEN WILLST?

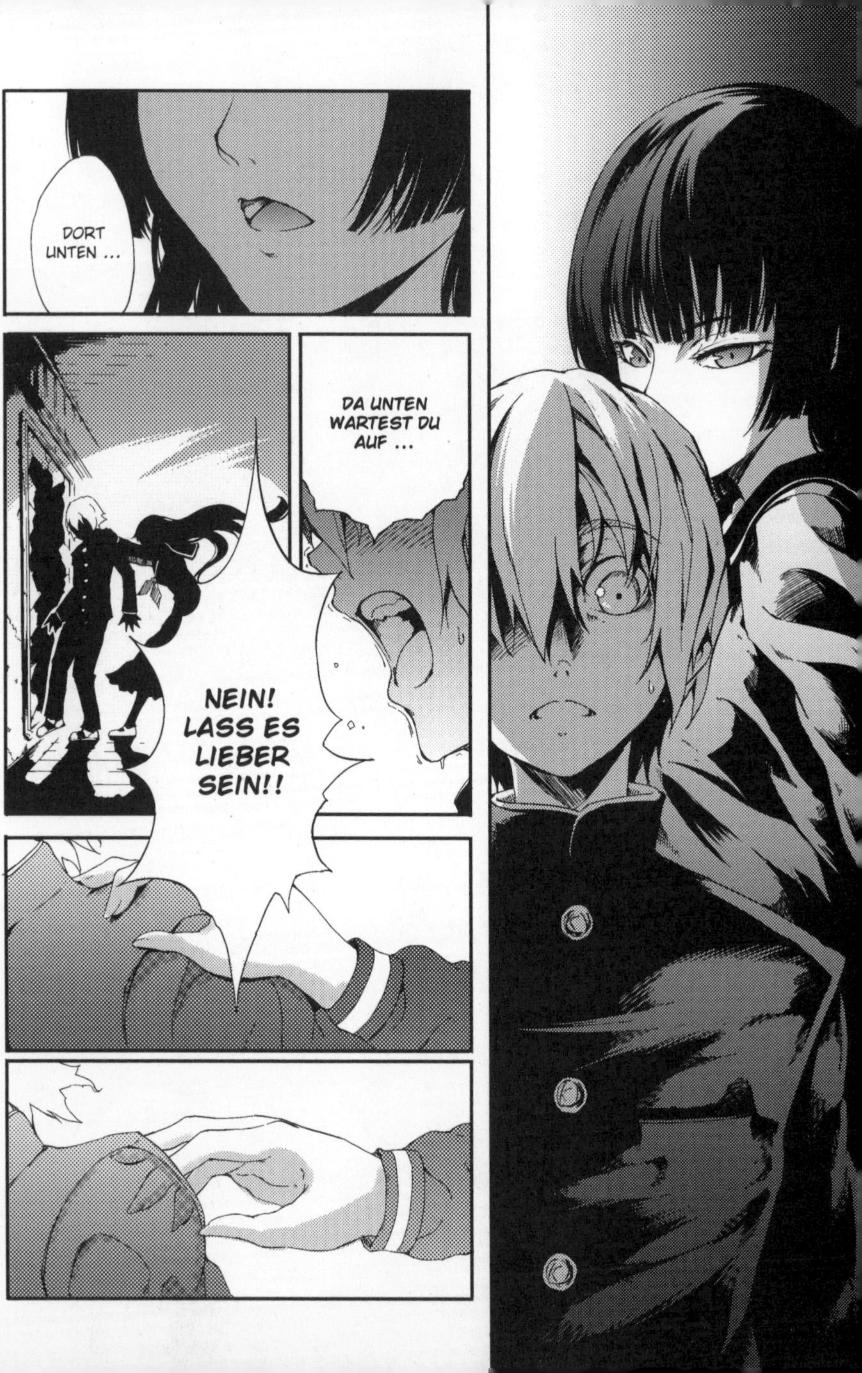

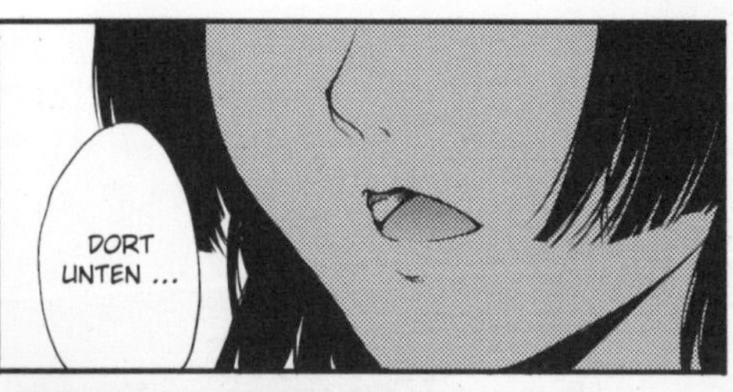
DORT
UNTEN ...

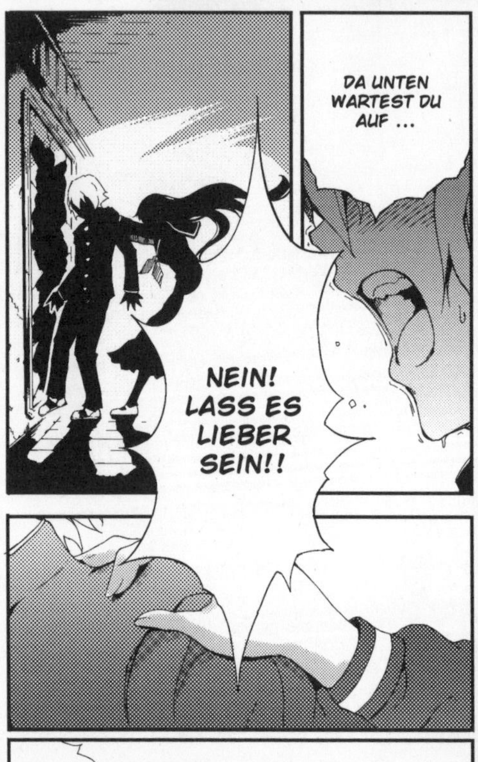
DA UNTEN
WARTEST DU
AUF ...
NEIN!
LASS ES
LIEBER
SEIN!!

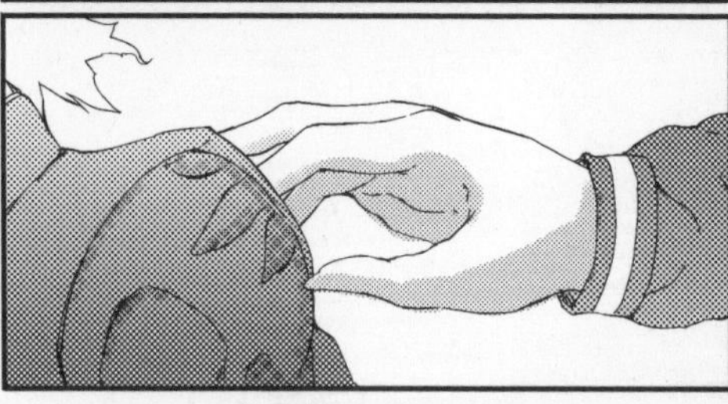

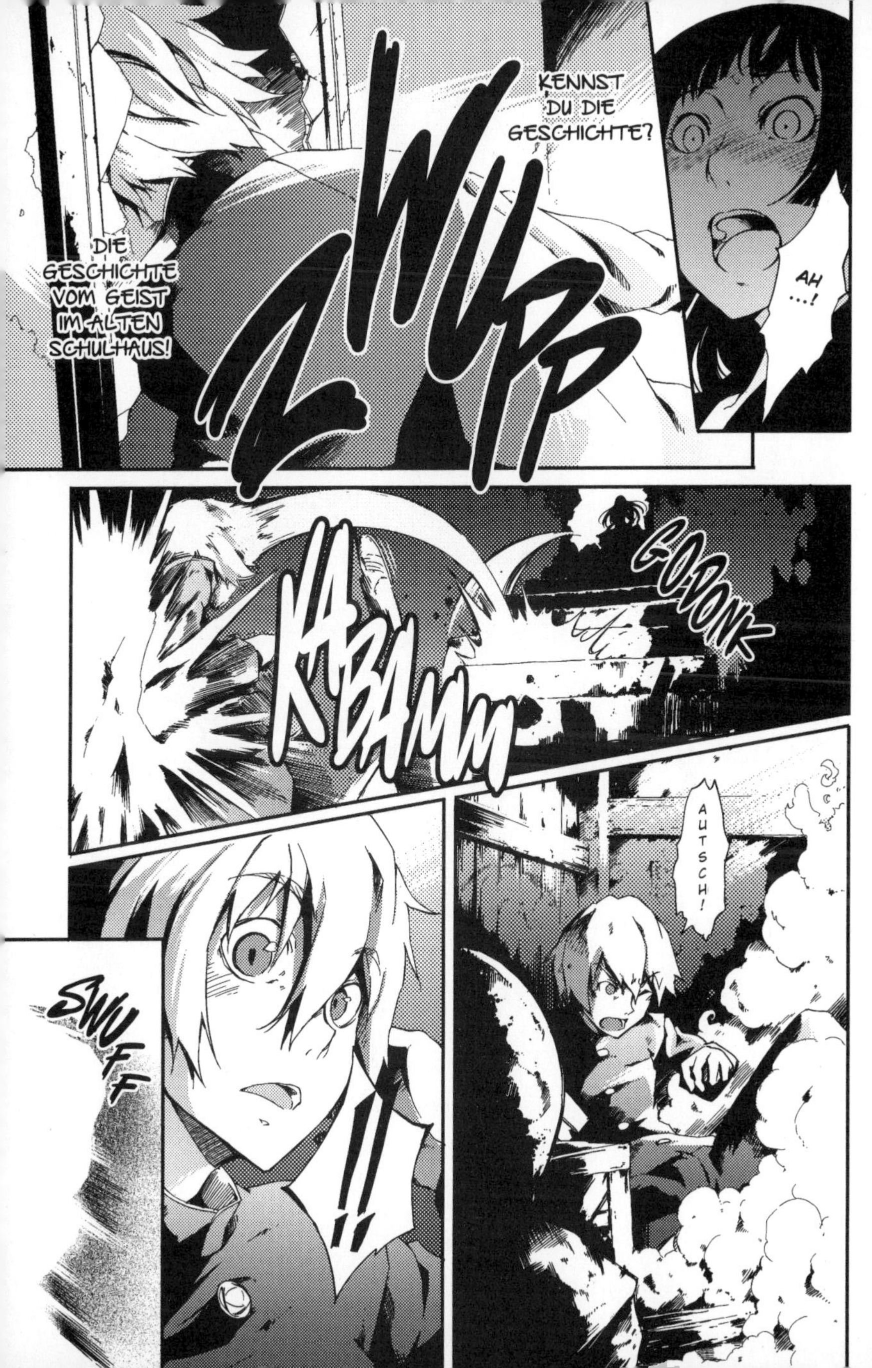
KENNST DU DIE GESCHICHTE?
AH ...!
ZWUPP
DIE GESCHICHTE VOM GEIST IM ALTEN SCHULHAUS!
GODONK
KABAMM
AUTSCH!
!!
SWUFF

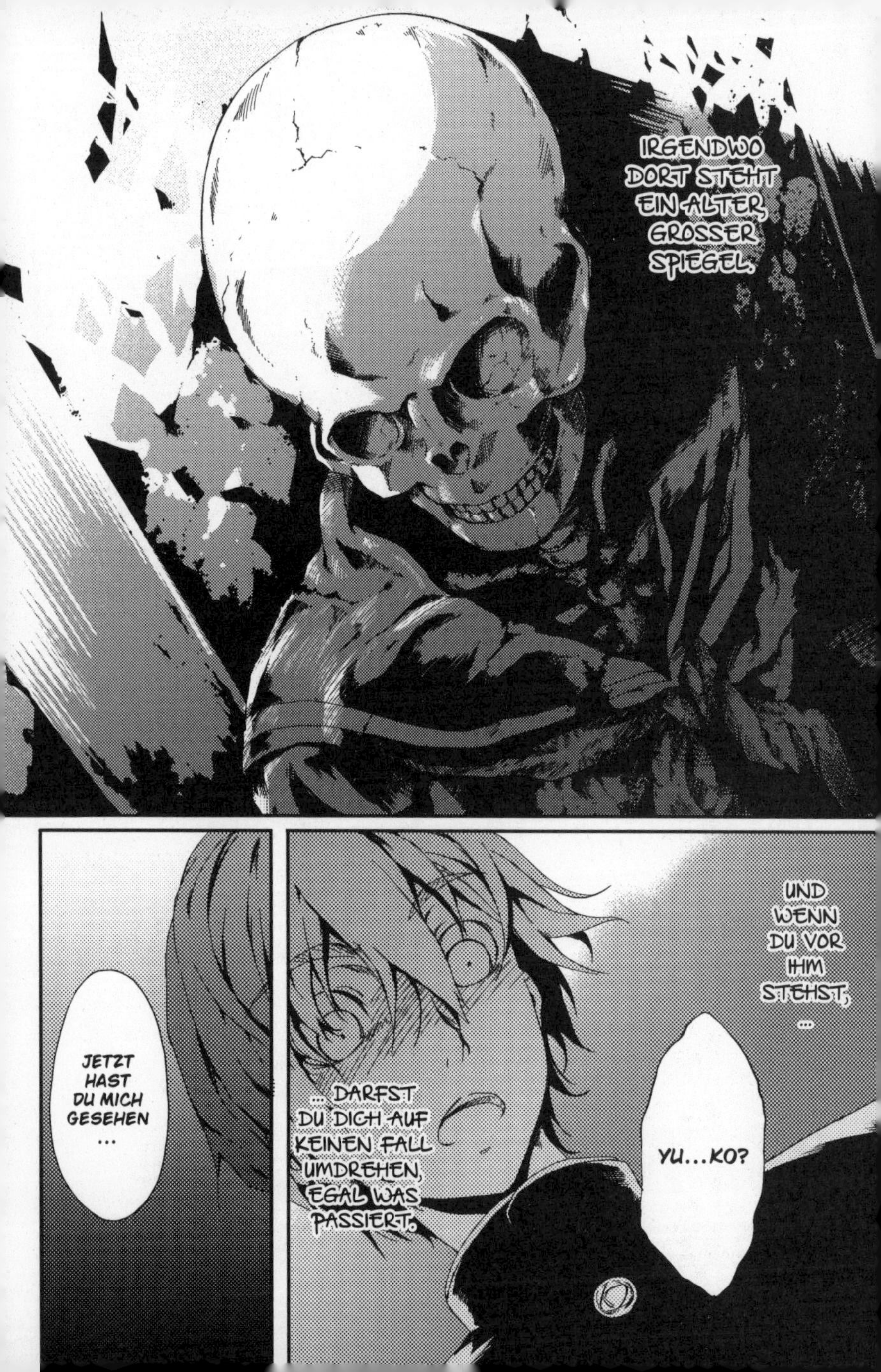

IRGENDWO DORT STEHT EIN ALTER, GROSSER SPIEGEL.

UND WENN DU VOR IHM STEHST, ...

YU...KO?

... DARFST DU DICH AUF KEINEN FALL UMDREHEN, EGAL WAS PASSIERT.

JETZT HAST DU MICH GESEHEN ...

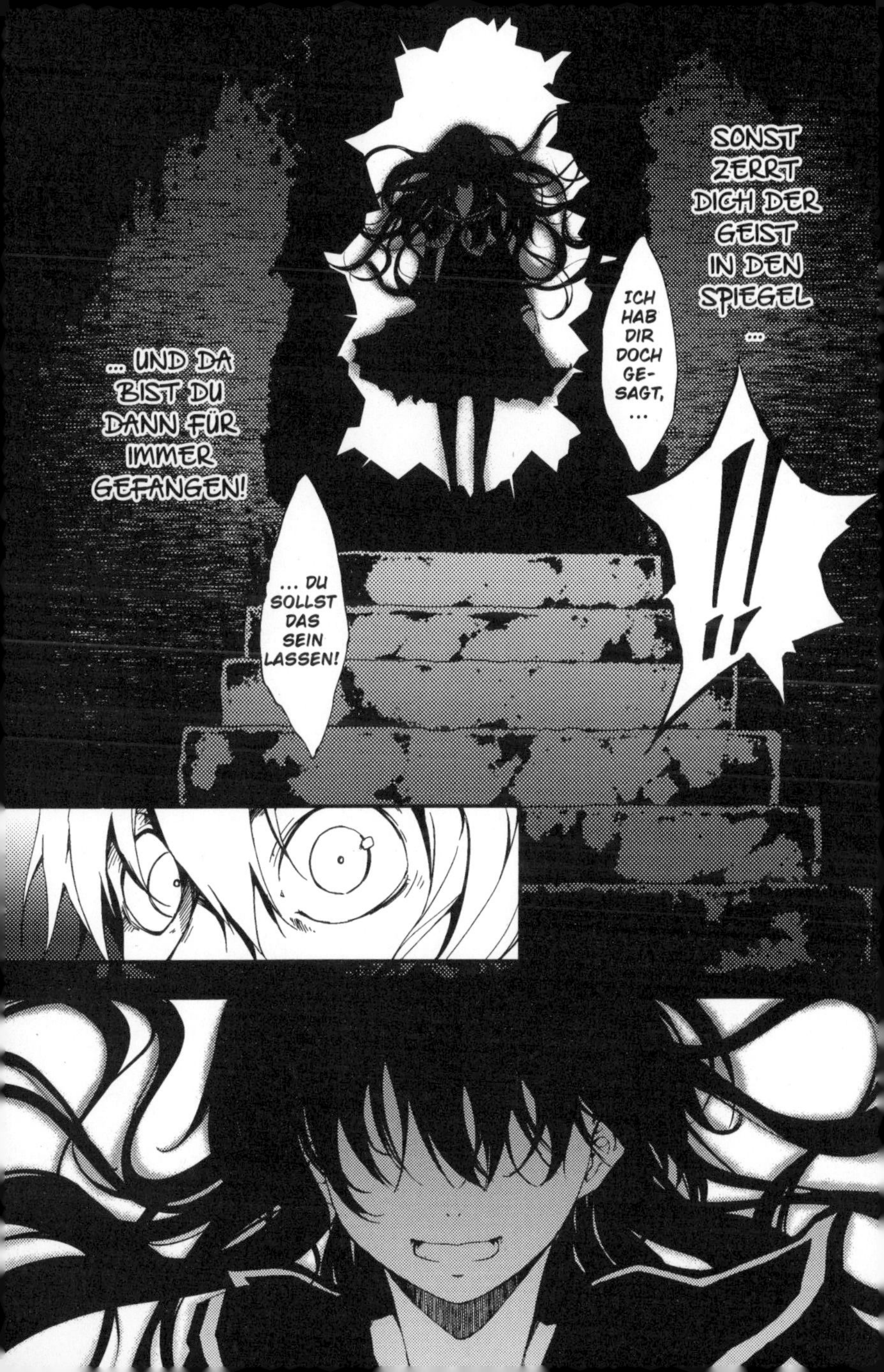

ICH HAB DIR DOCH GESAGT, ...
... DU SOLLST DAS SEIN LASSEN!
SONST ZERRT DICH DER GEIST IN DEN SPIEGEL ...
... UND DA BIST DU DANN FÜR IMMER GEFANGEN!
!!

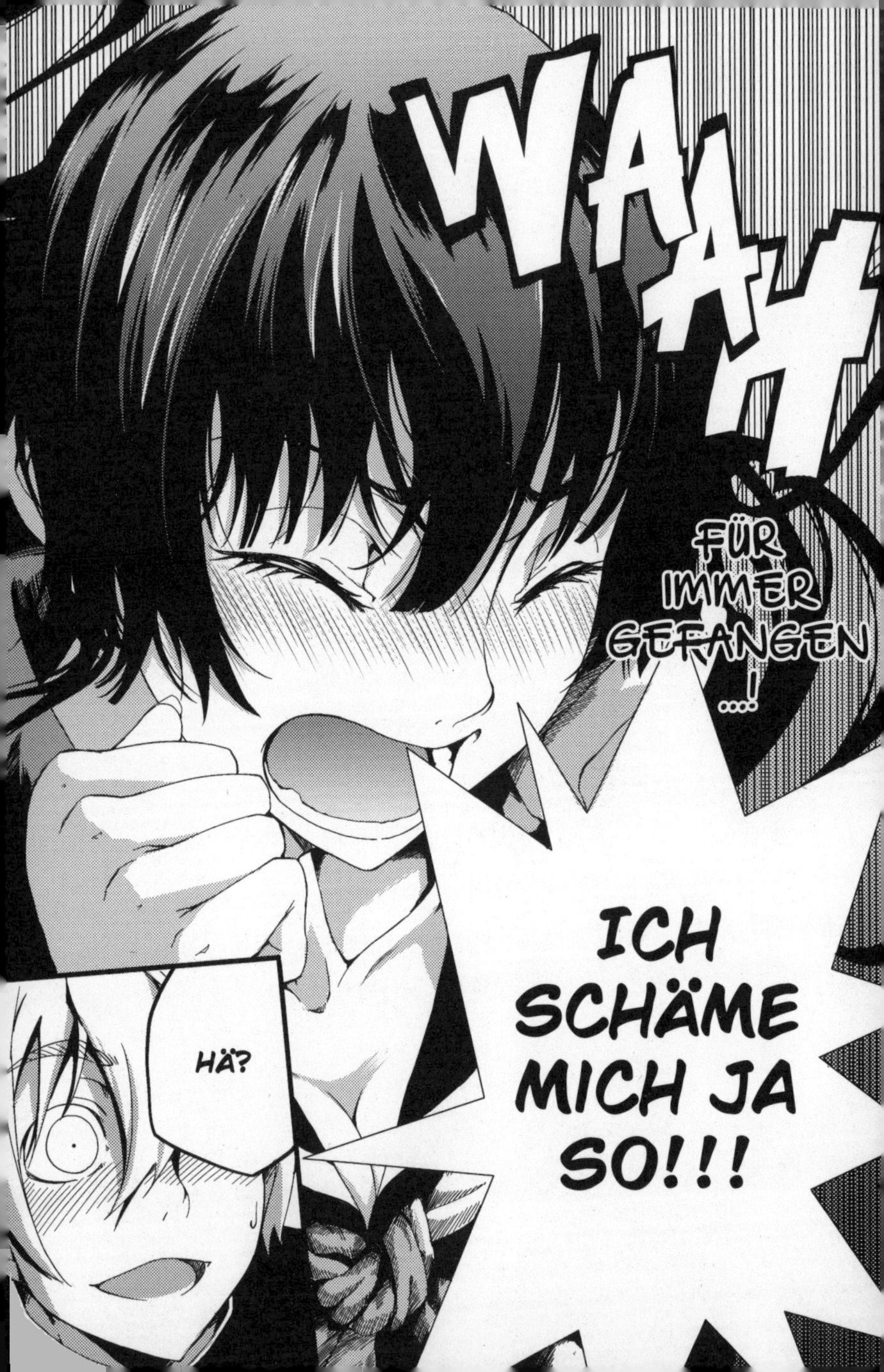
WAAH
FÜR IMMER GEFANGEN ...!
ICH SCHÄME MICH JA SO!!!
HÄ?

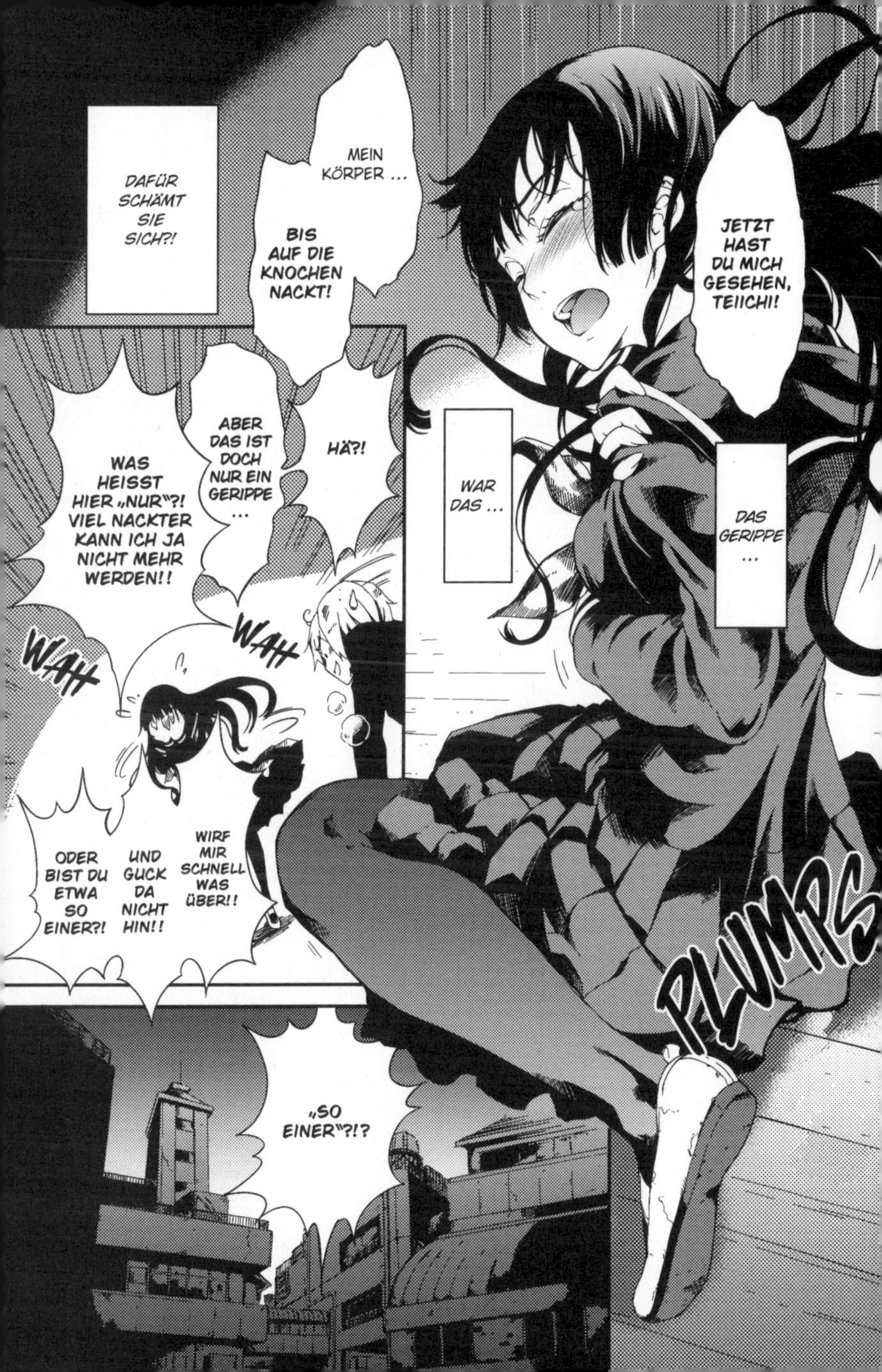
JETZT HAST DU MICH GESEHEN, TEIICHI!
MEIN KÖRPER …
BIS AUF DIE KNOCHEN NACKT!
DAFÜR SCHÄMT SIE SICH?!
WAR DAS …
DAS GERIPPE …
HÄ?!
ABER DAS IST DOCH NUR EIN GERIPPE …
WAS HEISST HIER „NUR"?! VIEL NACKTER KANN ICH JA NICHT MEHR WERDEN!!
WAH
WAH
WIRF MIR SCHNELL WAS ÜBER!!
UND GUCK DA NICHT HIN!!
ODER BIST DU ETWA SO EINER?!
PLUMPS
„SO EINER"?!?

DANN IST ES ALSO WAHR.

YUKO IST IN DER SCHULE UMS LEBEN GEKOMMEN.

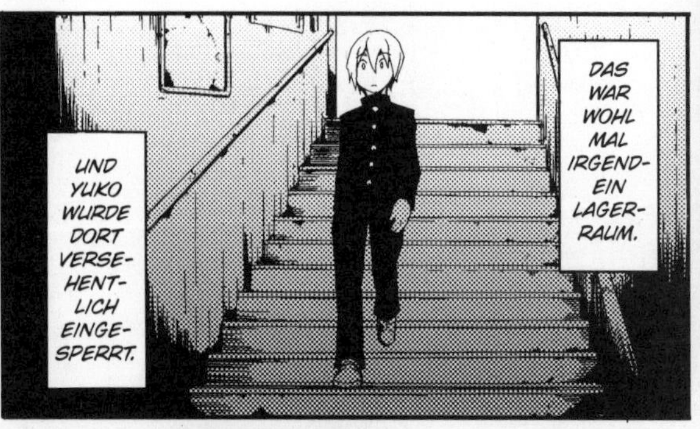

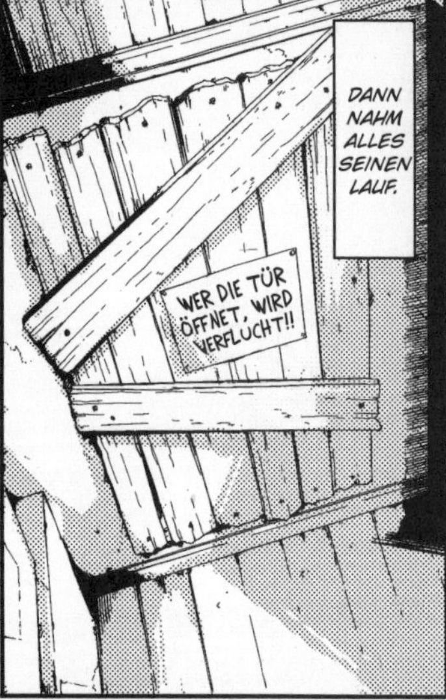

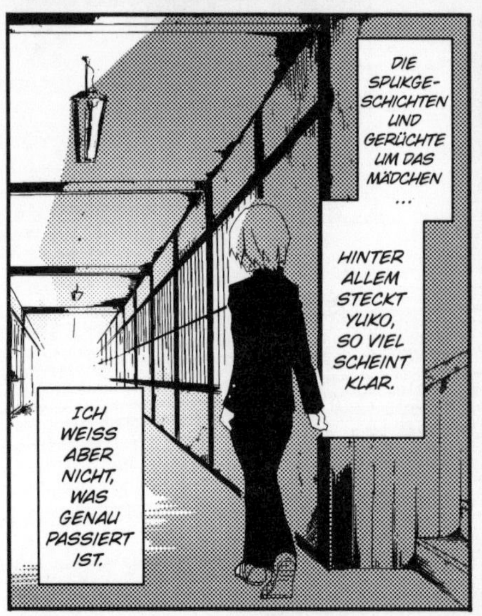

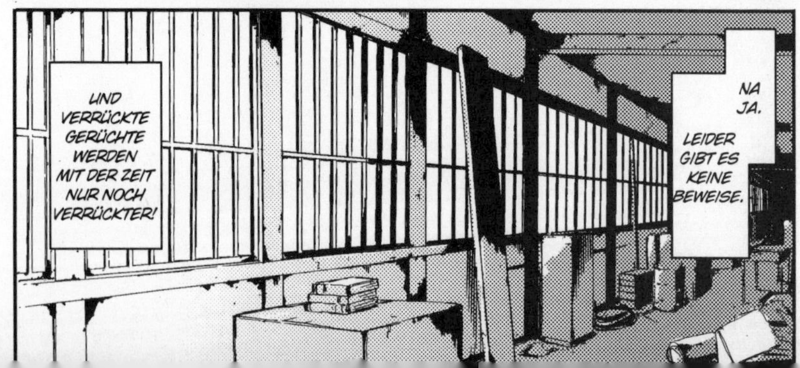

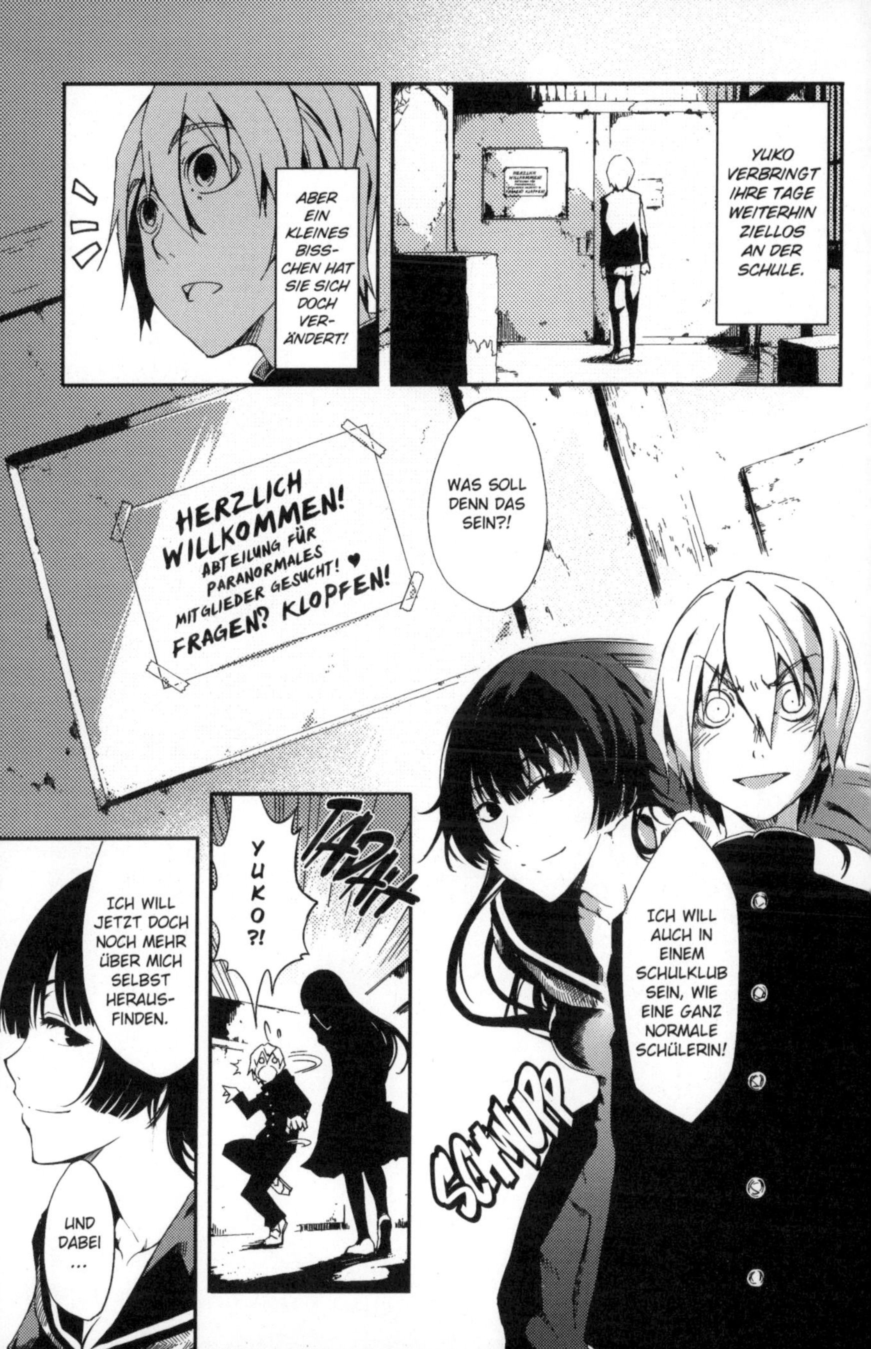
YUKO VERBRINGT IHRE TAGE WEITERHIN ZIELLOS AN DER SCHULE.
ABER EIN KLEINES BISSCHEN HAT SIE SICH DOCH VERÄNDERT!
HERZLICH WILLKOMMEN! ABTEILUNG FÜR PARANORMALES MITGLIEDER GESUCHT! ♥ FRAGEN? KLOPFEN!
WAS SOLL DENN DAS SEIN?!
TADAH
ICH WILL AUCH IN EINEM SCHULKLUB SEIN, WIE EINE GANZ NORMALE SCHÜLERIN!
SCHNUPP
YUKO?!
ICH WILL JETZT DOCH NOCH MEHR ÜBER MICH SELBST HERAUSFINDEN.
UND DABEI ...

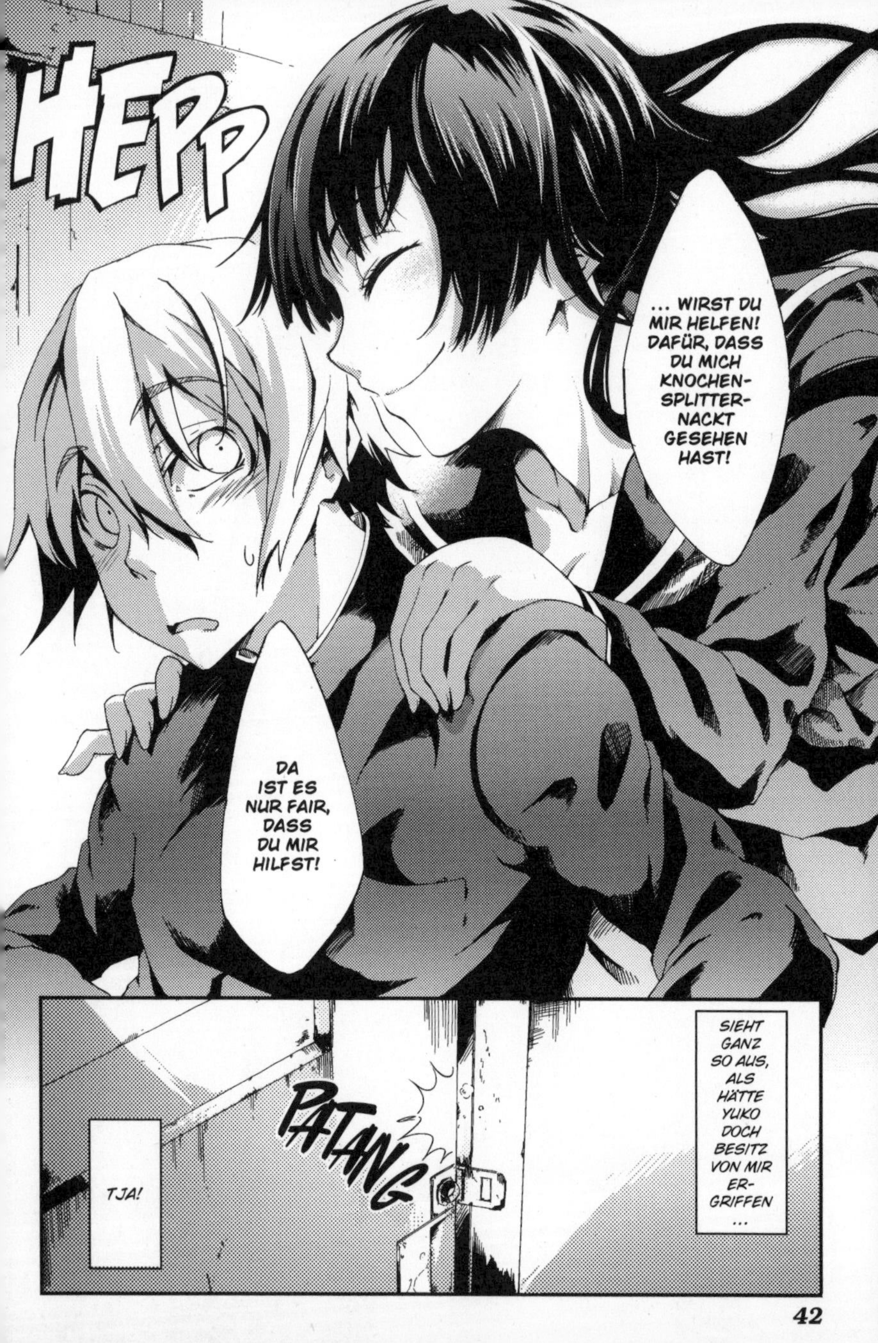
HEPP
... WIRST DU MIR HELFEN! DAFÜR, DASS DU MICH KNOCHEN-SPLITTER-NACKT GESEHEN HAST!
DA IST ES NUR FAIR, DASS DU MIR HILFST!
SIEHT GANZ SO AUS, ALS HÄTTE YUKO DOCH BESITZ VON MIR ER-GRIFFEN ...
PATANG
TJA!

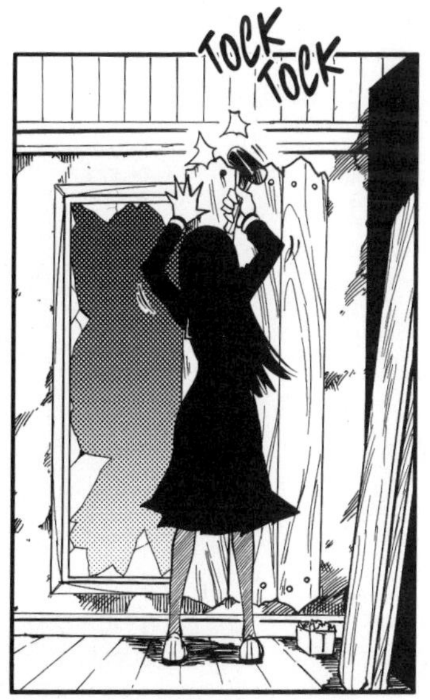
TOCK TOCK

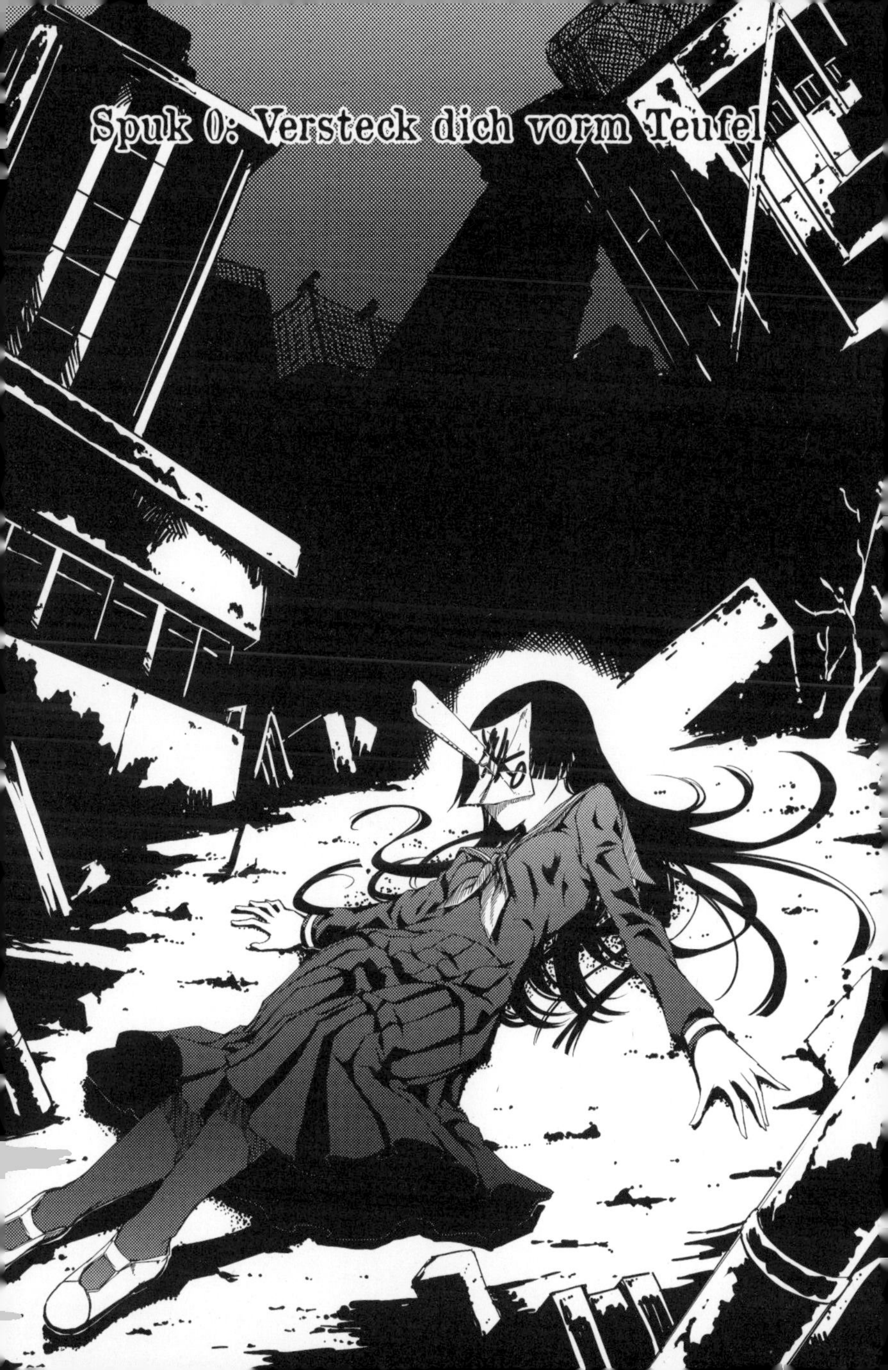
Spuk 0: Versteck dich vorm Teufel

AN DER SEIKYO-SCHULE GIBT ES SIEBEN GROSSE MYSTERIEN.

„VERSTECK DICH VORM TEUFEL‘ IST EINES DAVON.

BEI DIESER SPUKGESCHICHTE HANDELT ES SICH UM REGELN FÜR EIN RITUAL, DIE AN DAS GUTE ALTE VERSTECKSPIEL ERINNERN.

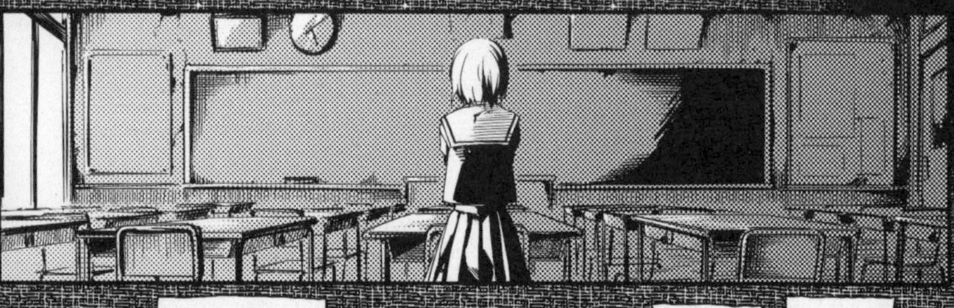

UND SO GEHT ES:

MAN BENÖTIGT EINE PUPPE, DIE MAN MIT EINEM BESTIMMTEN NAMEN VERSIEHT.

ES GIBT KEINE WEITEREN SPIELER

NACH DEM UNTERRICHT MUSS MAN SICH VERGEWISSERN, DASS AUSSER EINEM SELBST NIEMAND MEHR IN DER SCHULE IST.

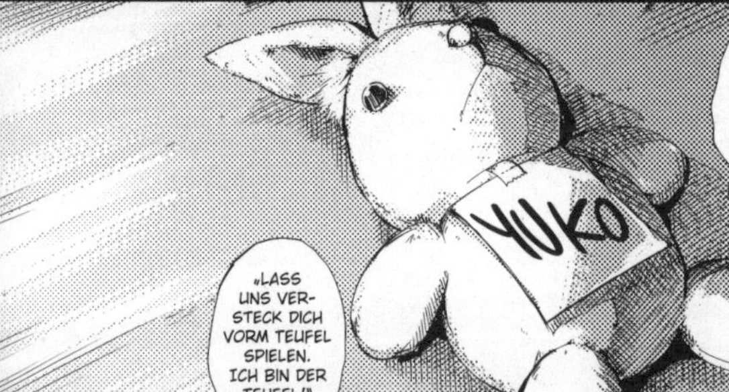

UND SCHON KANN ES LOSGEHEN!

DER TEUFEL BEGINNT UND MUSS DIE PUPPE SUCHEN.

DAZU DREHT ER SICH UM UND ZÄHLT LANGSAM BIS ZEHN.

HAT ER DIE PUPPE GEFUNDEN, MUSS ER ‚HAB DICH‘ RUFEN!

...

9!

10!

HAB DICH!

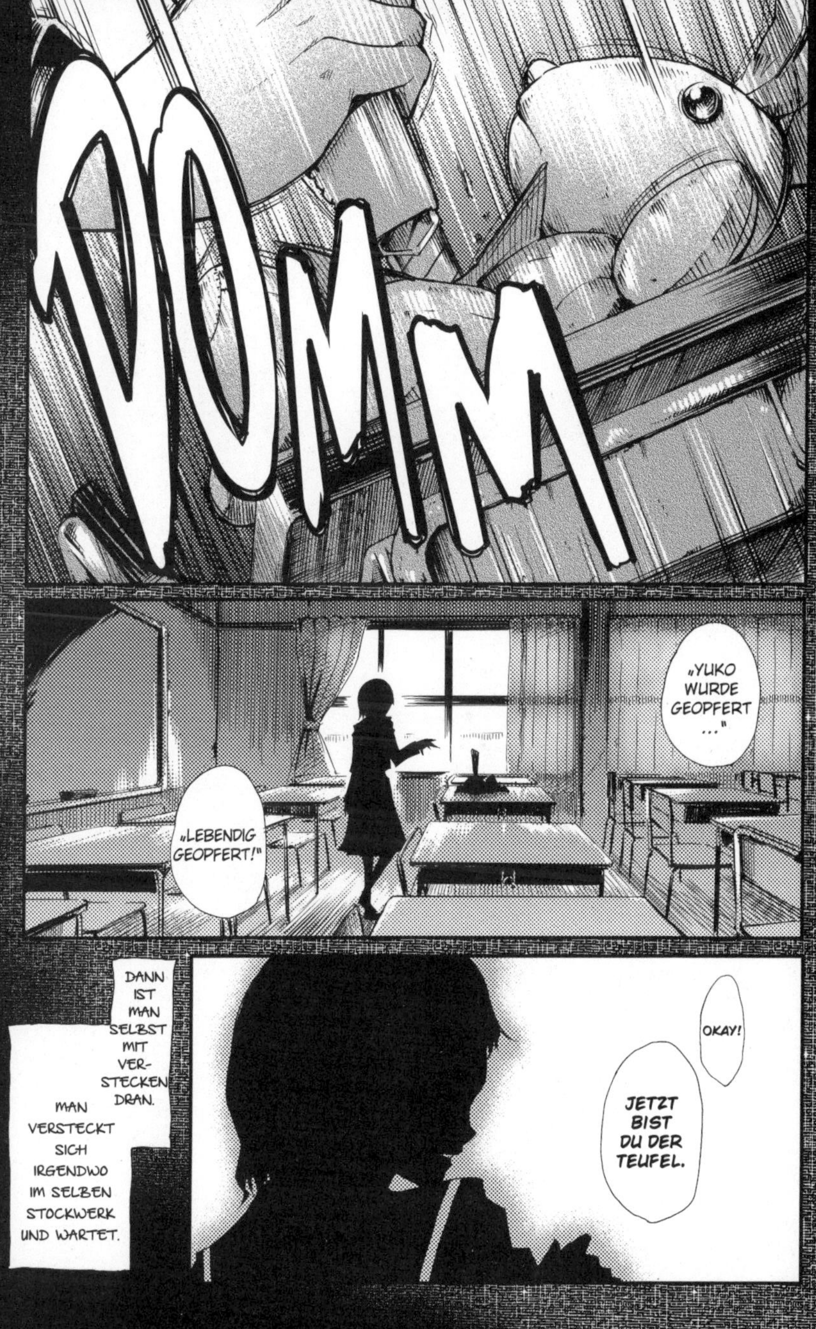
DOMM
„YUKO WURDE GEOPFERT ...“
„LEBENDIG GEOPFERT!“
DANN IST MAN SELBST MIT VER-STECKEN DRAN.
MAN VERSTECKT SICH IRGENDWO IM SELBEN STOCKWERK UND WARTET.
OKAY!
JETZT BIST DU DER TEUFEL.

DABEI MUSS MAN DREI REGELN BEACHTEN.

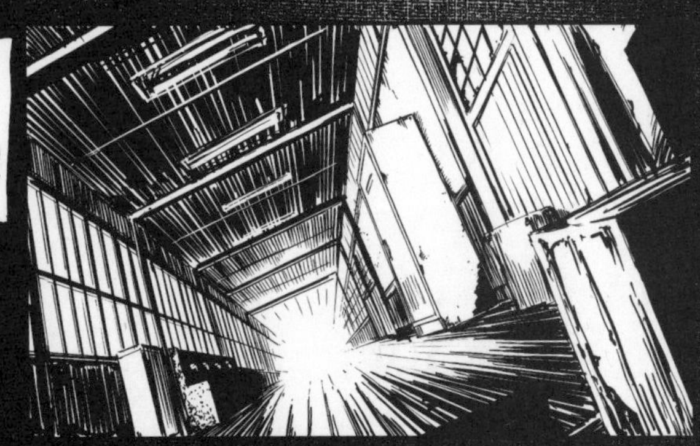

1. MAN DARF DIE SCHULE AUF KEINEN FALL VERLASSEN.

2. MAN MUSS MUCKSMÄUSCHENSTILL SEIN.

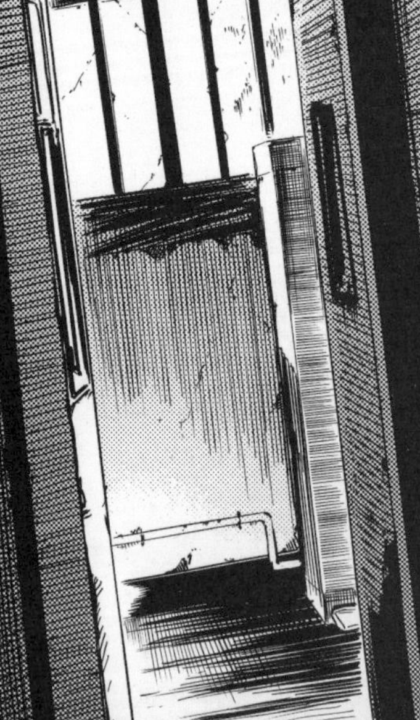

SOLLTE NICHT SCHWER SEIN, WEIL MAN JA ALLEINE SPIELT.

ABER „ETWAS" WIRD EINEN SUCHEN KOMMEN!

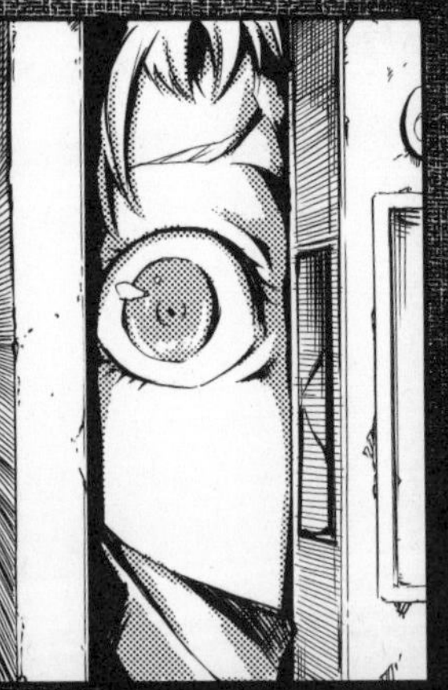

3. NIEMAND DARF DICH FINDEN!

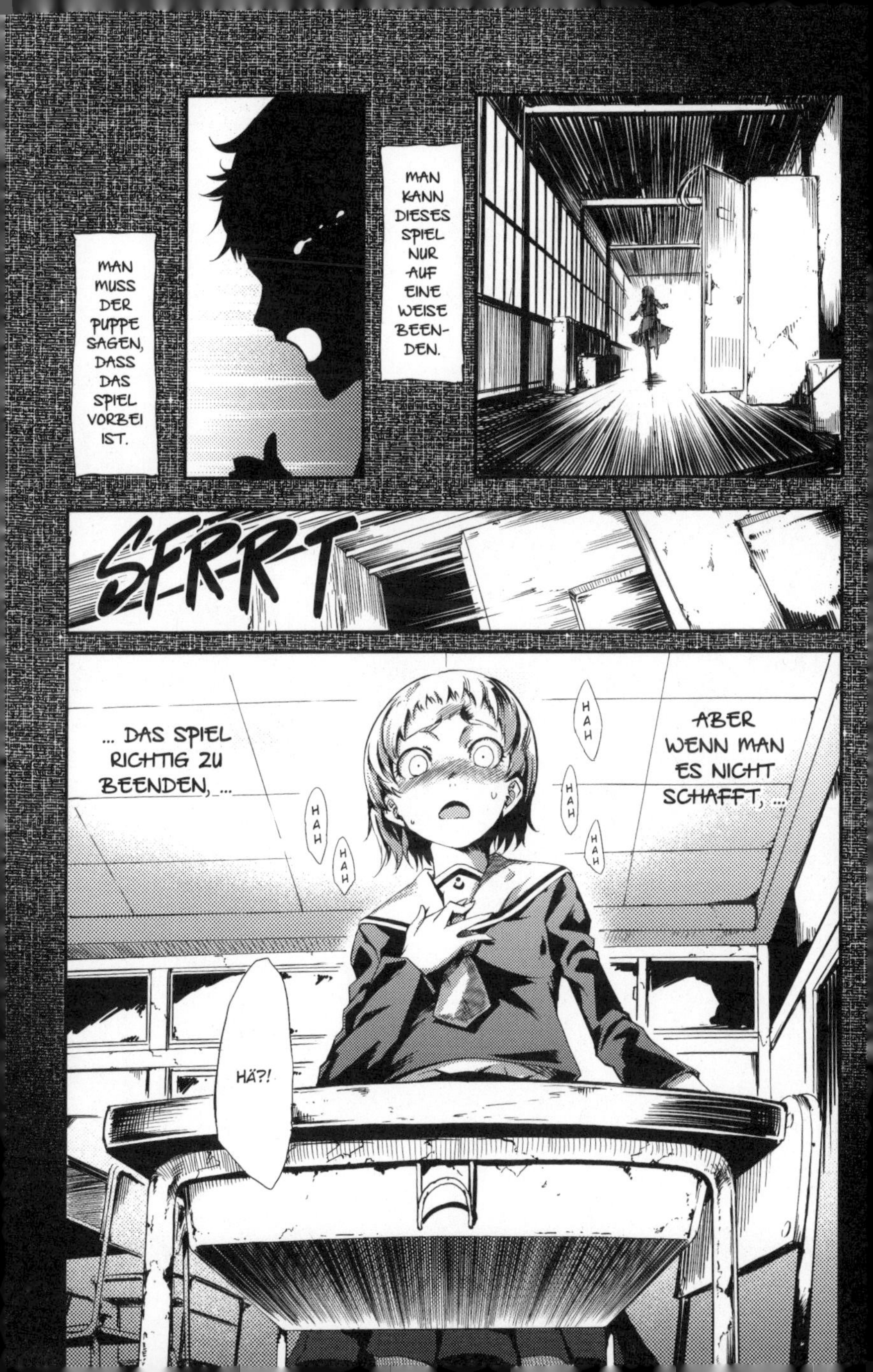

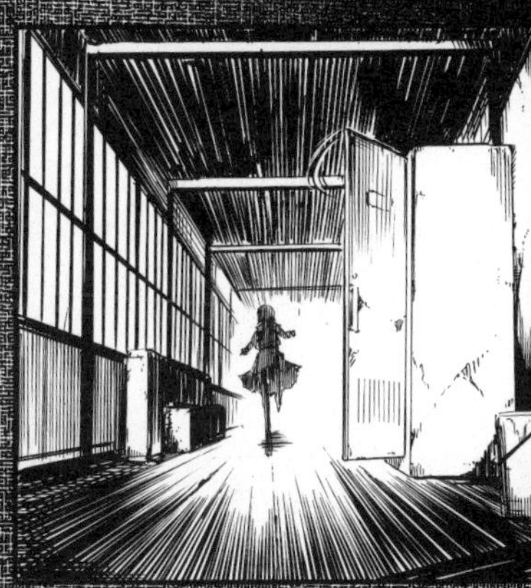

MAN KANN DIESES SPIEL NUR AUF EINE WEISE BEENDEN.

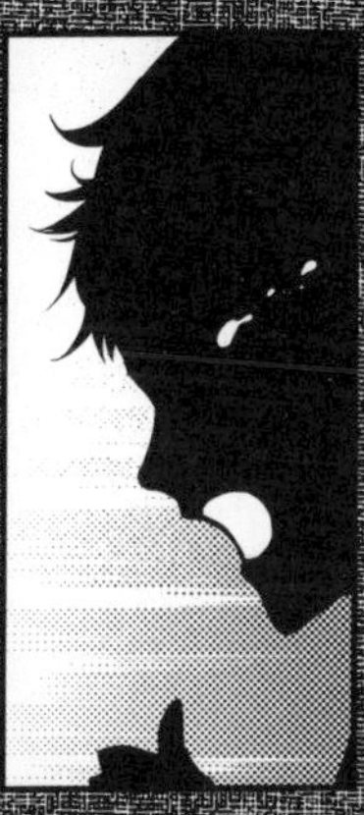

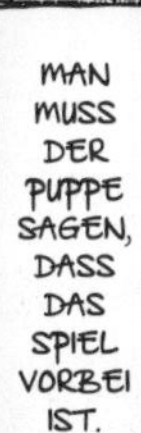

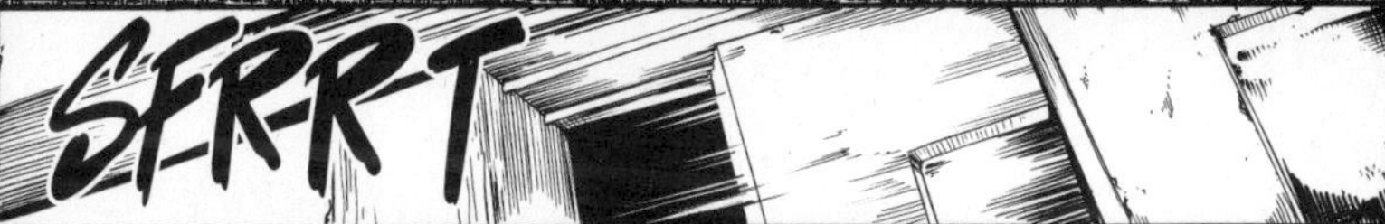

ABER WENN MAN ES NICHT SCHAFFT, ...

HAH

HAH

HAH

... DAS SPIEL RICHTIG ZU BEENDEN, ...

HAH

HAH

HÄ?!

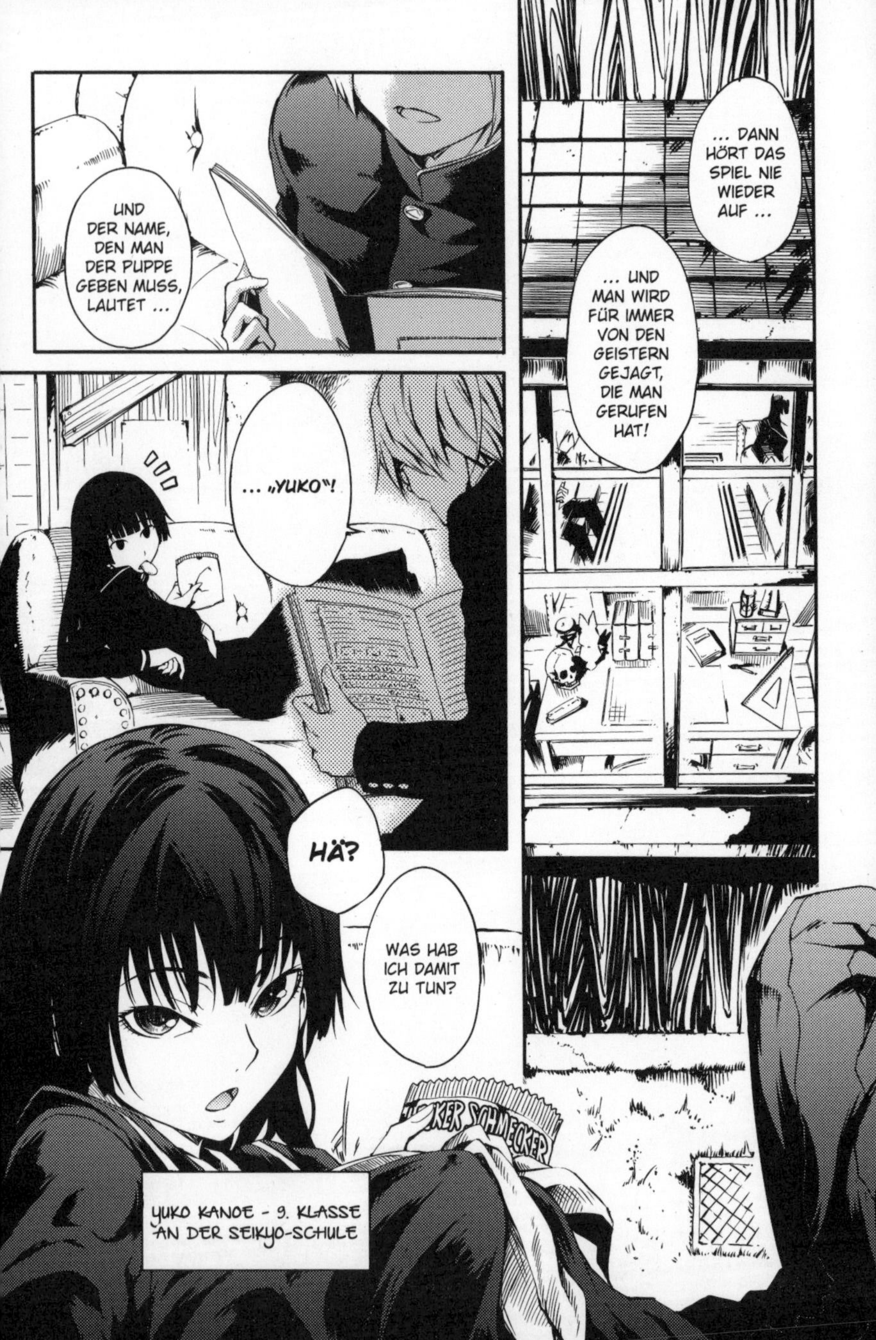

... DANN HÖRT DAS SPIEL NIE WIEDER AUF ...
... UND MAN WIRD FÜR IMMER VON DEN GEISTERN GEJAGT, DIE MAN GERUFEN HAT!
UND DER NAME, DEN MAN DER PUPPE GEBEN MUSS, LAUTET ...
... „YUKO“!
HÄ?
WAS HAB ICH DAMIT ZU TUN?
SCHMECKER
YUKO KANOE - 9. KLASSE AN DER SEIKYO-SCHULE

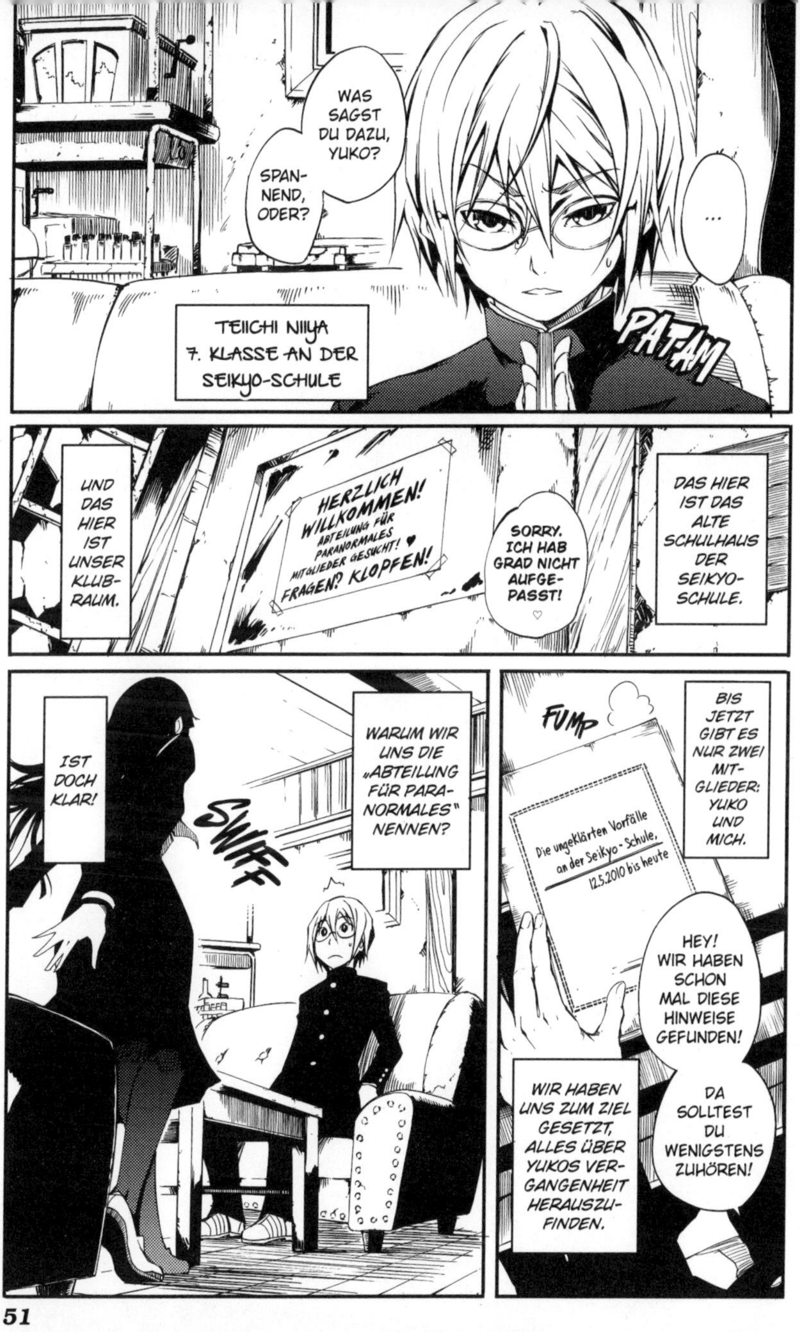

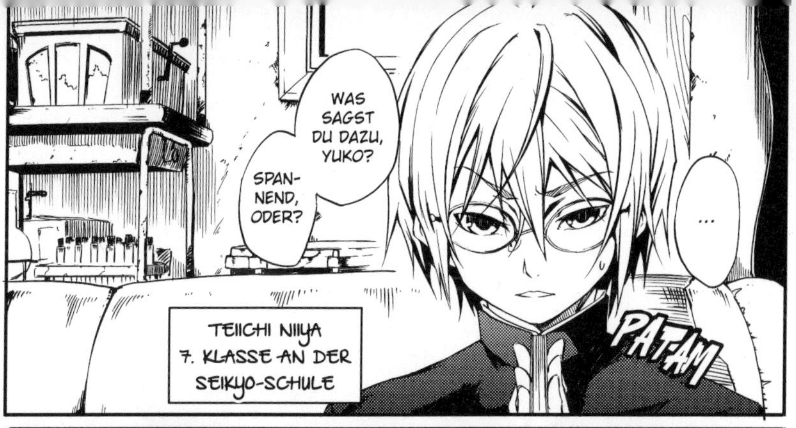

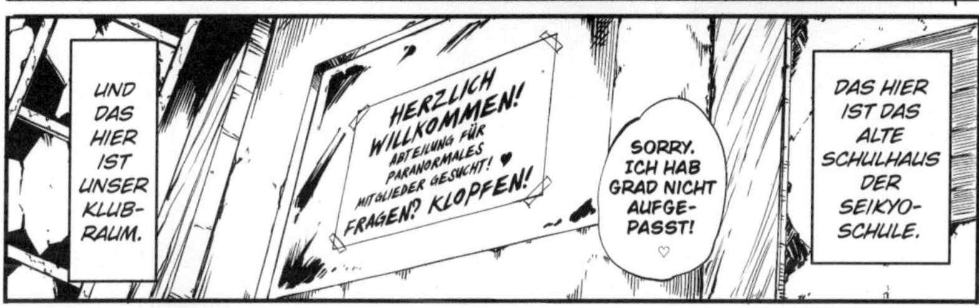

BIS JETZT GIBT ES NUR ZWEI MIT-GLIEDER: YUKO UND MICH.

FUMP

Die ungeklärten Vorfälle an der Seikyo-Schule, 12.5.2010 bis heute

HEY! WIR HABEN SCHON MAL DIESE HINWEISE GEFUNDEN!

DA SOLLTEST DU WENIGSTENS ZUHÖREN!

WIR HABEN UNS ZUM ZIEL GESETZT, ALLES ÜBER YUKOS VER-GANGENHEIT HERAUSZU-FINDEN.

WARUM WIR UNS DIE „ABTEILUNG FÜR PARA-NORMALES“ NENNEN?

IST DOCH KLAR!

SWIFF

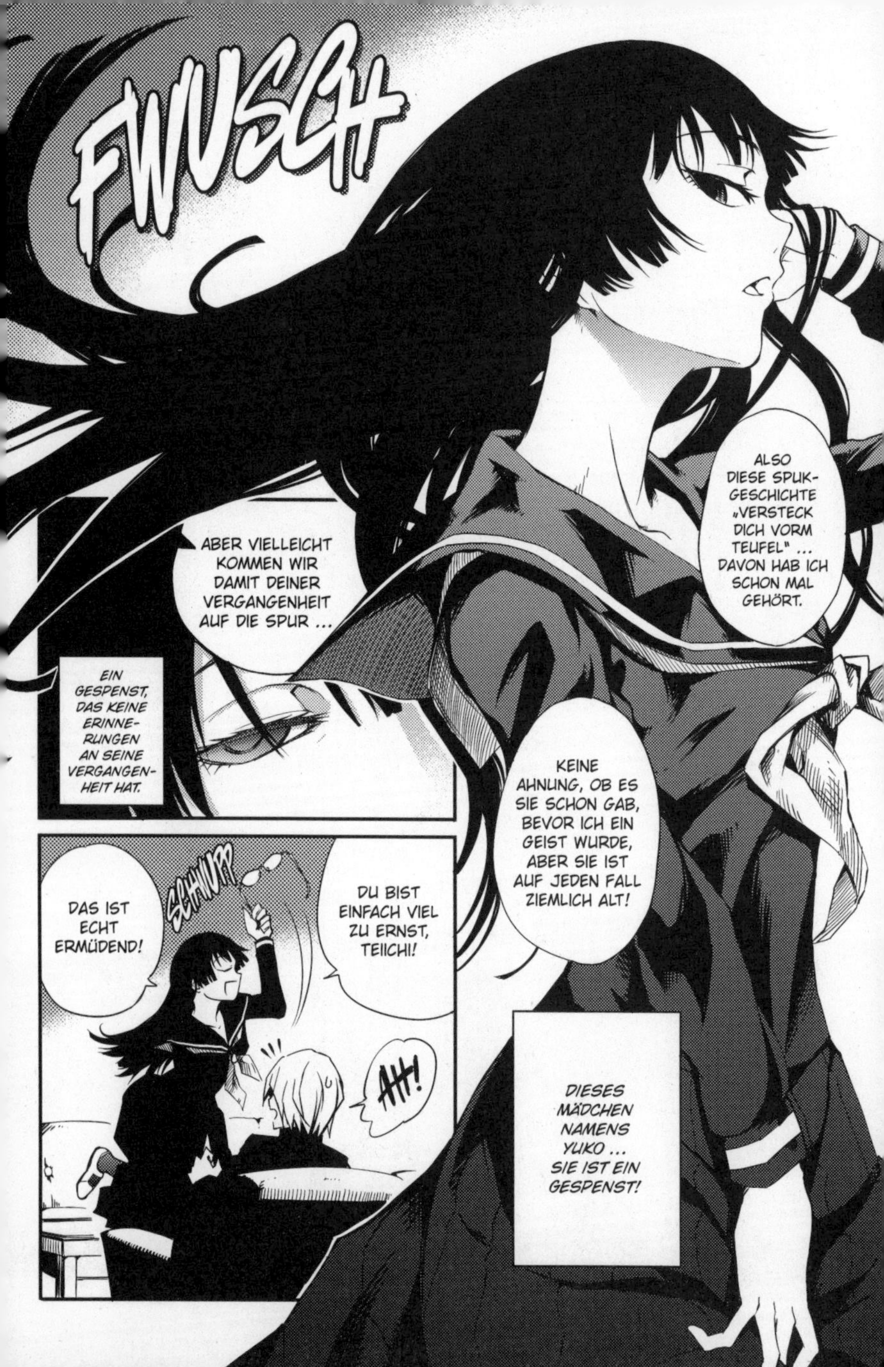
FWUSCH
ALSO DIESE SPUK-GESCHICHTE „VERSTECK DICH VORM TEUFEL" … DAVON HAB ICH SCHON MAL GEHÖRT.
KEINE AHNUNG, OB ES SIE SCHON GAB, BEVOR ICH EIN GEIST WURDE, ABER SIE IST AUF JEDEN FALL ZIEMLICH ALT!
DIESES MÄDCHEN NAMENS YUKO … SIE IST EIN GESPENST!
EIN GESPENST, DAS KEINE ERINNE-RUNGEN AN SEINE VERGANGEN-HEIT HAT.
ABER VIELLEICHT KOMMEN WIR DAMIT DEINER VERGANGENHEIT AUF DIE SPUR …
DU BIST EINFACH VIEL ZU ERNST, TEIICHI!
SCHWUPP
DAS IST ECHT ERMÜDEND!
AH!

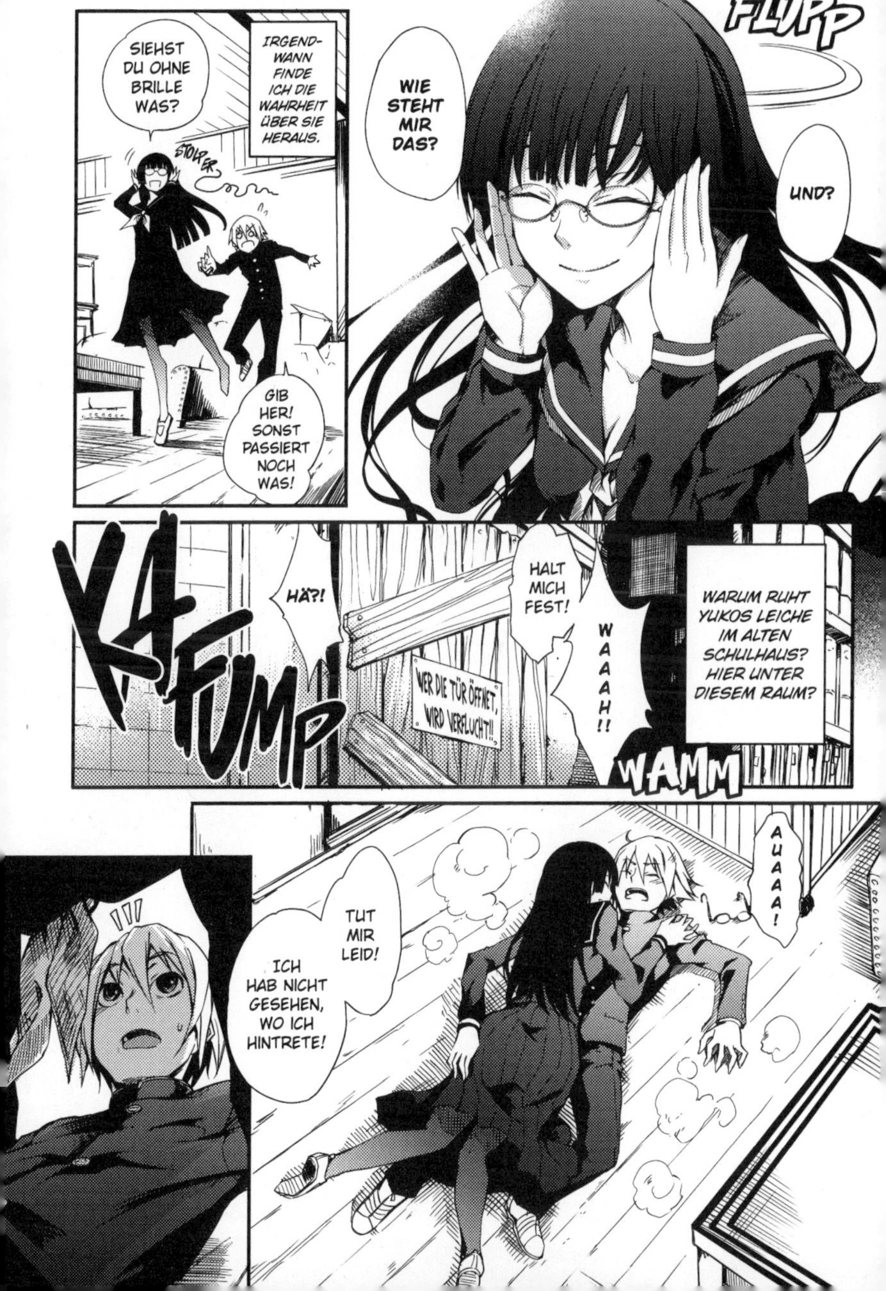

FLUPP
UND?
WIE STEHT MIR DAS?
IRGENDWANN FINDE ICH DIE WAHRHEIT ÜBER SIE HERAUS.
SIEHST DU OHNE BRILLE WAS?
STOLPER
GIB HER! SONST PASSIERT NOCH WAS!
WARUM RUHT YUKOS LEICHE IM ALTEN SCHULHAUS? HIER UNTER DIESEM RAUM?
WAMM
HALT MICH FEST!
WAAAAH!!
WER DIE TÜR ÖFFNET, WIRD VERFLUCHT!!
HÄ?!
KA FUMP

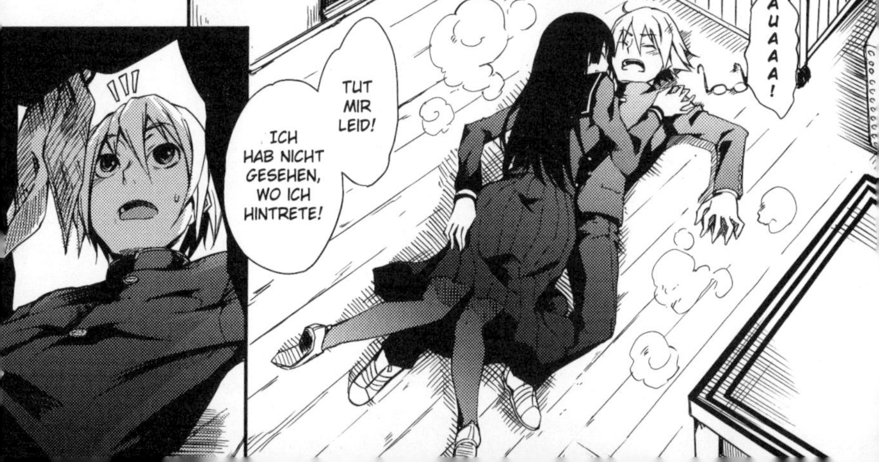

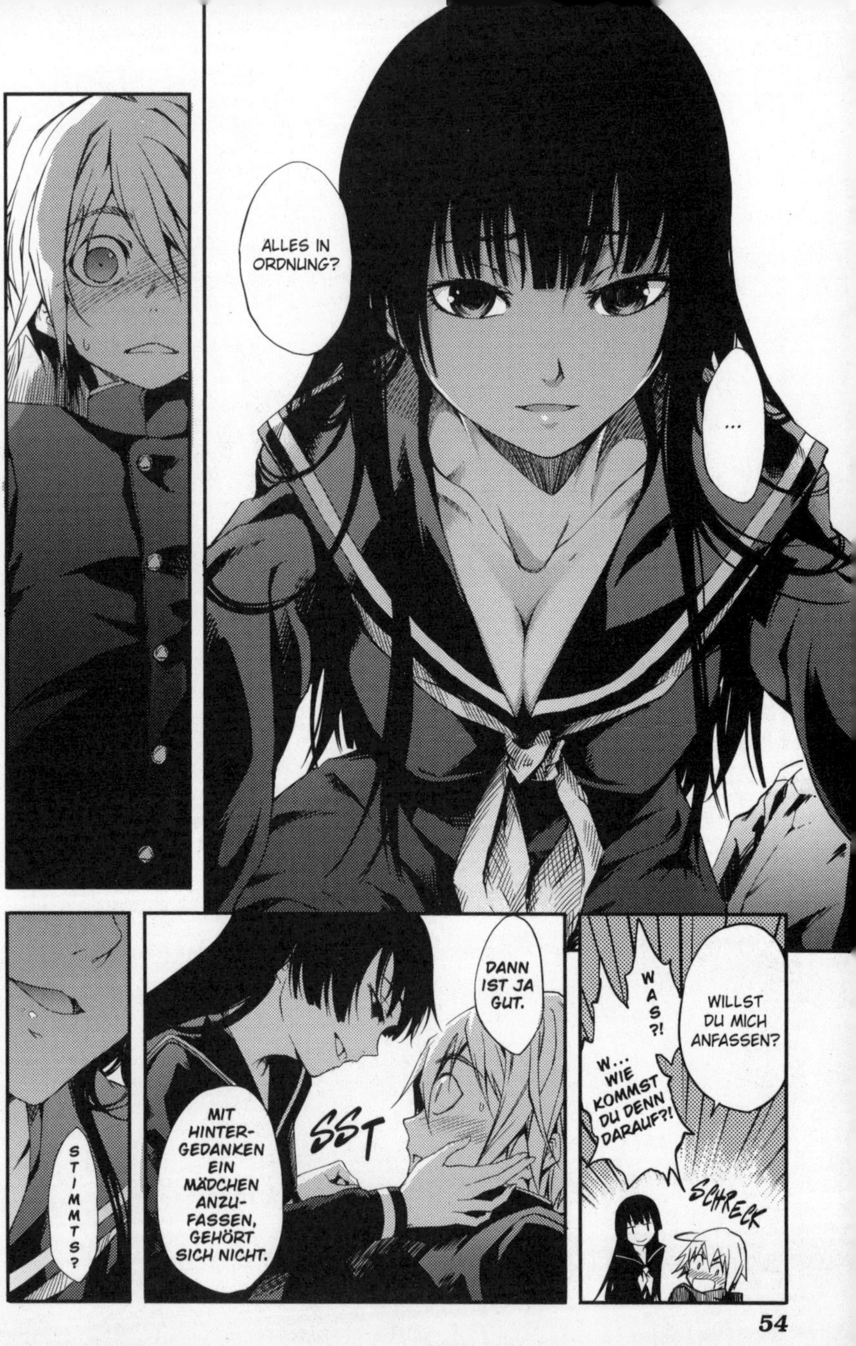

…

ALLES IN ORDNUNG?

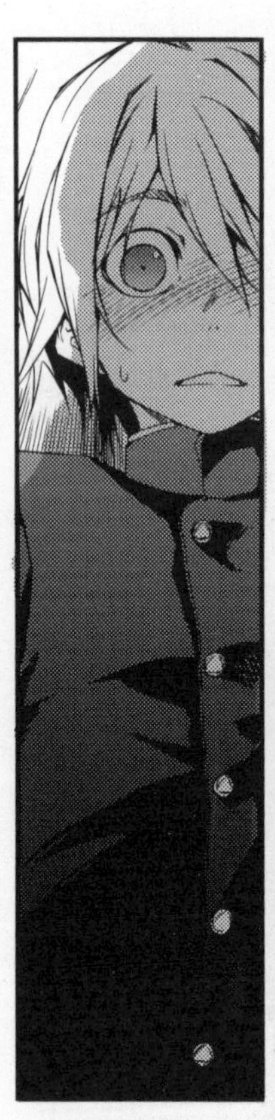

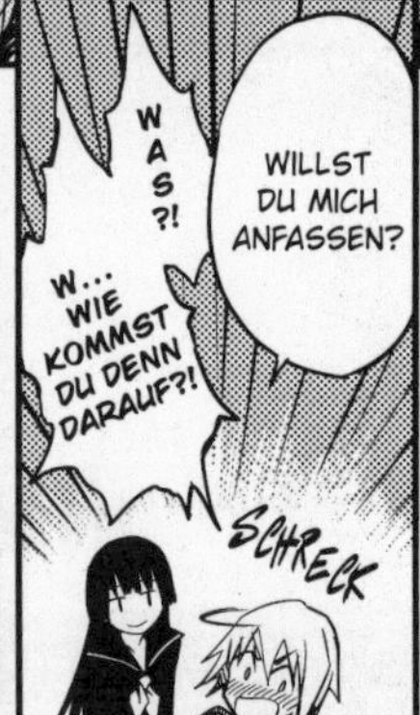

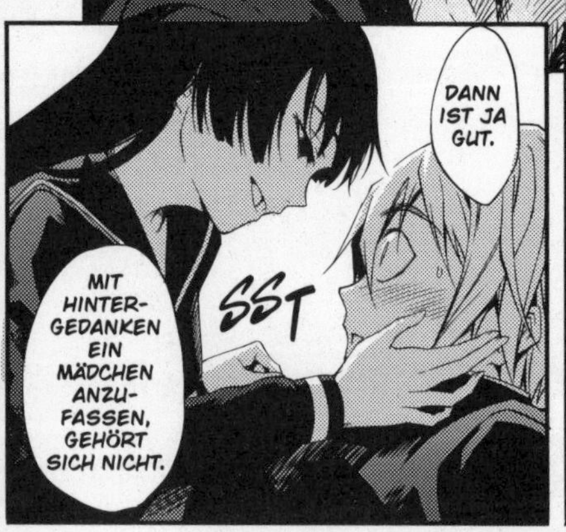

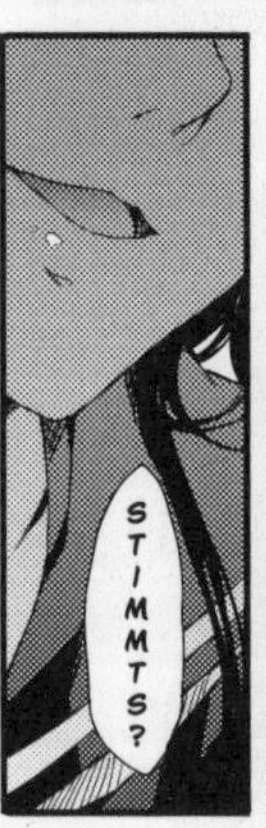

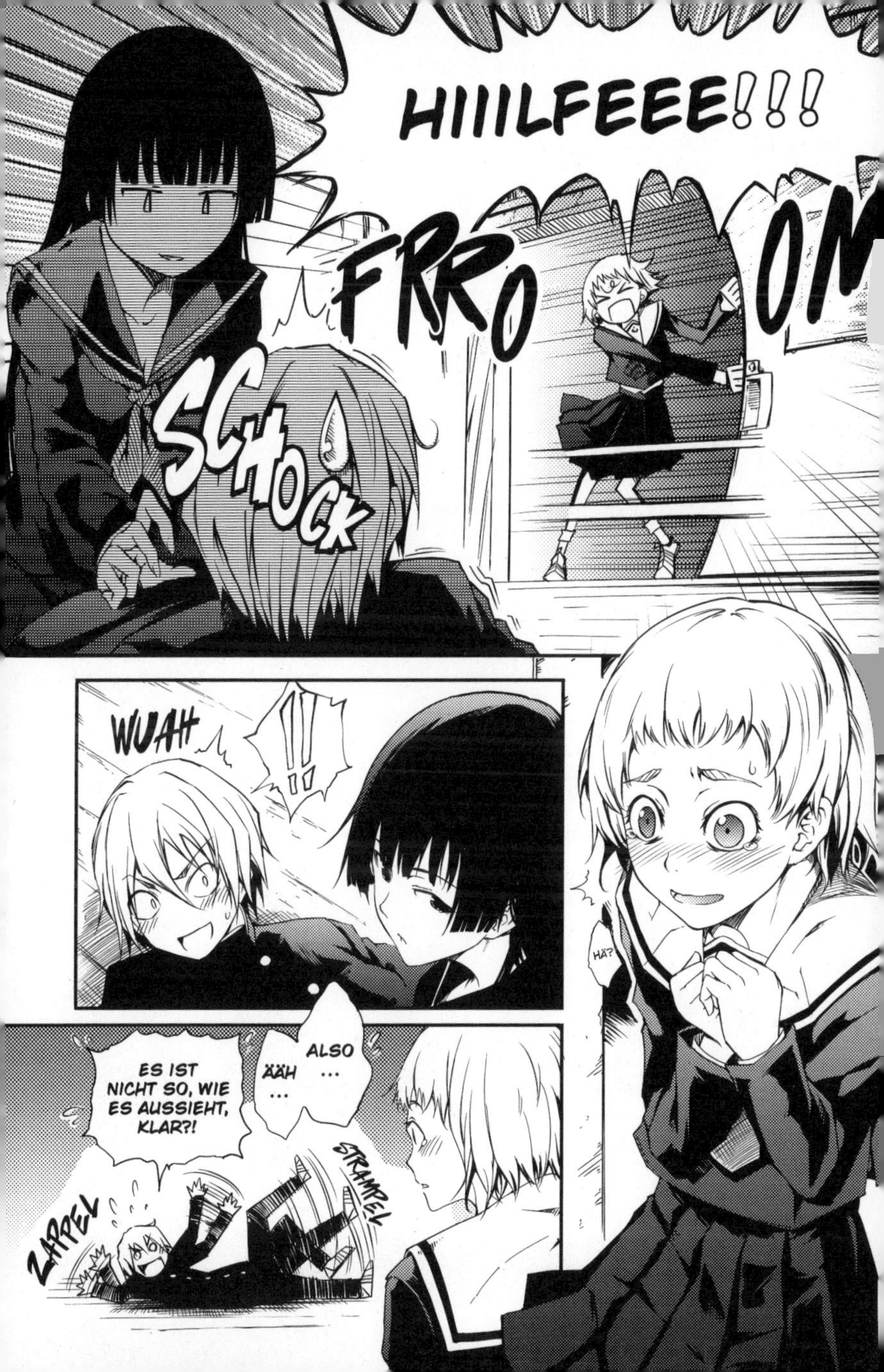

HIIILFEEE!!!
FRROOM
SCHOCK
HÄ?
!!
WUAH
ALSO …
ÄÄH …
ES IST NICHT SO, WIE ES AUSSIEHT, KLAR?!
STRAMPEL
ZAPPEL

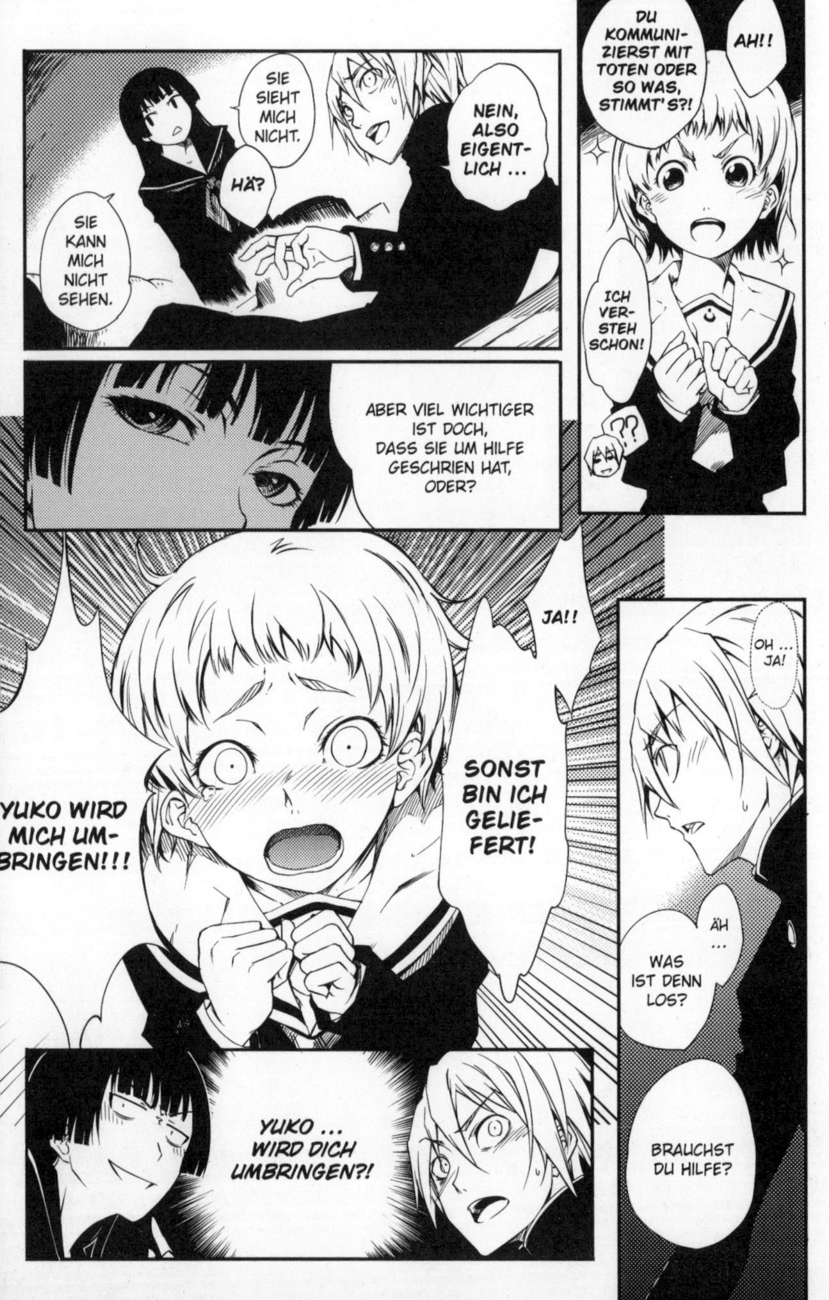
AH!!
DU KOMMUNIZIERST MIT TOTEN ODER SO WAS, STIMMT'S?!
ICH VERSTEH SCHON!
??
NEIN, ALSO EIGENTLICH ...
SIE SIEHT MICH NICHT.
HÄ?
SIE KANN MICH NICHT SEHEN.
ABER VIEL WICHTIGER IST DOCH, DASS SIE UM HILFE GESCHRIEN HAT, ODER?
OH ... JA!
ÄH ... WAS IST DENN LOS?
BRAUCHST DU HILFE?
JA!!
SONST BIN ICH GELIEFERT!
YUKO WIRD MICH UMBRINGEN!!!
YUKO ... WIRD DICH UMBRINGEN?!

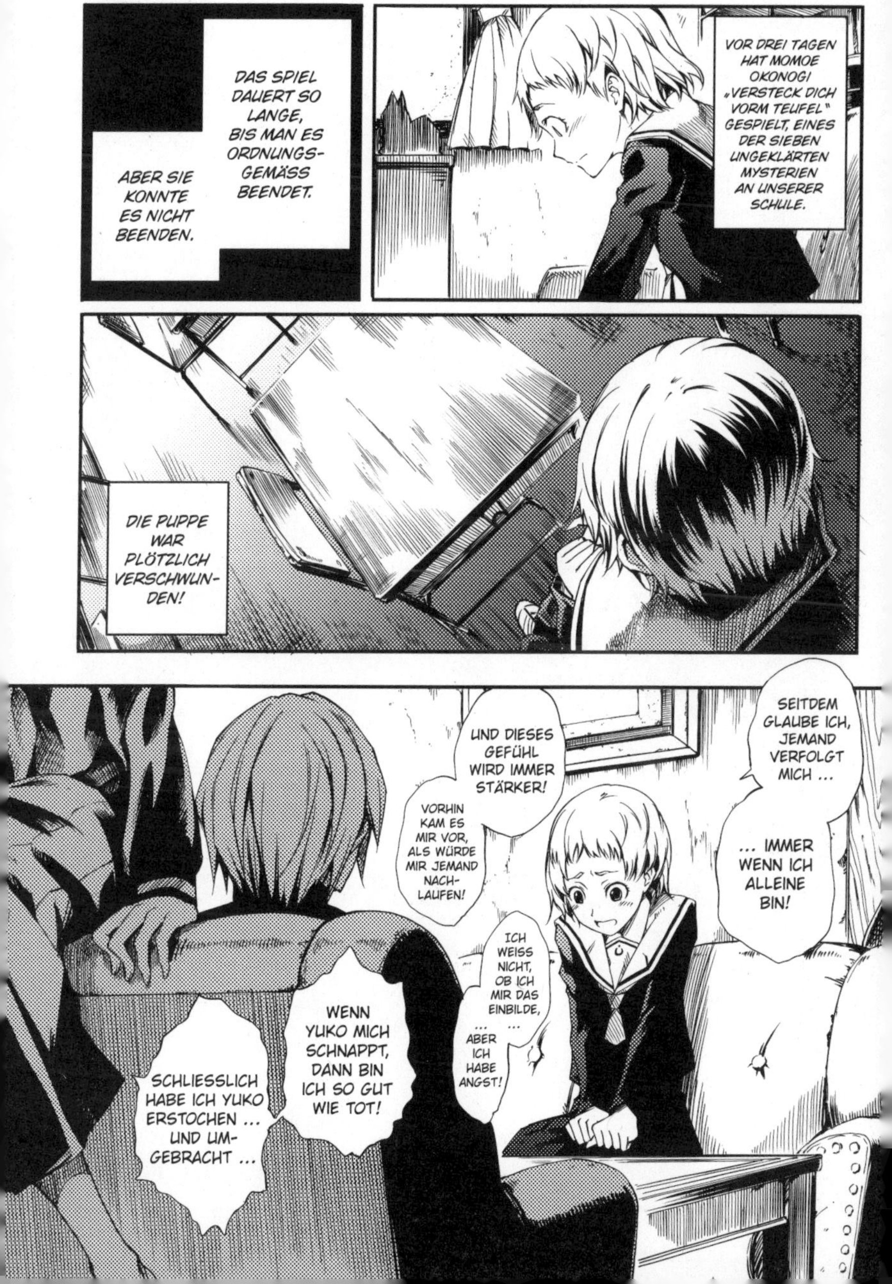

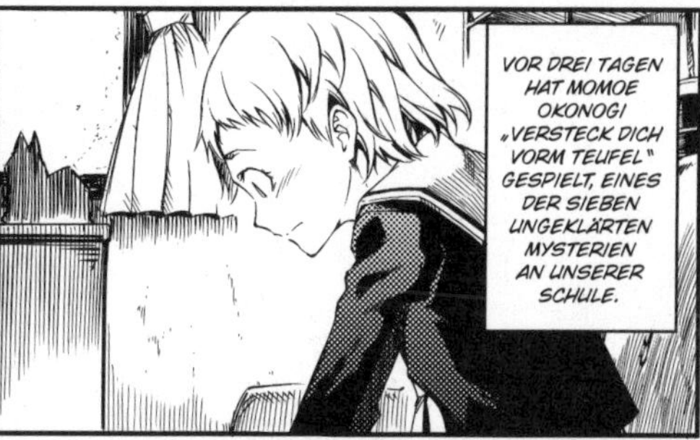

DAS SPIEL DAUERT SO LANGE, BIS MAN ES ORDNUNGSGEMÄSS BEENDET.

ABER SIE KONNTE ES NICHT BEENDEN.

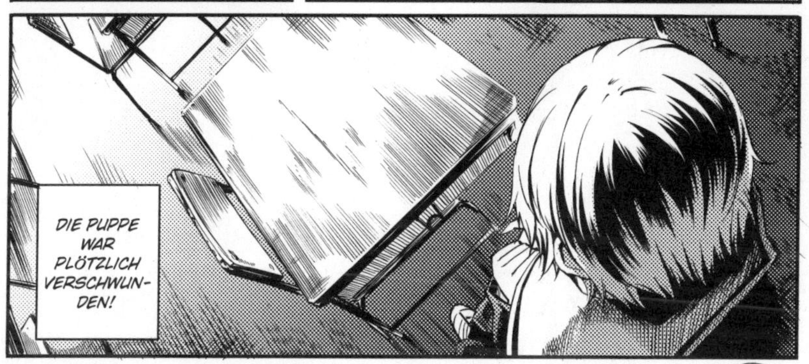

SEITDEM GLAUBE ICH, JEMAND VERFOLGT MICH ...

... IMMER WENN ICH ALLEINE BIN!

UND DIESES GEFÜHL WIRD IMMER STÄRKER!

VORHIN KAM ES MIR VOR, ALS WÜRDE MIR JEMAND NACHLAUFEN!

ICH WEISS NICHT, OB ICH MIR DAS EINBILDE, ...

... ABER ICH HABE ANGST!

WENN YUKO MICH SCHNAPPT, DANN BIN ICH SO GUT WIE TOT!

SCHLIESSLICH HABE ICH YUKO ERSTOCHEN ... UND UMGEBRACHT ...

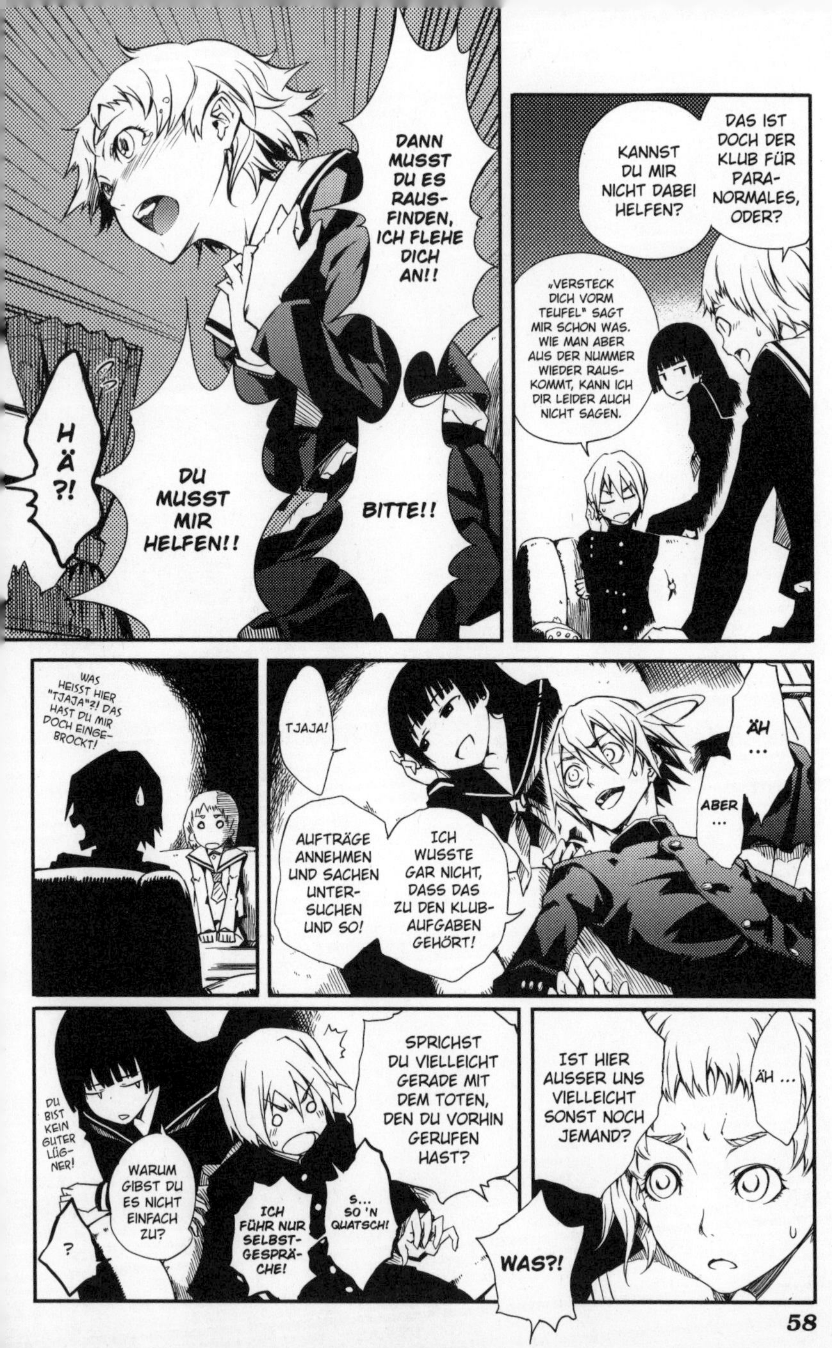

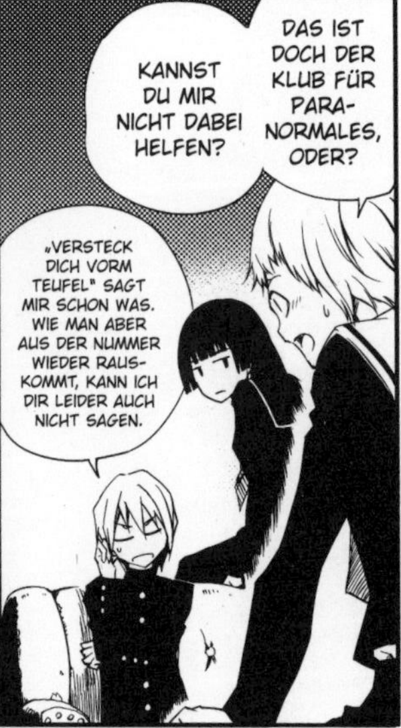

DANN MUSST DU ES RAUSFINDEN, ICH FLEHE DICH AN!!

BITTE!!

DU MUSST MIR HELFEN!!

HÄ ?!

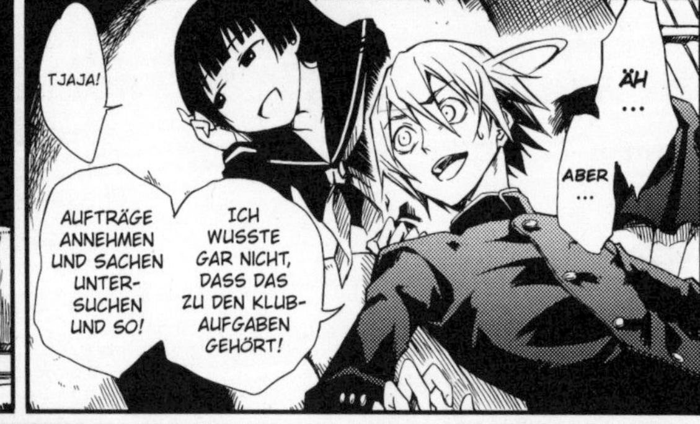

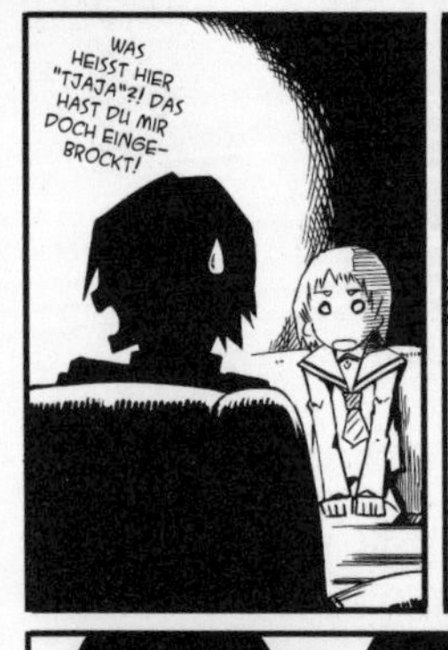

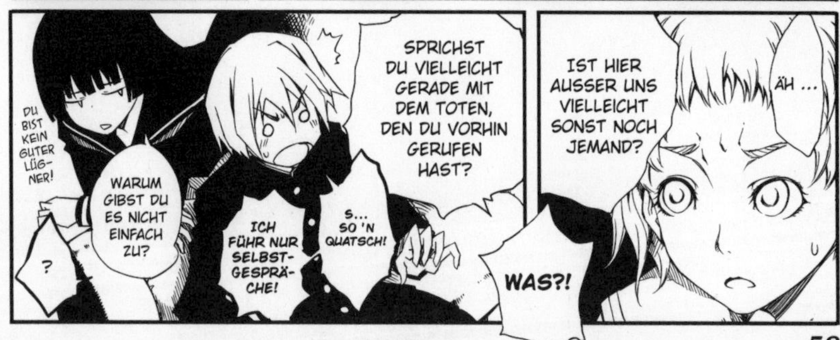

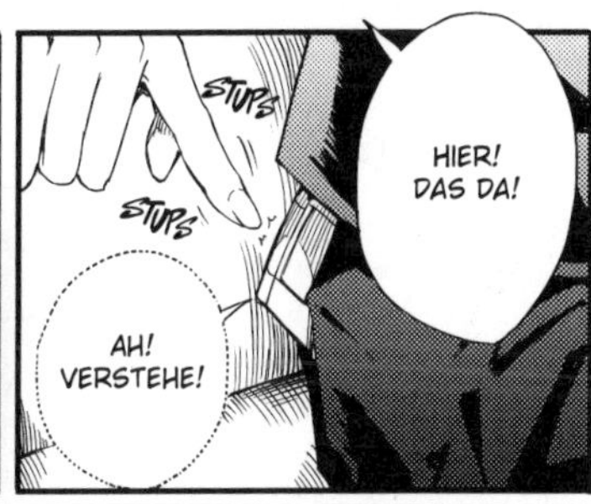
HIER! DAS DA!
STUPS
STUPS
AH! VERSTEHE!

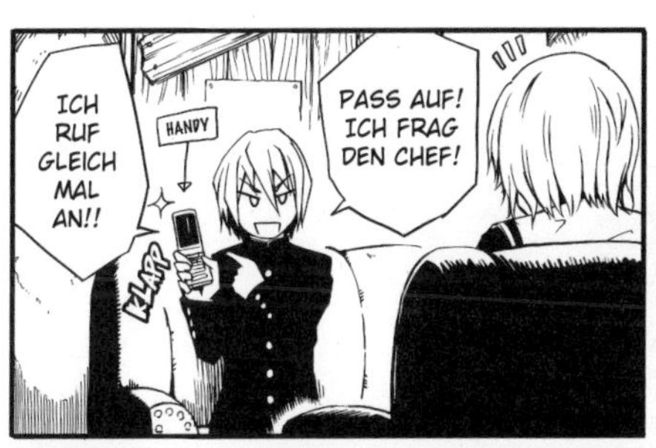
PASS AUF! ICH FRAG DEN CHEF!
HANDY
ICH RUF GLEICH MAL AN!!
KLAPP

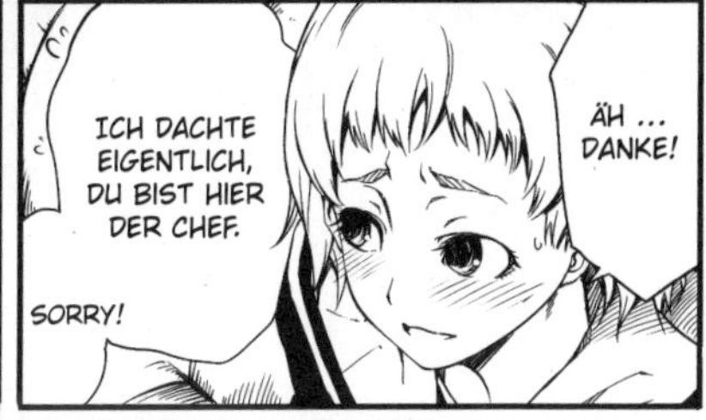
ÄH … DANKE!
ICH DACHTE EIGENTLICH, DU BIST HIER DER CHEF.
SORRY!

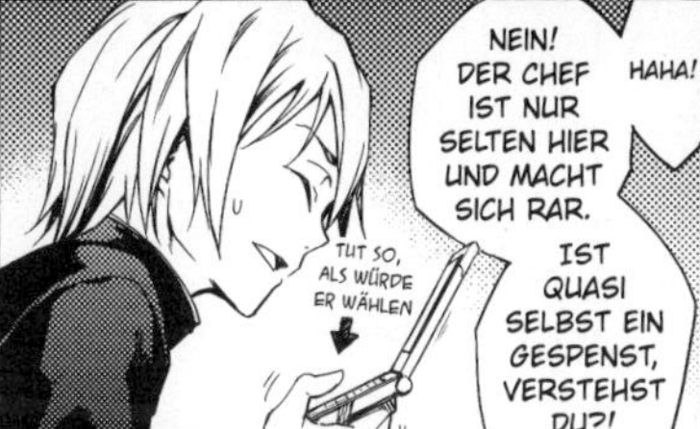
HAHA!
NEIN! DER CHEF IST NUR SELTEN HIER UND MACHT SICH RAR.
IST QUASI SELBST EIN GESPENST, VERSTEHST DU?!
TUT SO, ALS WÜRDE ER WÄHLEN

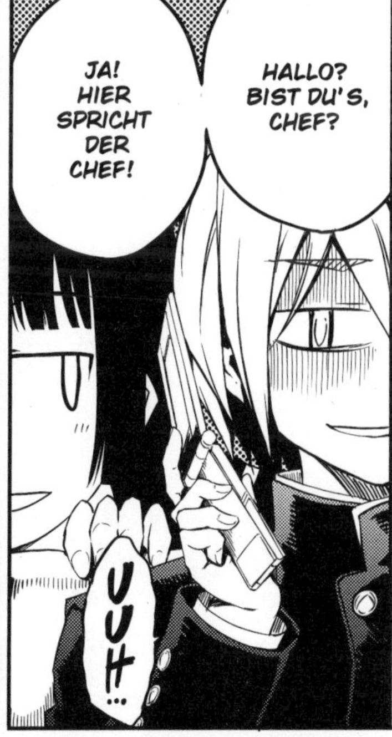
HALLO? BIST DU'S, CHEF?
JA! HIER SPRICHT DER CHEF!
UUH!…

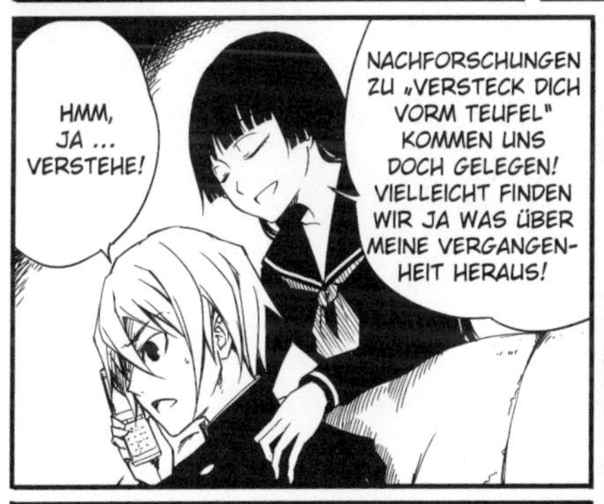
NACHFORSCHUNGEN ZU „VERSTECK DICH VORM TEUFEL“ KOMMEN UNS DOCH GELEGEN! VIELLEICHT FINDEN WIR JA WAS ÜBER MEINE VERGANGENHEIT HERAUS!
HMM, JA … VERSTEHE!

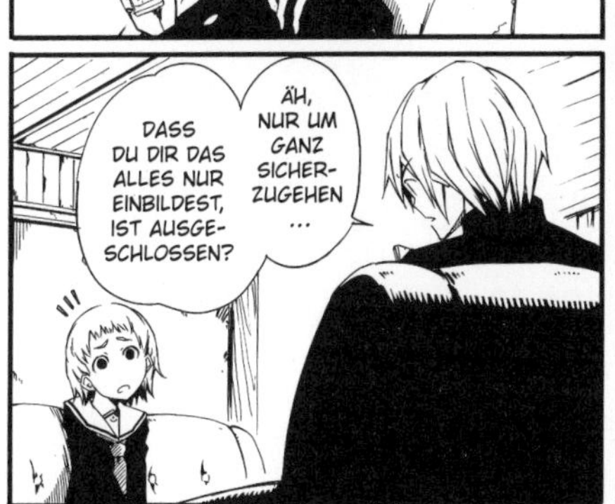
ÄH, NUR UM GANZ SICHERZUGEHEN …
DASS DU DIR DAS ALLES NUR EINBILDEST, IST AUSGESCHLOSSEN?

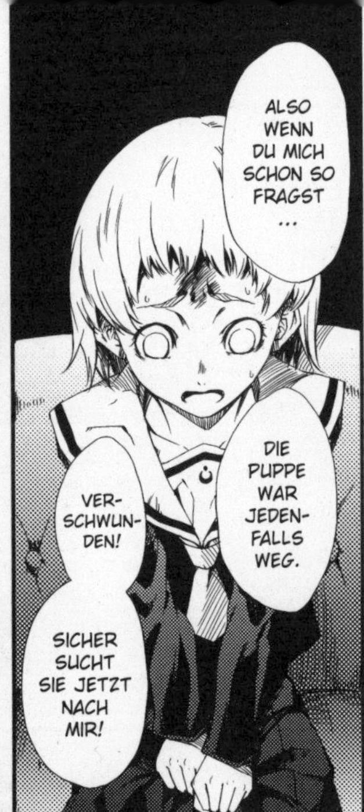
ALSO WENN DU MICH SCHON SO FRAGST …
DIE PUPPE WAR JEDENFALLS WEG.
VERSCHWUNDEN!
SICHER SUCHT SIE JETZT NACH MIR!

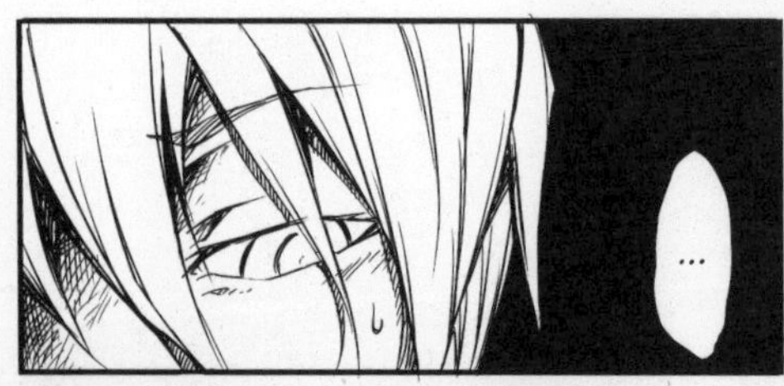
…

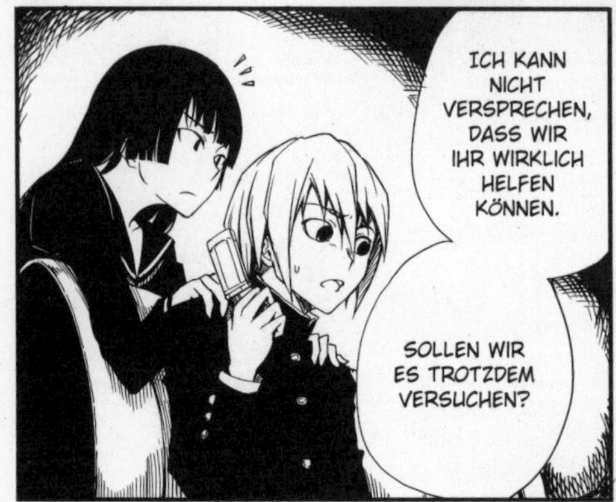
ICH KANN NICHT VERSPRECHEN, DASS WIR IHR WIRKLICH HELFEN KÖNNEN.
SOLLEN WIR ES TROTZDEM VERSUCHEN?

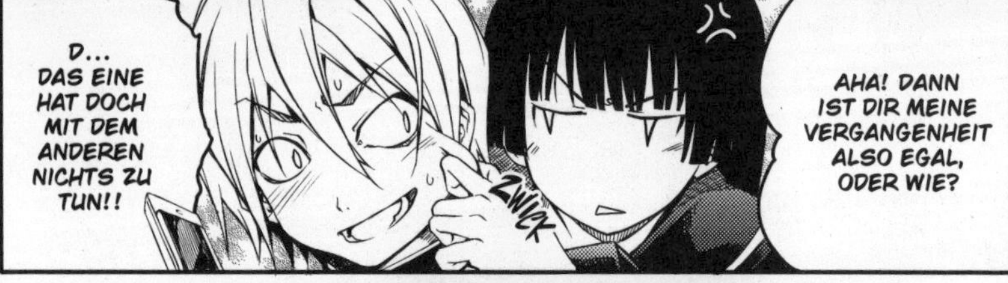
AHA! DANN IST DIR MEINE VERGANGENHEIT ALSO EGAL, ODER WIE?
ZWICK
D… DAS EINE HAT DOCH MIT DEM ANDEREN NICHTS ZU TUN!!

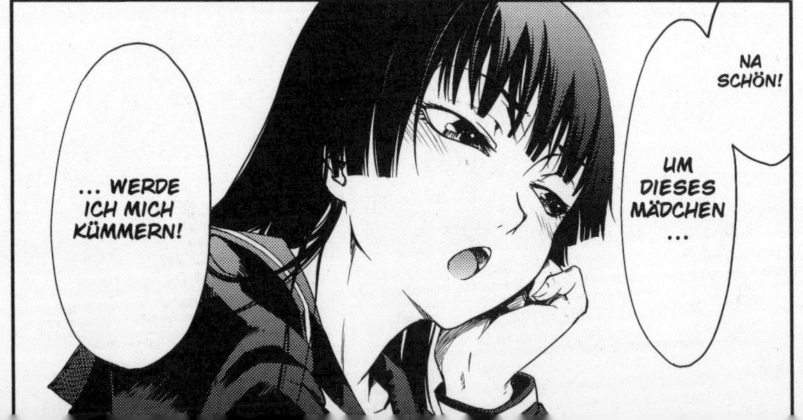
NA SCHÖN!
UM DIESES MÄDCHEN …
… WERDE ICH MICH KÜMMERN!

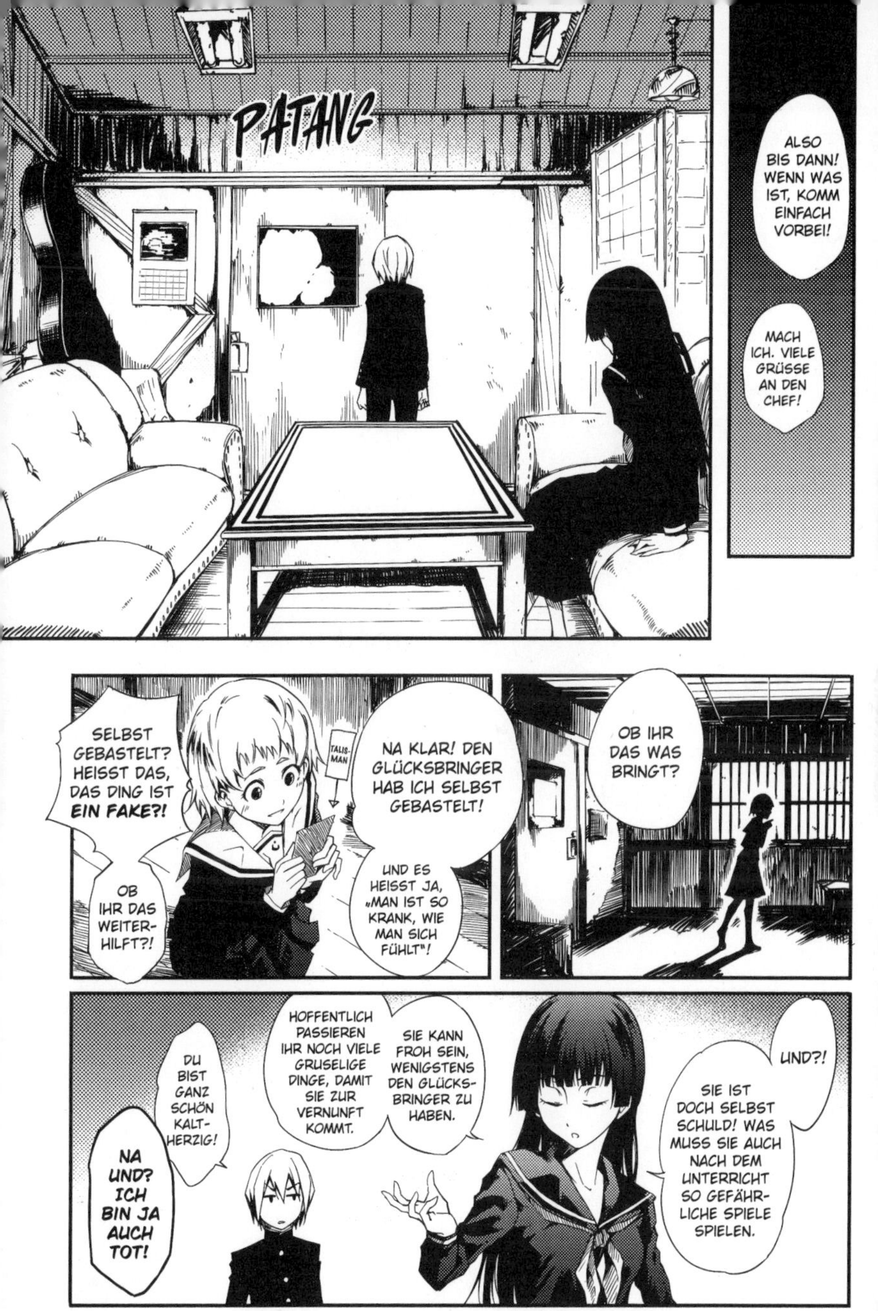

PATANG
ALSO BIS DANN! WENN WAS IST, KOMM EINFACH VORBEI!
MACH ICH. VIELE GRÜSSE AN DEN CHEF!

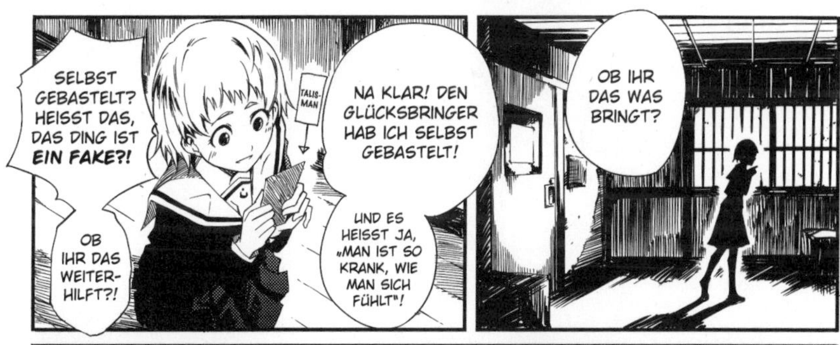
OB IHR DAS WAS BRINGT?
NA KLAR! DEN GLÜCKSBRINGER HAB ICH SELBST GEBASTELT!
TALIS-MAN
SELBST GEBASTELT? HEISST DAS, DAS DING IST **EIN FAKE?!**
UND ES HEISST JA, „MAN IST SO KRANK, WIE MAN SICH FÜHLT"!
OB IHR DAS WEITER-HILFT?!

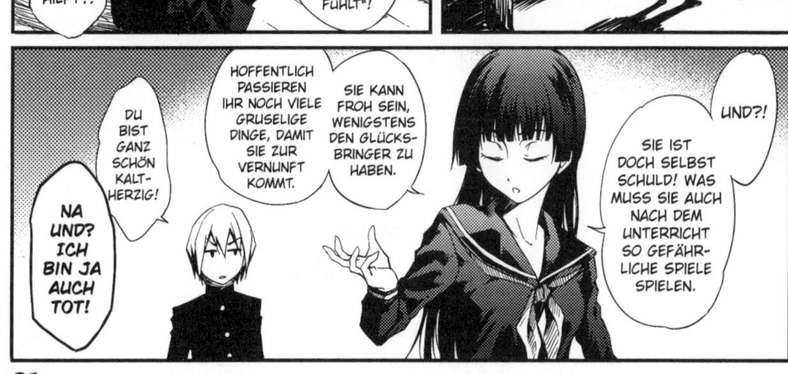
UND?!
SIE IST DOCH SELBST SCHULD! WAS MUSS SIE AUCH NACH DEM UNTERRICHT SO GEFÄHR-LICHE SPIELE SPIELEN.
SIE KANN FROH SEIN, WENIGSTENS DEN GLÜCKS-BRINGER ZU HABEN.
HOFFENTLICH PASSIEREN IHR NOCH VIELE GRUSELIGE DINGE, DAMIT SIE ZUR VERNUNFT KOMMT.
DU BIST GANZ SCHÖN KALT-HERZIG!
NA UND? ICH BIN JA AUCH TOT!

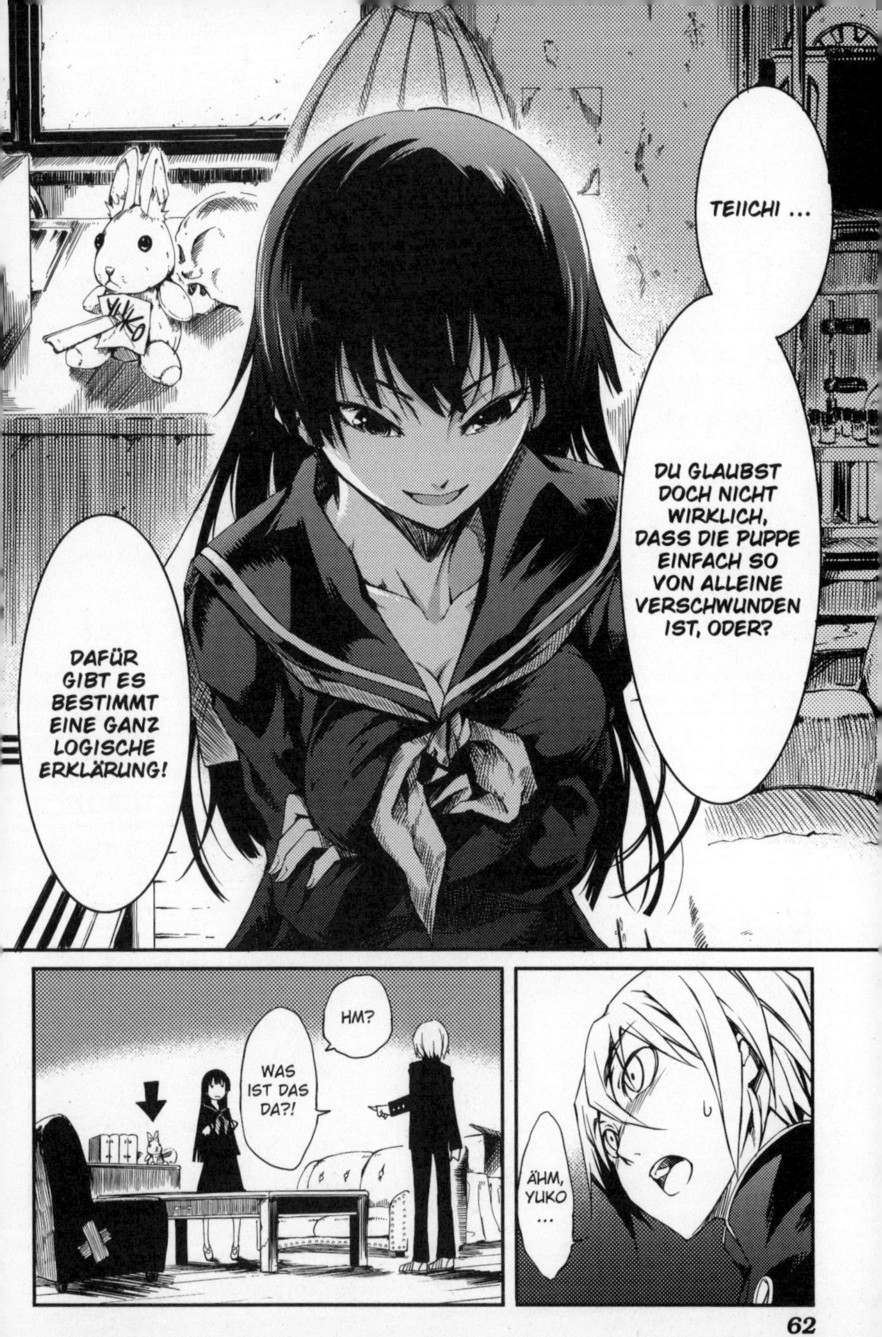

TEIICHI …

DU GLAUBST DOCH NICHT WIRKLICH, DASS DIE PUPPE EINFACH SO VON ALLEINE VERSCHWUNDEN IST, ODER?

DAFÜR GIBT ES BESTIMMT EINE GANZ LOGISCHE ERKLÄRUNG!

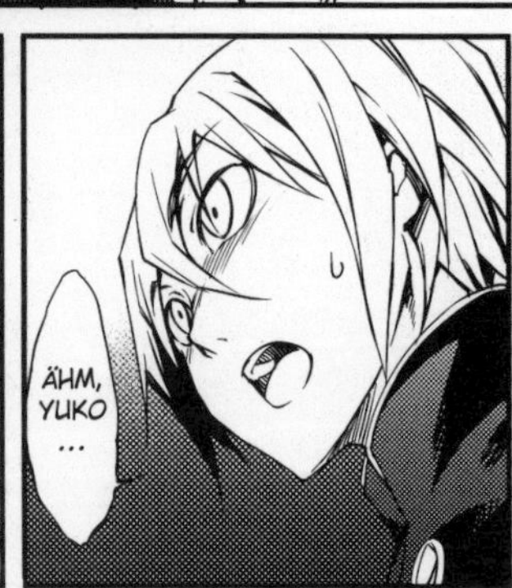

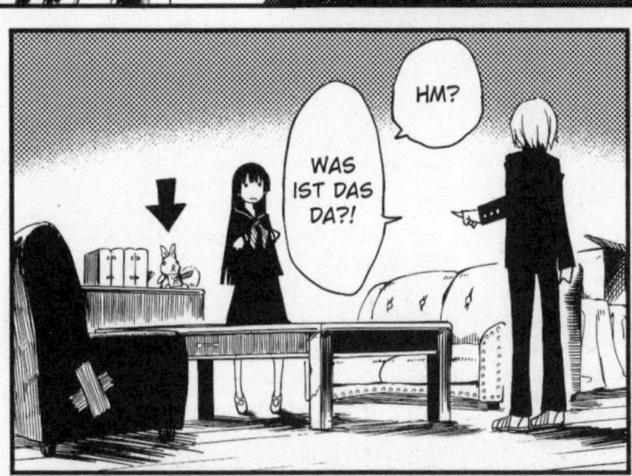

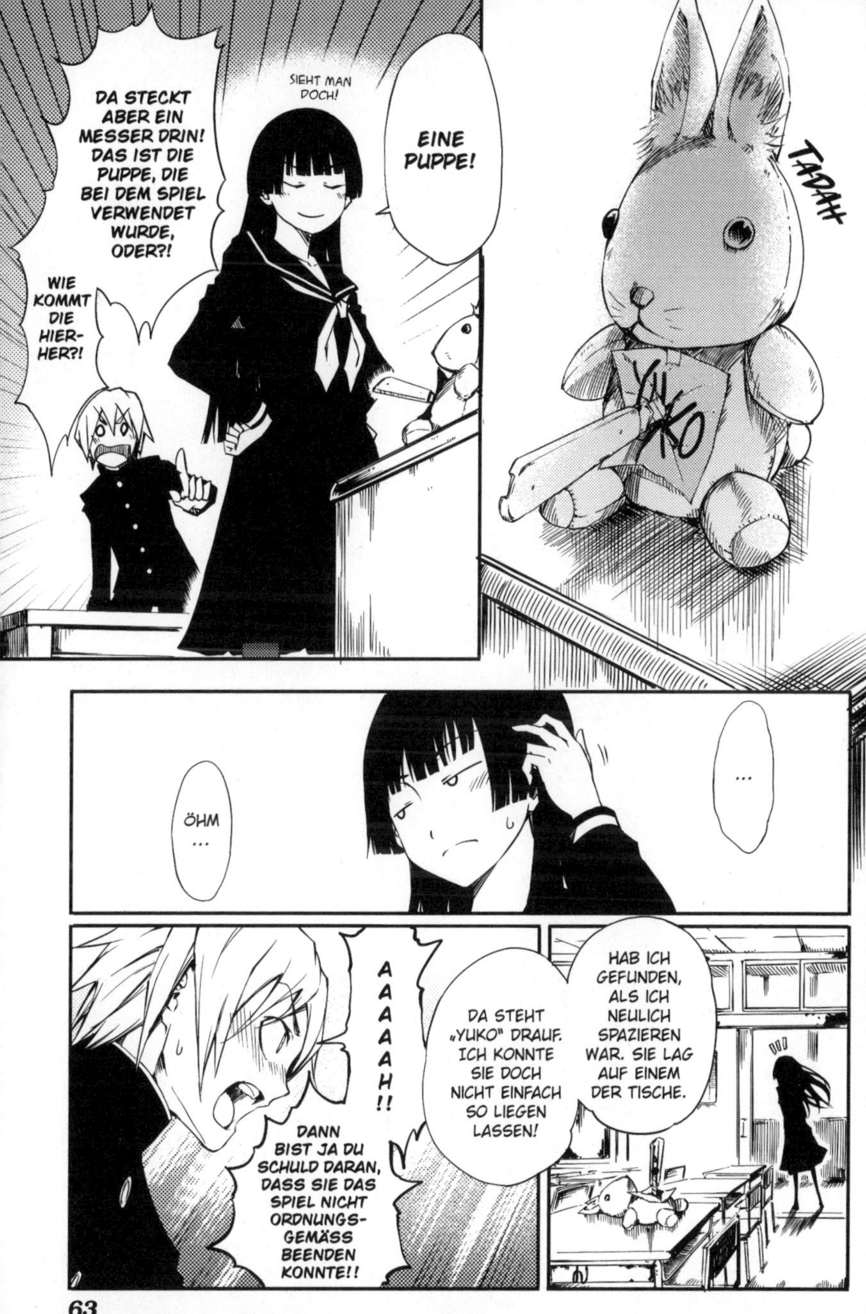
TADAH
YUKO
EINE PUPPE!
SIEHT MAN DOCH!
DA STECKT ABER EIN MESSER DRIN! DAS IST DIE PUPPE, DIE BEI DEM SPIEL VERWENDET WURDE, ODER?!
WIE KOMMT DIE HIER-HER?!
...
ÖHM ...
HAB ICH GEFUNDEN, ALS ICH NEULICH SPAZIEREN WAR. SIE LAG AUF EINEM DER TISCHE.
DA STEHT „YUKO" DRAUF. ICH KONNTE SIE DOCH NICHT EINFACH SO LIEGEN LASSEN!
AAAAAAH!!
DANN BIST JA DU SCHULD DARAN, DASS SIE DAS SPIEL NICHT ORDNUNGS-GEMÄSS BEENDEN KONNTE!!

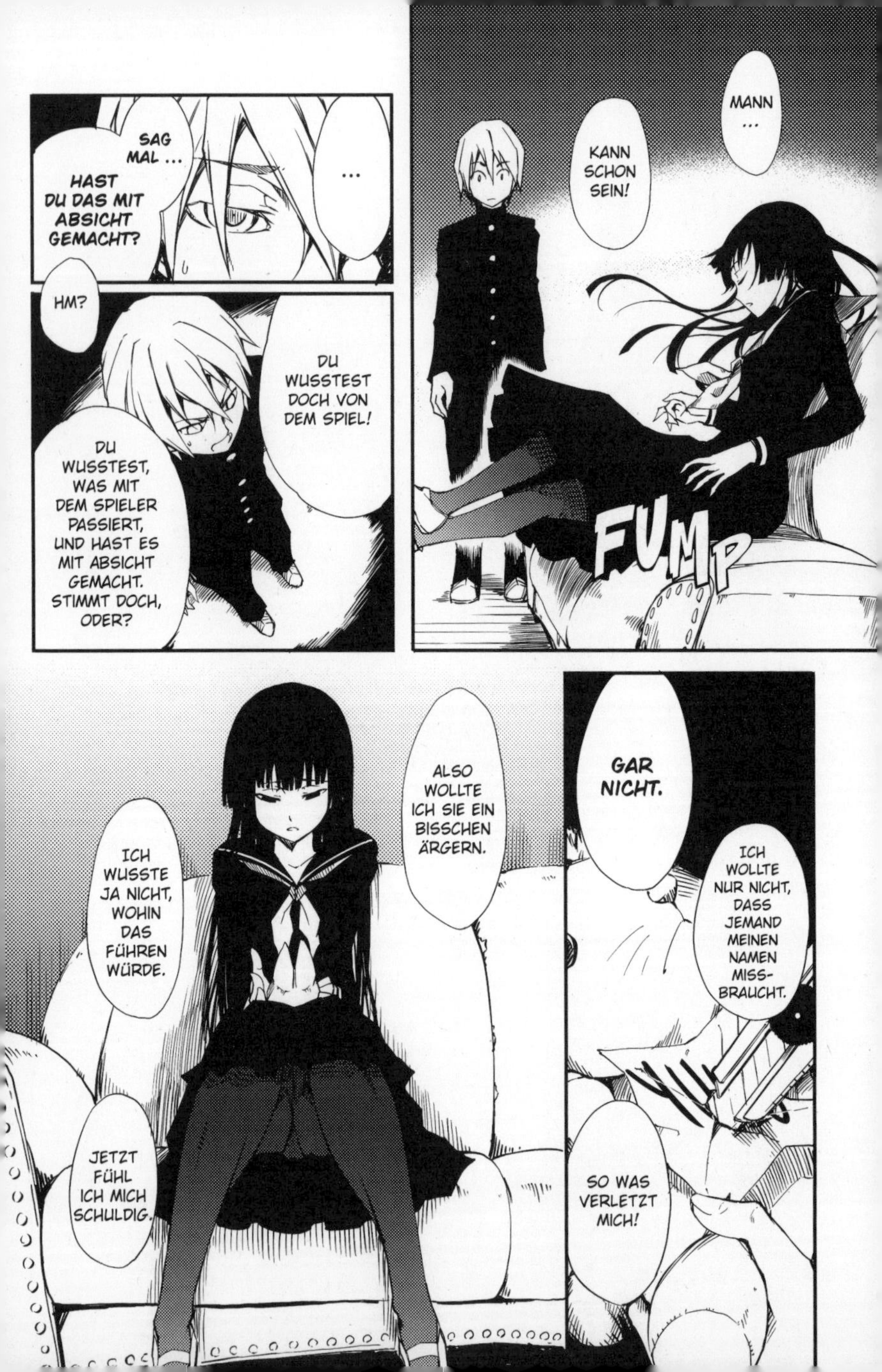

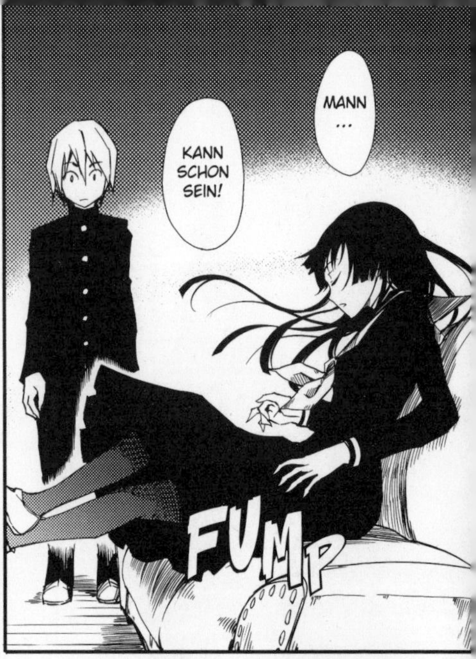

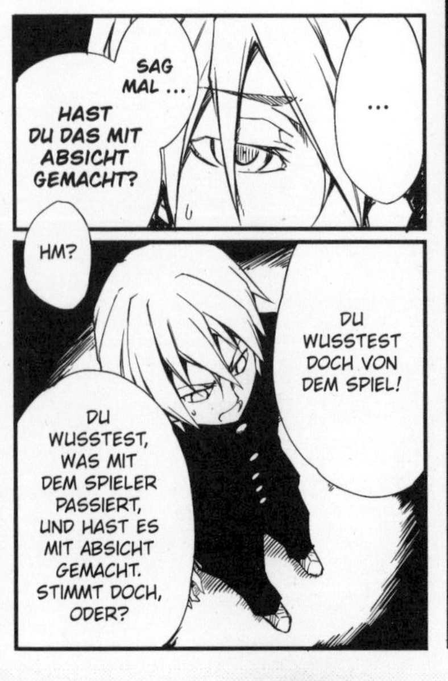

GAR NICHT.

ICH WOLLTE NUR NICHT, DASS JEMAND MEINEN NAMEN MISS-BRAUCHT.

SO WAS VERLETZT MICH!

ALSO WOLLTE ICH SIE EIN BISSCHEN ÄRGERN.

ICH WUSSTE JA NICHT, WOHIN DAS FÜHREN WÜRDE.

JETZT FÜHL ICH MICH SCHULDIG.

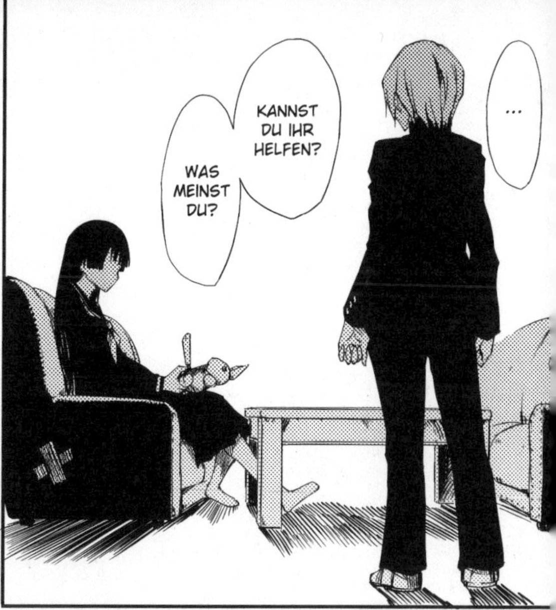
…
KANNST DU IHR HELFEN?
WAS MEINST DU?

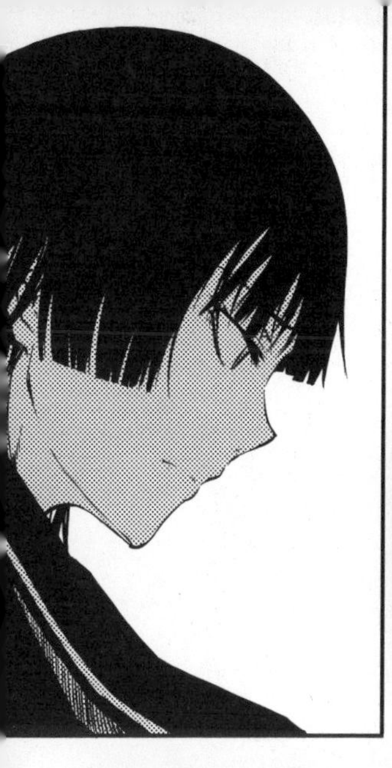

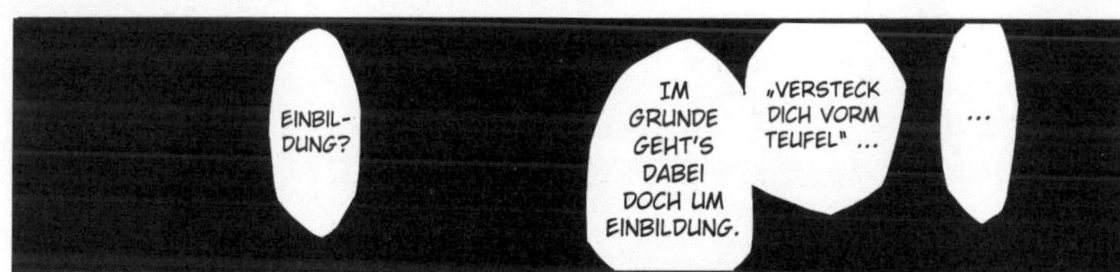
…
„VERSTECK DICH VORM TEUFEL“ …
IM GRUNDE GEHT'S DABEI DOCH UM EINBILDUNG.
EINBIL-DUNG?

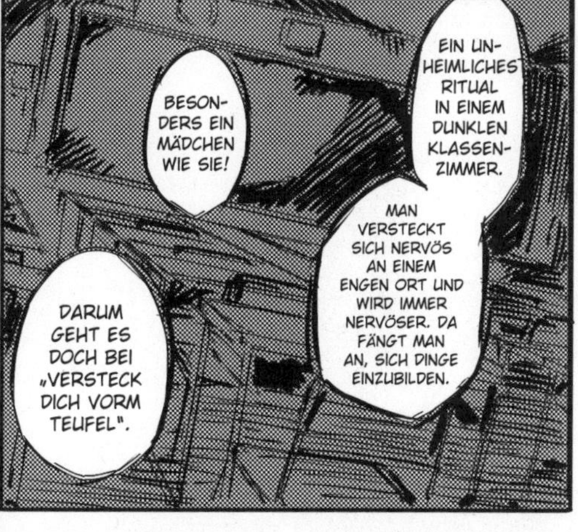
EIN UN-HEIMLICHES RITUAL IN EINEM DUNKLEN KLASSEN-ZIMMER.
BESON-DERS EIN MÄDCHEN WIE SIE!
MAN VERSTECKT SICH NERVÖS AN EINEM ENGEN ORT UND WIRD IMMER NERVÖSER. DA FÄNGT MAN AN, SICH DINGE EINZUBILDEN.
DARUM GEHT ES DOCH BEI „VERSTECK DICH VORM TEUFEL“.

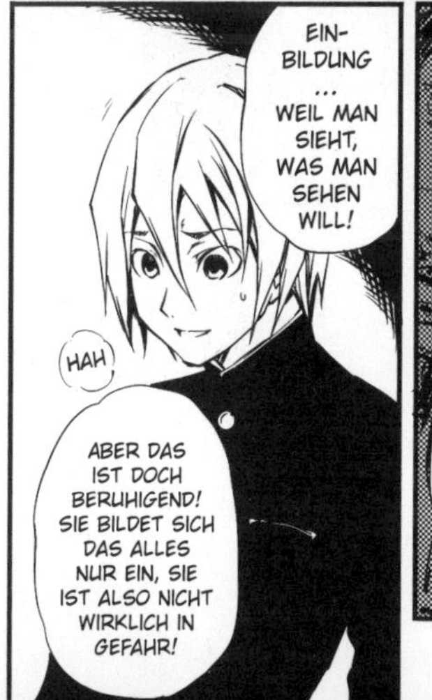
EIN-BILDUNG … WEIL MAN SIEHT, WAS MAN SEHEN WILL!
HAH
ABER DAS IST DOCH BERUHIGEND! SIE BILDET SICH DAS ALLES NUR EIN, SIE IST ALSO NICHT WIRKLICH IN GEFAHR!

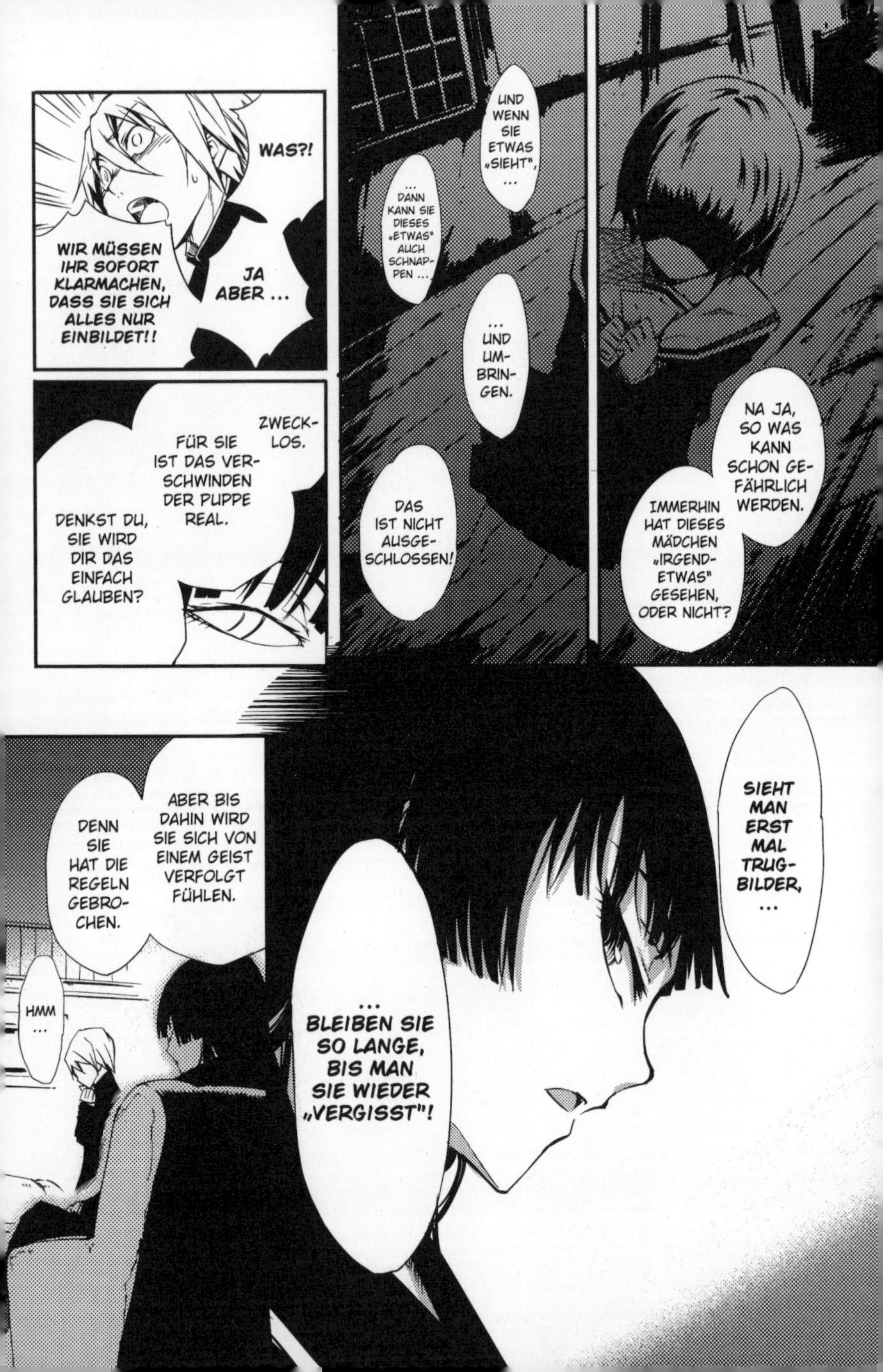

NA JA, SO WAS KANN SCHON GEFÄHRLICH WERDEN.

IMMERHIN HAT DIESES MÄDCHEN „IRGENDETWAS" GESEHEN, ODER NICHT?

UND WENN SIE ETWAS „SIEHT", ...

... DANN KANN SIE DIESES „ETWAS" AUCH SCHNAPPEN ...

... UND UMBRINGEN.

DAS IST NICHT AUSGESCHLOSSEN!

WAS?!

WIR MÜSSEN IHR SOFORT KLARMACHEN, DASS SIE SICH ALLES NUR EINBILDET!!

JA ABER ...

ZWECKLOS.

FÜR SIE IST DAS VERSCHWINDEN DER PUPPE REAL.

DENKST DU, SIE WIRD DIR DAS EINFACH GLAUBEN?

SIEHT MAN ERST MAL TRUGBILDER, ...

... BLEIBEN SIE SO LANGE, BIS MAN SIE WIEDER „VERGISST"!

ABER BIS DAHIN WIRD SIE SICH VON EINEM GEIST VERFOLGT FÜHLEN.

DENN SIE HAT DIE REGELN GEBROCHEN.

HMM ...

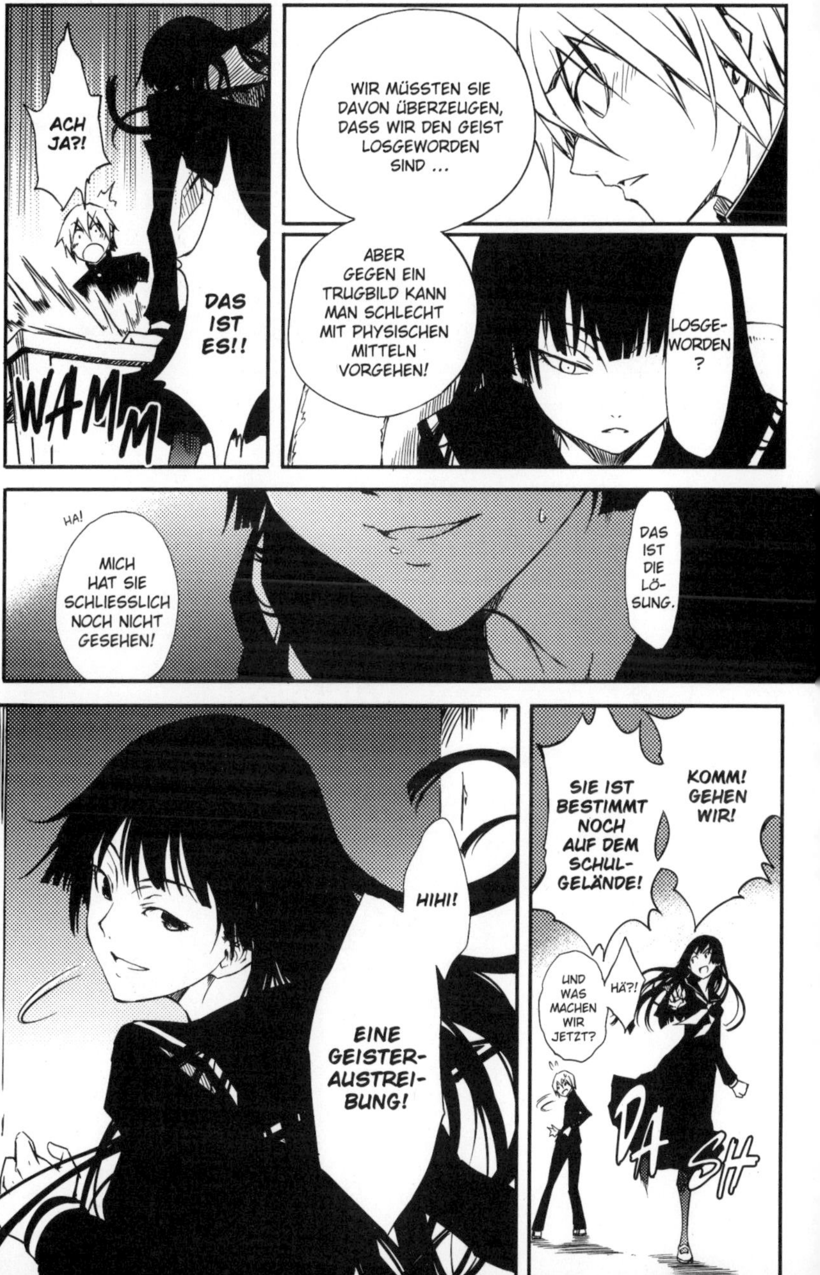

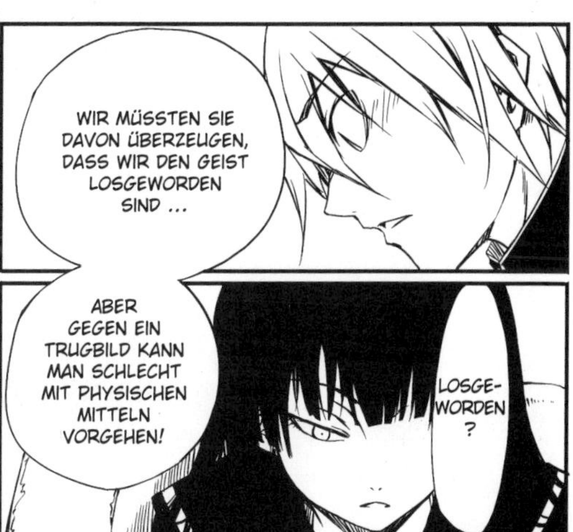

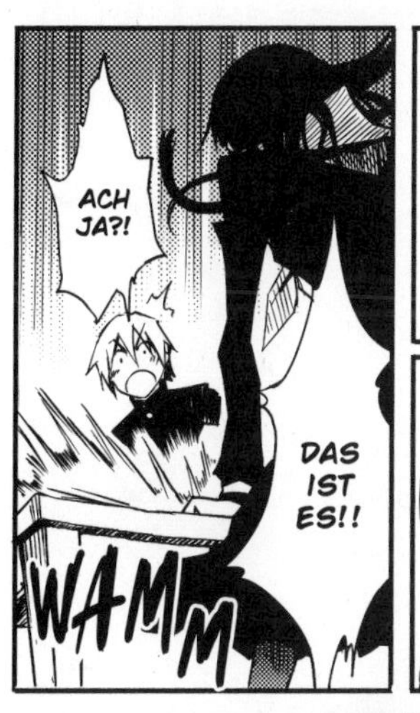

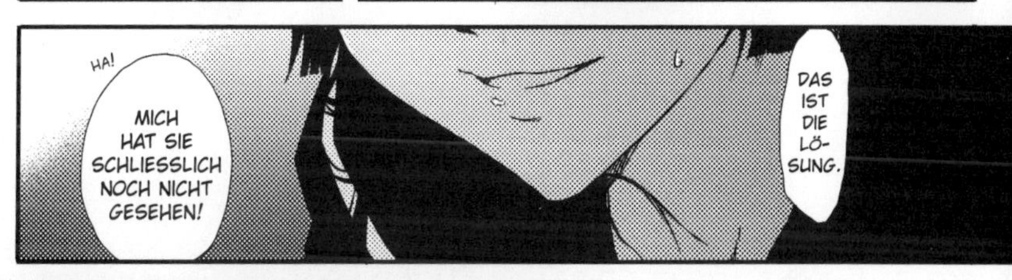

KOMM! GEHEN WIR!

SIE IST BESTIMMT NOCH AUF DEM SCHUL-GELÄNDE!

HÄ?!

UND WAS MACHEN WIR JETZT?

DASH

HIHI!

EINE GEISTER-AUSTREI-BUNG!

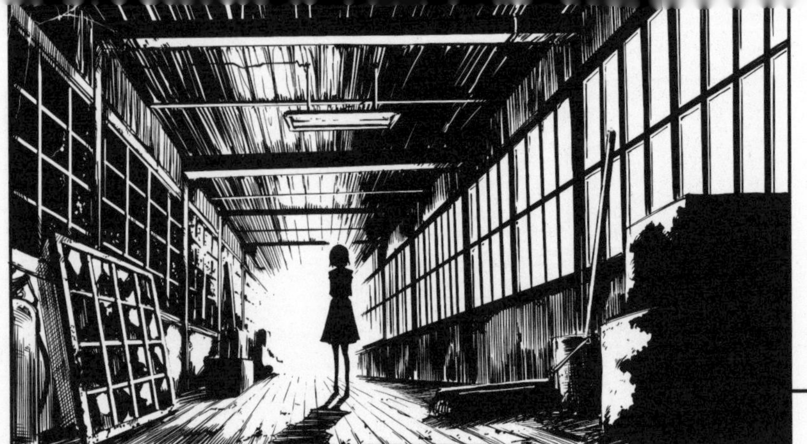

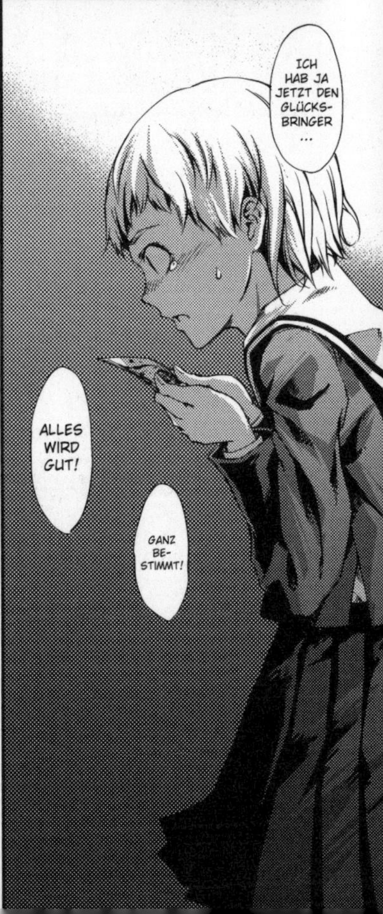
ICH HAB JA JETZT DEN GLÜCKS-BRINGER ...
ALLES WIRD GUT!
GANZ BE-STIMMT!

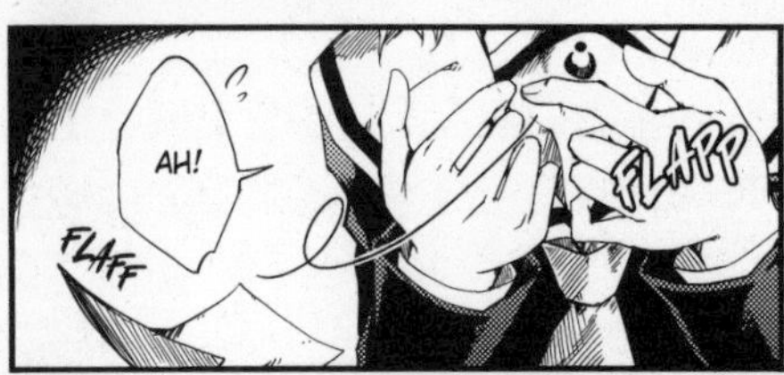
FLAPP
AH!
FLAFF

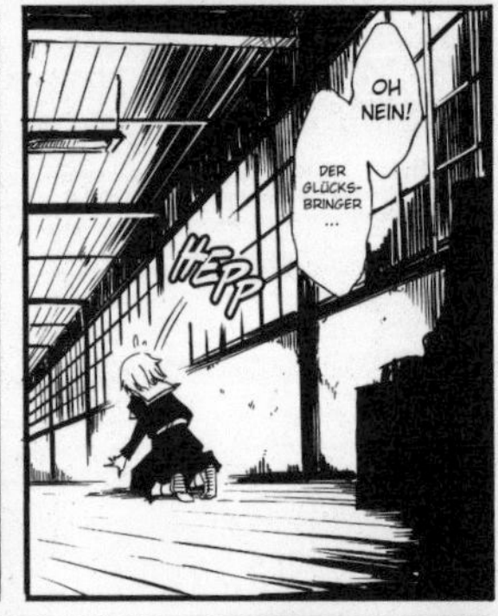
OH NEIN!
DER GLÜCKS-BRINGER ...
HEPP

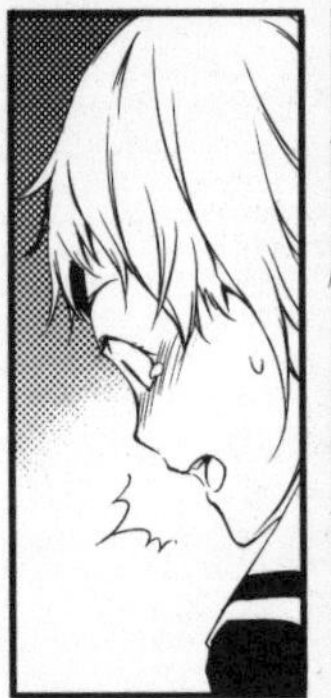

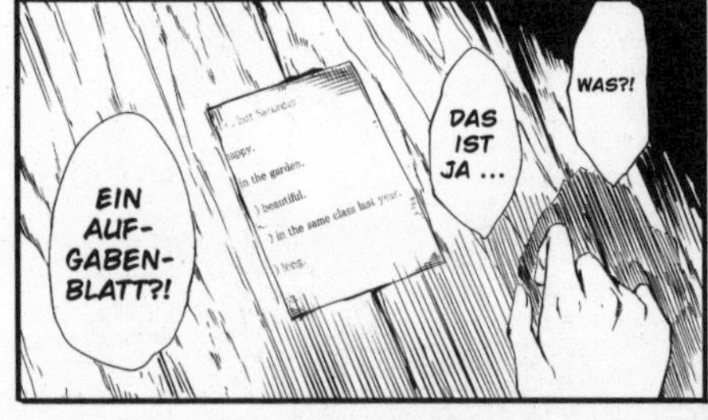
WAS?!
DAS IST JA ...
EIN AUF-GABEN-BLATT?!

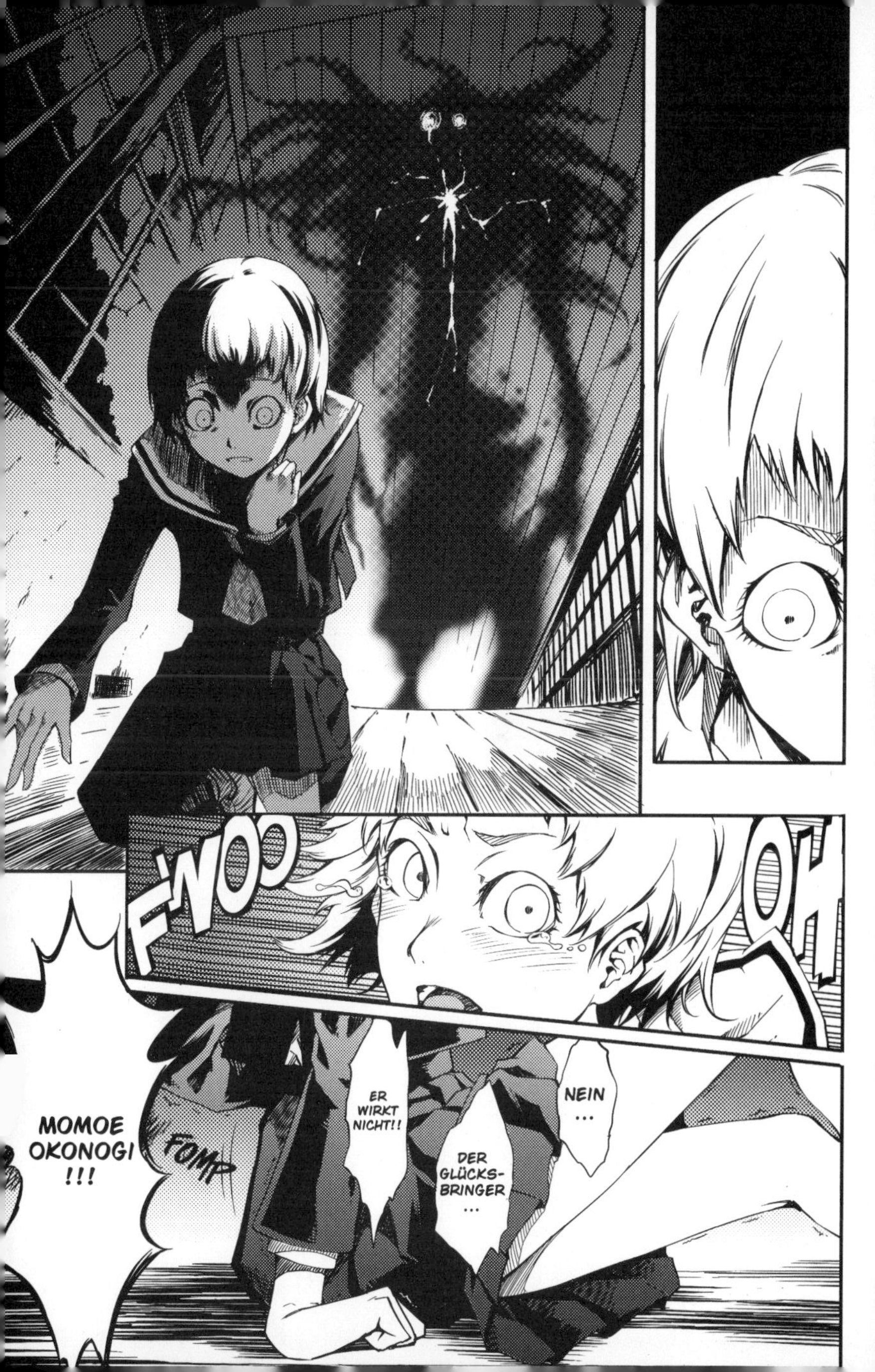
F'WOO
OH
NEIN ...
DER GLÜCKS-BRINGER ...
ER WIRKT NICHT!!
FOMP
MOMOE OKONOGI !!!

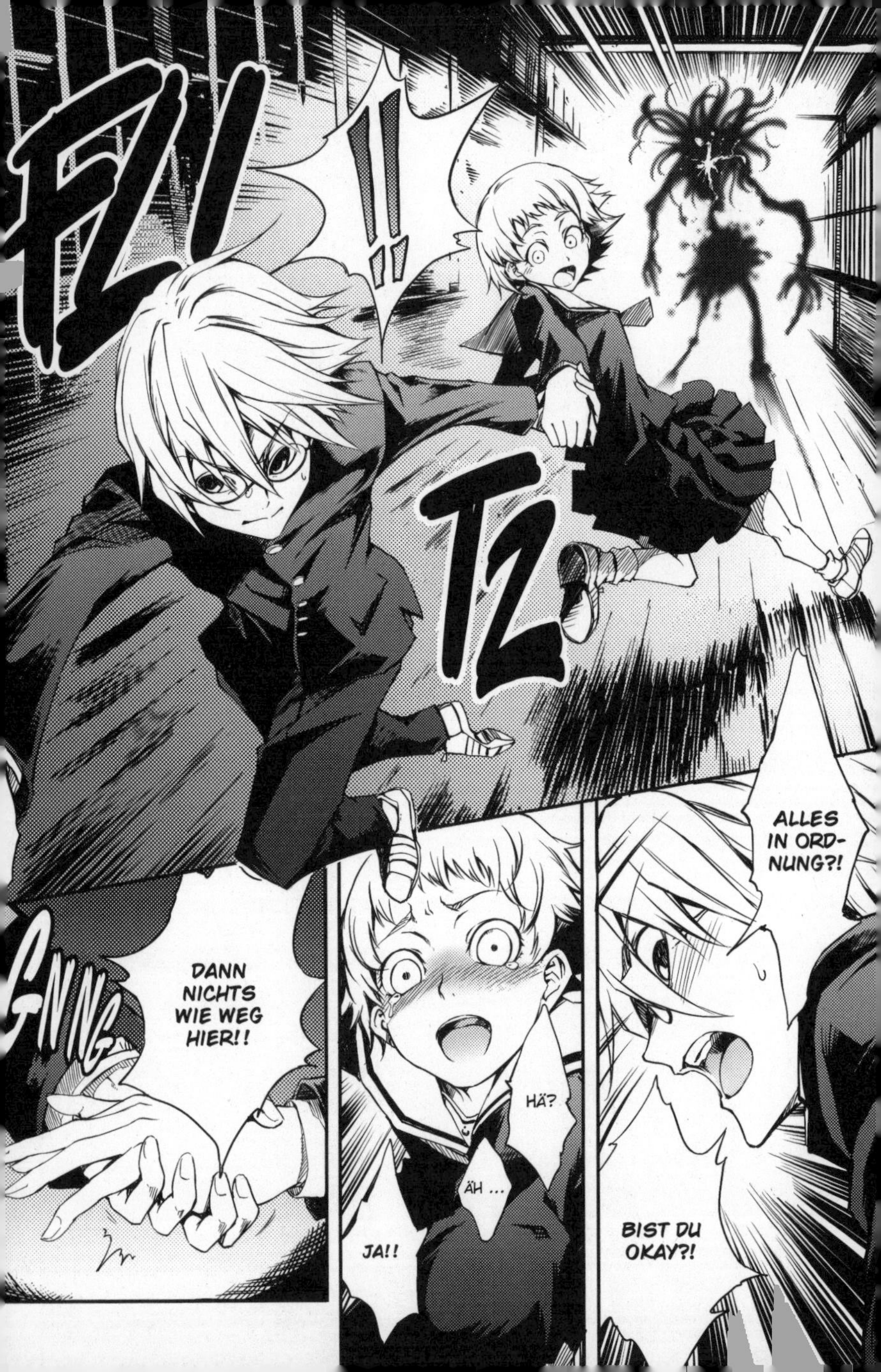
FZ!
!!
TZ
ALLES IN ORD-NUNG?!
BIST DU OKAY?!
HÄ?
ÄH ...
JA!!
DANN NICHTS WIE WEG HIER!!
GNNG

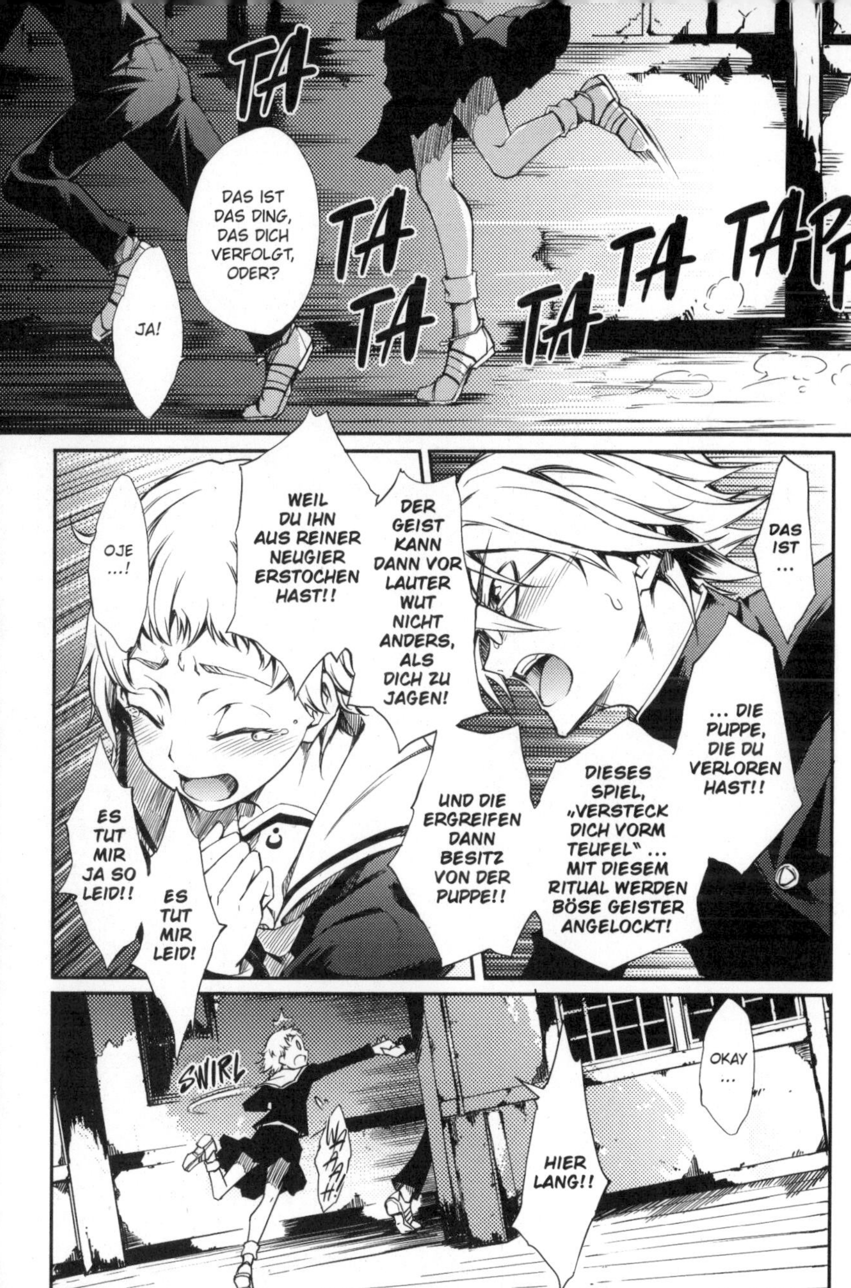
TA
DAS IST DAS DING, DAS DICH VERFOLGT, ODER?
JA!
TA
TA
TA
TA TAPP
DAS IST ...
... DIE PUPPE, DIE DU VERLOREN HAST!!
DIESES SPIEL, „VERSTECK DICH VORM TEUFEL“ ... MIT DIESEM RITUAL WERDEN BÖSE GEISTER ANGELOCKT!
UND DIE ERGREIFEN DANN BESITZ VON DER PUPPE!!
DER GEIST KANN DANN VOR LAUTER WUT NICHT ANDERS, ALS DICH ZU JAGEN!
WEIL DU IHN AUS REINER NEUGIER ERSTOCHEN HAST!!
OJE ...!
ES TUT MIR JA SO LEID!!
ES TUT MIR LEID!
OKAY ...
HIER LANG!!
SWIRL

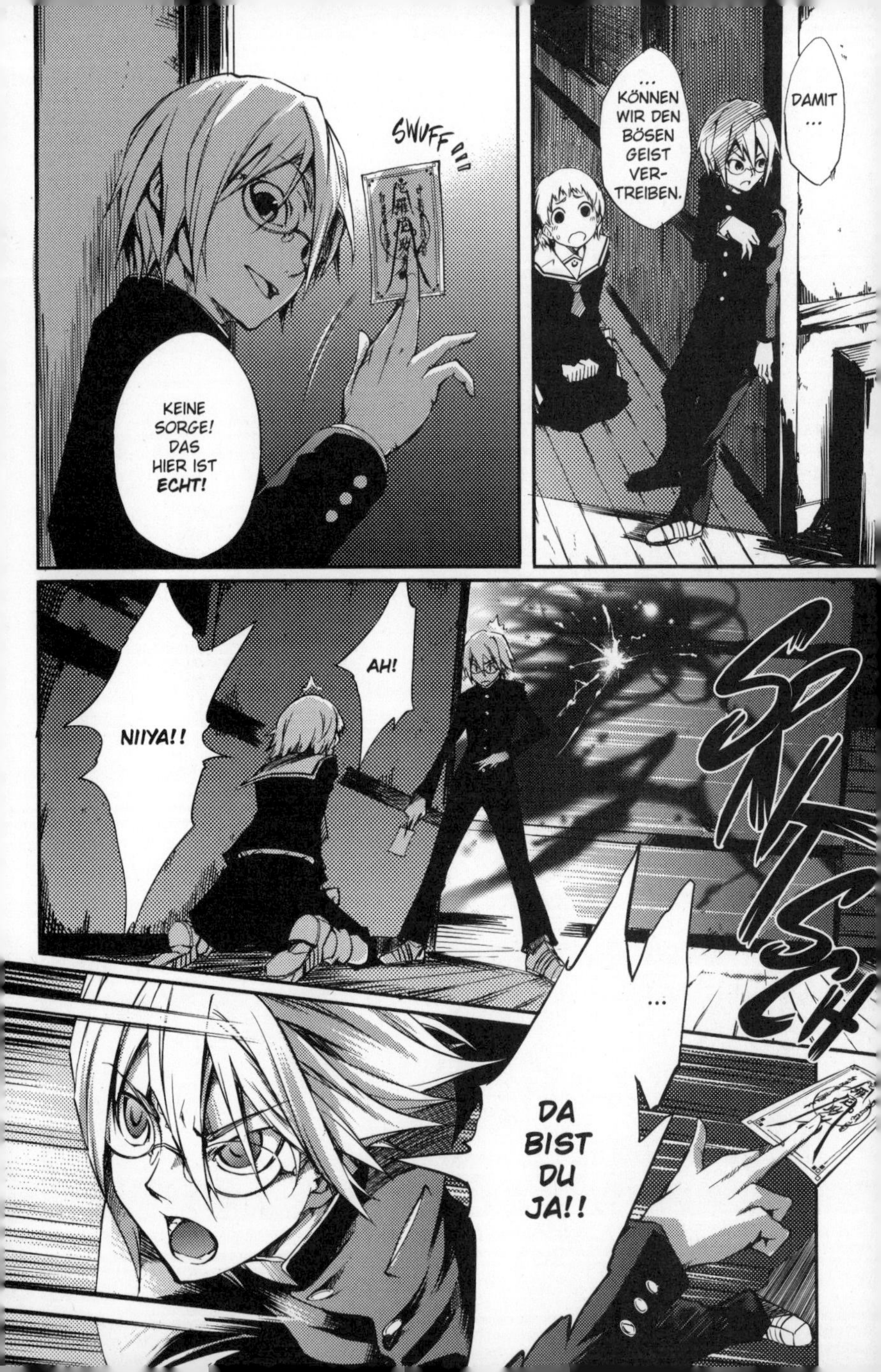

DAMIT ...

... KÖNNEN WIR DEN BÖSEN GEIST VER-TREIBEN.

SWUFF

KEINE SORGE! DAS HIER IST **ECHT!**

AH!

NIIYA!!

SCHNITSCH

...

DA BIST DU JA!!

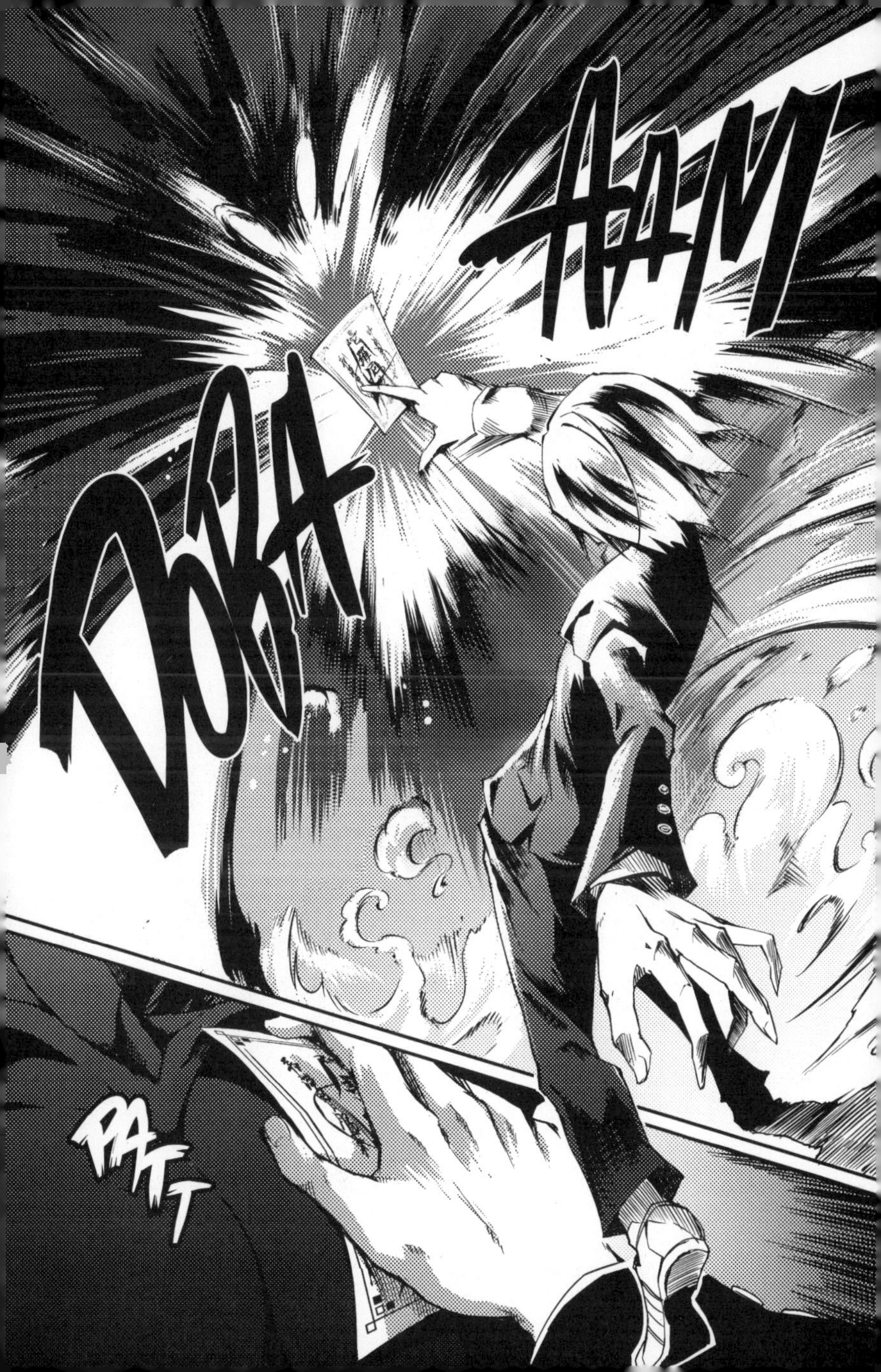
BOOA
AAM
PATT

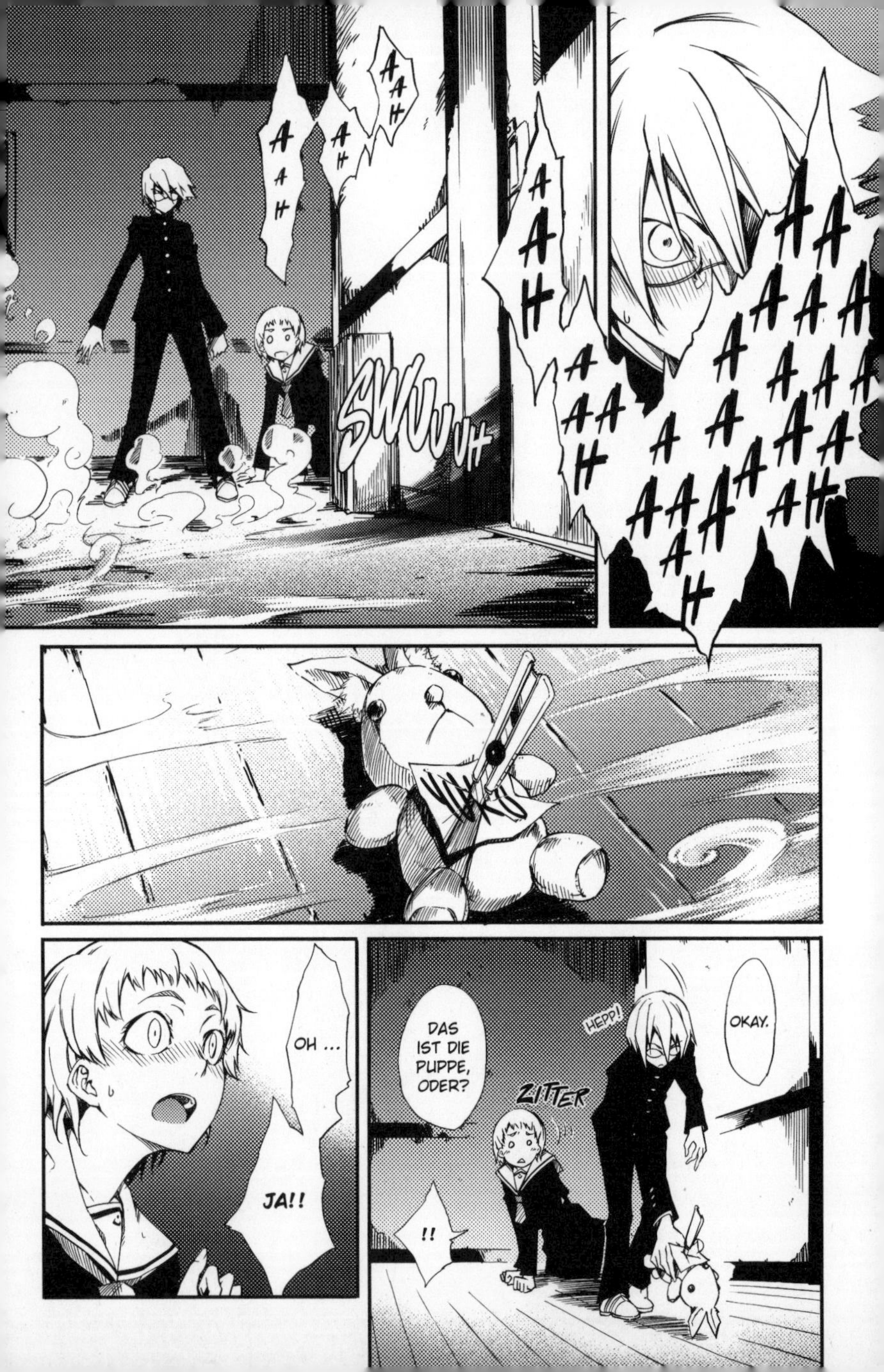

AAAH
AAH
AAH
AAAH
AAAAAAAAAAAAAAAAAH
SWUUUH

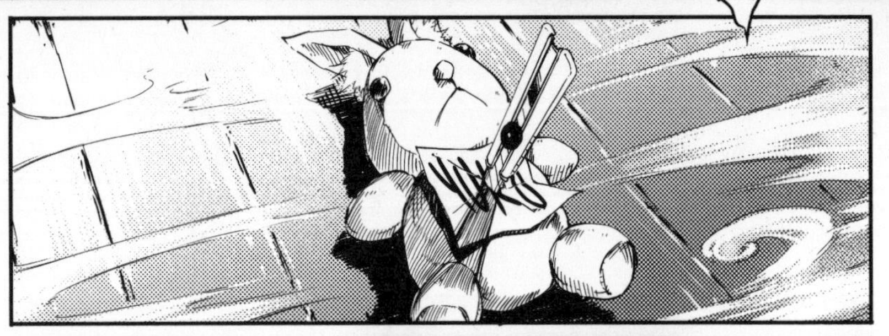

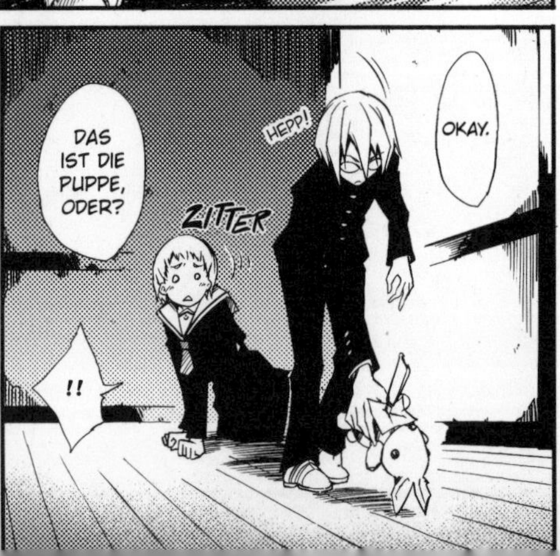

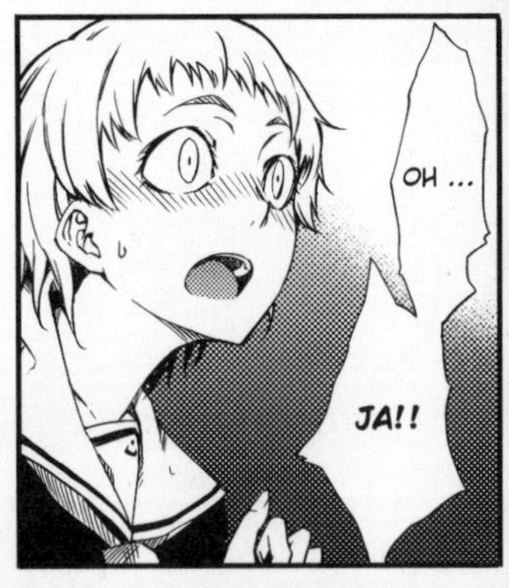

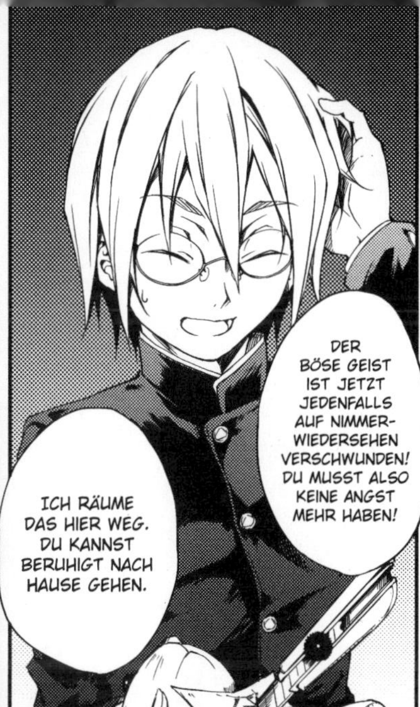
DER BÖSE GEIST IST JETZT JEDENFALLS AUF NIMMER-WIEDERSEHEN VERSCHWUNDEN! DU MUSST ALSO KEINE ANGST MEHR HABEN!
ICH RÄUME DAS HIER WEG. DU KANNST BERUHIGT NACH HAUSE GEHEN.

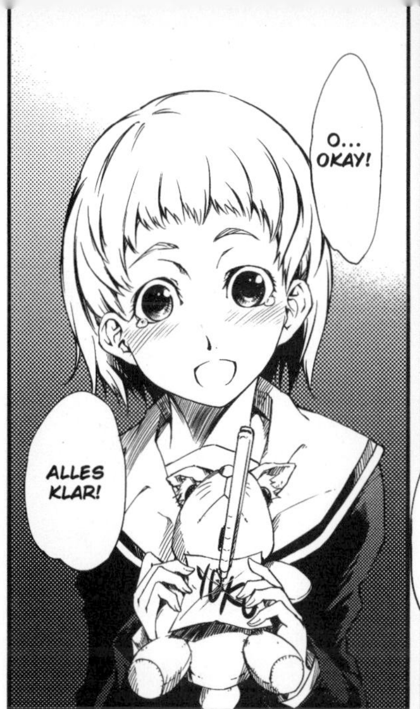
O... OKAY!
ALLES KLAR!
YOKO

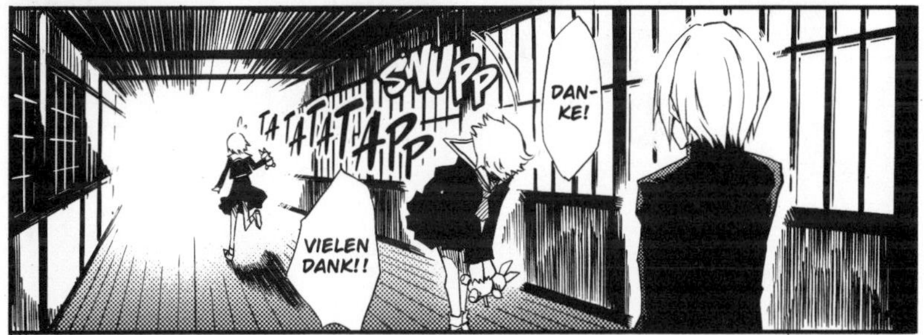
DAN-KE!
SNUPP
TATATATAPP
VIELEN DANK!!

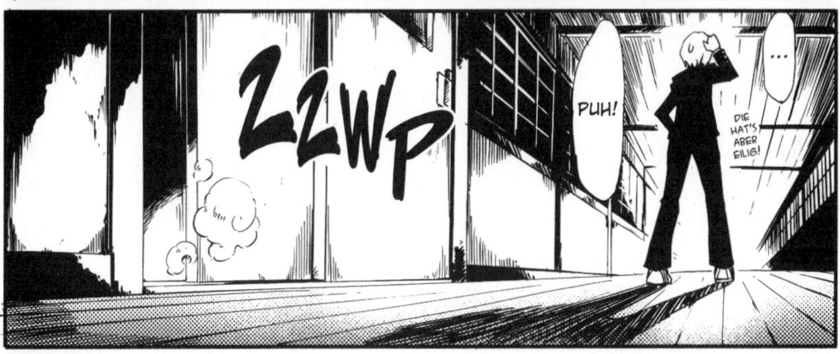
...
DIE HAT'S ABER EILIG!
PUH!
ZZWP

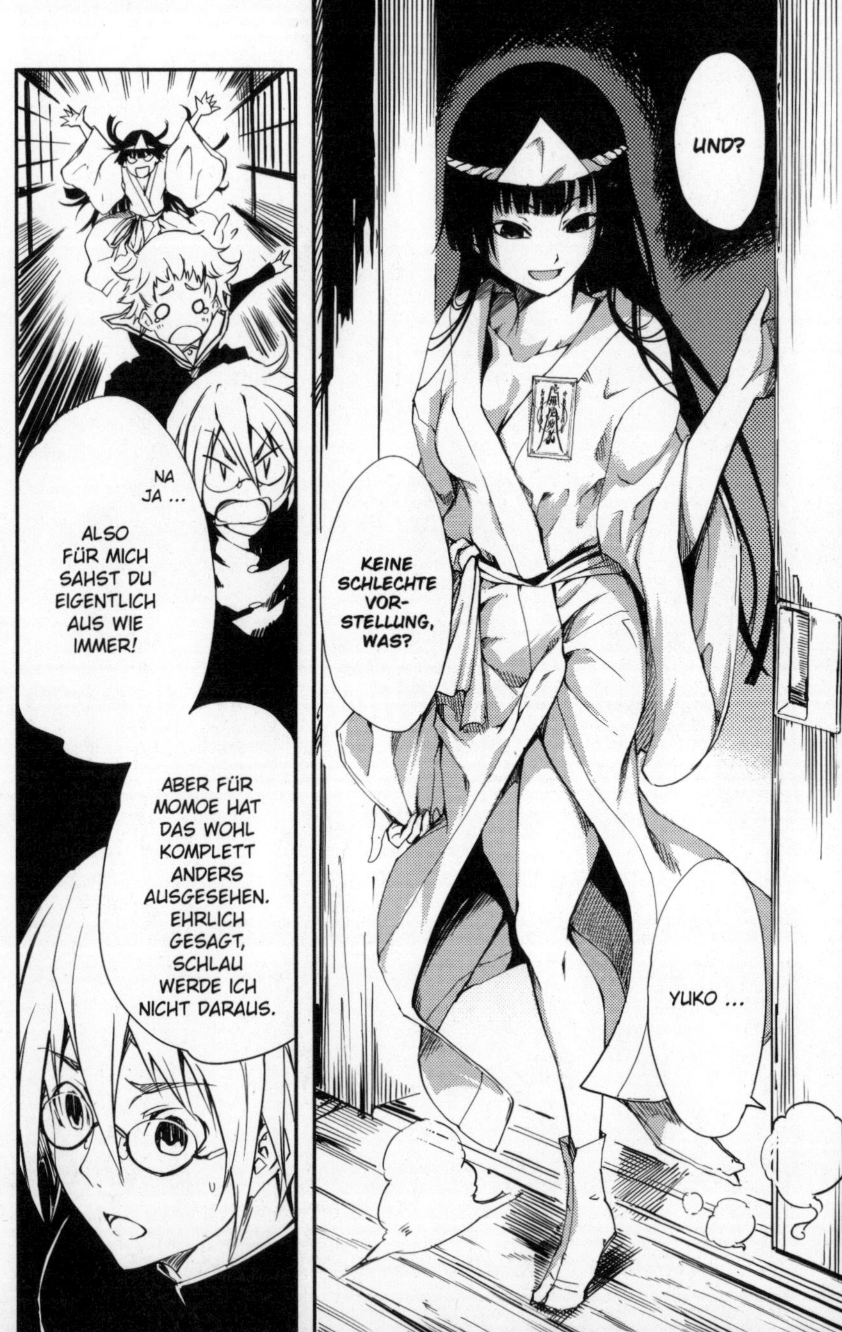
UND?
KEINE SCHLECHTE VOR-STELLUNG, WAS?
YUKO ...
NA JA ...
ALSO FÜR MICH SAHST DU EIGENTLICH AUS WIE IMMER!
ABER FÜR MOMOE HAT DAS WOHL KOMPLETT ANDERS AUSGESEHEN. EHRLICH GESAGT, SCHLAU WERDE ICH NICHT DARAUS.

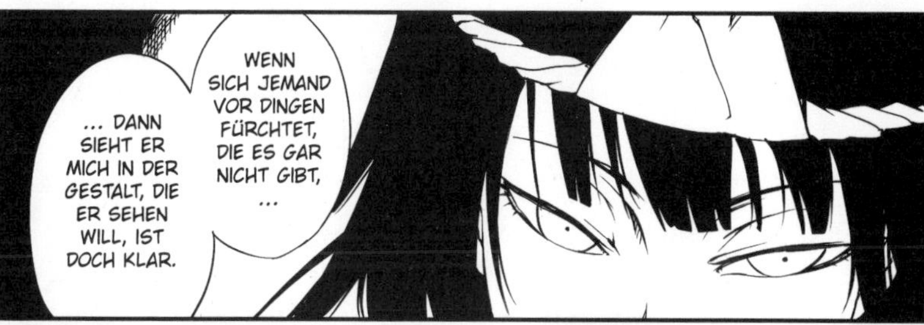
WENN SICH JEMAND VOR DINGEN FÜRCHTET, DIE ES GAR NICHT GIBT, ...
... DANN SIEHT ER MICH IN DER GESTALT, DIE ER SEHEN WILL, IST DOCH KLAR.

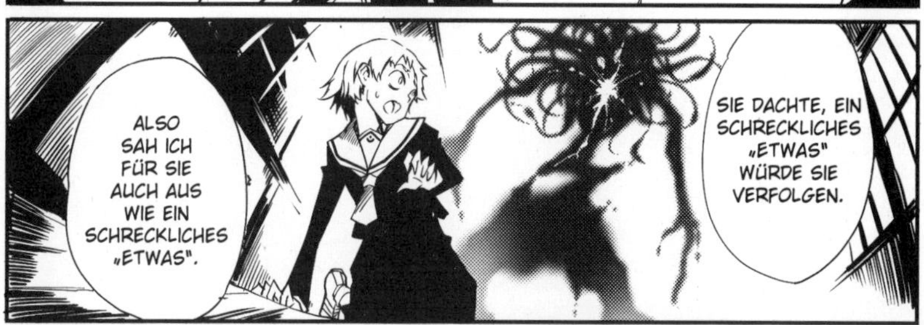
SIE DACHTE, EIN SCHRECKLICHES „ETWAS" WÜRDE SIE VERFOLGEN.
ALSO SAH ICH FÜR SIE AUCH AUS WIE EIN SCHRECKLICHES „ETWAS".

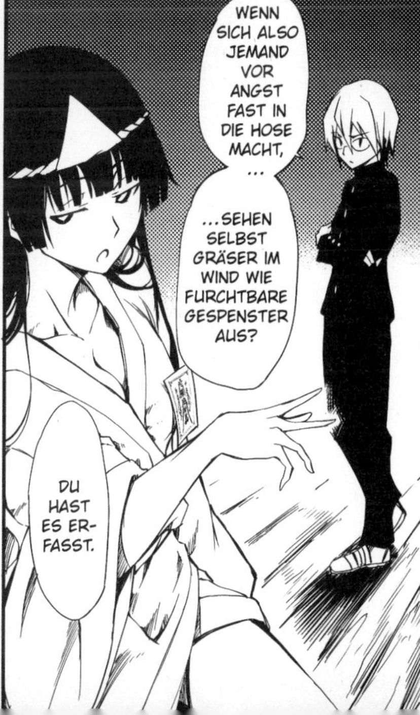
WENN SICH ALSO JEMAND VOR ANGST FAST IN DIE HOSE MACHT, ...
...SEHEN SELBST GRÄSER IM WIND WIE FURCHTBARE GESPENSTER AUS?
DU HAST ES ERFASST.

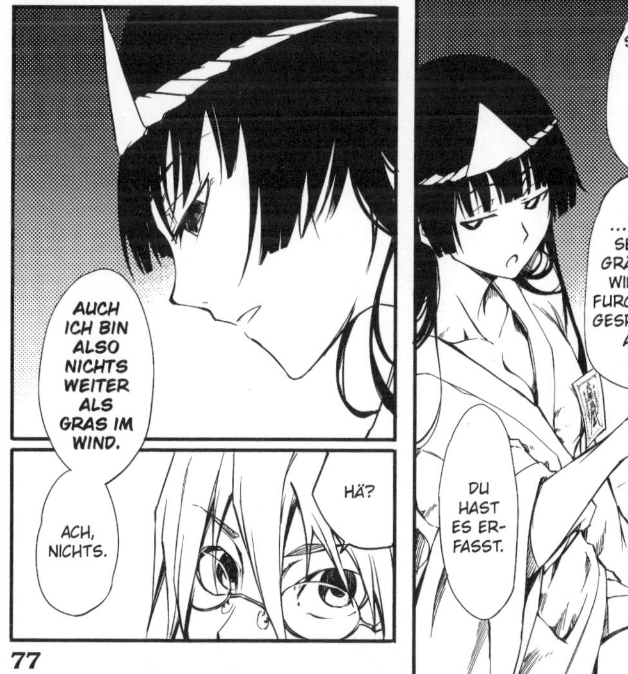
AUCH ICH BIN ALSO NICHTS WEITER ALS GRAS IM WIND.
HÄ?
ACH, NICHTS.

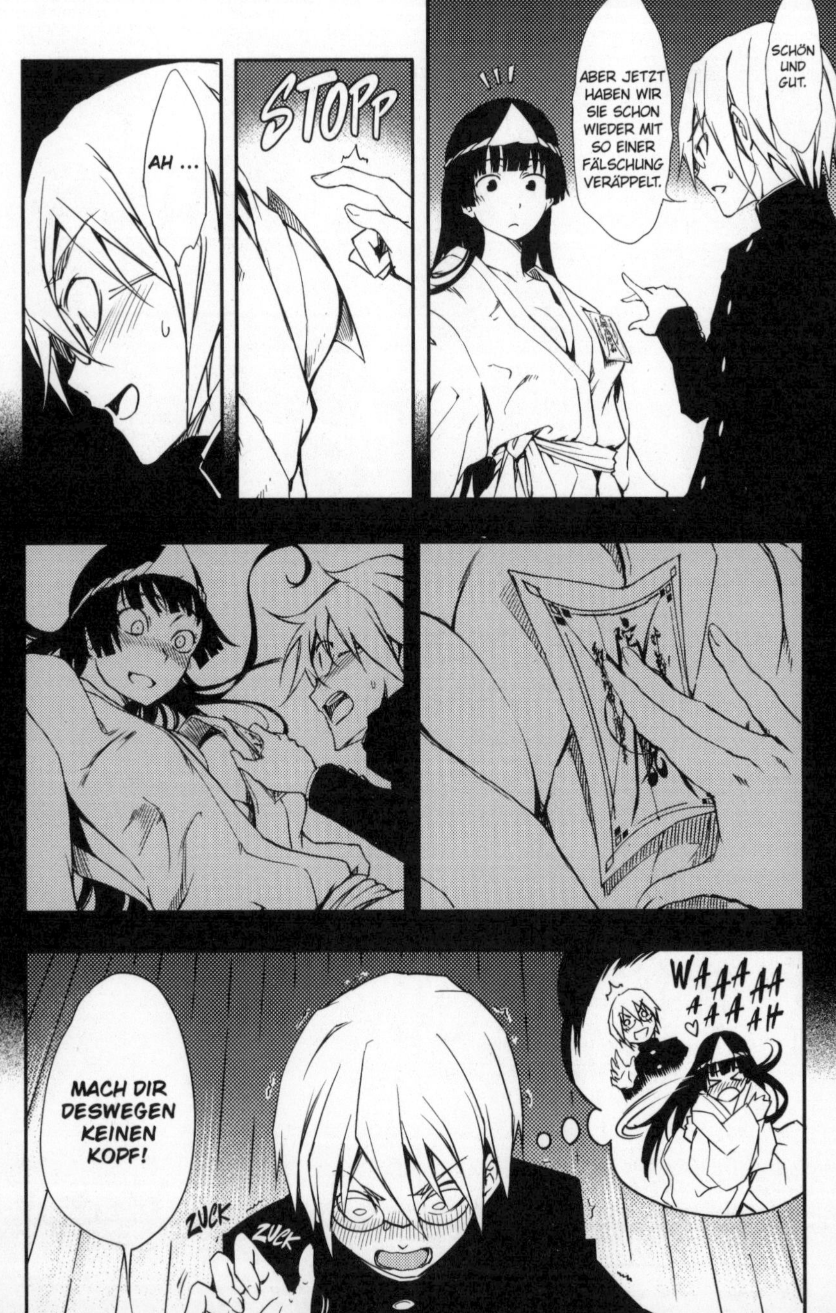
SCHÖN UND GUT.
ABER JETZT HABEN WIR SIE SCHON WIEDER MIT SO EINER FÄLSCHUNG VERÄPPELT.
!!!
STOPP
AH ...
WAAAAA
AAAAH
MACH DIR DESWEGEN KEINEN KOPF!
ZUCK
ZUCK

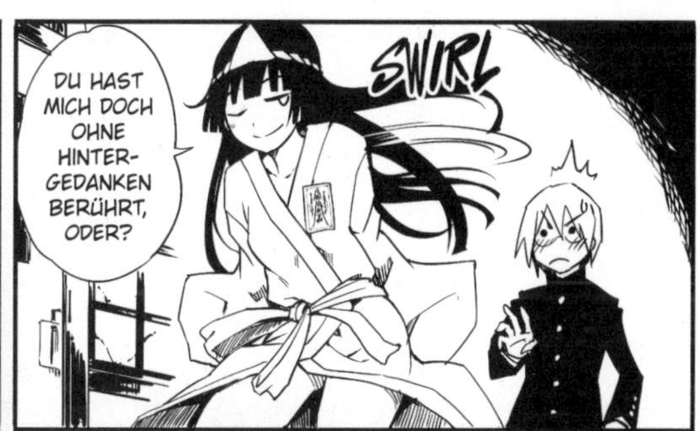
SWIRL
DU HAST MICH DOCH OHNE HINTER-GEDANKEN BERÜHRT, ODER?
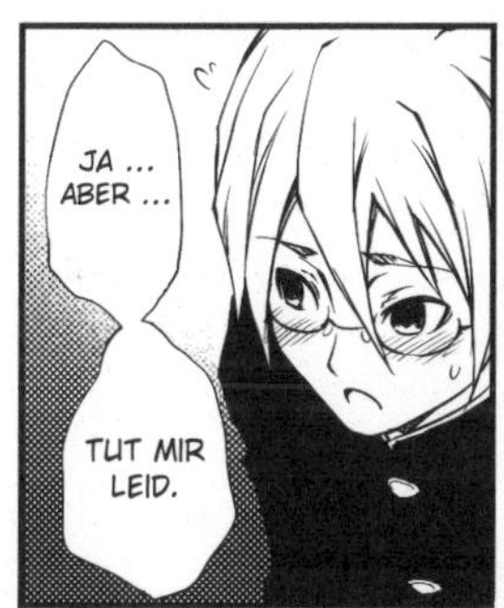
JA ... ABER ...
TUT MIR LEID.
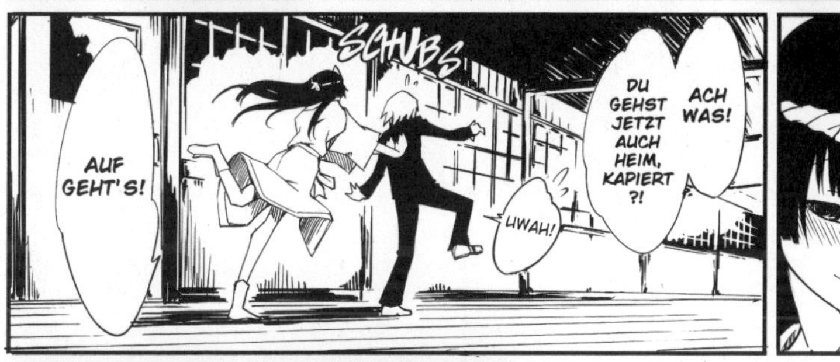
ACH WAS!
DU GEHST JETZT AUCH HEIM, KAPIERT?!
HEHE
UWAH!
SCHUBS
AUF GEHT'S!
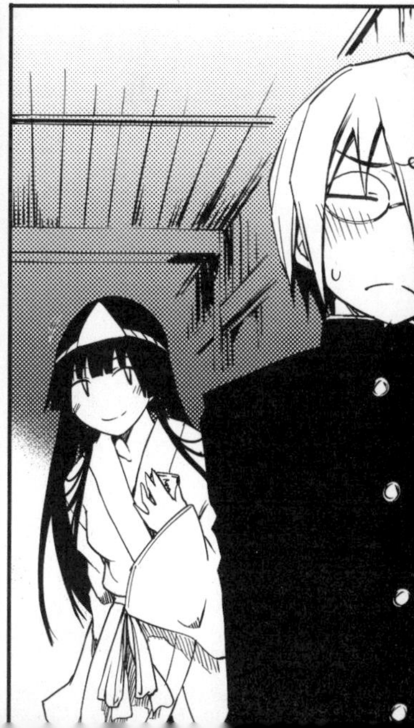
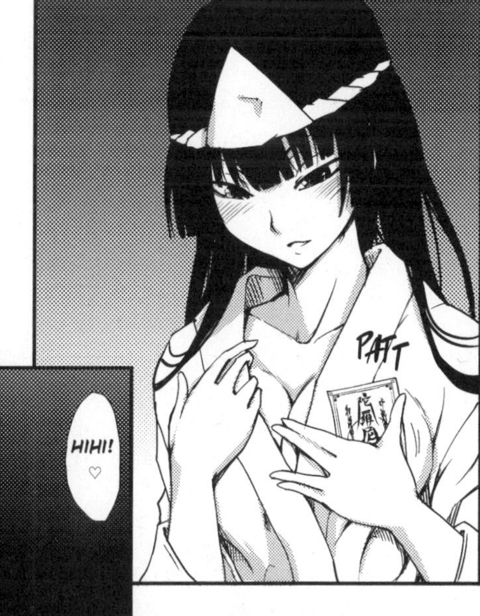
PATT
HIHI! ♡

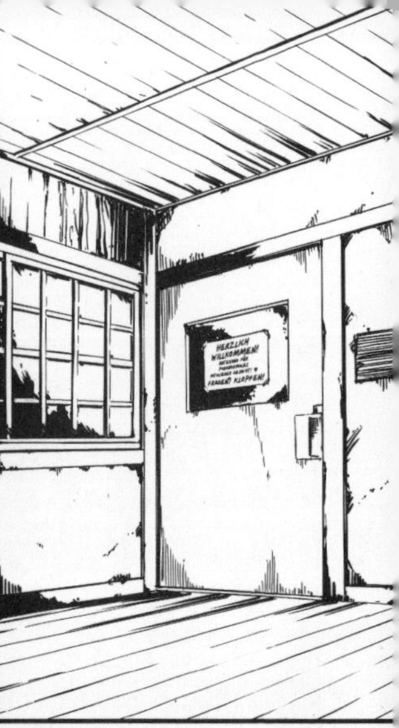
HERZLICH WILLKOMMEN!
FRAGEN? KLOPFEN!

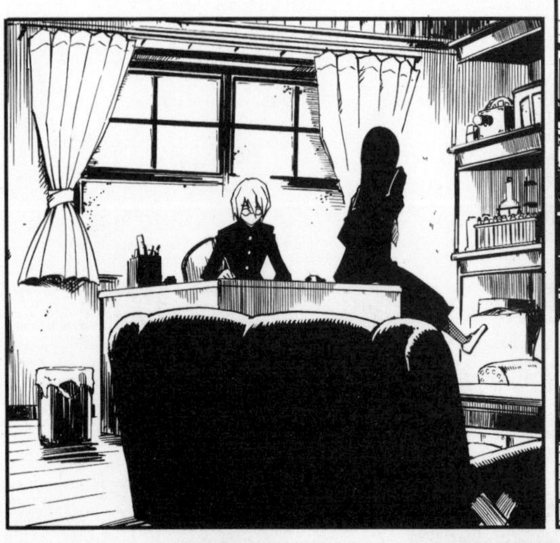

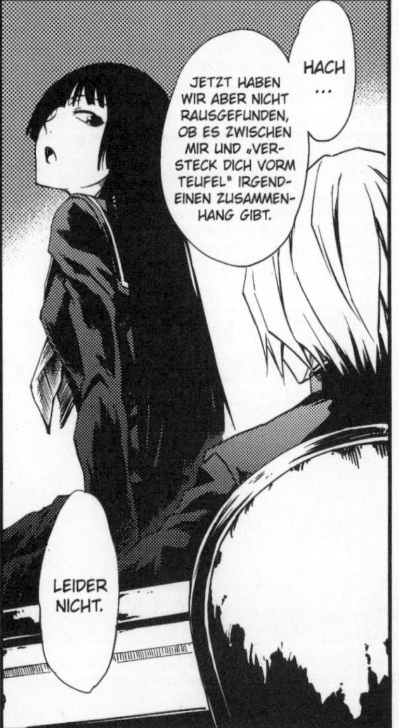
HACH …
JETZT HABEN WIR ABER NICHT RAUSGEFUNDEN, OB ES ZWISCHEN MIR UND „VERSTECK DICH VORM TEUFEL" IRGENDEINEN ZUSAMMENHANG GIBT.
LEIDER NICHT.

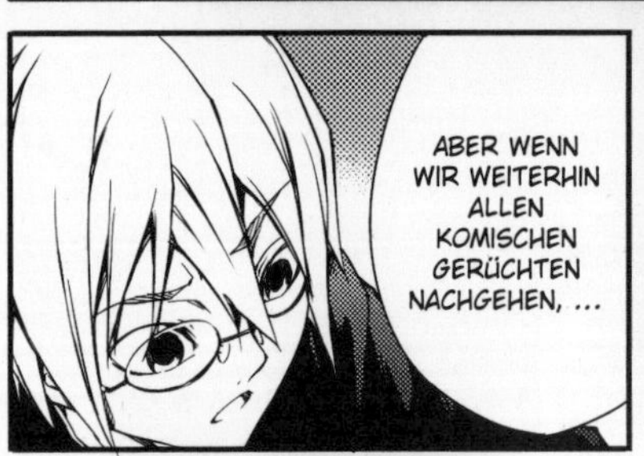
ABER WENN WIR WEITERHIN ALLEN KOMISCHEN GERÜCHTEN NACHGEHEN, …

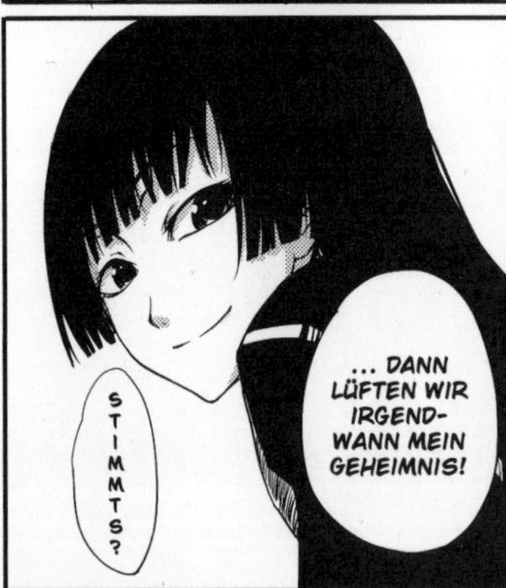
… DANN LÜFTEN WIR IRGENDWANN MEIN GEHEIMNIS!
STIMMTS?

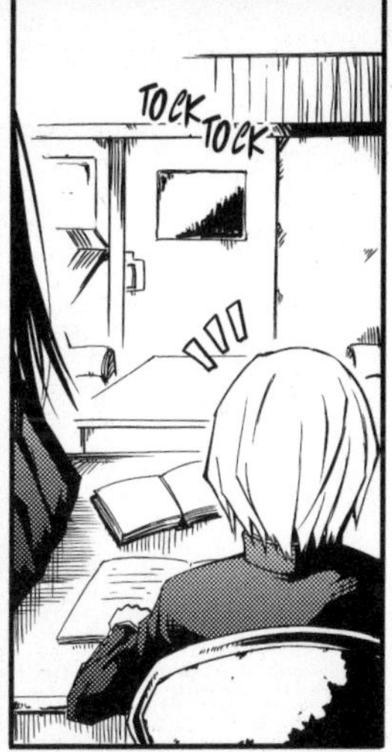
TOCK TOCK

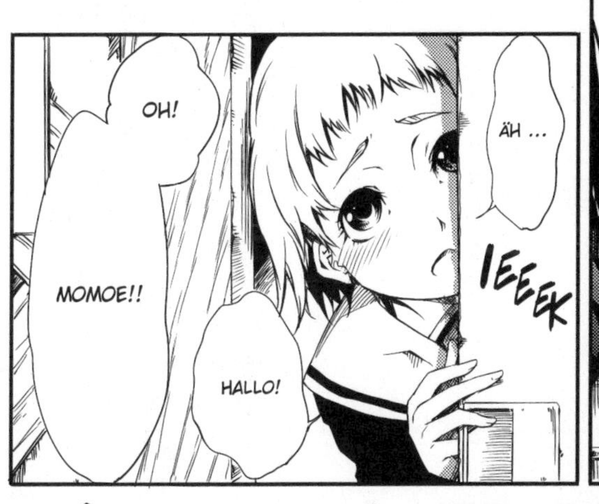
IEEEK
ÄH ...
HALLO!
OH!
MOMOE!!

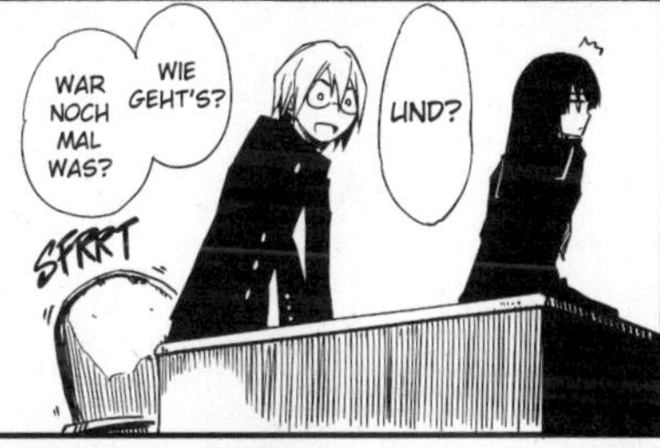
UND?
WIE GEHT'S?
WAR NOCH MAL WAS?
SFRRT

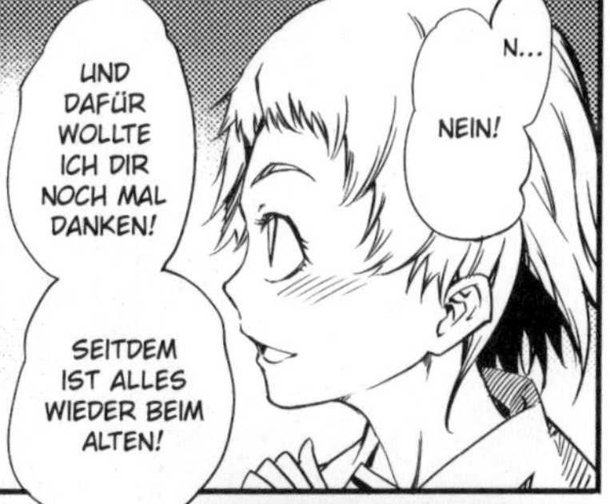
N...
NEIN!
UND DAFÜR WOLLTE ICH DIR NOCH MAL DANKEN!
SEITDEM IST ALLES WIEDER BEIM ALTEN!
DAS IST ALLEIN DEIN VERDIENST, NIIYA! DU HAST DEN BÖSEN GEIST VERTRIEBEN!
HMPF!

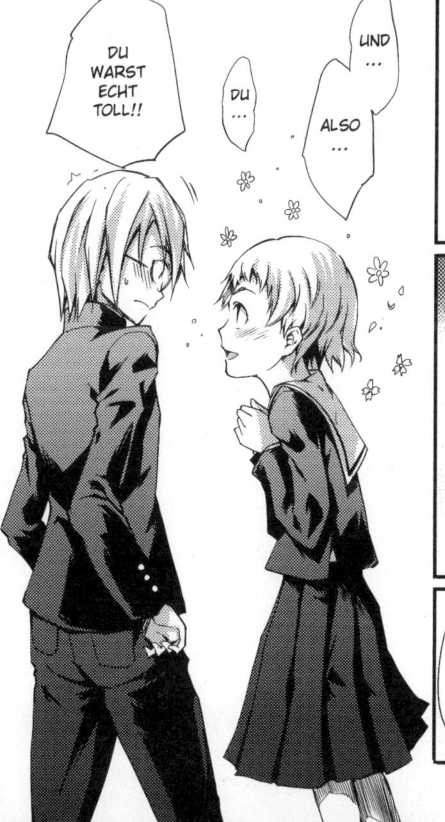
UND ...
ALSO ...
DU ...
DU WARST ECHT TOLL!!

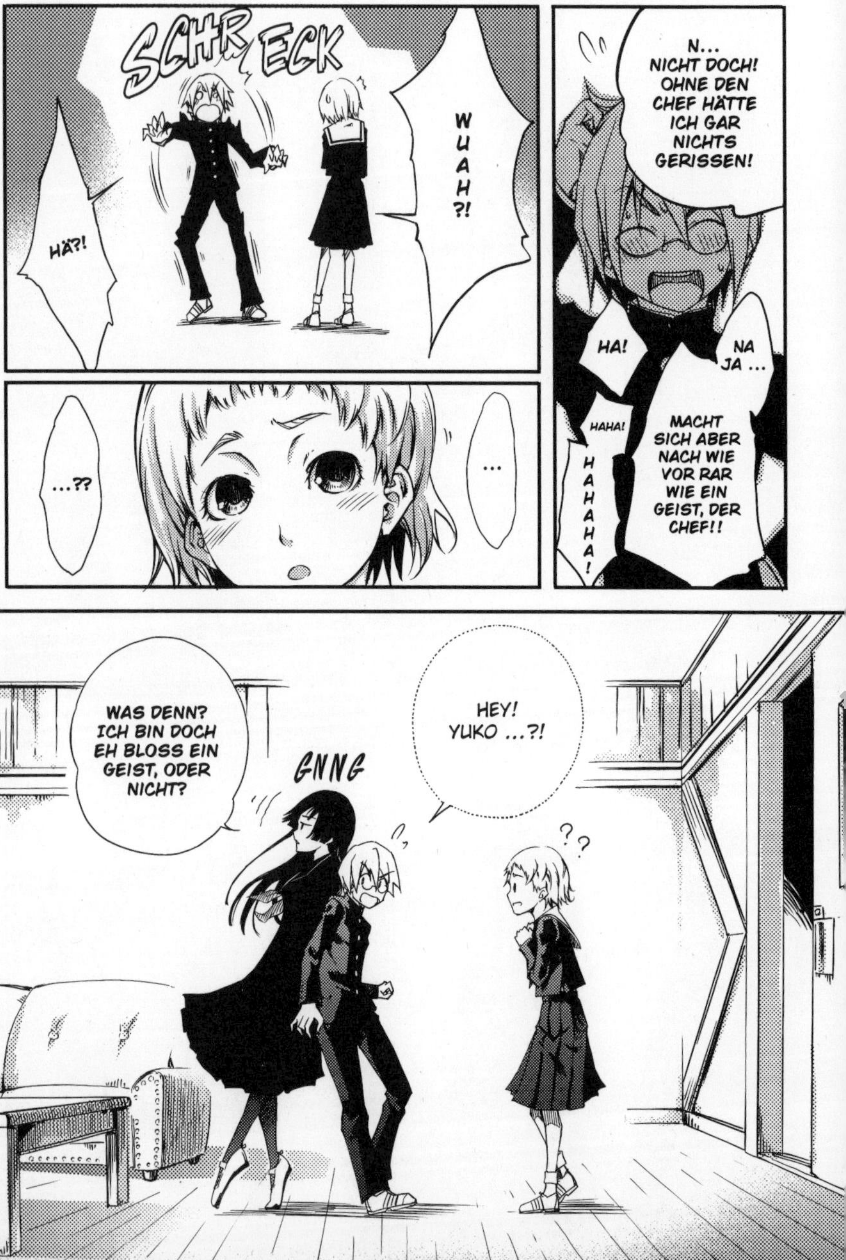

N… NICHT DOCH! OHNE DEN CHEF HÄTTE ICH GAR NICHTS GERISSEN!

HA!

NA JA …

HAHA!

MACHT SICH ABER NACH WIE VOR RAR WIE EIN GEIST, DER CHEF!!

HAHAHAHA!

SCHRECK

WUAH?!

HÄ?!

…

…??

HEY! YUKO …?!

GNNG

WAS DENN? ICH BIN DOCH EH BLOSS EIN GEIST, ODER NICHT?

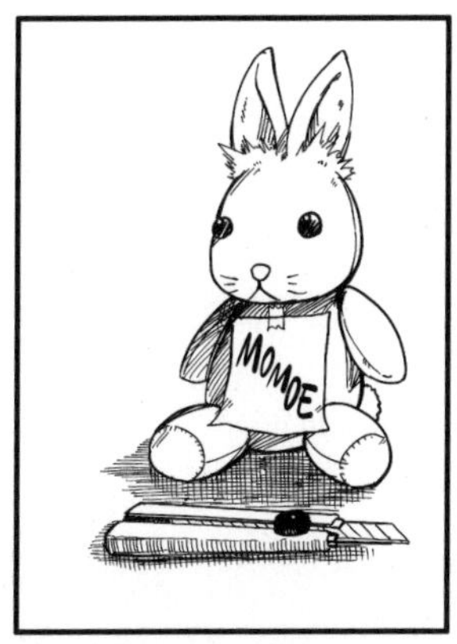
MOMOE

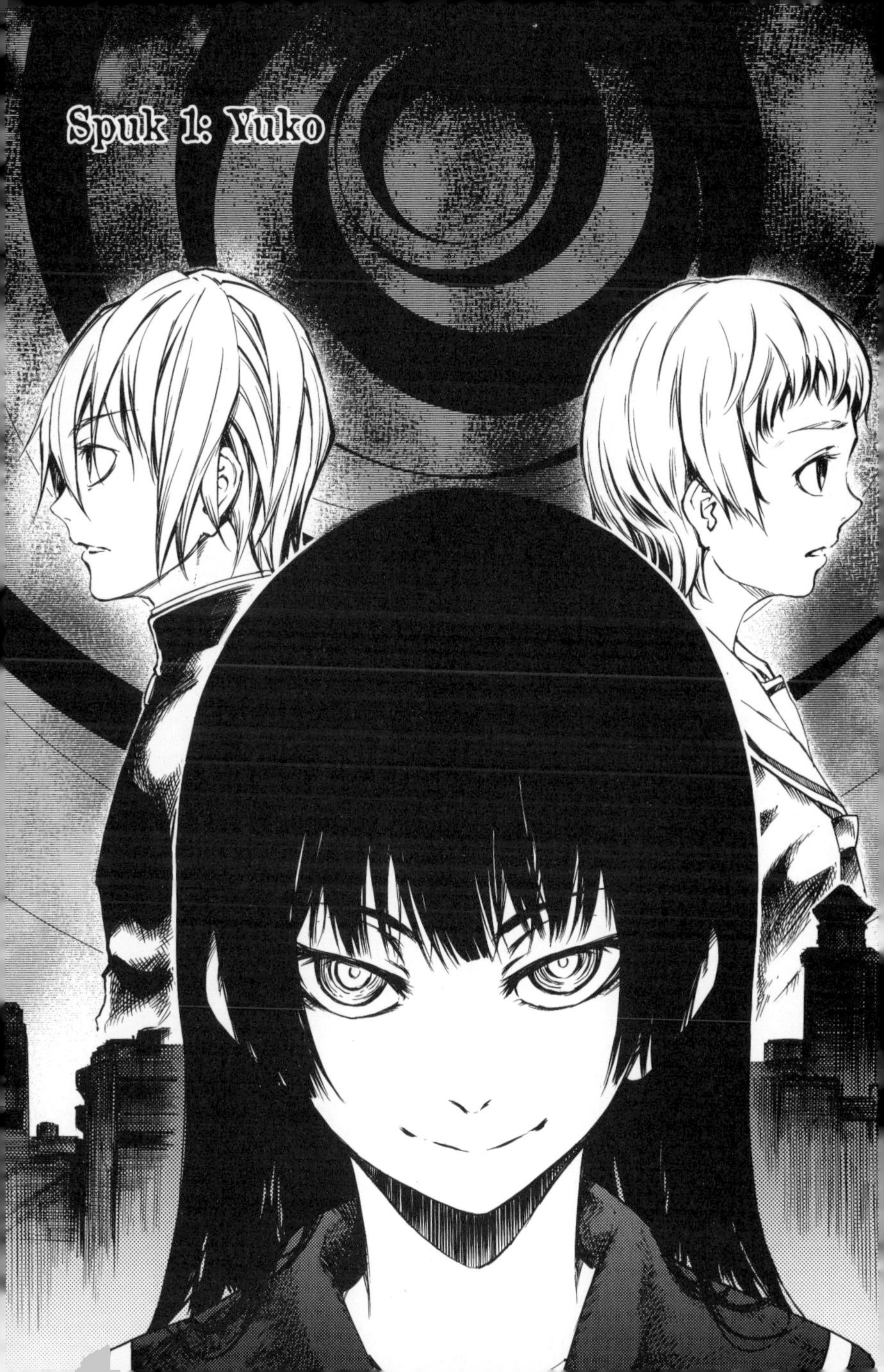
Spuk 1: Yuko

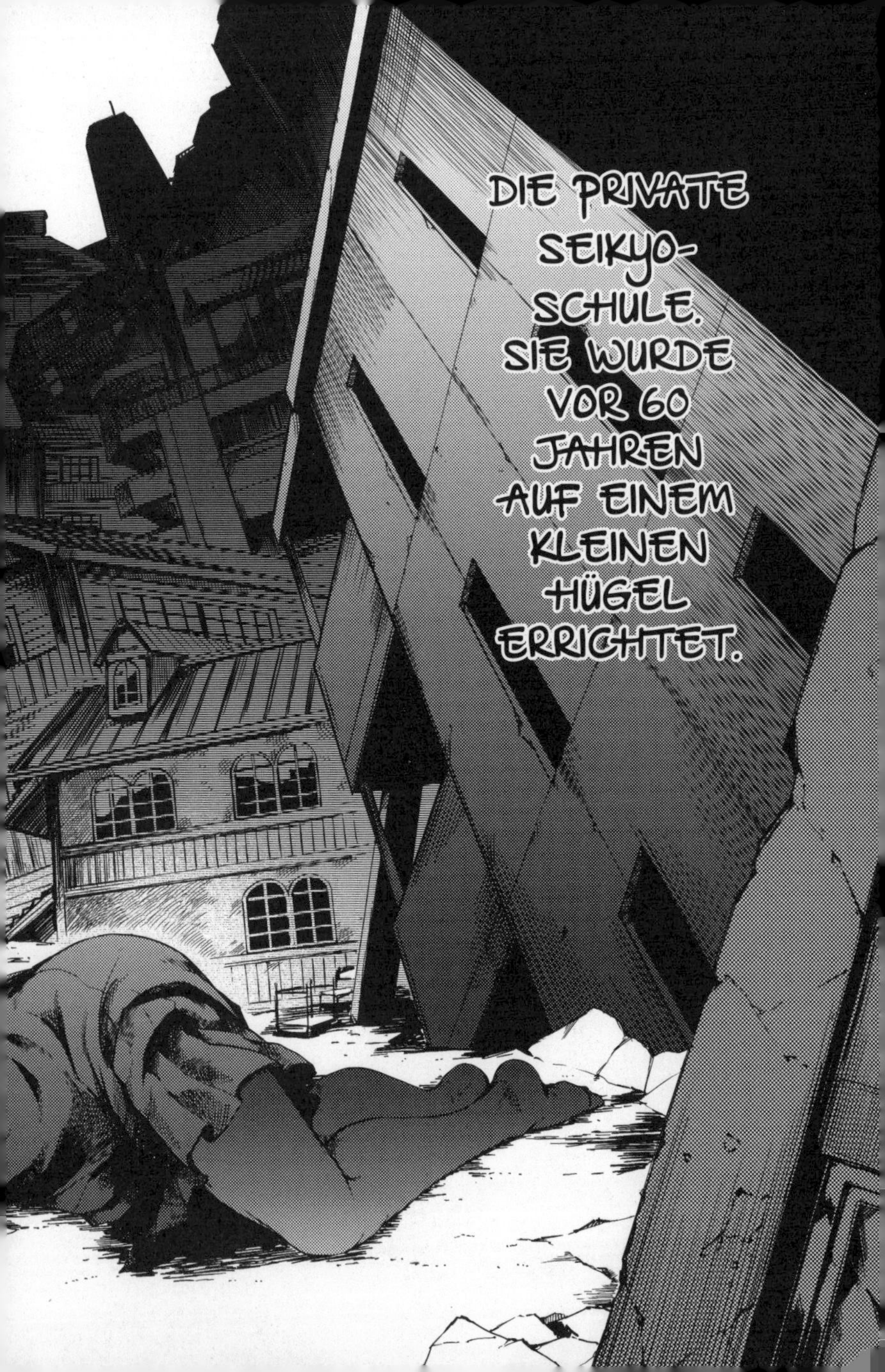
DIE PRIVATE SEIKYO-SCHULE. SIE WURDE VOR 60 JAHREN AUF EINEM KLEINEN HÜGEL ERRICHTET.

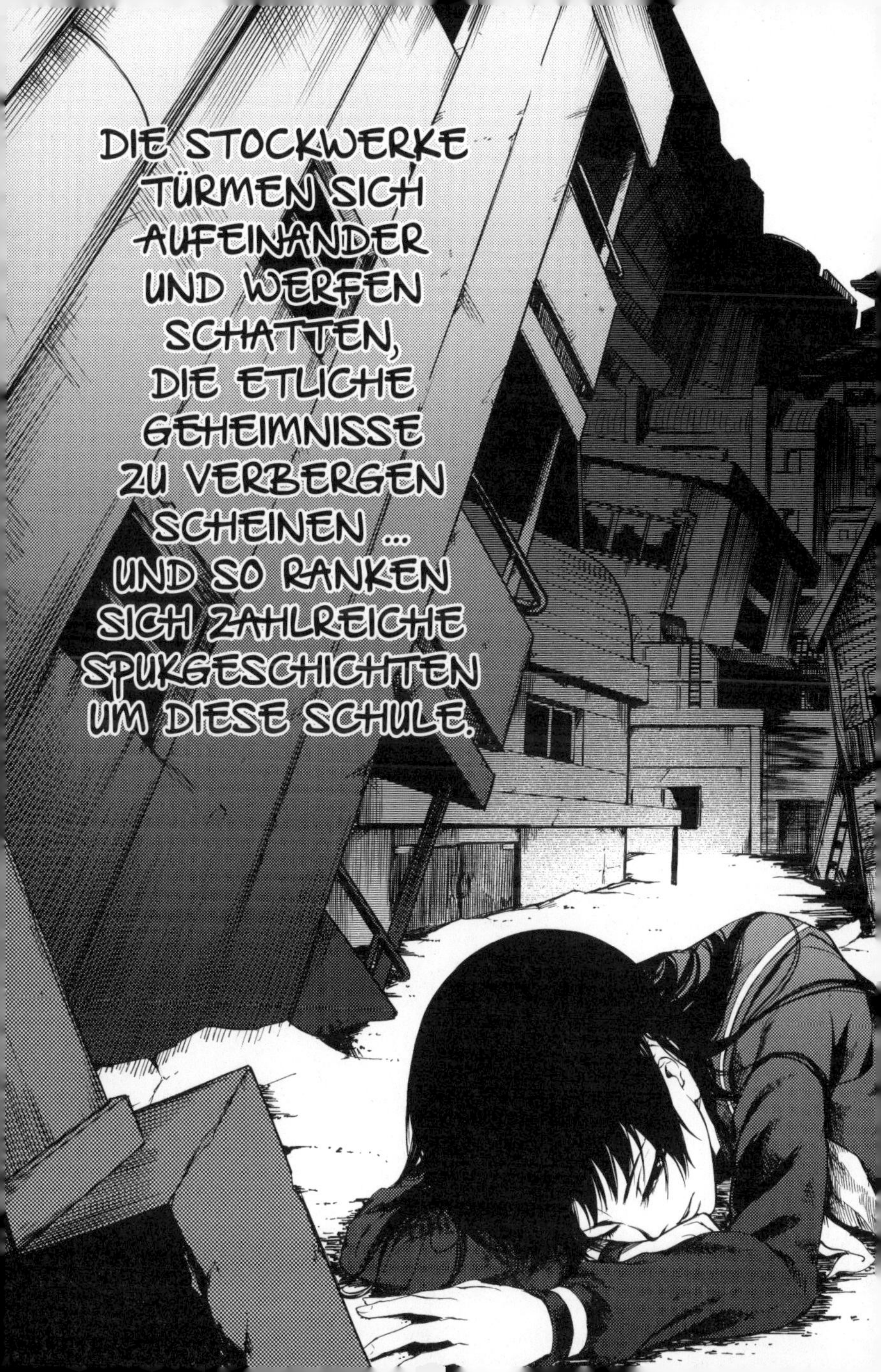
DIE STOCKWERKE TÜRMEN SICH AUFEINANDER UND WERFEN SCHATTEN, DIE ETLICHE GEHEIMNISSE ZU VERBERGEN SCHEINEN ... UND SO RANKEN SICH ZAHLREICHE SPUKGESCHICHTEN UM DIESE SCHULE.

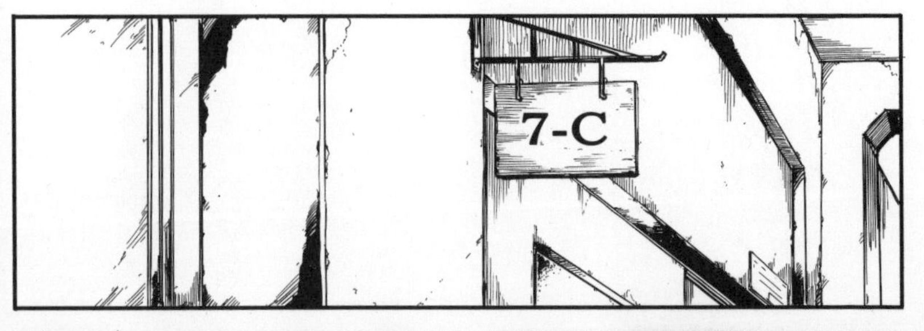
7-C

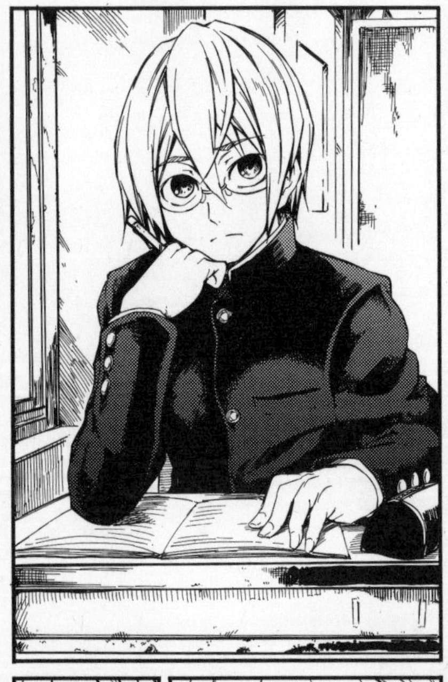

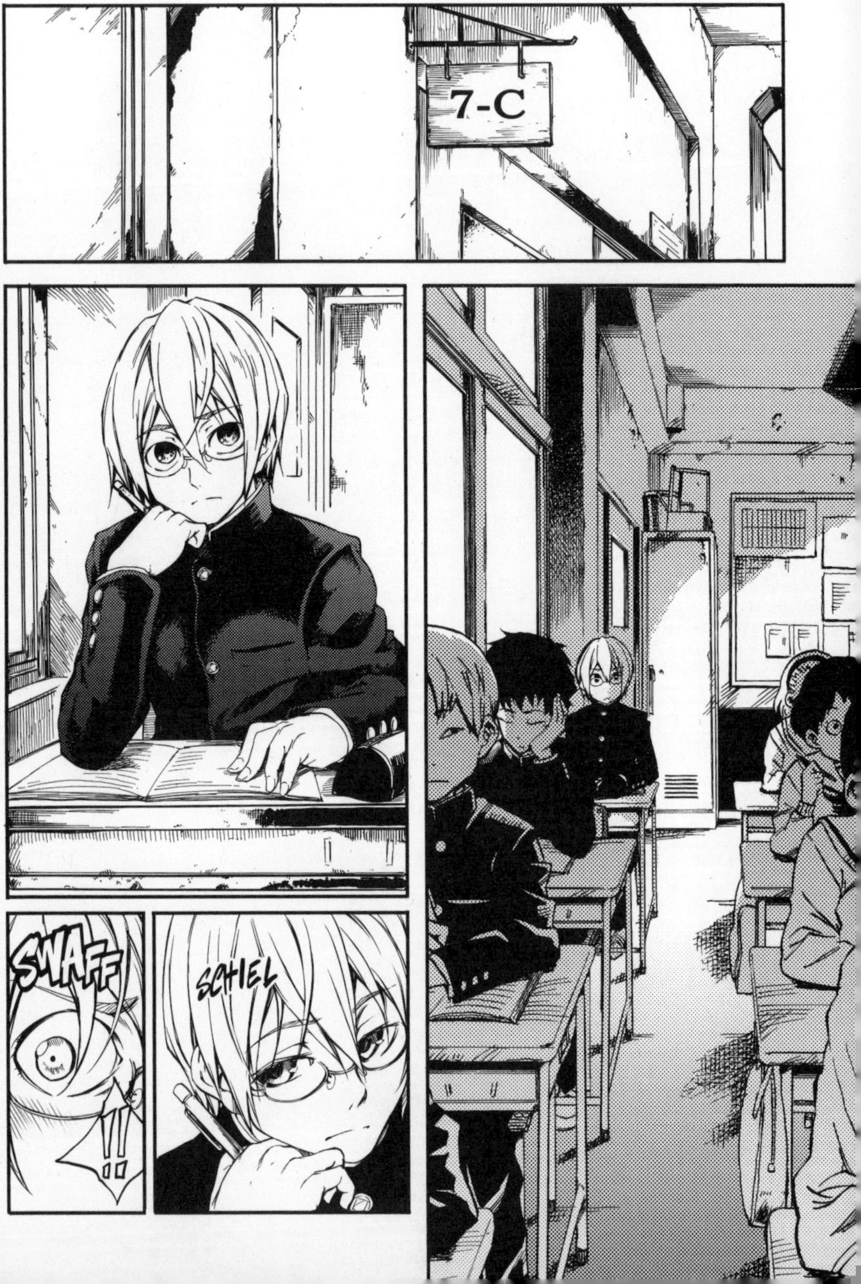

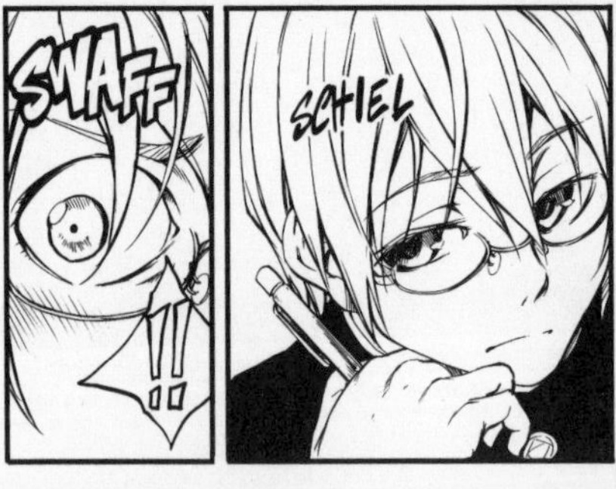
SCHIEL
SWAFF
!!

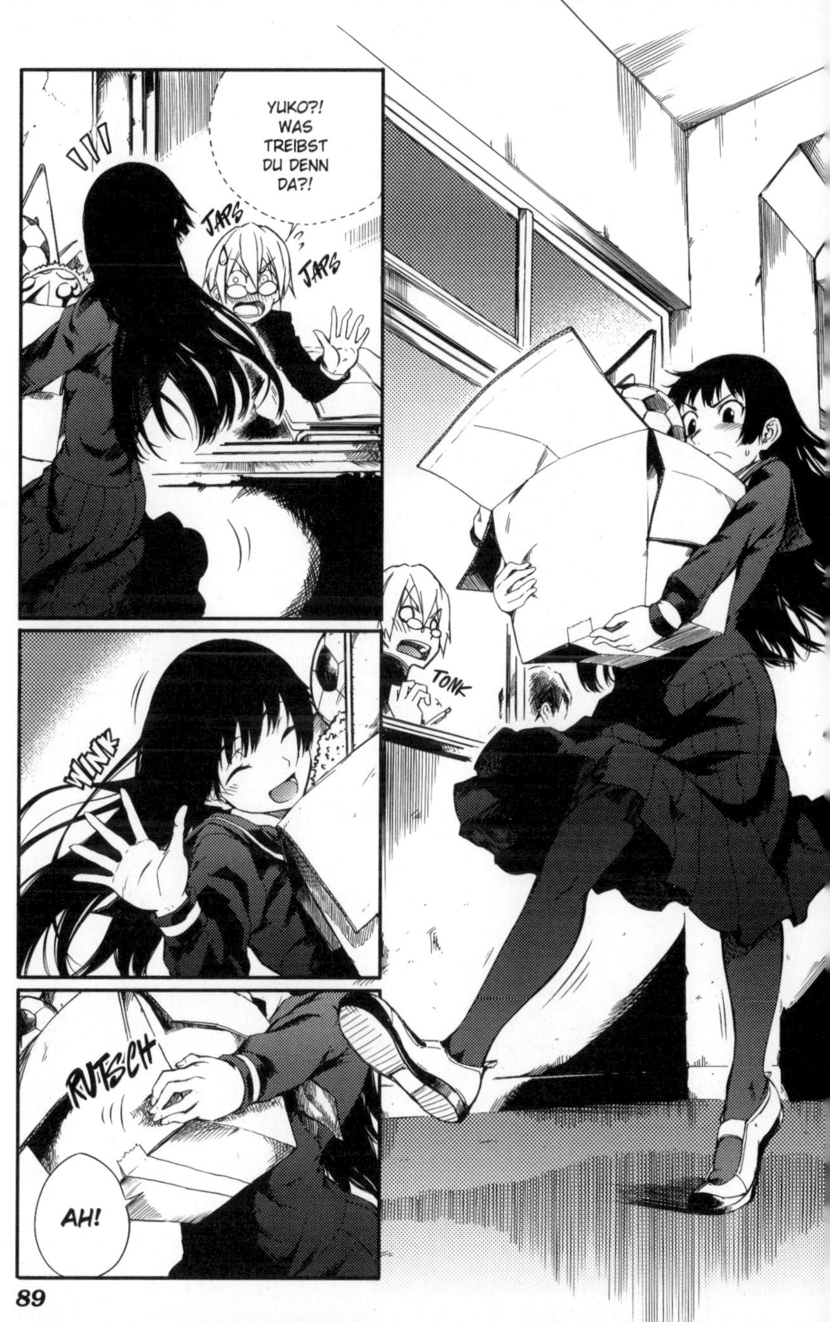
YUKO?! WAS TREIBST DU DENN DA?!
JAPS
JAPS
TONK
WINK
RUTSCH
AH!

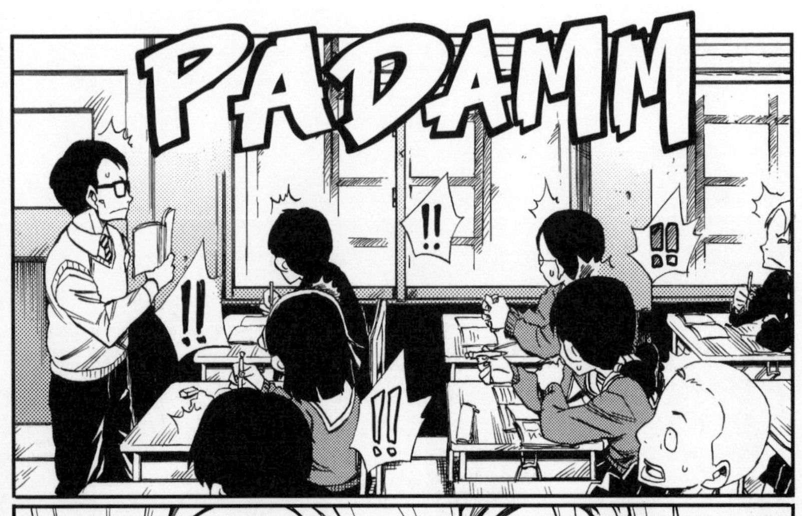
PADAMM
!!
!!
!!
!!
!!

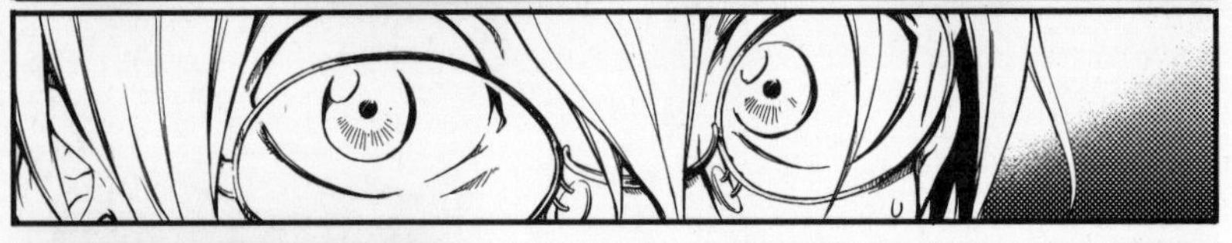

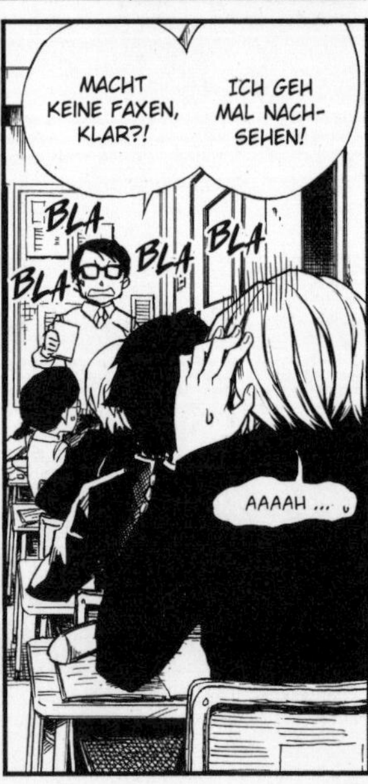
ICH GEH MAL NACH-SEHEN!
MACHT KEINE FAXEN, KLAR?!
BLA
BLA
BLA
BLA
AAAAH ...

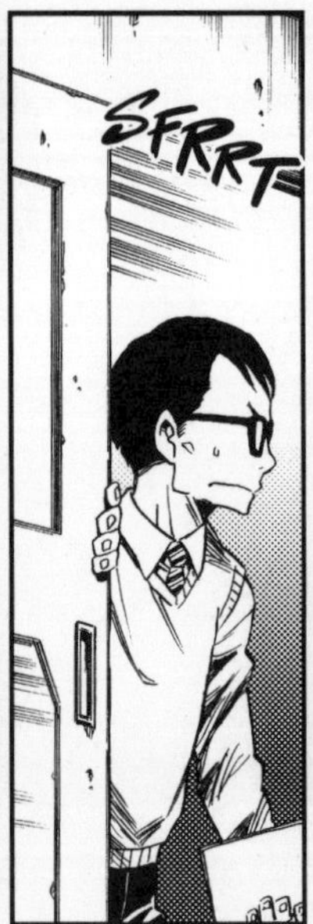
SFRRRT

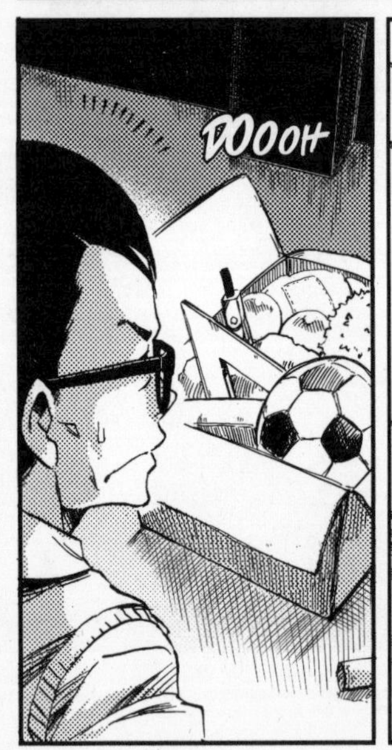
DOOOH

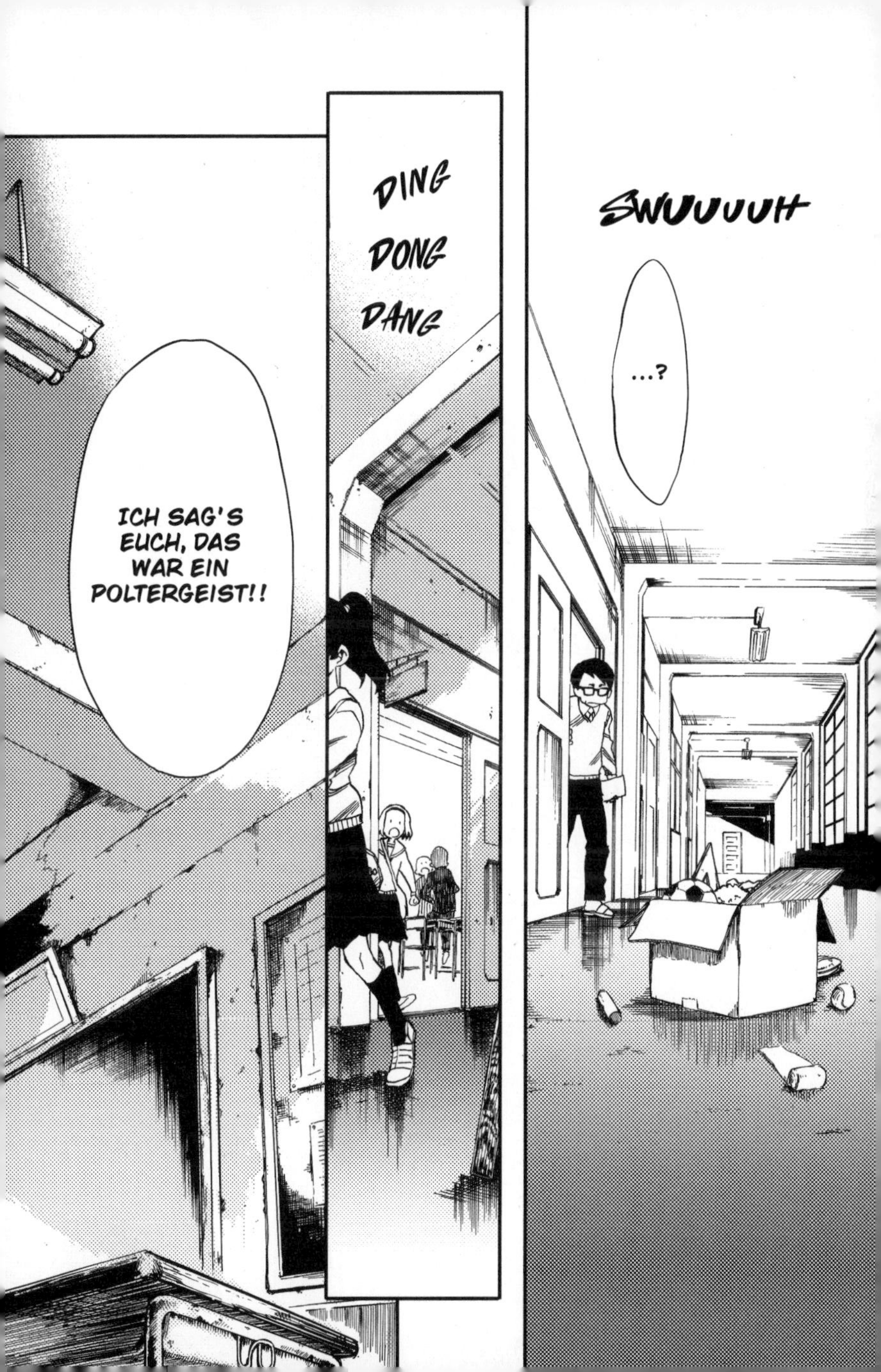

SWUUUUH

...?

DING DONG DANG

ICH SAG'S EUCH, DAS WAR EIN POLTERGEIST!!

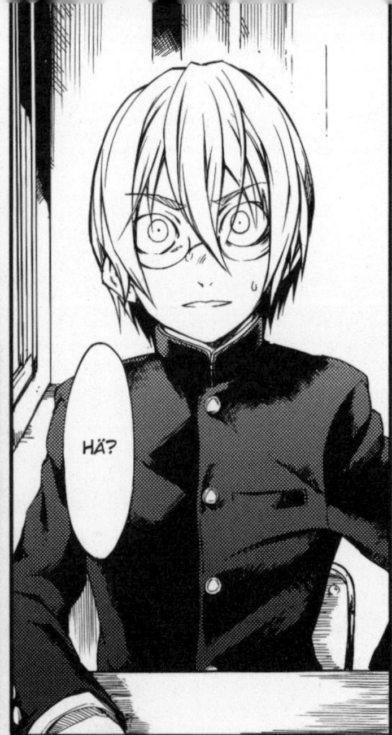
HÄ?

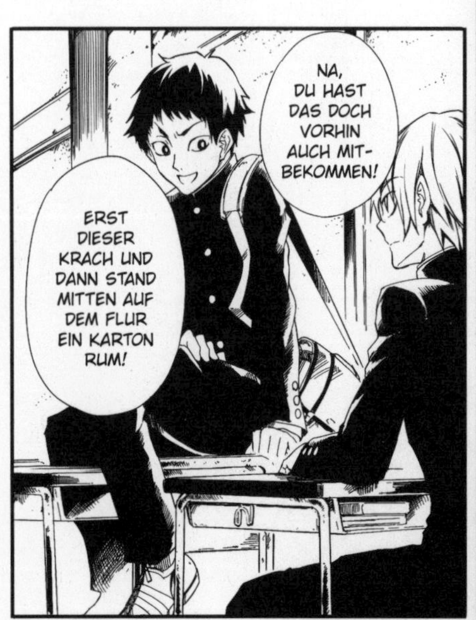
ERST DIESER KRACH UND DANN STAND MITTEN AUF DEM FLUR EIN KARTON RUM!
NA, DU HAST DAS DOCH VORHIN AUCH MITBEKOMMEN!

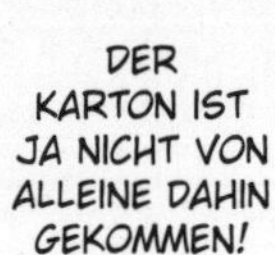
DER KARTON IST JA NICHT VON ALLEINE DAHIN GEKOMMEN!

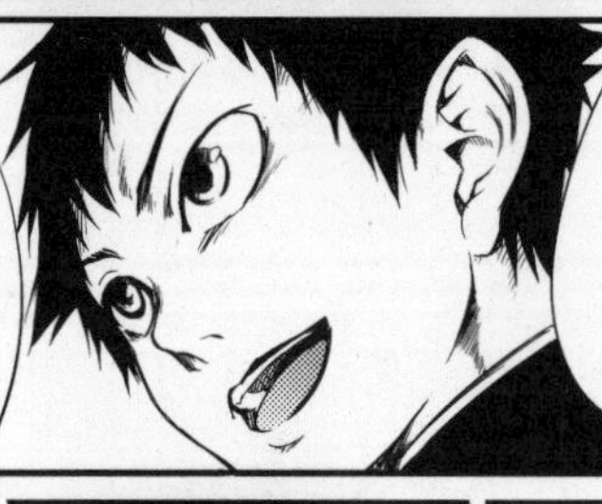
DAS KANN NUR EIN POLTERGEIST GEWESEN SEIN!

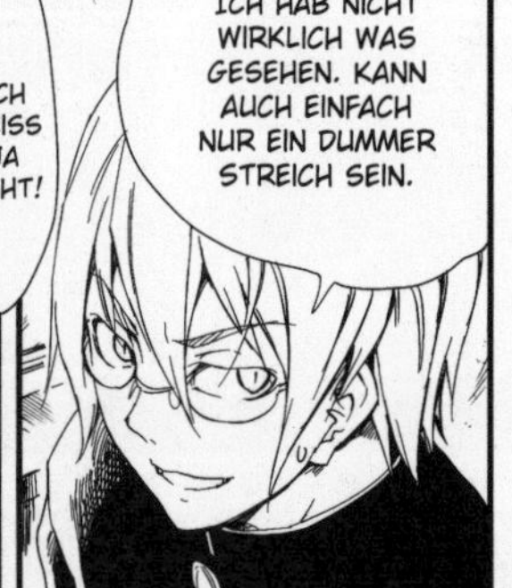
ICH HAB NICHT WIRKLICH WAS GESEHEN. KANN AUCH EINFACH NUR EIN DUMMER STREICH SEIN.
ICH WEISS JA NICHT!

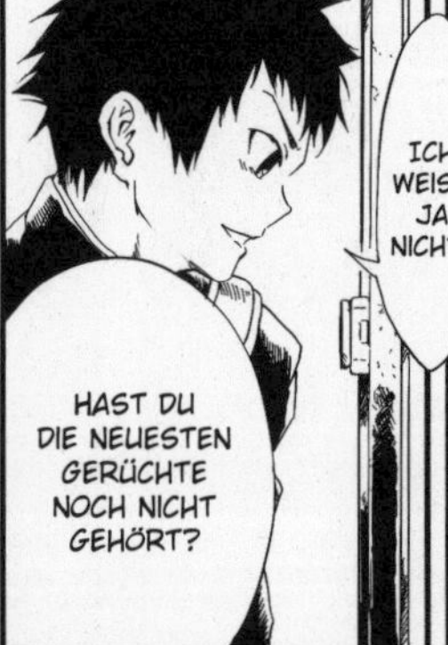
HAST DU DIE NEUESTEN GERÜCHTE NOCH NICHT GEHÖRT?

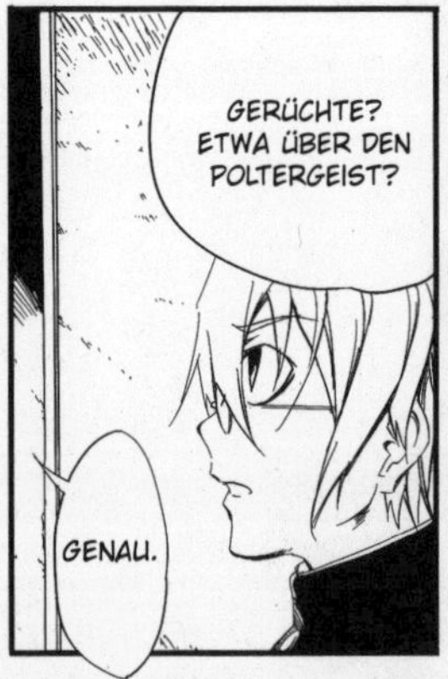
GERÜCHTE? ETWA ÜBER DEN POLTERGEIST?
GENAU.

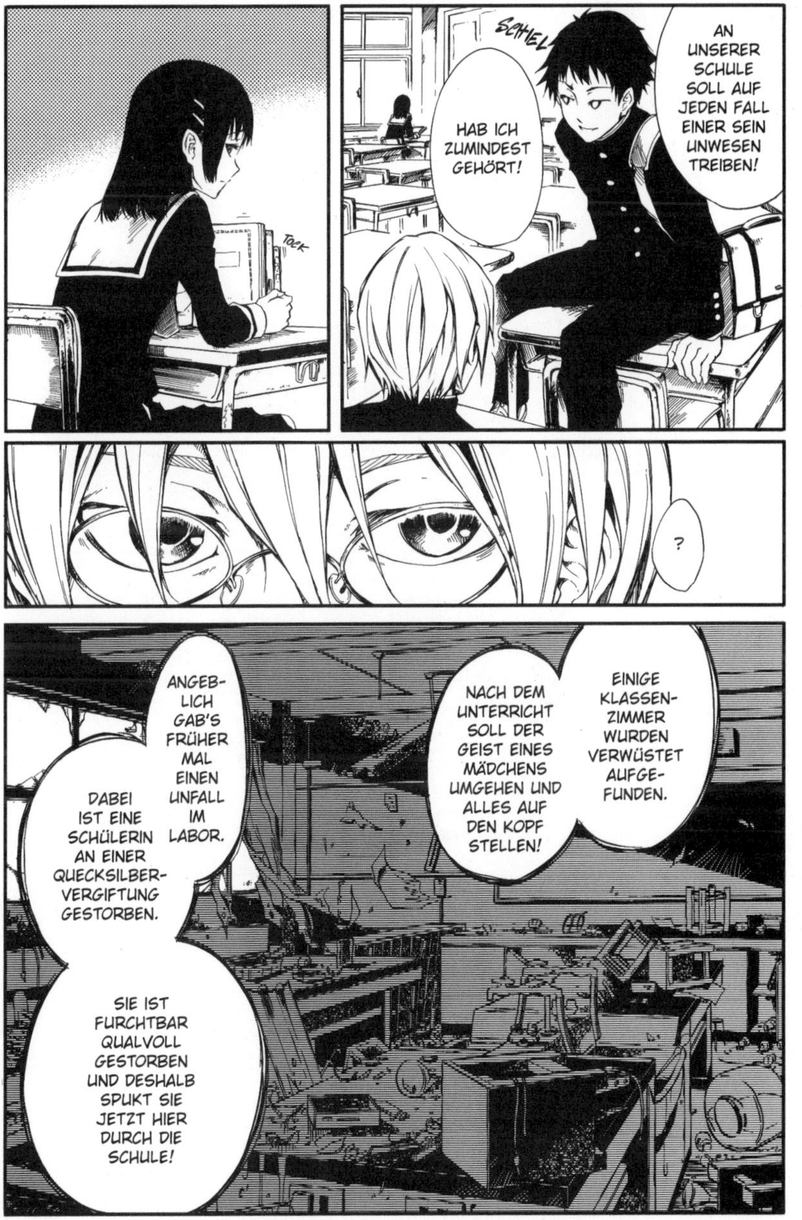

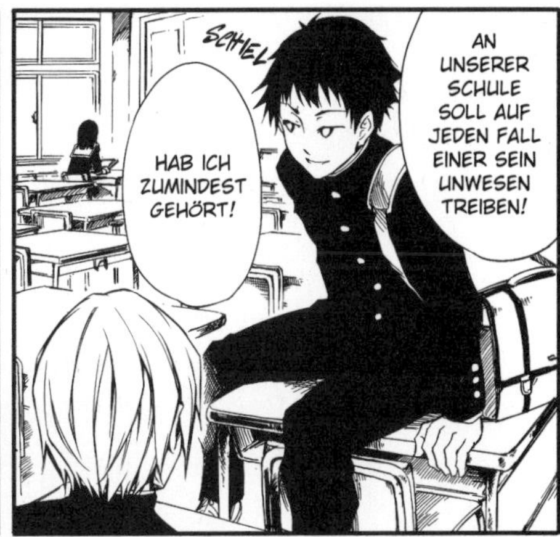

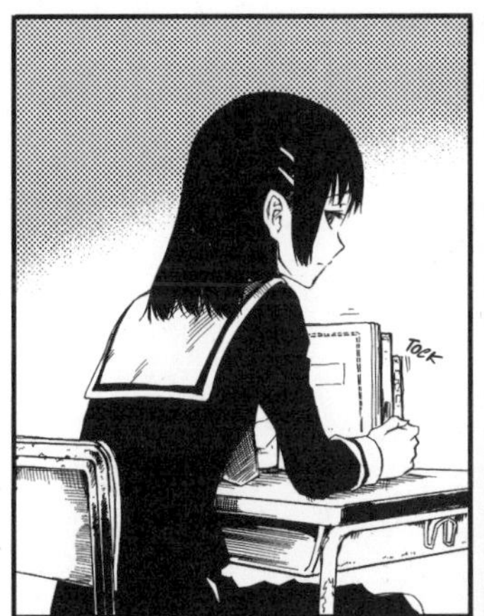

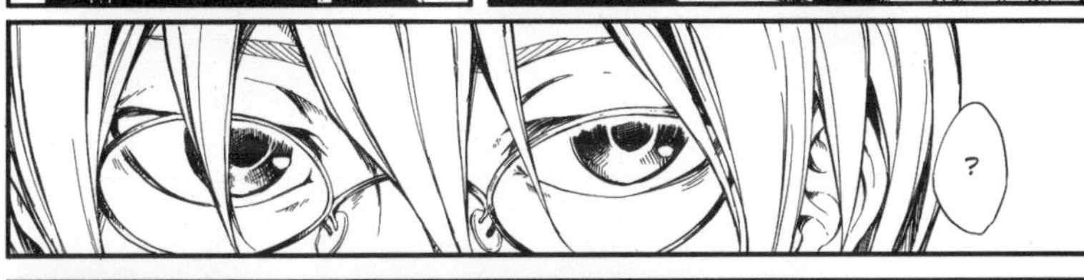

EINIGE KLASSENZIMMER WURDEN VERWÜSTET AUFGEFUNDEN.

NACH DEM UNTERRICHT SOLL DER GEIST EINES MÄDCHENS UMGEHEN UND ALLES AUF DEN KOPF STELLEN!

ANGEBLICH GAB'S FRÜHER MAL EINEN UNFALL IM LABOR.

DABEI IST EINE SCHÜLERIN AN EINER QUECKSILBERVERGIFTUNG GESTORBEN.

SIE IST FURCHTBAR QUALVOLL GESTORBEN UND DESHALB SPUKT SIE JETZT HIER DURCH DIE SCHULE!

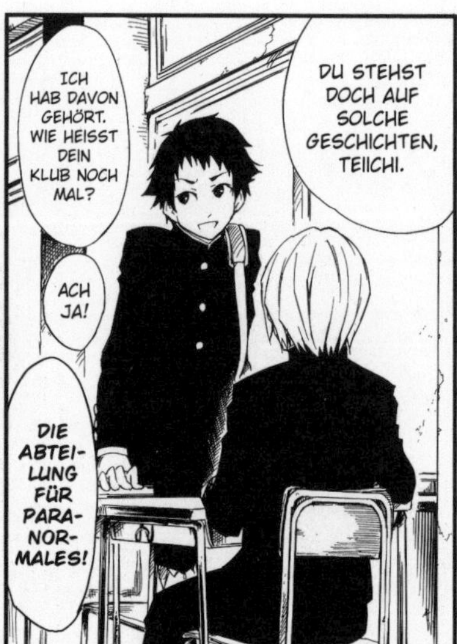
DU STEHST DOCH AUF SOLCHE GESCHICHTEN, TEIICHI.
ICH HAB DAVON GEHÖRT. WIE HEISST DEIN KLUB NOCH MAL?
ACH JA!
DIE ABTEILUNG FÜR PARANORMALES!

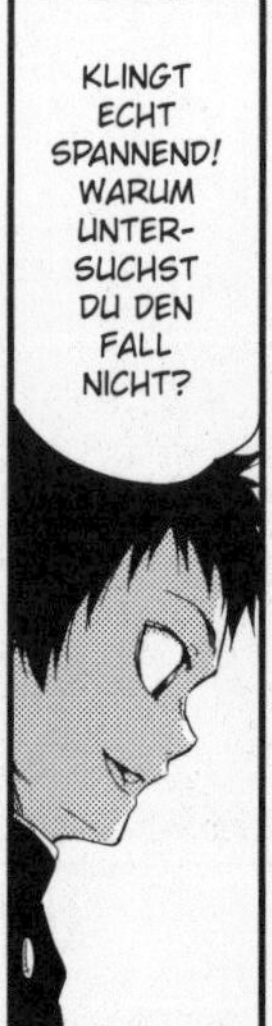
KLINGT ECHT SPANNEND! WARUM UNTERSUCHST DU DEN FALL NICHT?

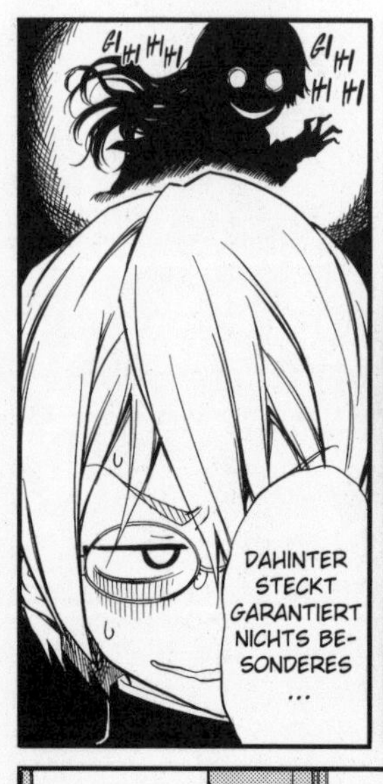
GI HI HI HI
GI HI HI HI
DAHINTER STECKT GARANTIERT NICHTS BESONDERES ...

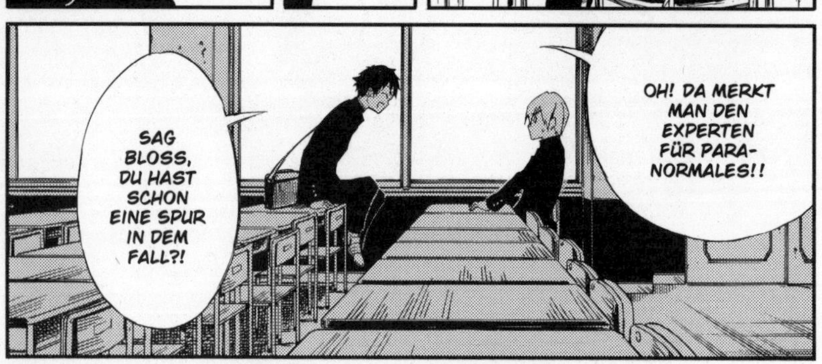
OH! DA MERKT MAN DEN EXPERTEN FÜR PARANORMALES!!
SAG BLOSS, DU HAST SCHON EINE SPUR IN DEM FALL?!

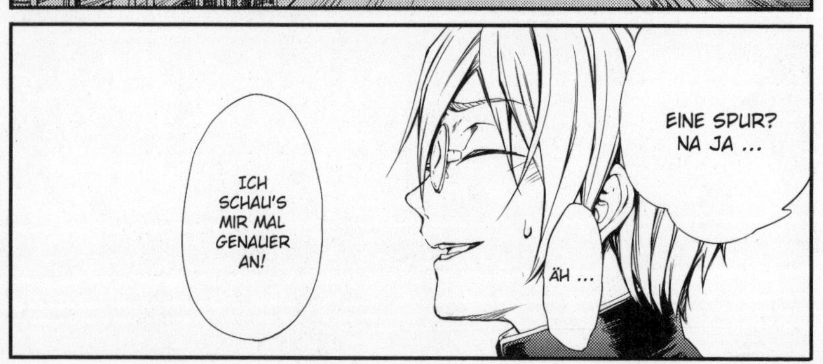
EINE SPUR? NA JA ...
ÄH ...
ICH SCHAU'S MIR MAL GENAUER AN!

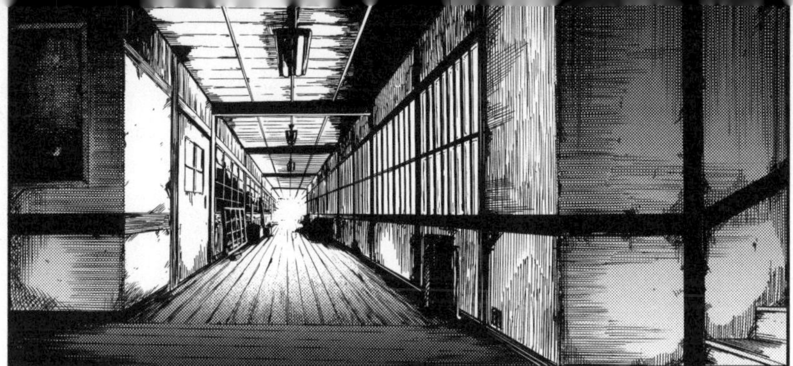

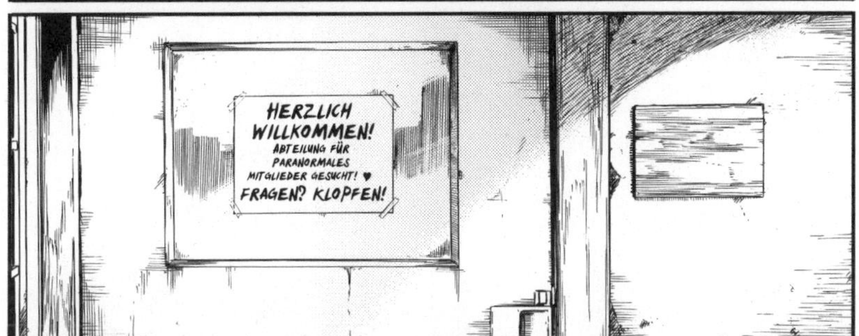
HERZLICH
WILLKOMMEN!
ABTEILUNG FÜR
PARANORMALES
MITGLIEDER GESUCHT! ♥
FRAGEN? KLOPFEN!

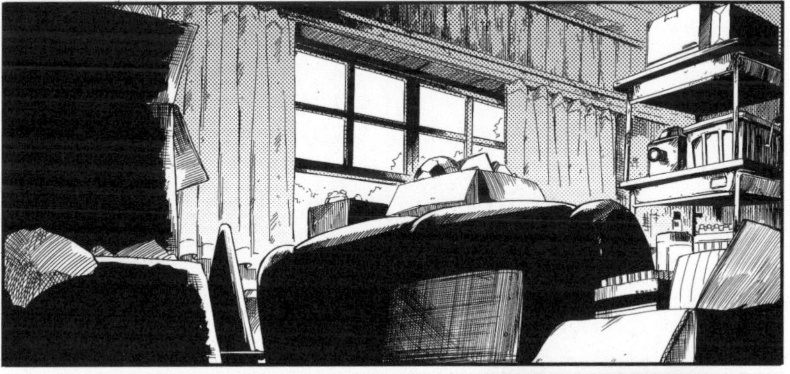

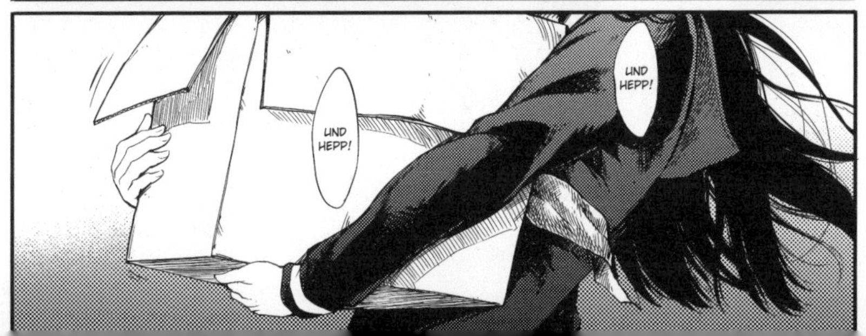
UND HEPP!
UND HEPP!

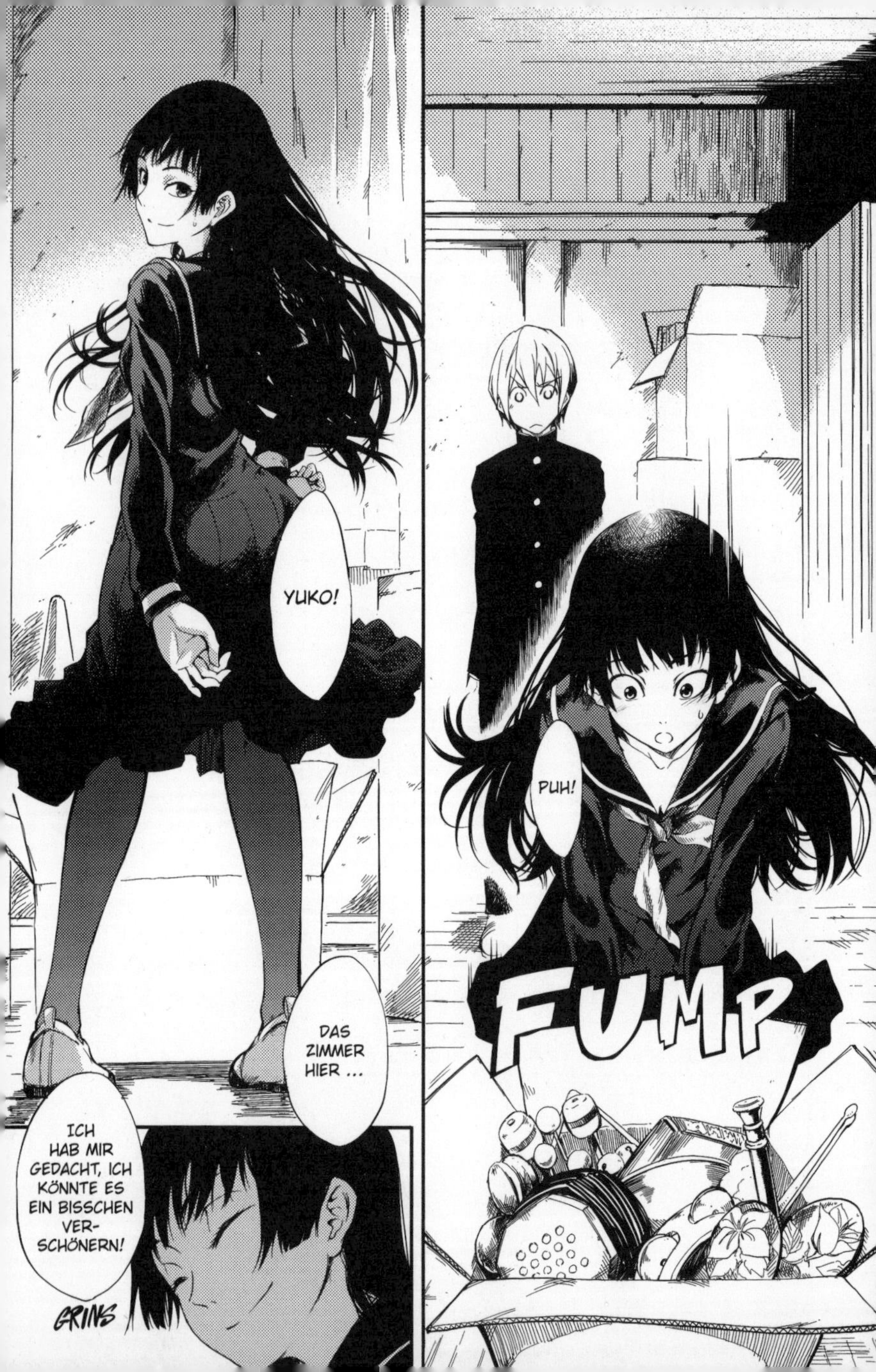
PUH!
FUMP
YUKO!
DAS ZIMMER HIER ...
ICH HAB MIR GEDACHT, ICH KÖNNTE ES EIN BISSCHEN VER-SCHÖNERN!
GRINS

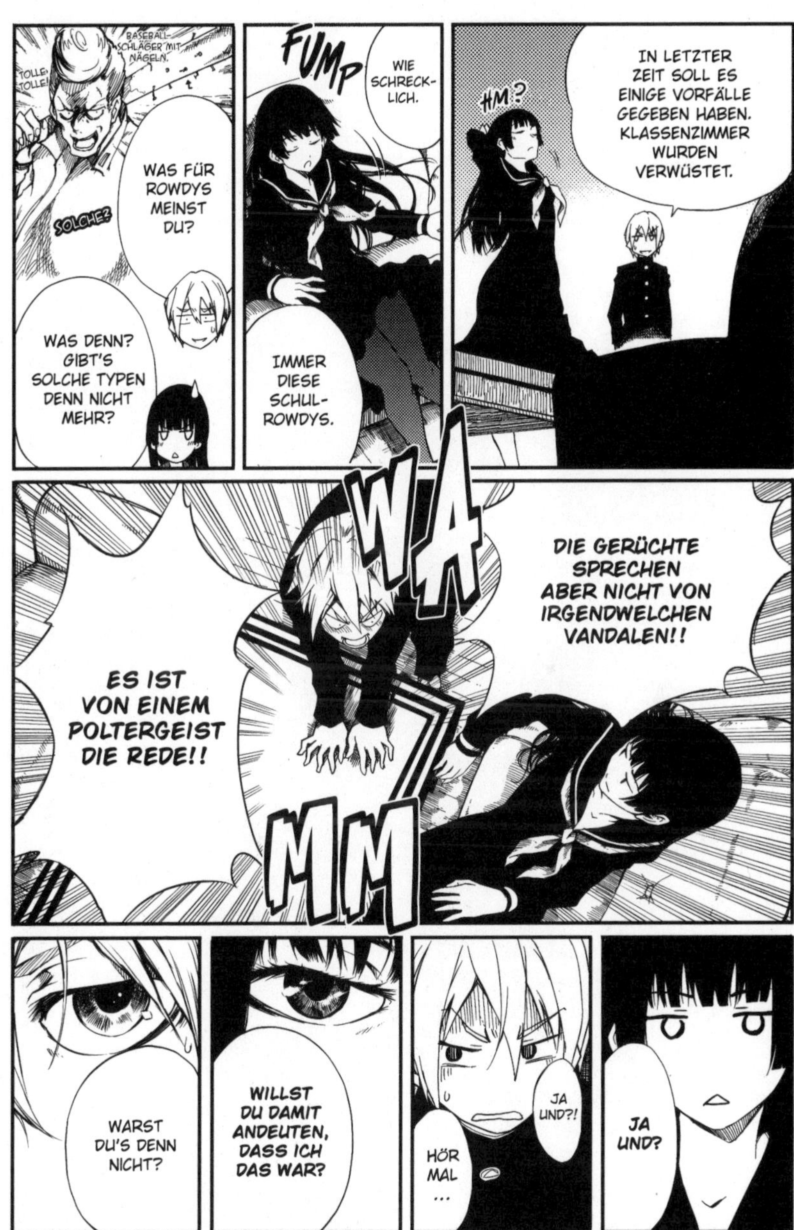
HM?
IN LETZTER ZEIT SOLL ES EINIGE VORFÄLLE GEGEBEN HABEN. KLASSENZIMMER WURDEN VERWÜSTET.
FUMP
WIE SCHRECKLICH.
IMMER DIESE SCHUL-ROWDYS.
BASEBALL-SCHLÄGER MIT NÄGELN.
TOLLE, TOLLE!
WAS FÜR ROWDYS MEINST DU?
SOLCHE?
WAS DENN? GIBT'S SOLCHE TYPEN DENN NICHT MEHR?
DIE GERÜCHTE SPRECHEN ABER NICHT VON IRGENDWELCHEN VANDALEN!!
WAMM
ES IST VON EINEM POLTERGEIST DIE REDE!!
JA UND?
JA UND?!
HÖR MAL ...
WILLST DU DAMIT ANDEUTEN, DASS ICH DAS WAR?
WARST DU'S DENN NICHT?

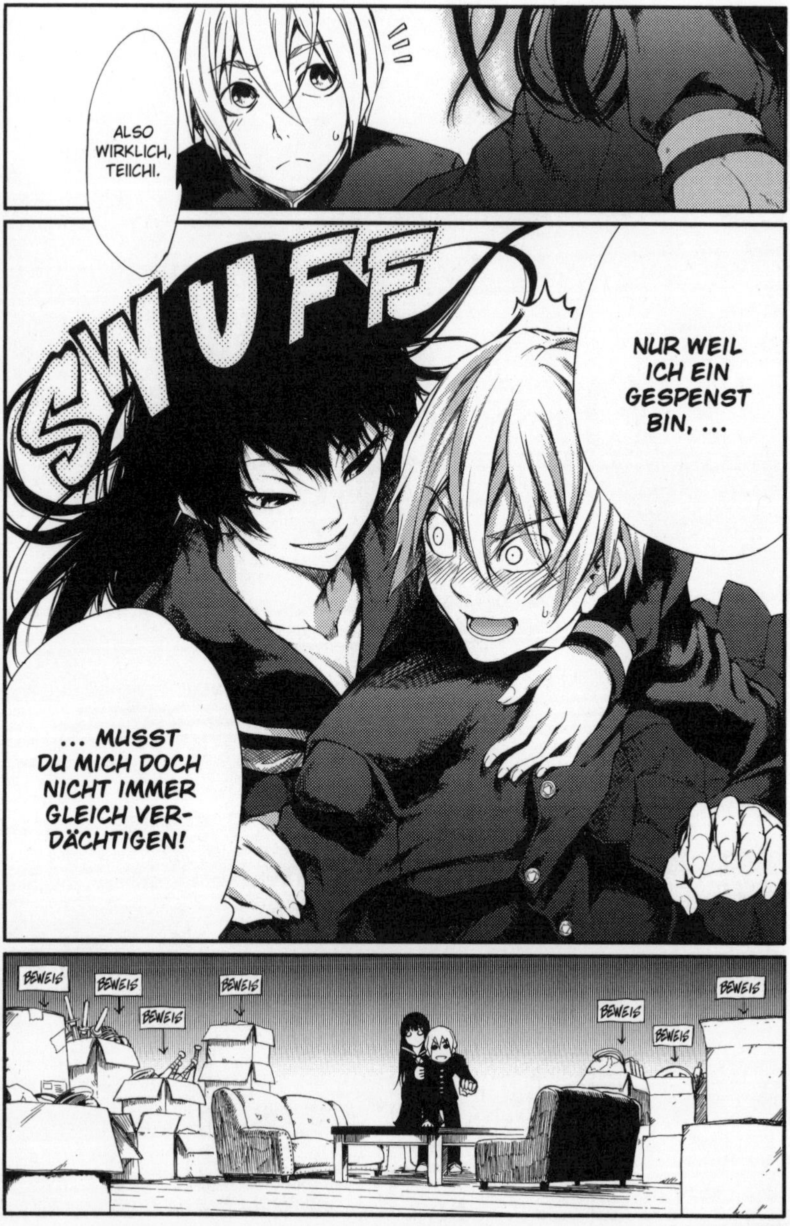

ALSO WIRKLICH, TEIICHI.

SWUFF

NUR WEIL ICH EIN GESPENST BIN, ...

... MUSST DU MICH DOCH NICHT IMMER GLEICH VERDÄCHTIGEN!

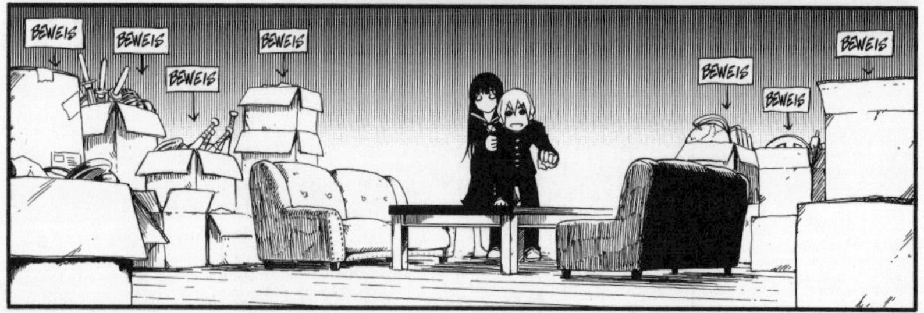

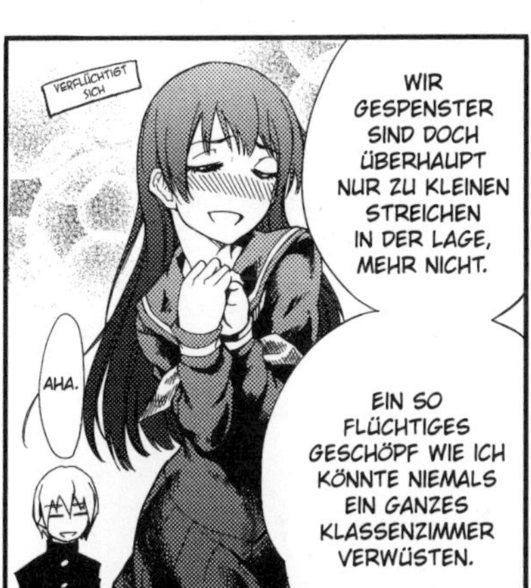
WIR GESPENSTER SIND DOCH ÜBERHAUPT NUR ZU KLEINEN STREICHEN IN DER LAGE, MEHR NICHT.
VERFLÜCHTIGT SICH
EIN SO FLÜCHTIGES GESCHÖPF WIE ICH KÖNNTE NIEMALS EIN GANZES KLASSENZIMMER VERWÜSTEN.
AHA.

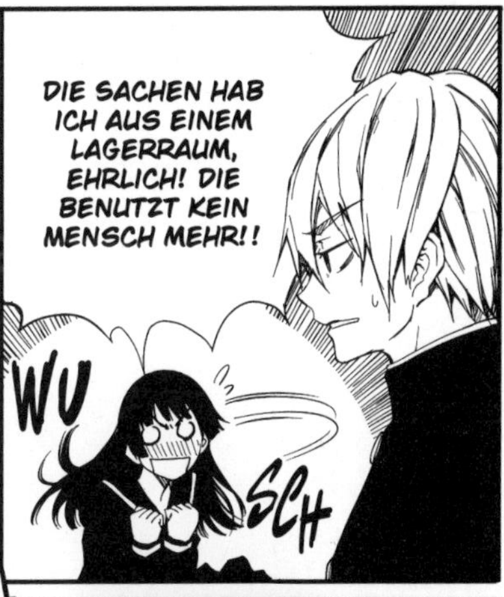
DIE SACHEN HAB ICH AUS EINEM LAGERRAUM, EHRLICH! DIE BENUTZT KEIN MENSCH MEHR!!
WU
SCH

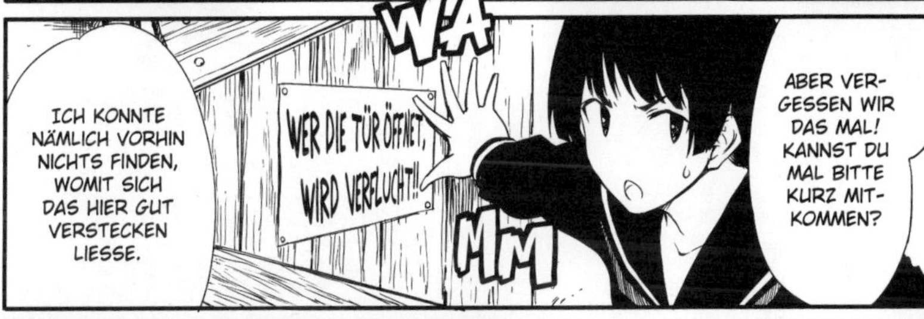
WA
MM
ABER VERGESSEN WIR DAS MAL! KANNST DU MAL BITTE KURZ MITKOMMEN?
WER DIE TÜR ÖFFNET, WIRD VERFLUCHT!!
ICH KONNTE NÄMLICH VORHIN NICHTS FINDEN, WOMIT SICH DAS HIER GUT VERSTECKEN LIESSE.

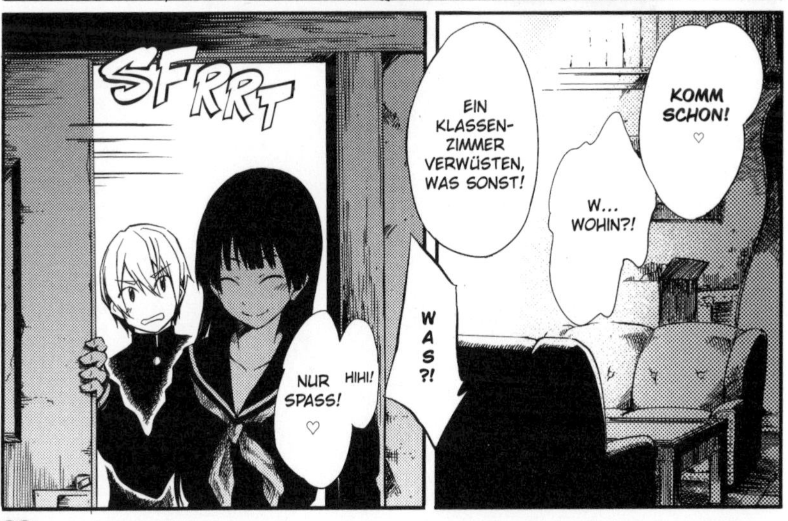
KOMM SCHON! ♡
W... WOHIN?!
EIN KLASSENZIMMER VERWÜSTEN, WAS SONST!
SFRRRT
WAS?!
HIHI!
NUR SPASS! ♡

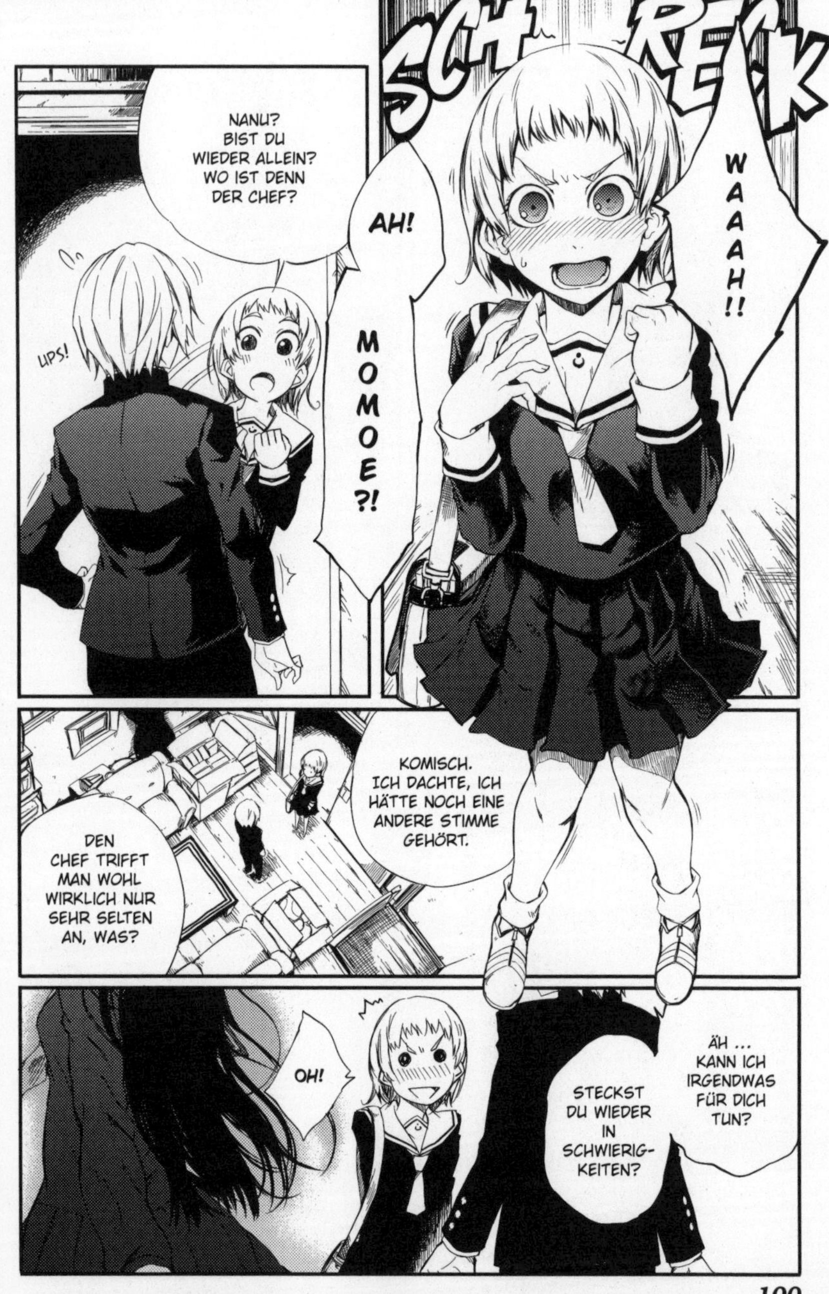
SCH–RECK
WAAAAH!!
AH!
MOMOE?!
NANU? BIST DU WIEDER ALLEIN? WO IST DENN DER CHEF?
UPS!
KOMISCH. ICH DACHTE, ICH HÄTTE NOCH EINE ANDERE STIMME GEHÖRT.
DEN CHEF TRIFFT MAN WOHL WIRKLICH NUR SEHR SELTEN AN, WAS?
ÄH ... KANN ICH IRGENDWAS FÜR DICH TUN?
STECKST DU WIEDER IN SCHWIERIG-KEITEN?
OH!

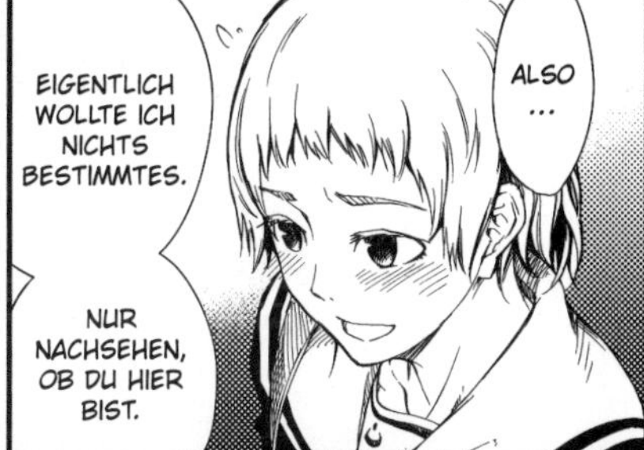
ALSO …
EIGENTLICH WOLLTE ICH NICHTS BESTIMMTES.
NUR NACHSEHEN, OB DU HIER BIST.

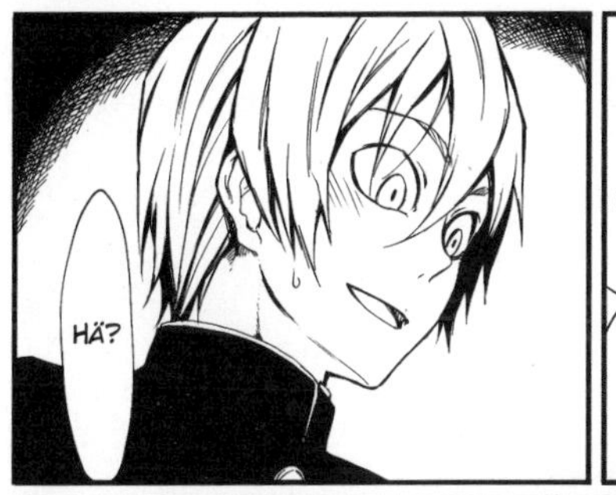
HÄ?

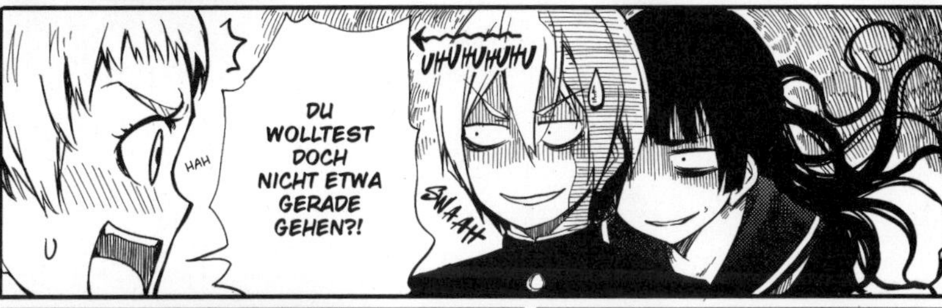
UHUHUHUHU
SWAAH
DU WOLLTEST DOCH NICHT ETWA GERADE GEHEN?!
HAH

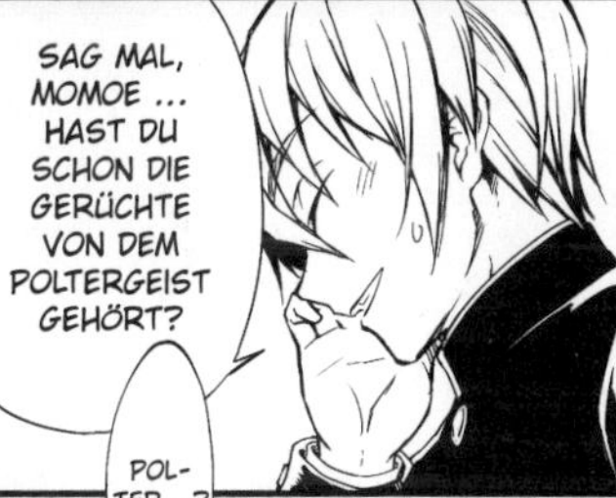
SAG MAL, MOMOE … HAST DU SCHON DIE GERÜCHTE VON DEM POLTERGEIST GEHÖRT?
POL-TER…?

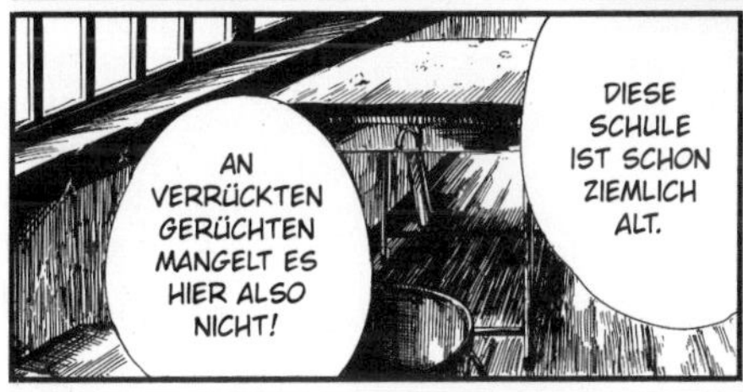
DIESE SCHULE IST SCHON ZIEMLICH ALT.
AN VERRÜCKTEN GERÜCHTEN MANGELT ES HIER ALSO NICHT!

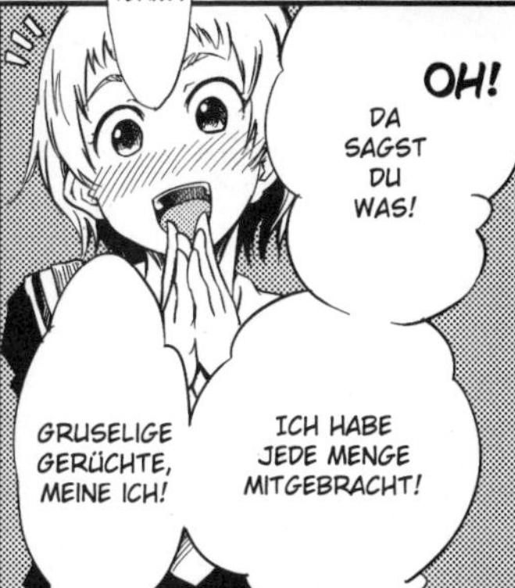
OH!
DA SAGST DU WAS!
ICH HABE JEDE MENGE MITGEBRACHT!
GRUSELIGE GERÜCHTE, MEINE ICH!

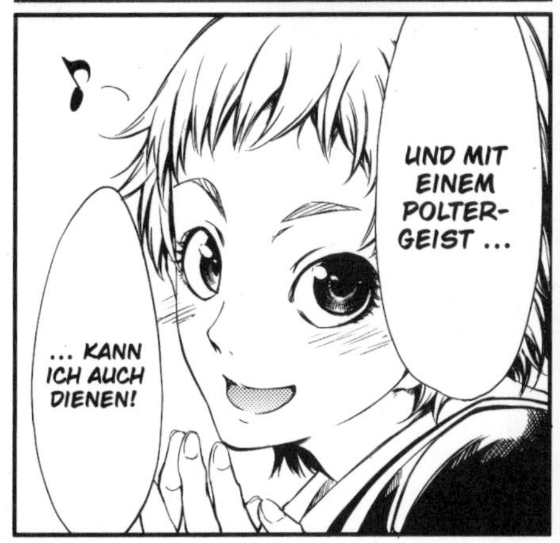
UND MIT EINEM POLTER-GEIST …
… KANN ICH AUCH DIENEN!

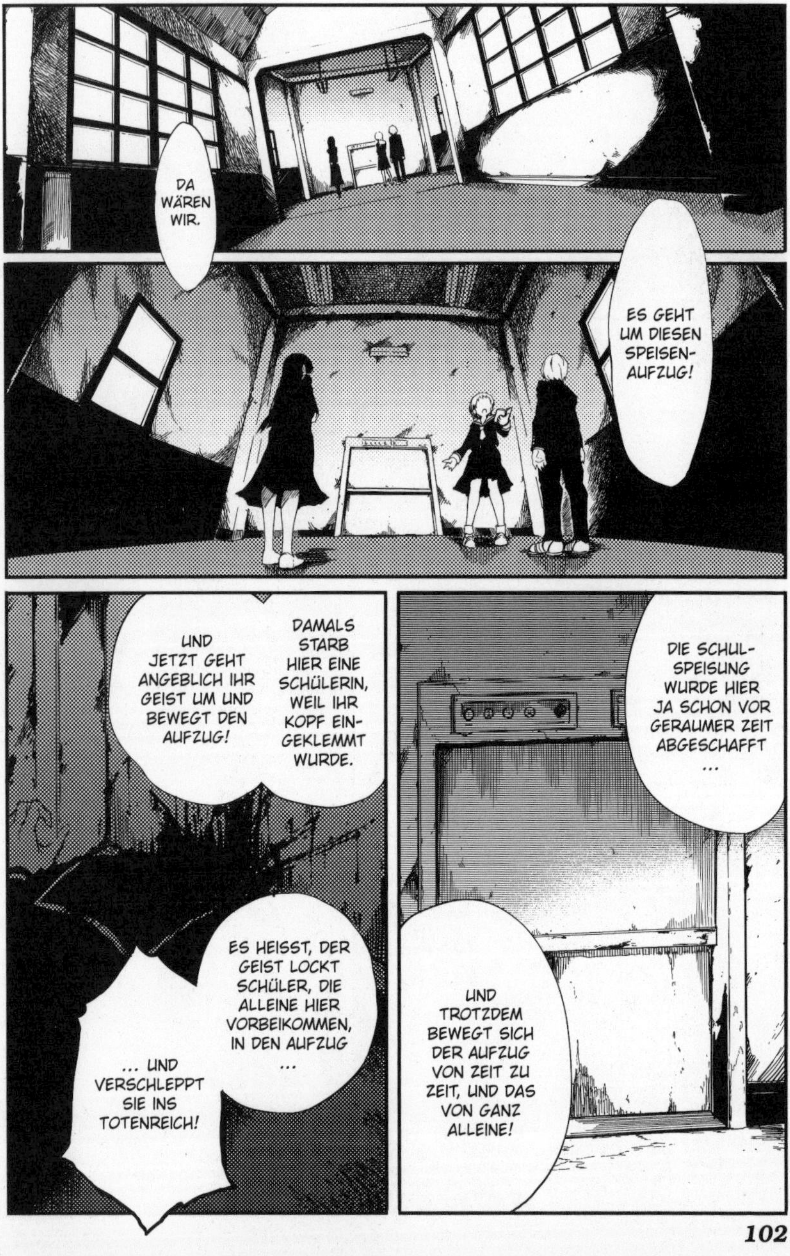

DA WÄREN WIR.

ES GEHT UM DIESEN SPEISEN-AUFZUG!

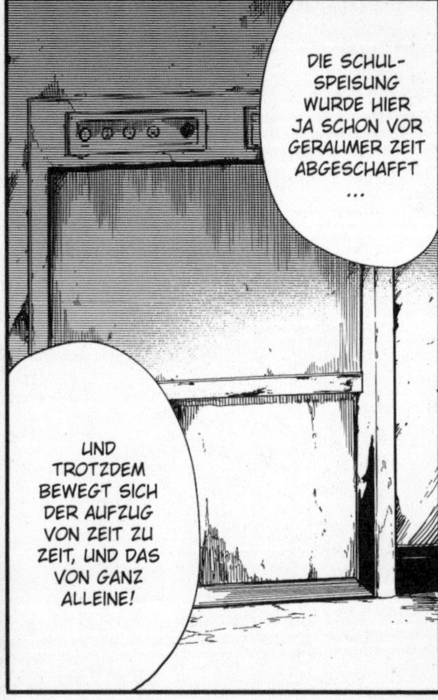

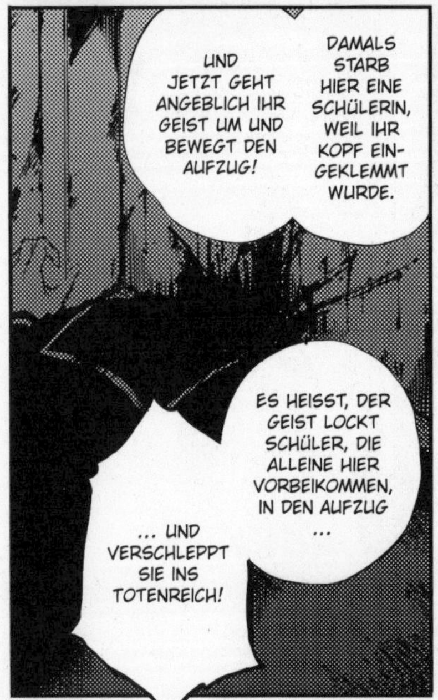

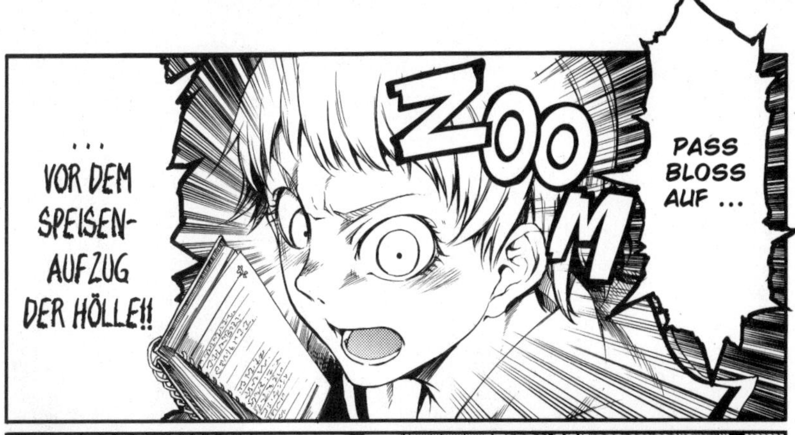
PASS BLOSS AUF …
ZOOM
… VOR DEM SPEISEN-AUFZUG DER HÖLLE!!

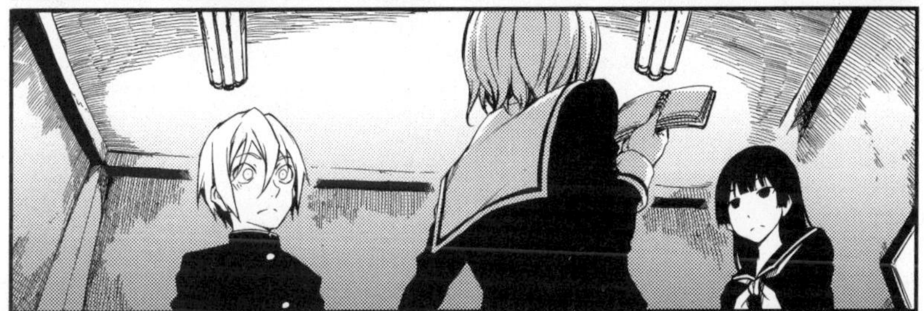

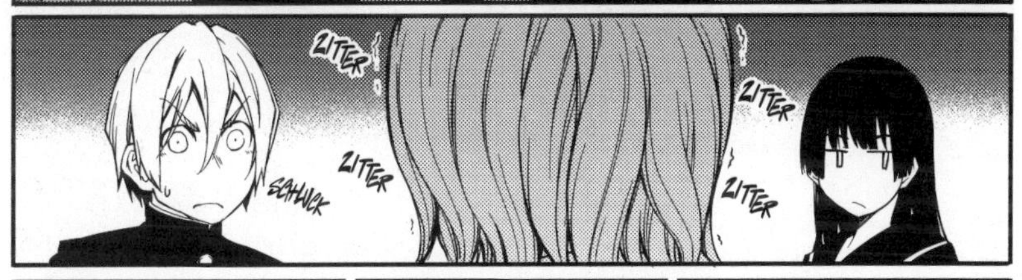
ZITTER
SCHLUCK
ZITTER
ZITTER
ZITTER

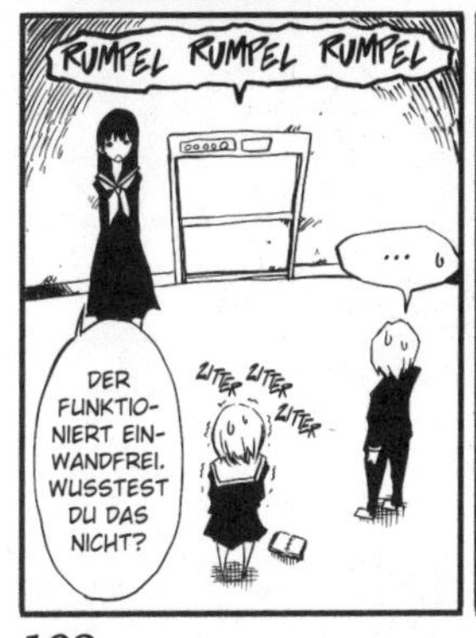
RUMPEL RUMPEL RUMPEL
…
ZITTER ZITTER ZITTER
DER FUNKTIONIERT EINWANDFREI. WUSSTEST DU DAS NICHT?

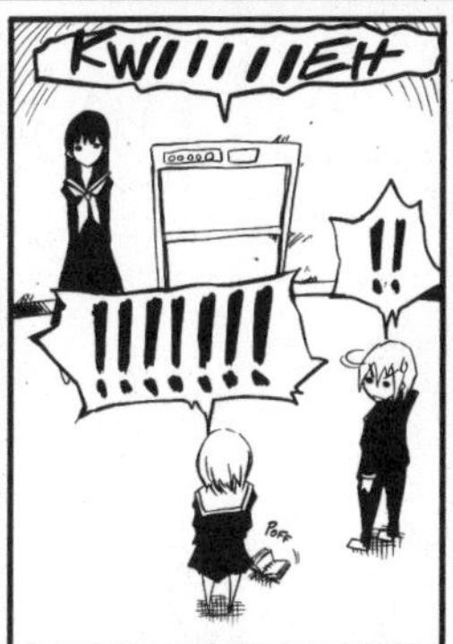
KWIIIIIEH
!!
!!!!!!!
POFF

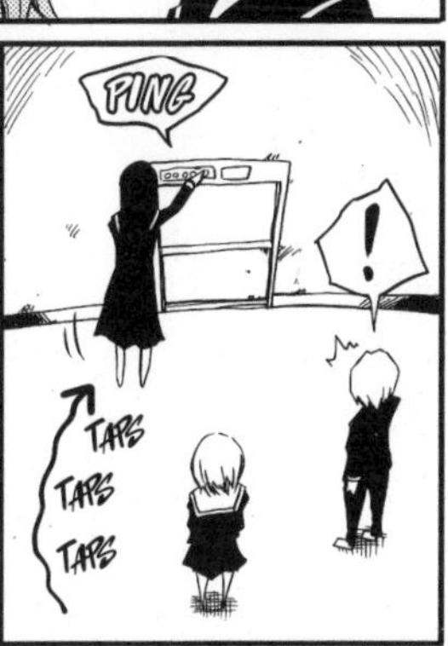
PING
!
TAPS
TAPS
TAPS

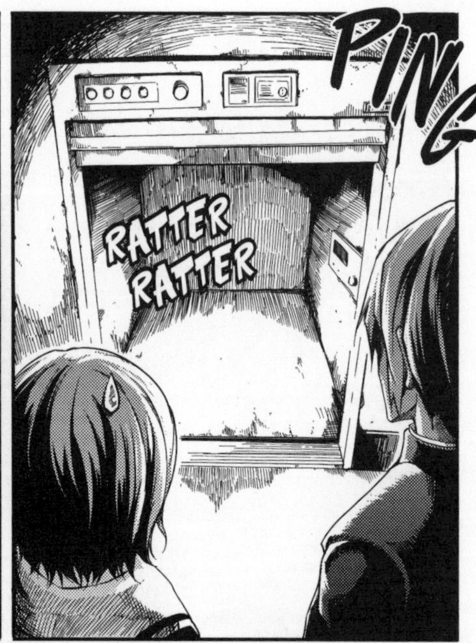
PING
RATTER RATTER

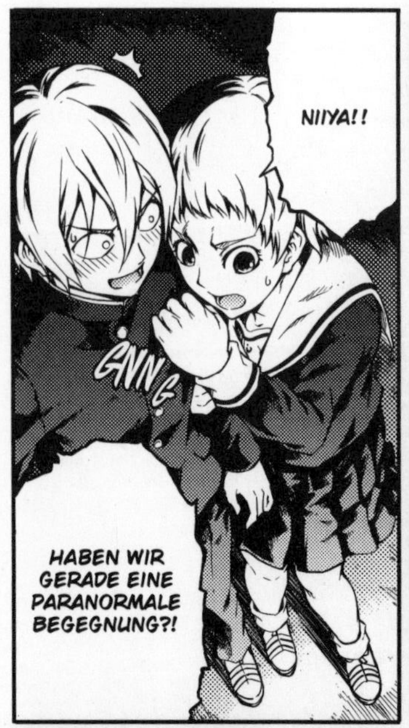
NIIYA!!
GNNG
HABEN WIR GERADE EINE PARANORMALE BEGEGNUNG?!

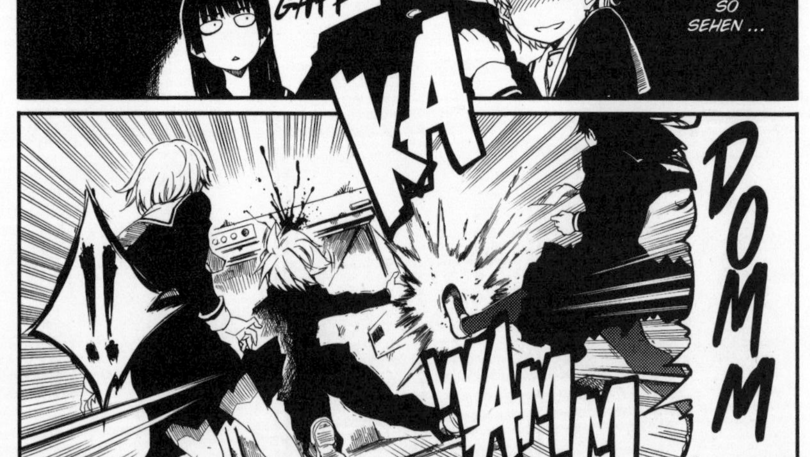
DAS KÖNNTE MAN DURCHAUS SO SEHEN ...
GAFF
ODER AUCH NICHT!
KA
DOMM
WAMM
!!

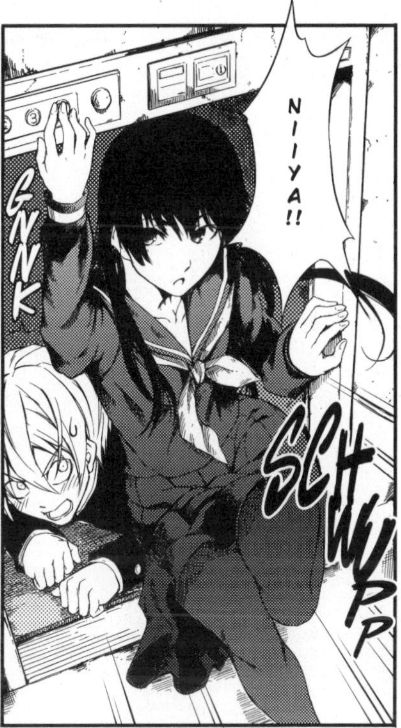
NIIIYA!!
GNNK
SCHWUPP

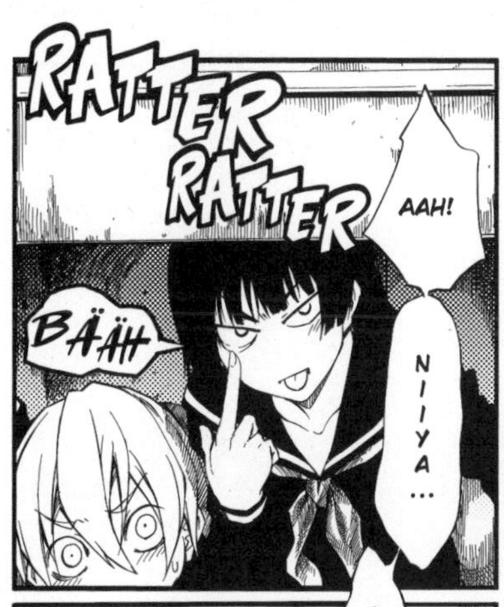
RATTER
RATTER
BÄÄH
AAH!
NIIIYA ...

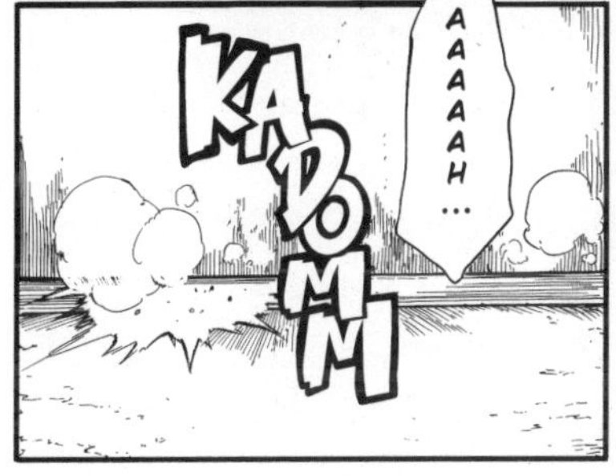
KADOMM
AAAAAAH ...

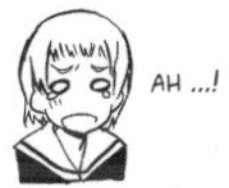
AH ...!

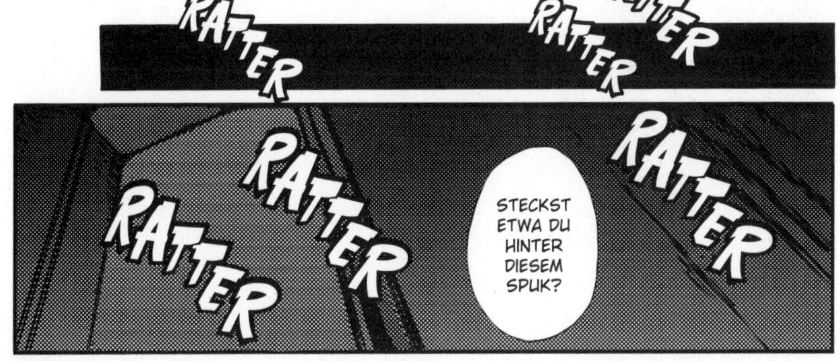
RATTER
RATTER
RATTER
RATTER
RATTER
RATTER
STECKST ETWA DU HINTER DIESEM SPUK?

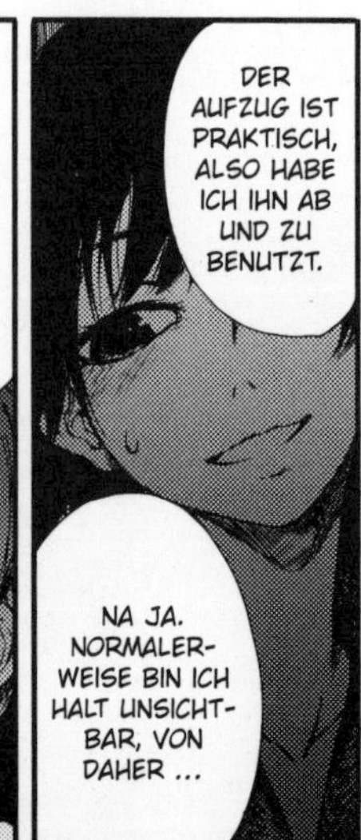
DER AUFZUG IST PRAKTISCH, ALSO HABE ICH IHN AB UND ZU BENUTZT.
NA JA. NORMALER-WEISE BIN ICH HALT UNSICHT-BAR, VON DAHER ...

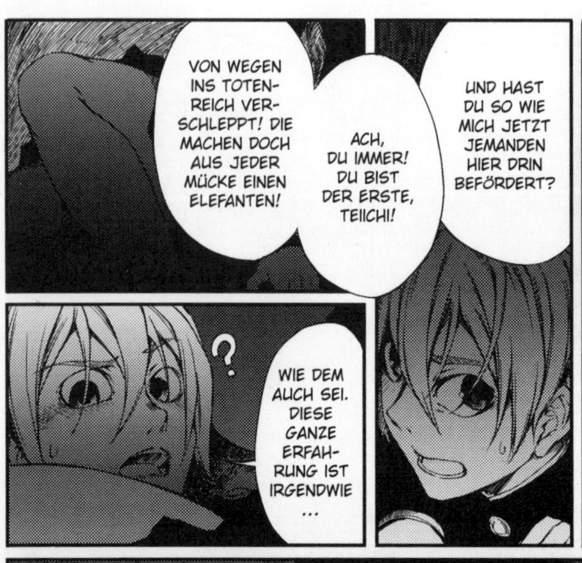
UND HAST DU SO WIE MICH JETZT JEMANDEN HIER DRIN BEFÖRDERT?
ACH, DU IMMER! DU BIST DER ERSTE, TEIICHI!
VON WEGEN INS TOTEN-REICH VER-SCHLEPPT! DIE MACHEN DOCH AUS JEDER MÜCKE EINEN ELEFANTEN!
WIE DEM AUCH SEI. DIESE GANZE ERFAH-RUNG IST IRGENDWIE ...
?

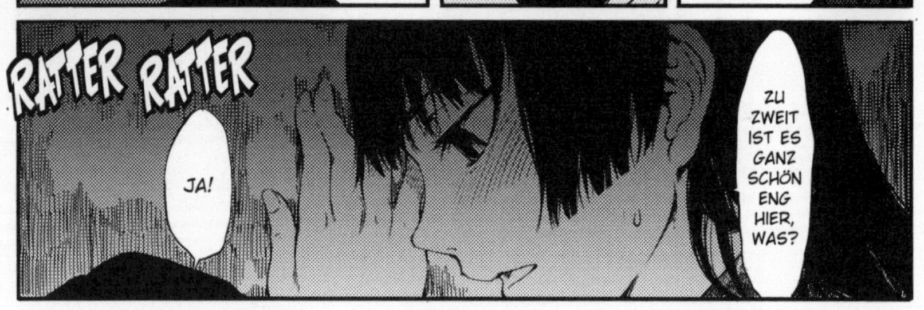
ZU ZWEIT IST ES GANZ SCHÖN ENG HIER, WAS?
JA!
RATTER RATTER

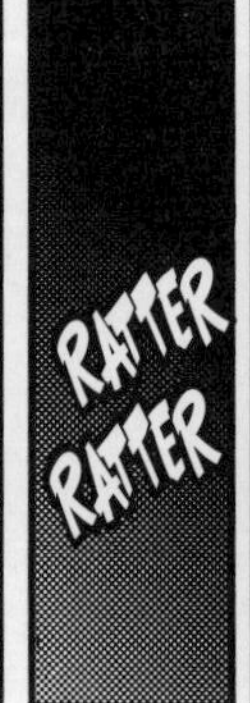
RATTER RATTER
RATTER RATTER

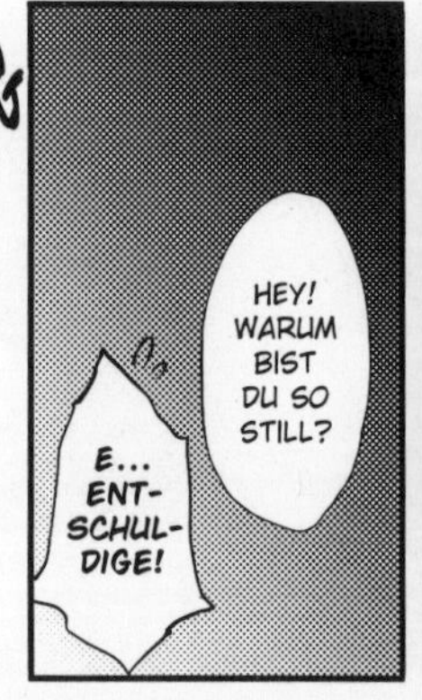
HEY! WARUM BIST DU SO STILL?
E... ENT-SCHUL-DIGE!

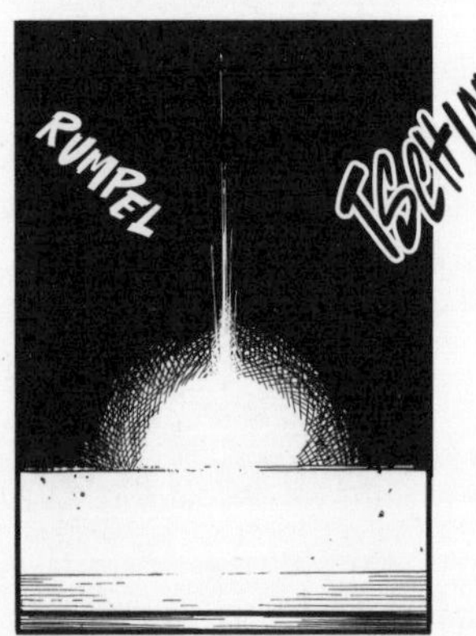
TSCHING
RUMPEL

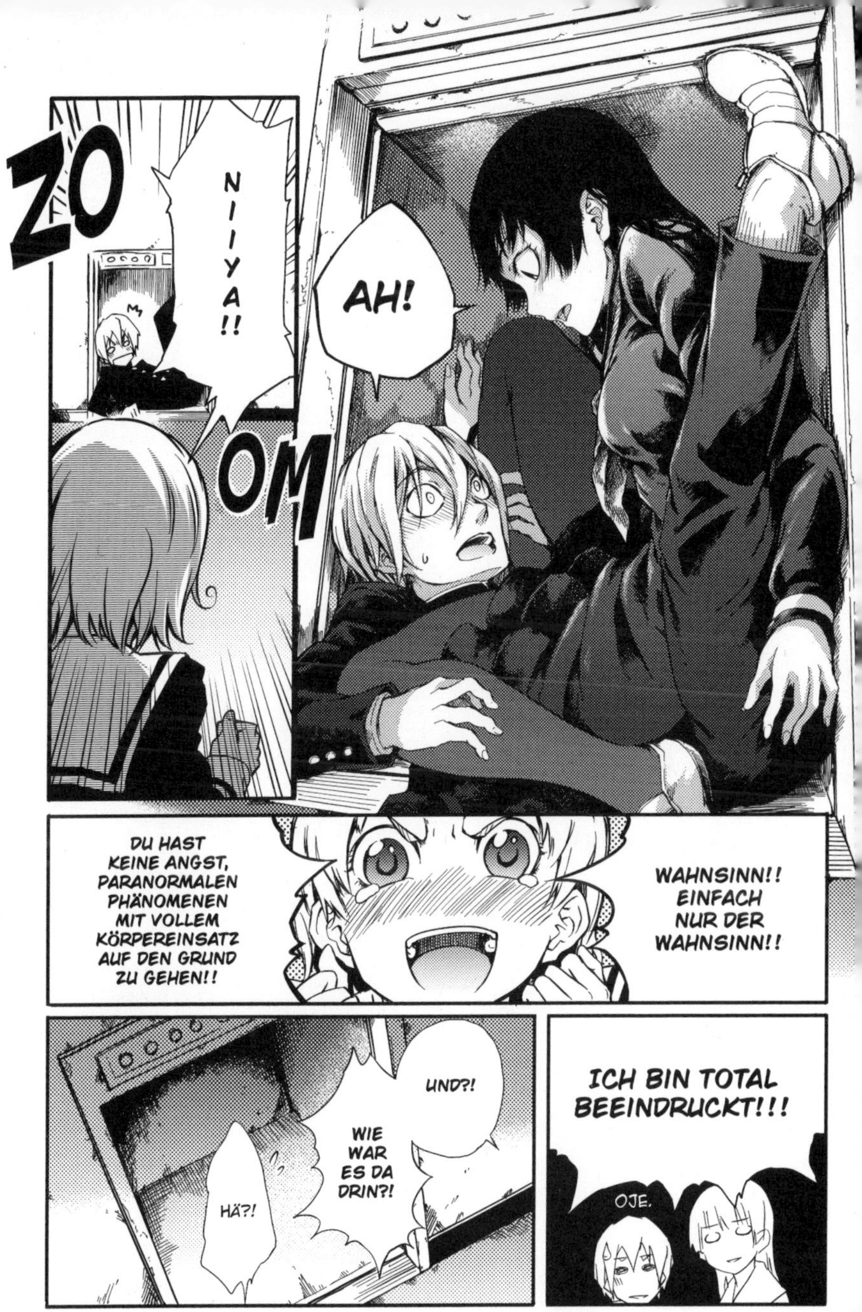

AH!
ZO
NIIIYA!!
OM

WAHNSINN!! EINFACH NUR DER WAHNSINN!!
DU HAST KEINE ANGST, PARANORMALEN PHÄNOMENEN MIT VOLLEM KÖRPEREINSATZ AUF DEN GRUND ZU GEHEN!!

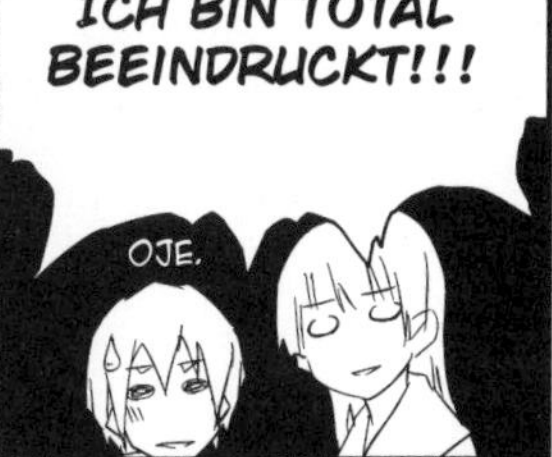

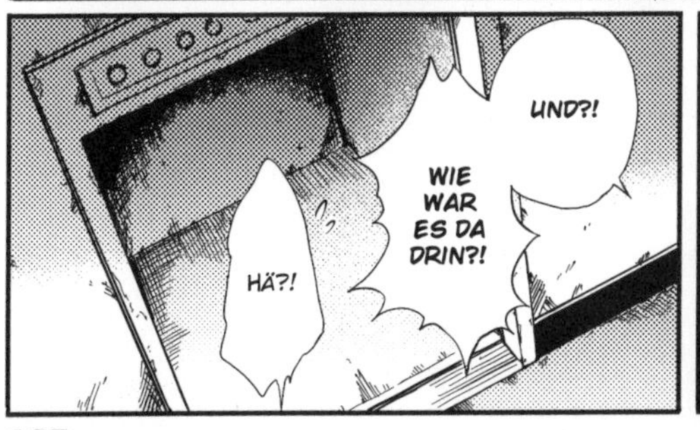

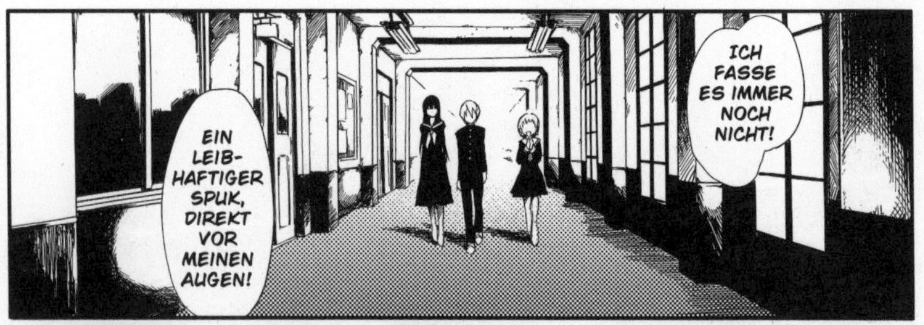
ICH FASSE ES IMMER NOCH NICHT!
EIN LEIBHAFTIGER SPUK, DIREKT VOR MEINEN AUGEN!

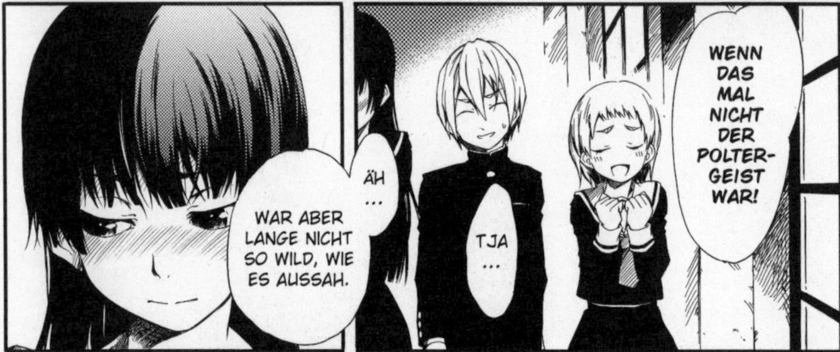
WENN DAS MAL NICHT DER POLTERGEIST WAR!
TJA ...
ÄH ...
WAR ABER LANGE NICHT SO WILD, WIE ES AUSSAH.

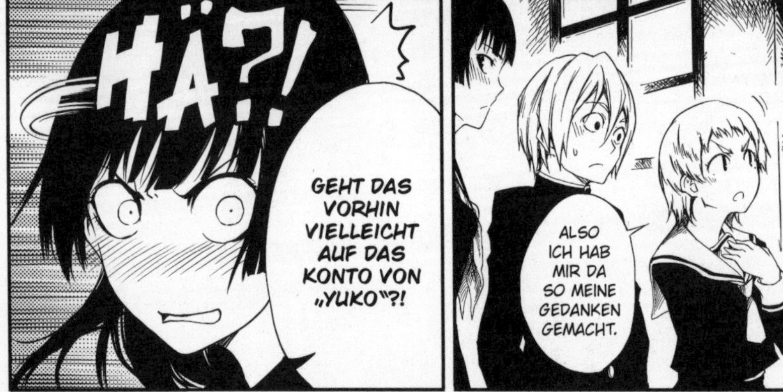
ALSO ICH HAB MIR DA SO MEINE GEDANKEN GEMACHT.
HÄ?!
GEHT DAS VORHIN VIELLEICHT AUF DAS KONTO VON „YUKO“?!

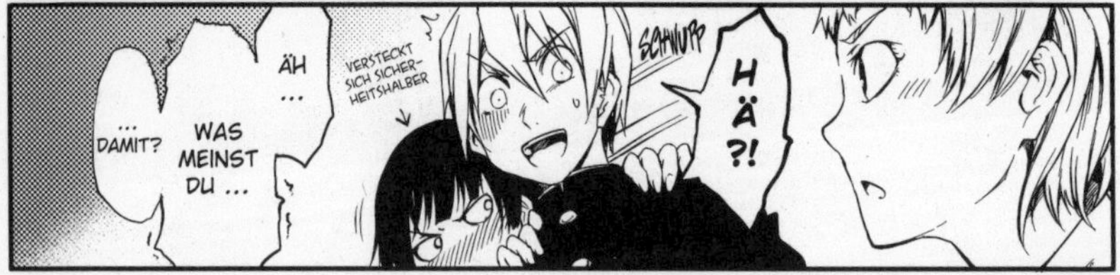
HÄ?!
SCHWUPP
VERSTECKT SICH SICHERHEITSHALBER
ÄH ... WAS MEINST DU ...
... DAMIT?

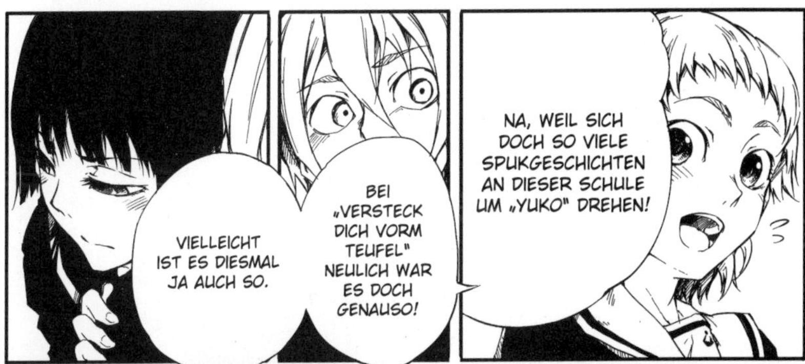
NA, WEIL SICH DOCH SO VIELE SPUKGESCHICHTEN AN DIESER SCHULE UM „YUKO" DREHEN!
BEI „VERSTECK DICH VORM TEUFEL" NEULICH WAR ES DOCH GENAUSO!
VIELLEICHT IST ES DIESMAL JA AUCH SO.

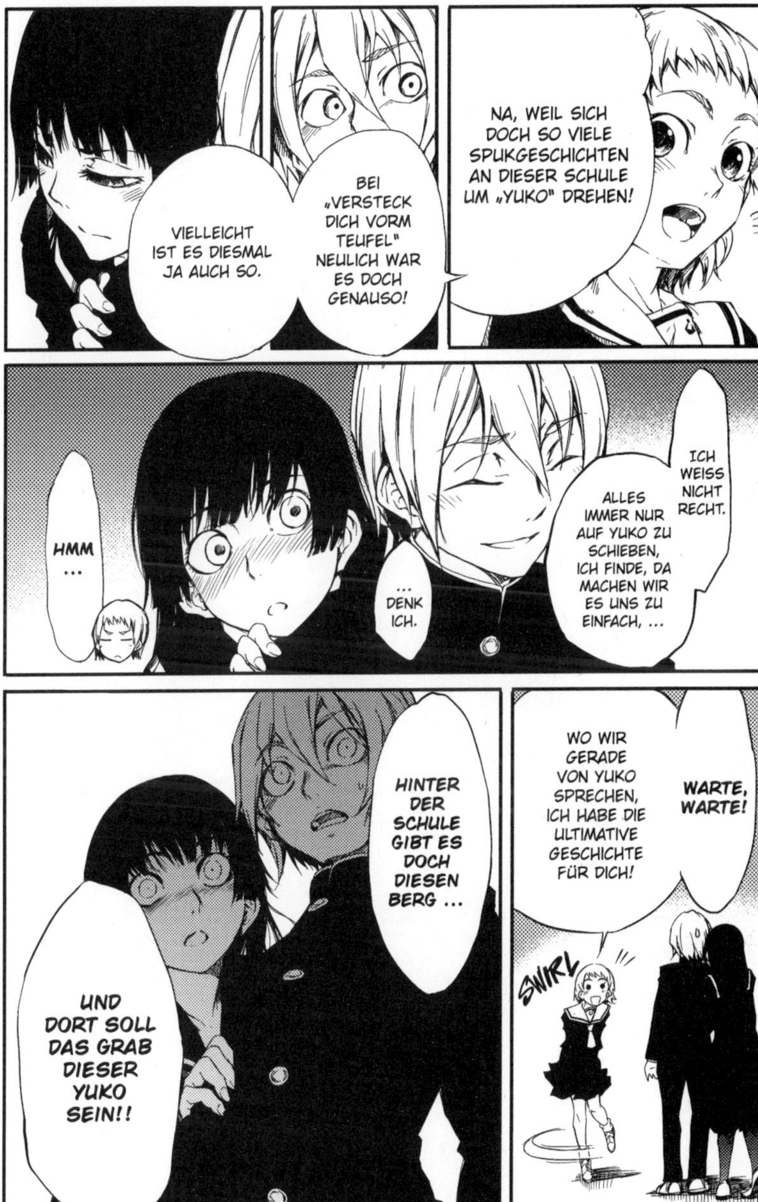

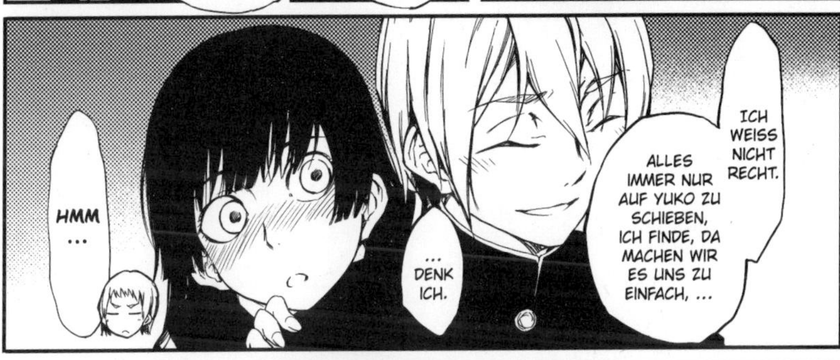
ICH WEISS NICHT RECHT.
ALLES IMMER NUR AUF YUKO ZU SCHIEBEN, ICH FINDE, DA MACHEN WIR ES UNS ZU EINFACH, …
… DENK ICH.
HMM …

WARTE, WARTE!
WO WIR GERADE VON YUKO SPRECHEN, ICH HABE DIE ULTIMATIVE GESCHICHTE FÜR DICH!
SWIRL
HINTER DER SCHULE GIBT ES DOCH DIESEN BERG …
UND DORT SOLL DAS GRAB DIESER YUKO SEIN!!

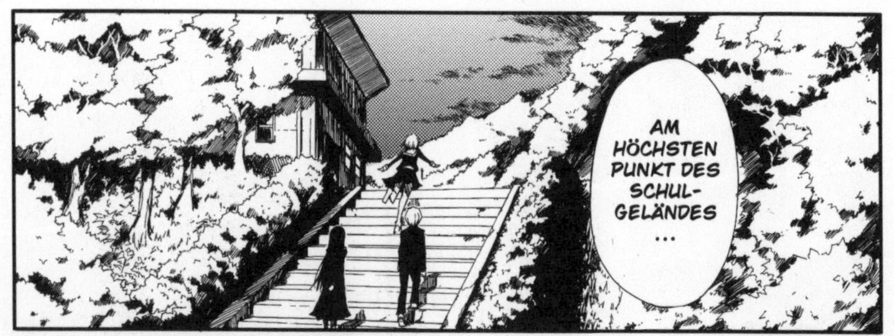
AM HÖCHSTEN PUNKT DES SCHUL-GELÄNDES …

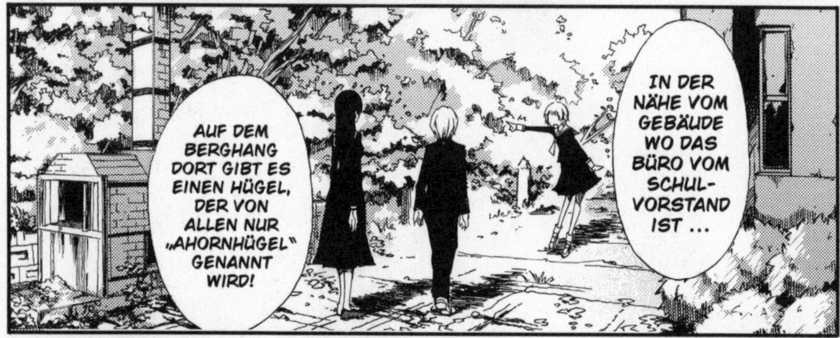
IN DER NÄHE VOM GEBÄUDE WO DAS BÜRO VOM SCHUL-VORSTAND IST …
AUF DEM BERGHANG DORT GIBT ES EINEN HÜGEL, DER VON ALLEN NUR „AHORNHÜGEL" GENANNT WIRD!

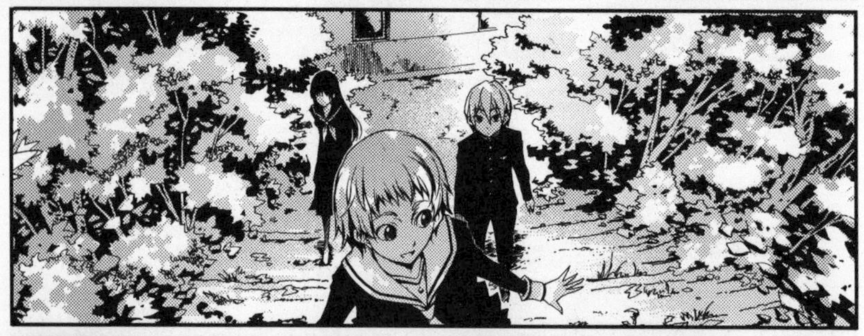

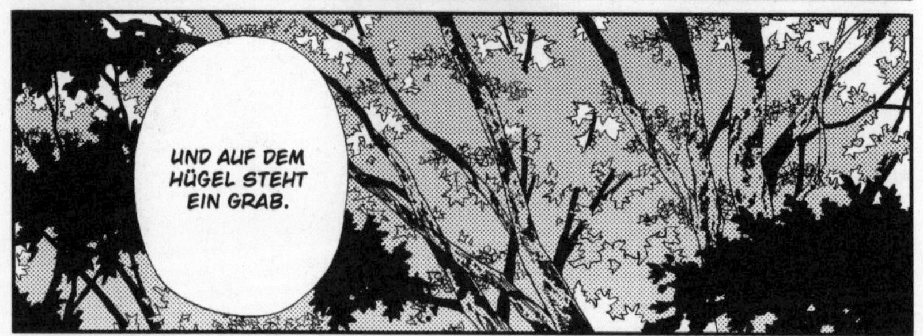
UND AUF DEM HÜGEL STEHT EIN GRAB.

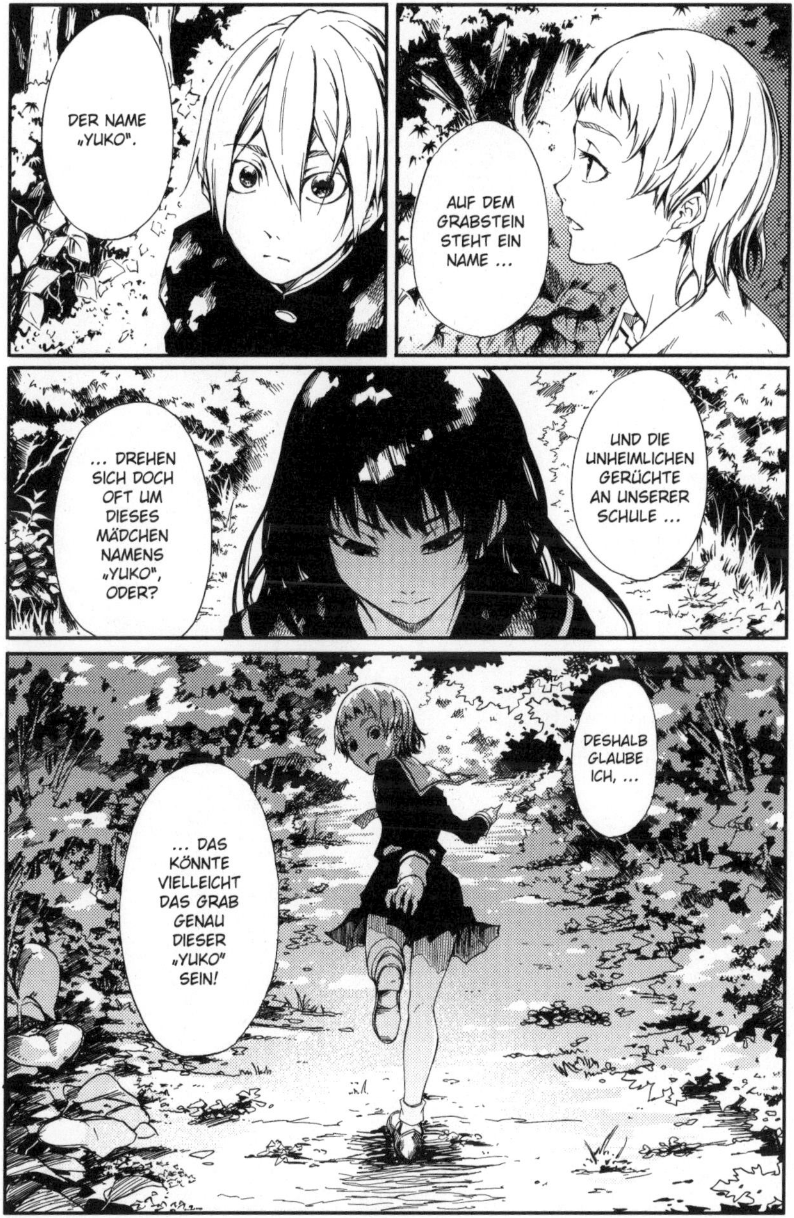

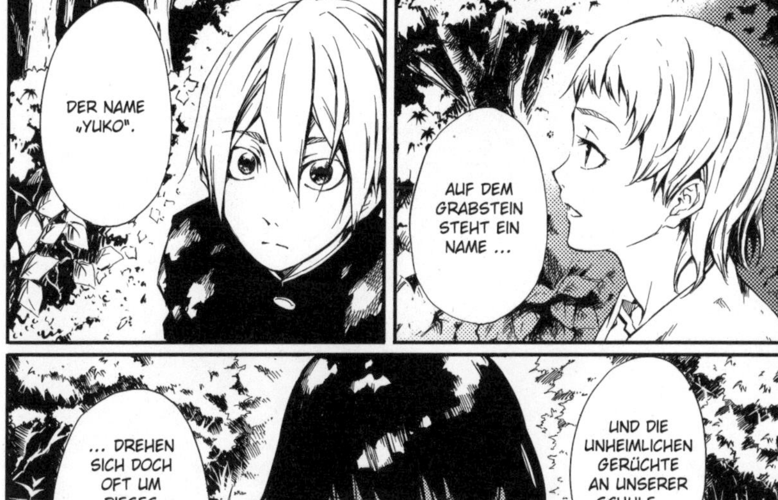
AUF DEM GRABSTEIN STEHT EIN NAME …
DER NAME „YUKO“.
UND DIE UNHEIMLICHEN GERÜCHTE AN UNSERER SCHULE …
… DREHEN SICH DOCH OFT UM DIESES MÄDCHEN NAMENS „YUKO“, ODER?
DESHALB GLAUBE ICH, …
… DAS KÖNNTE VIELLEICHT DAS GRAB GENAU DIESER „YUKO“ SEIN!

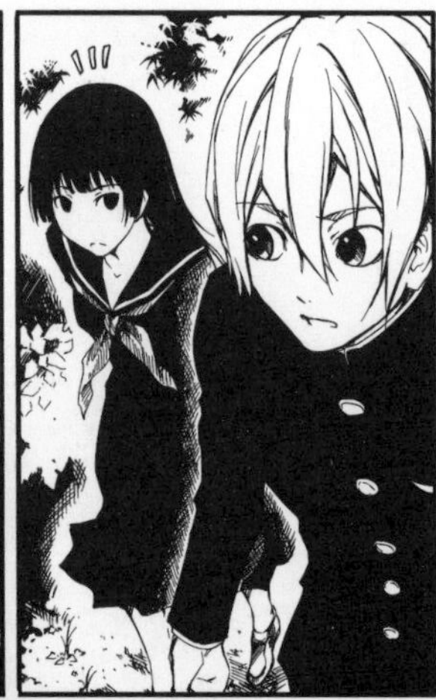

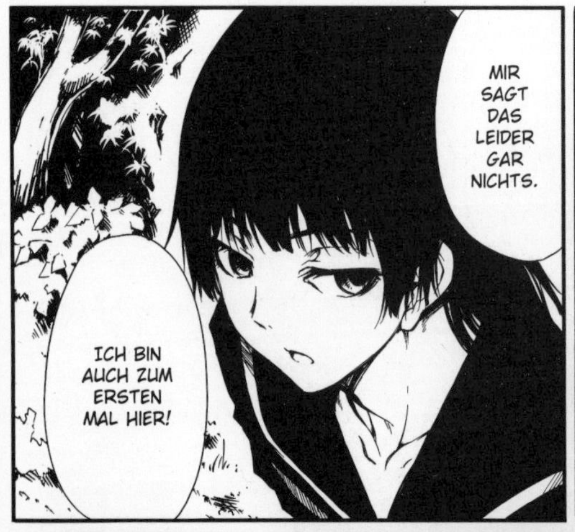
MIR SAGT DAS LEIDER GAR NICHTS.
ICH BIN AUCH ZUM ERSTEN MAL HIER!

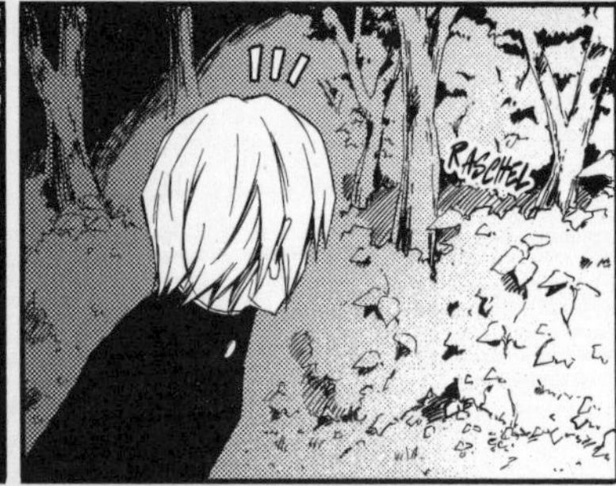
RASCHEL

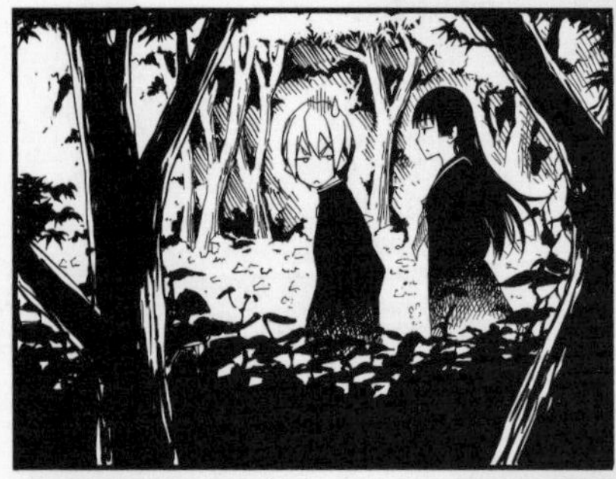

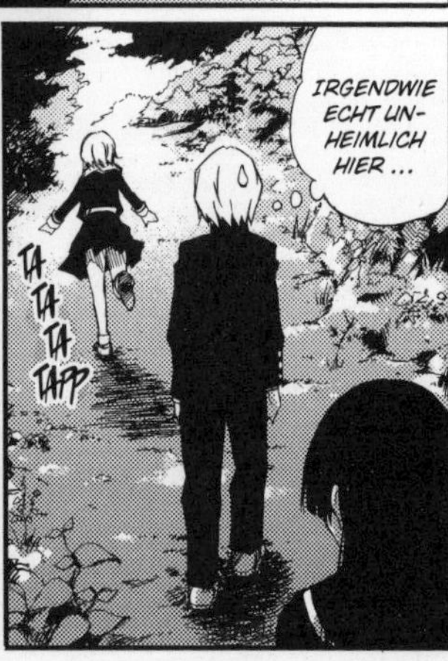
IRGENDWIE ECHT UN-HEIMLICH HIER …
TA TA TA TAPP

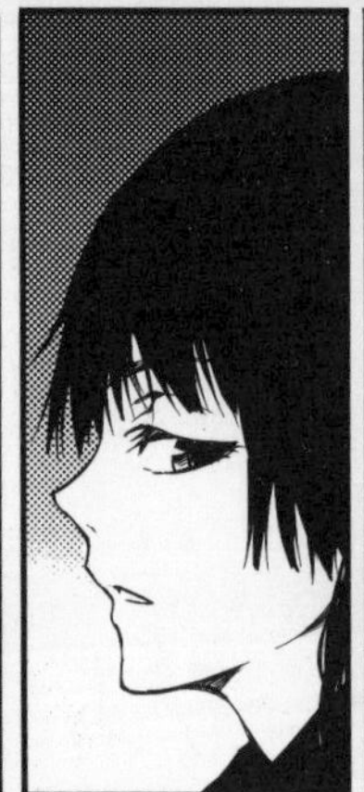

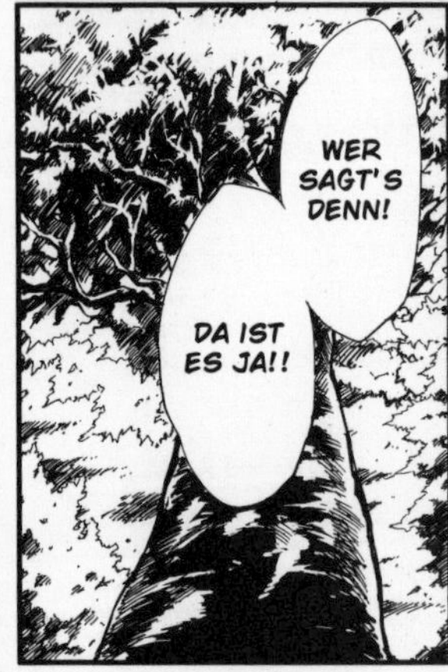
WER SAGT'S DENN!
DA IST ES JA!!

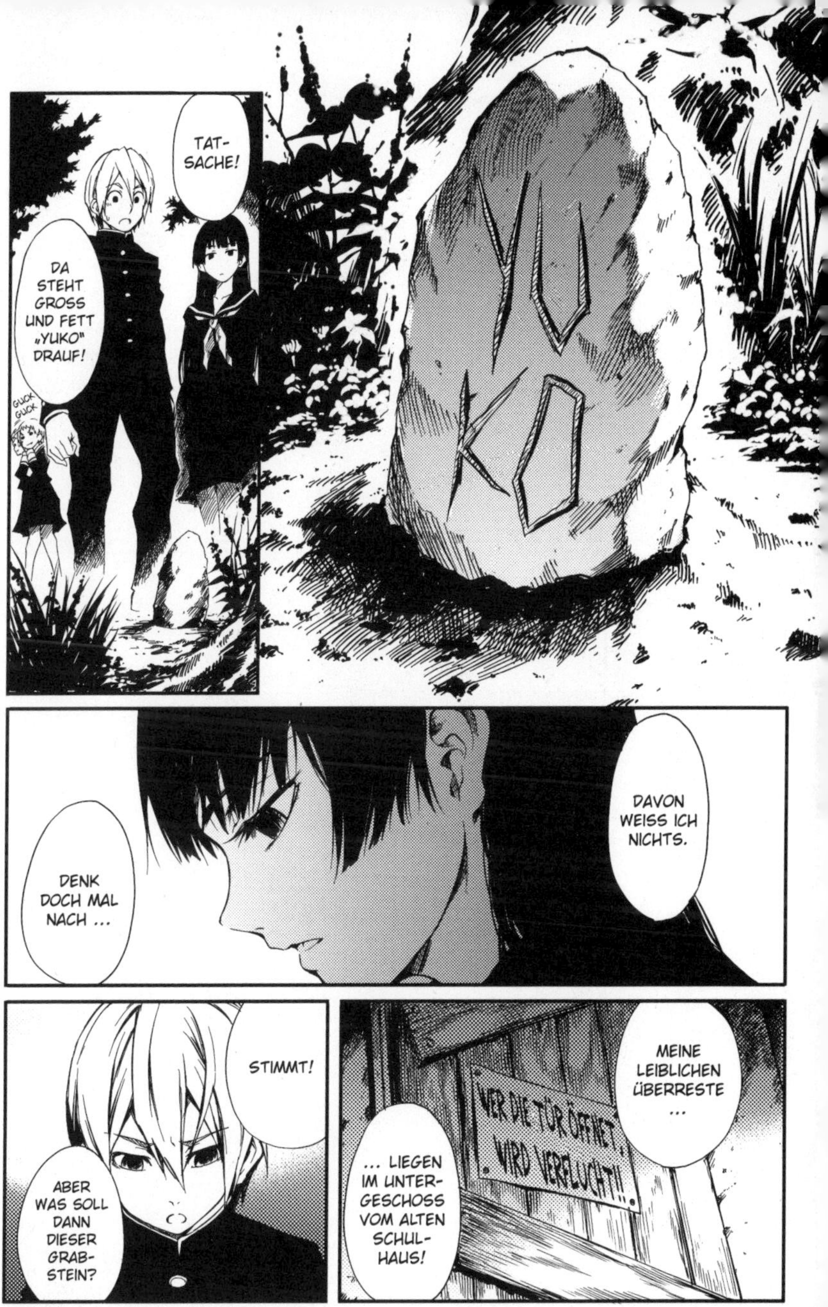

TAT-SACHE!
DA STEHT GROSS UND FETT „YUKO" DRAUF!
GUCK GUCK
YU KO

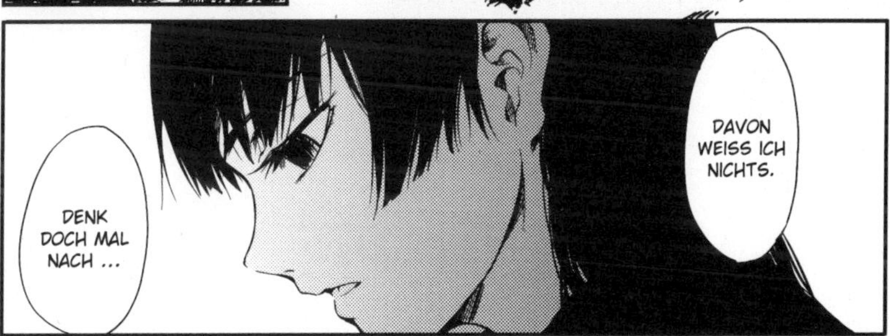

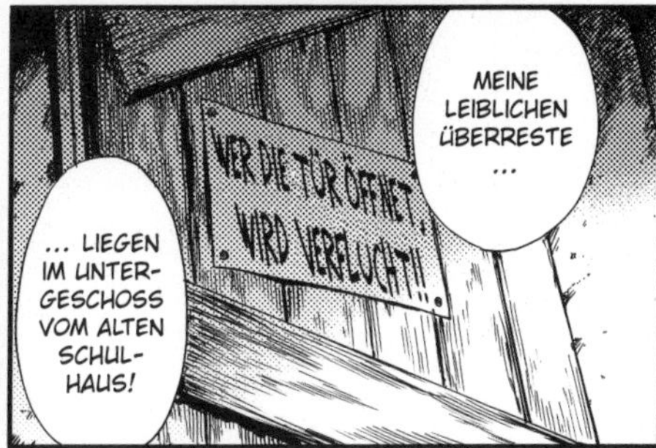

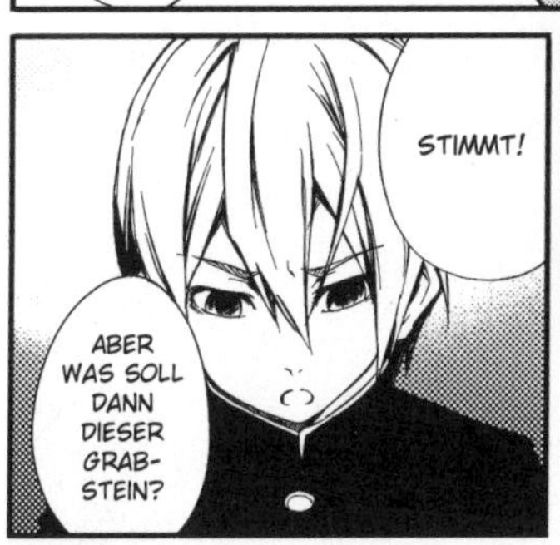

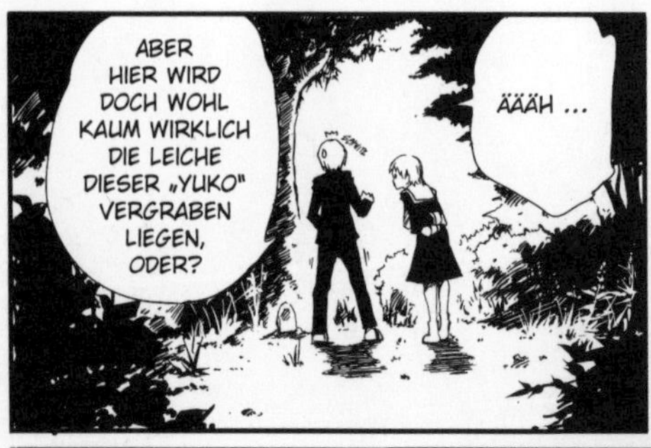

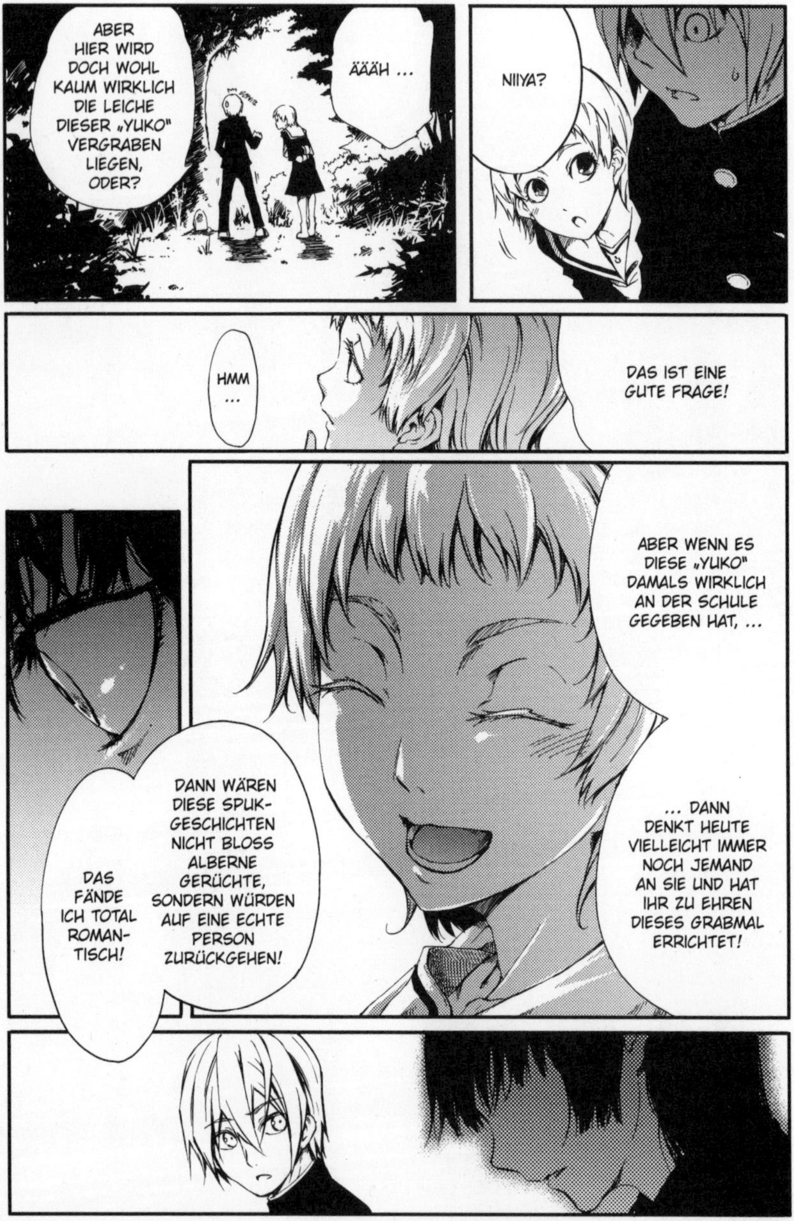

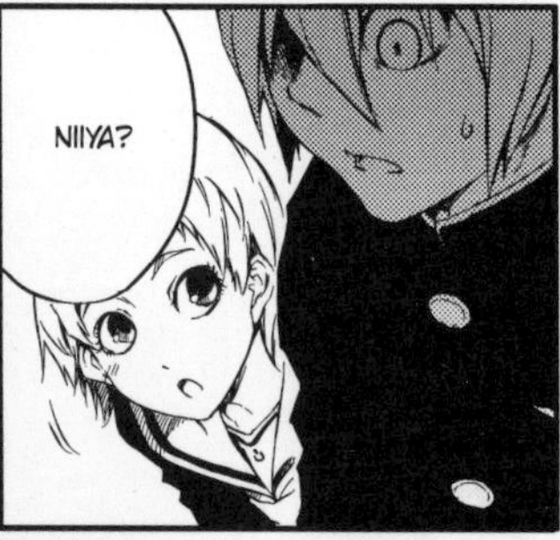

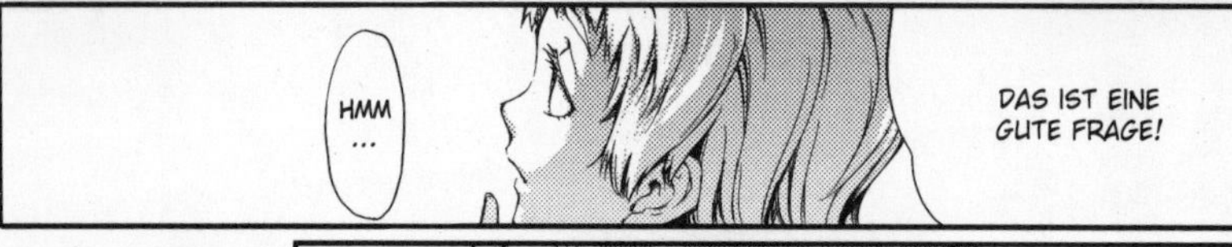

ABER WENN ES DIESE „YUKO" DAMALS WIRKLICH AN DER SCHULE GEGEBEN HAT, …

… DANN DENKT HEUTE VIELLEICHT IMMER NOCH JEMAND AN SIE UND HAT IHR ZU EHREN DIESES GRABMAL ERRICHTET!

DANN WÄREN DIESE SPUK-GESCHICHTEN NICHT BLOSS ALBERNE GERÜCHTE, SONDERN WÜRDEN AUF EINE ECHTE PERSON ZURÜCKGEHEN!

DAS FÄNDE ICH TOTAL ROMAN-TISCH!

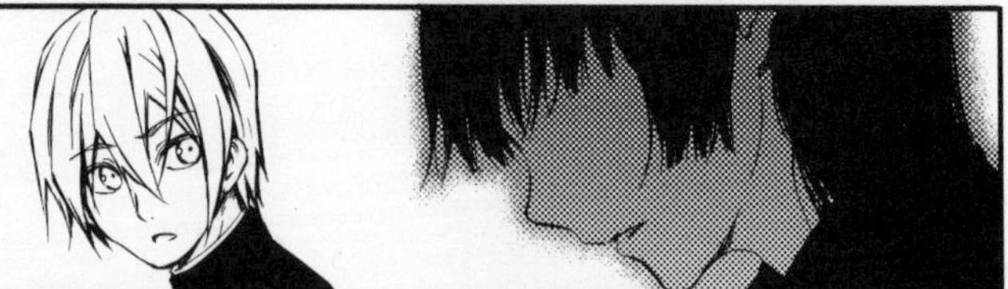

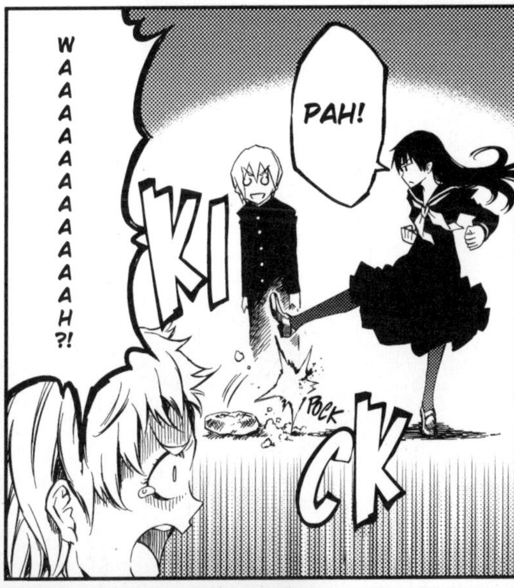
PAH!
KICK
POCK
WAAAAAAAAAAAAAAH?!

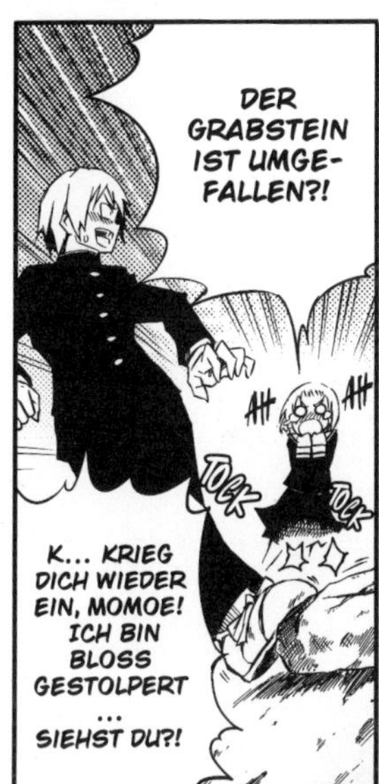
DER GRABSTEIN IST UMGE-FALLEN?!
AH
AH
TOCK
TOCK
K... KRIEG DICH WIEDER EIN, MOMOE! ICH BIN BLOSS GESTOLPERT ... SIEHST DU?!

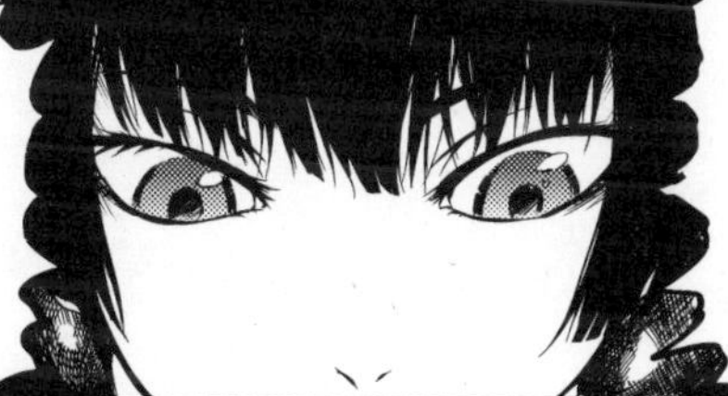
NEIN! DU WARST NICHT MAL IN DER NÄHE DES GRAB-STEINS!!
ICH HAB'S GENAU GESEHEN! DER GRABSTEIN IST VON GANZ ALLEINE UMGEFALLEN!!

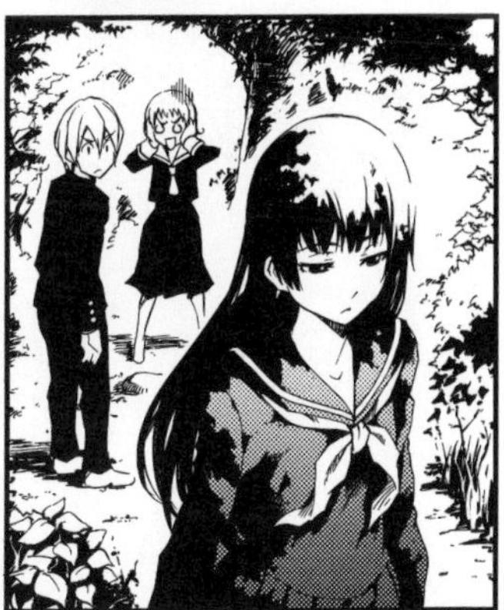

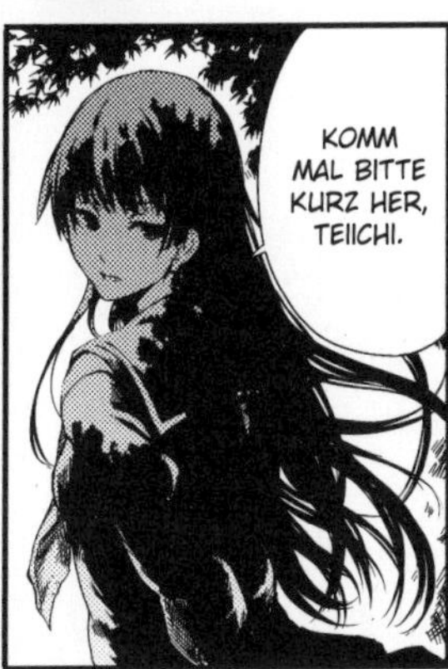
KOMM MAL BITTE KURZ HER, TEIICHI.

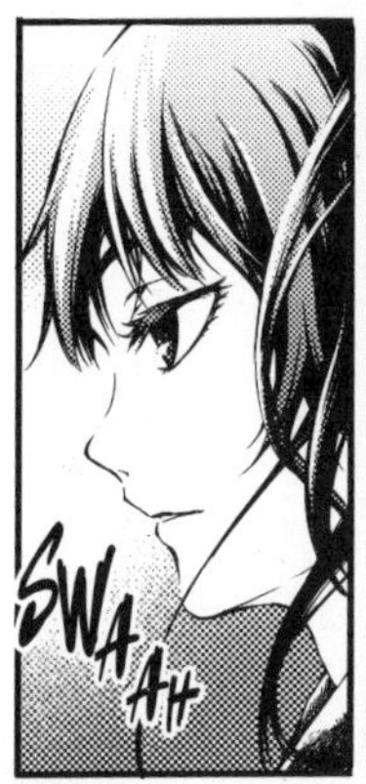
SWAAH

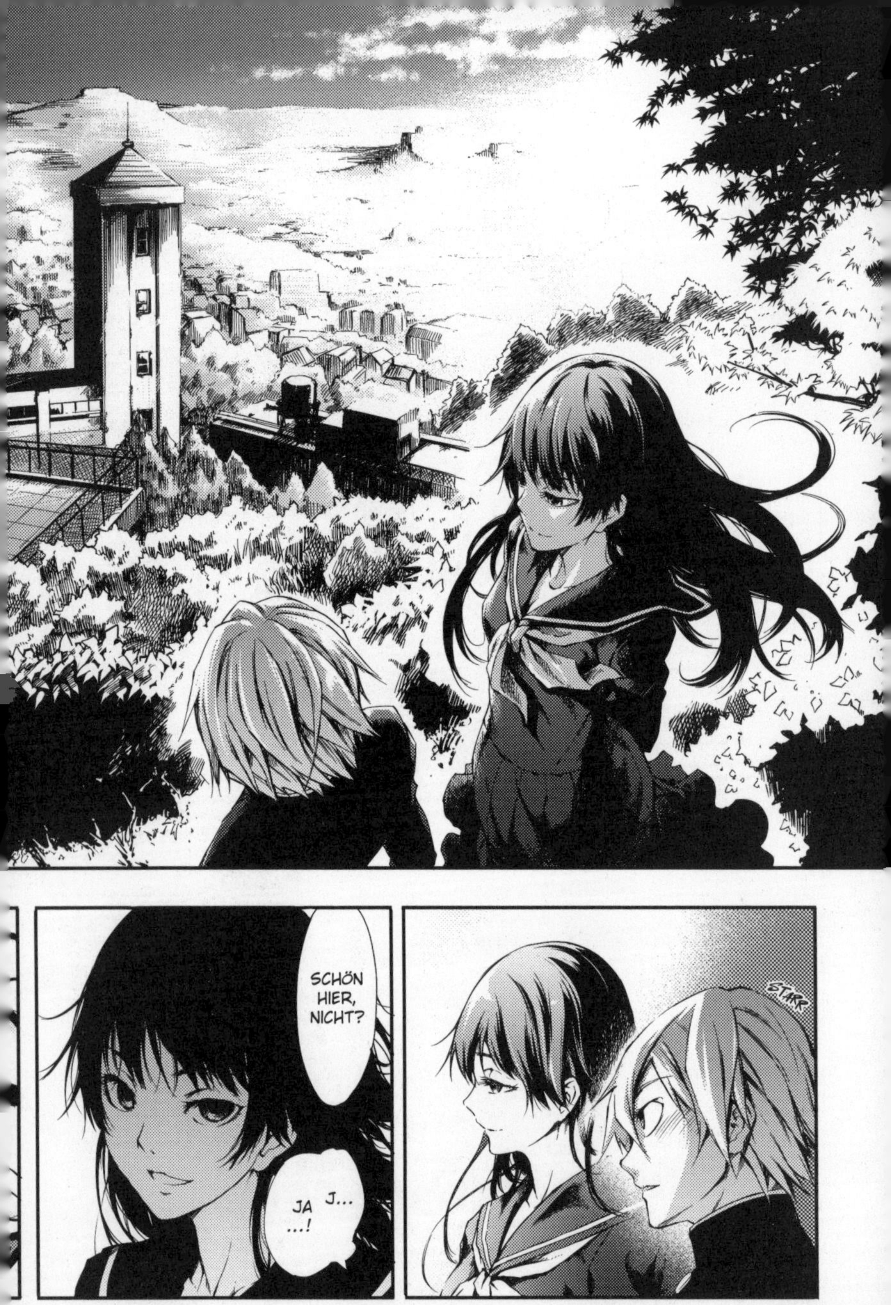

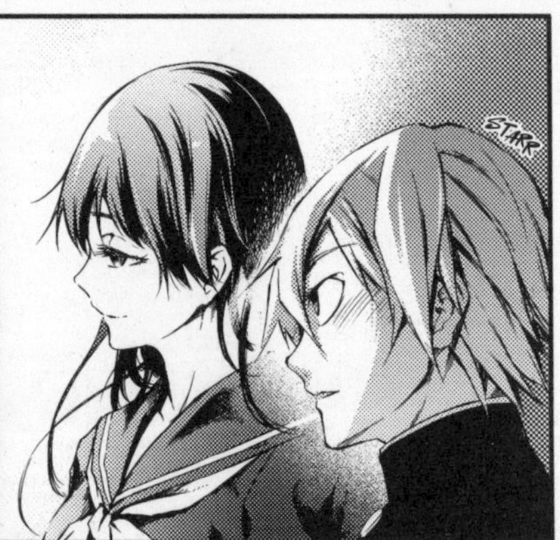
STARR

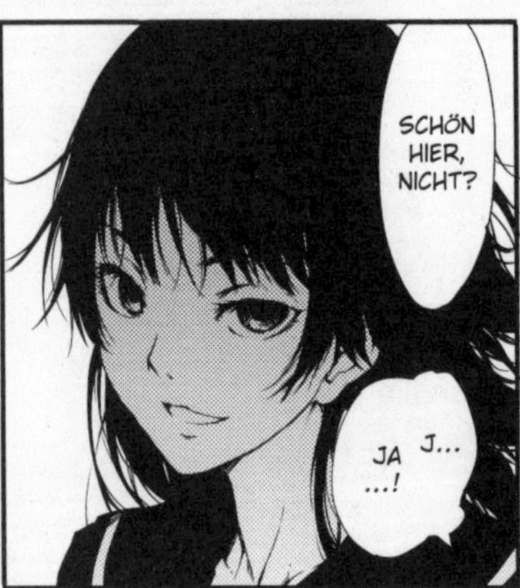
SCHÖN HIER, NICHT?
J...
JA ...!

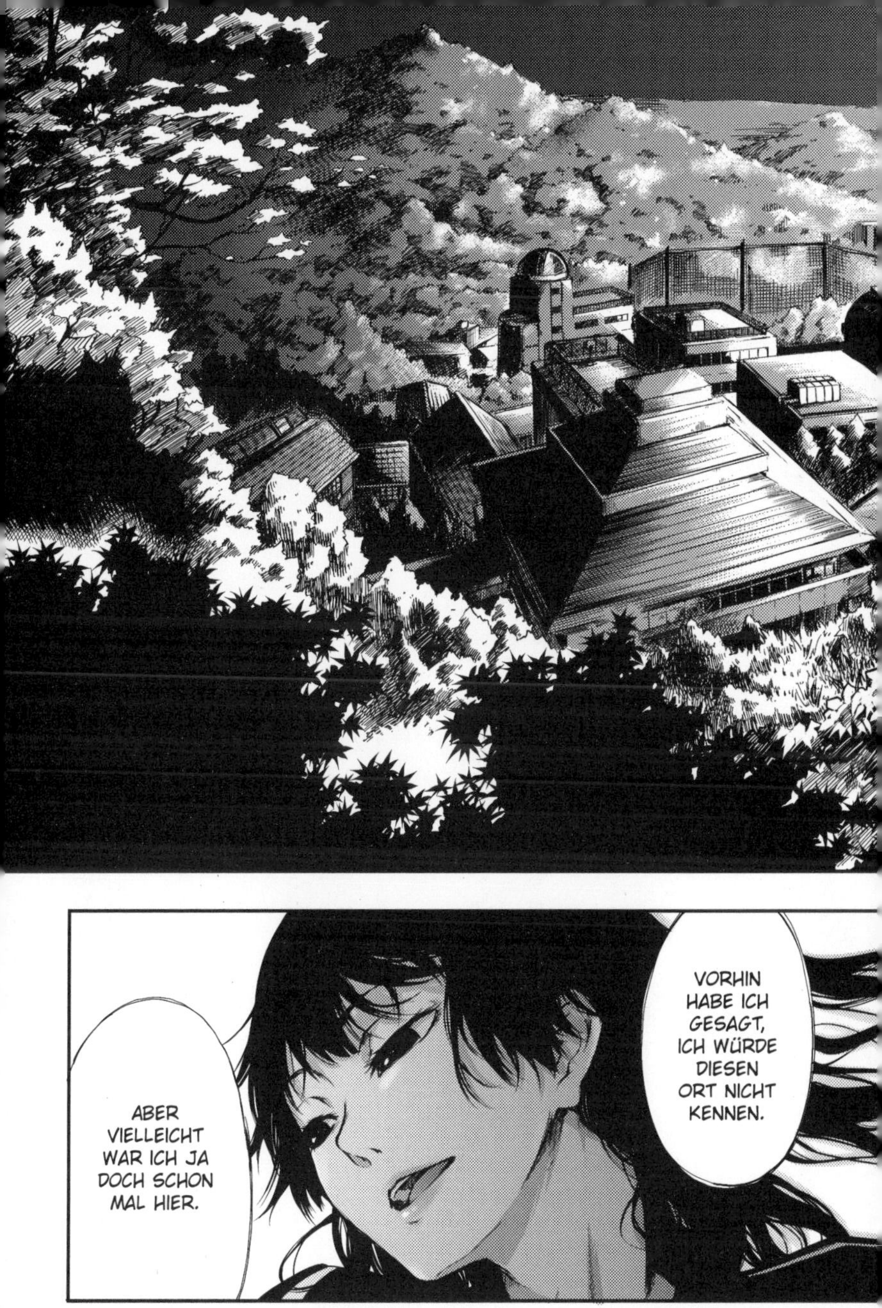

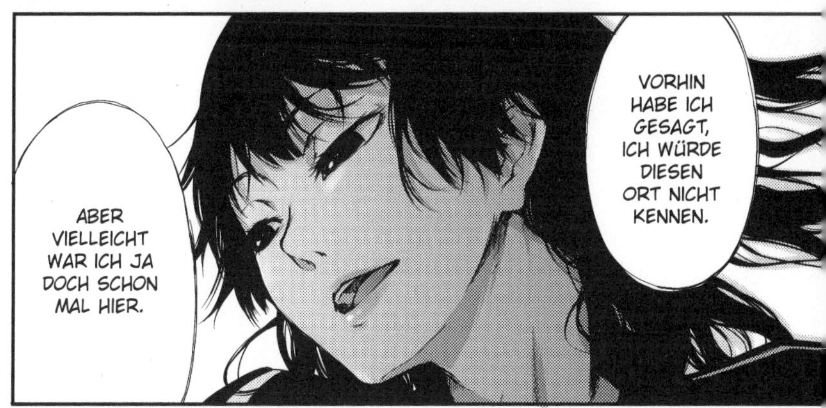
VORHIN HABE ICH GESAGT, ICH WÜRDE DIESEN ORT NICHT KENNEN.
ABER VIELLEICHT WAR ICH JA DOCH SCHON MAL HIER.

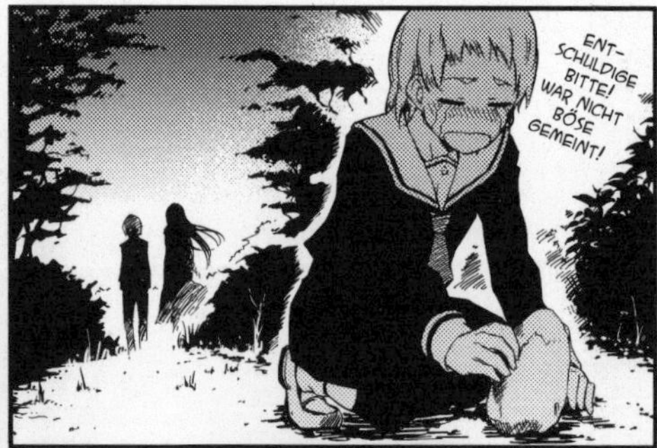
ENT-SCHULDIGE BITTE! WAR NICHT BÖSE GEMEINT!

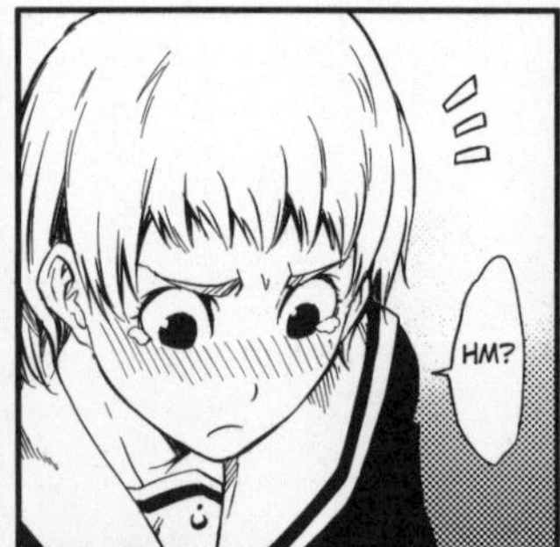
HM?

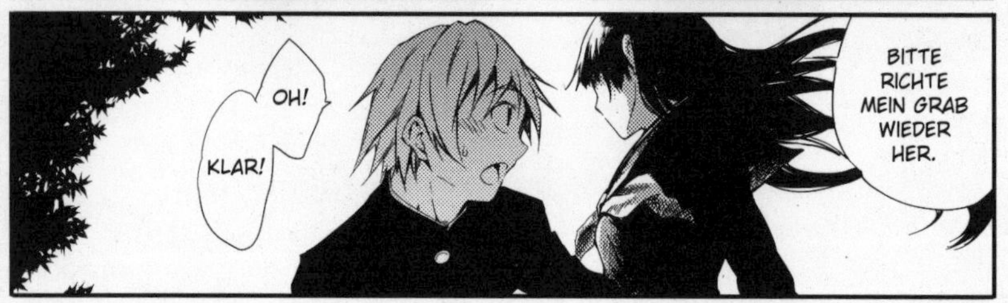
BITTE RICHTE MEIN GRAB WIEDER HER.
OH!
KLAR!

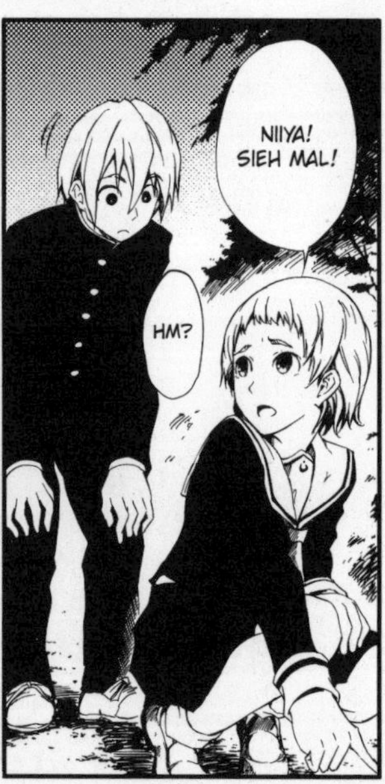
NIIYA! SIEH MAL!
HM?

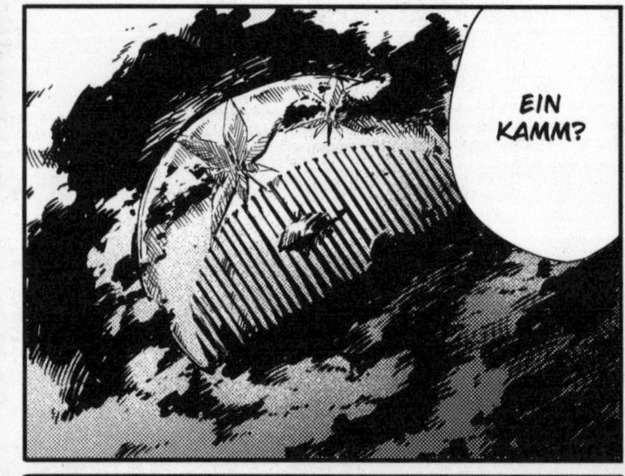
EIN KAMM?

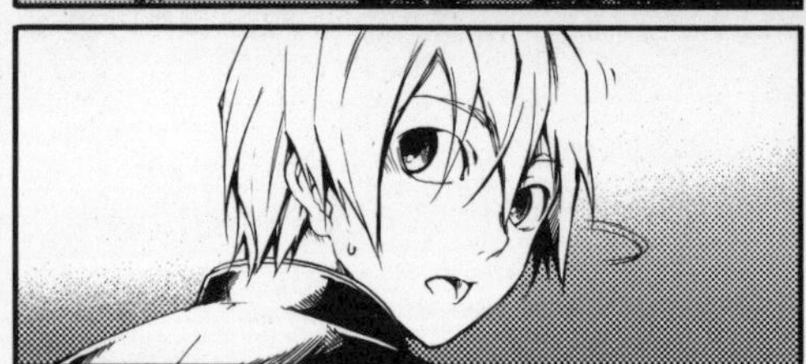

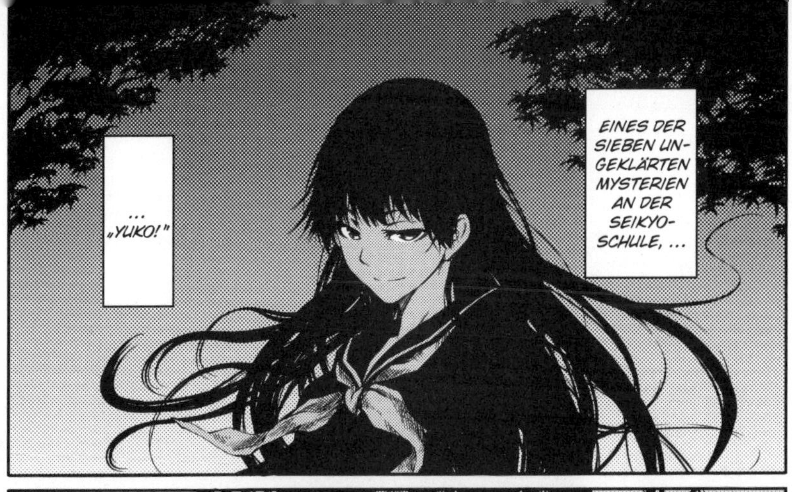
EINES DER SIEBEN UN- GEKLÄRTEN MYSTERIEN AN DER SEIKYO- SCHULE, …
… „YUKO!“

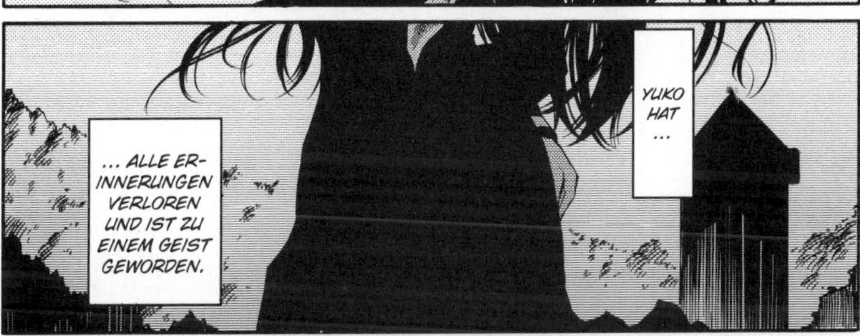
YUKO HAT …
… ALLE ER- INNERUNGEN VERLOREN UND IST ZU EINEM GEIST GEWORDEN.

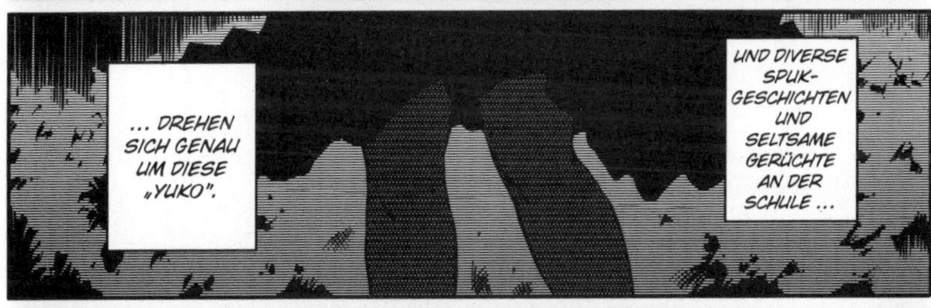
UND DIVERSE SPUK- GESCHICHTEN UND SELTSAME GERÜCHTE AN DER SCHULE …
… DREHEN SICH GENAU UM DIESE „YUKO“.

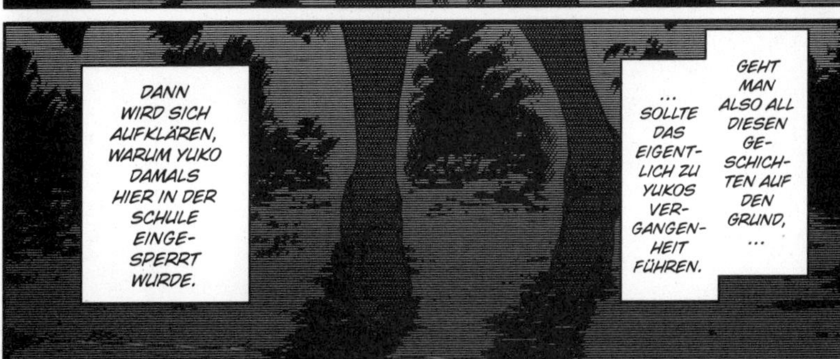
GEHT MAN ALSO ALL DIESEN GE- SCHICH- TEN AUF DEN GRUND, …
… SOLLTE DAS EIGENT- LICH ZU YUKOS VER- GANGEN- HEIT FÜHREN.
DANN WIRD SICH AUFKLÄREN, WARUM YUKO DAMALS HIER IN DER SCHULE EINGE- SPERRT WURDE.

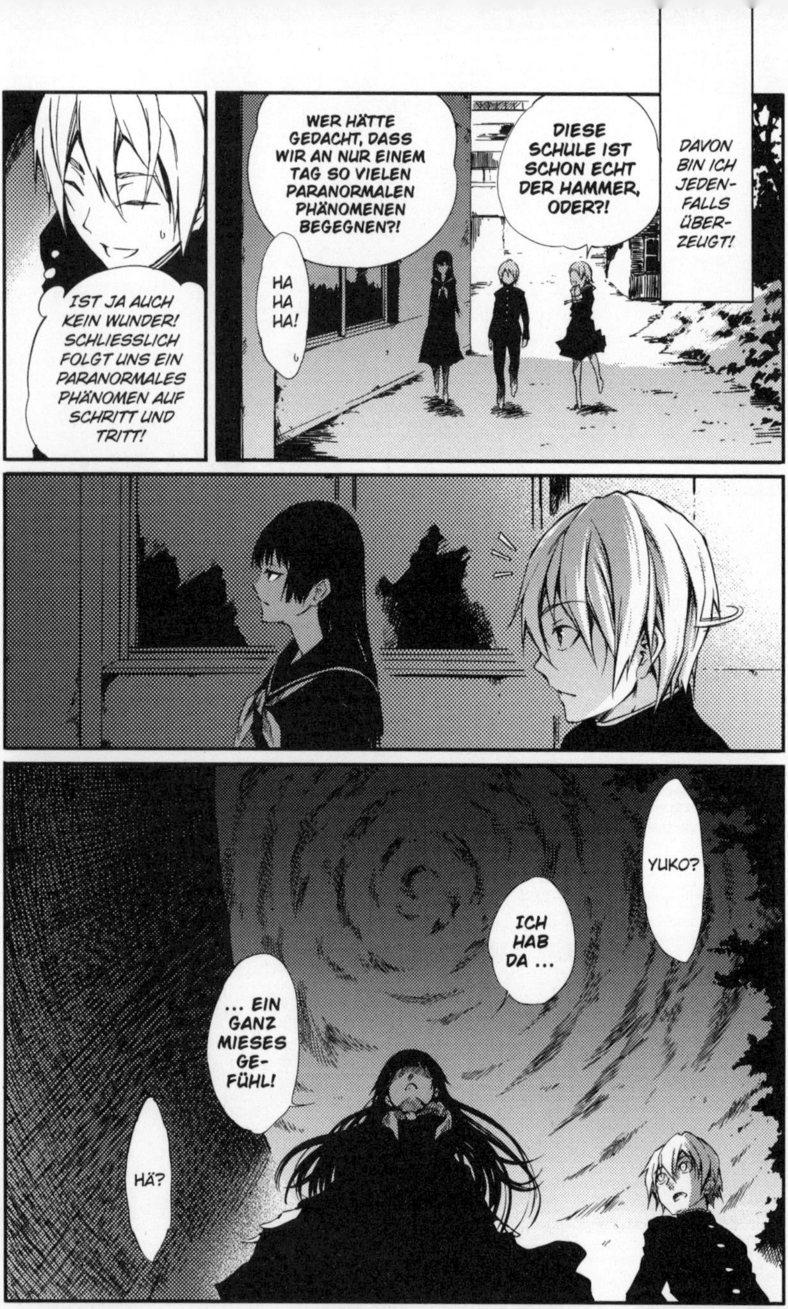

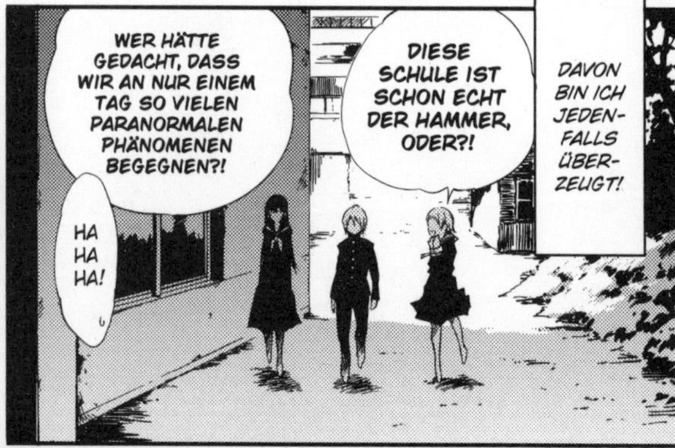

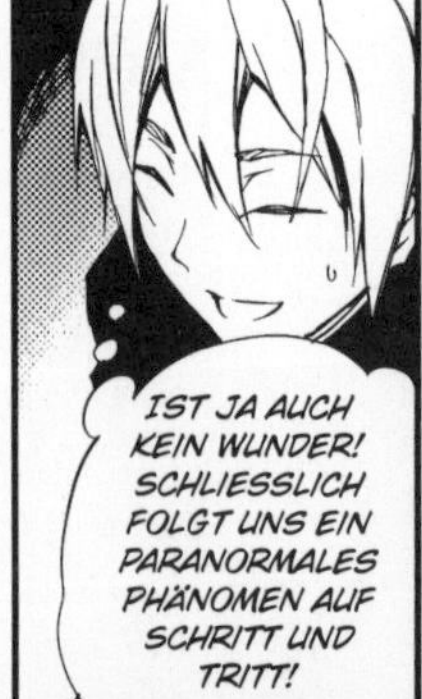

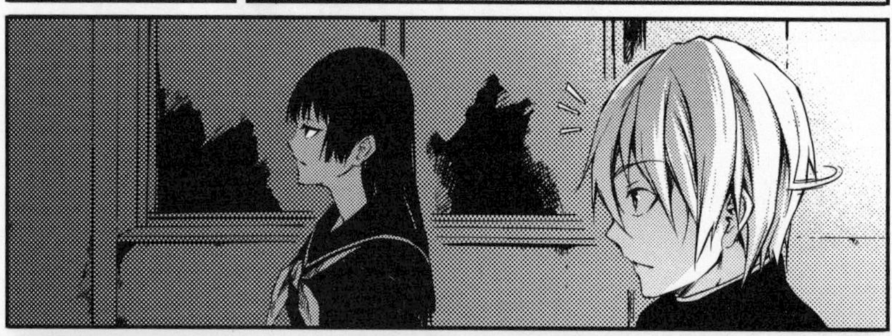

YUKO?

ICH HAB DA …

… EIN GANZ MIESES GE-FÜHL!

HÄ?

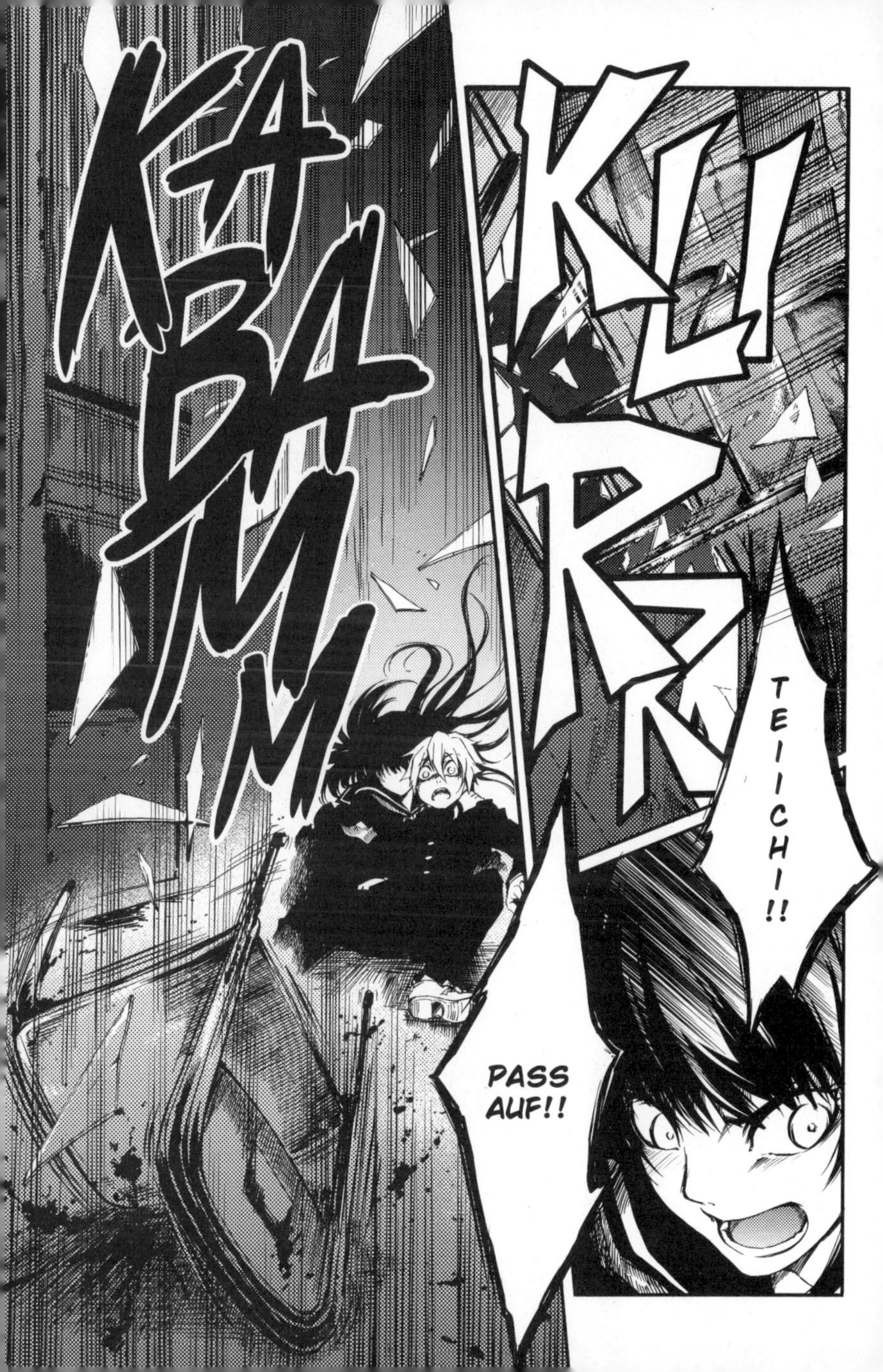
KLIRR
TEIICHI!!
PASS AUF!!

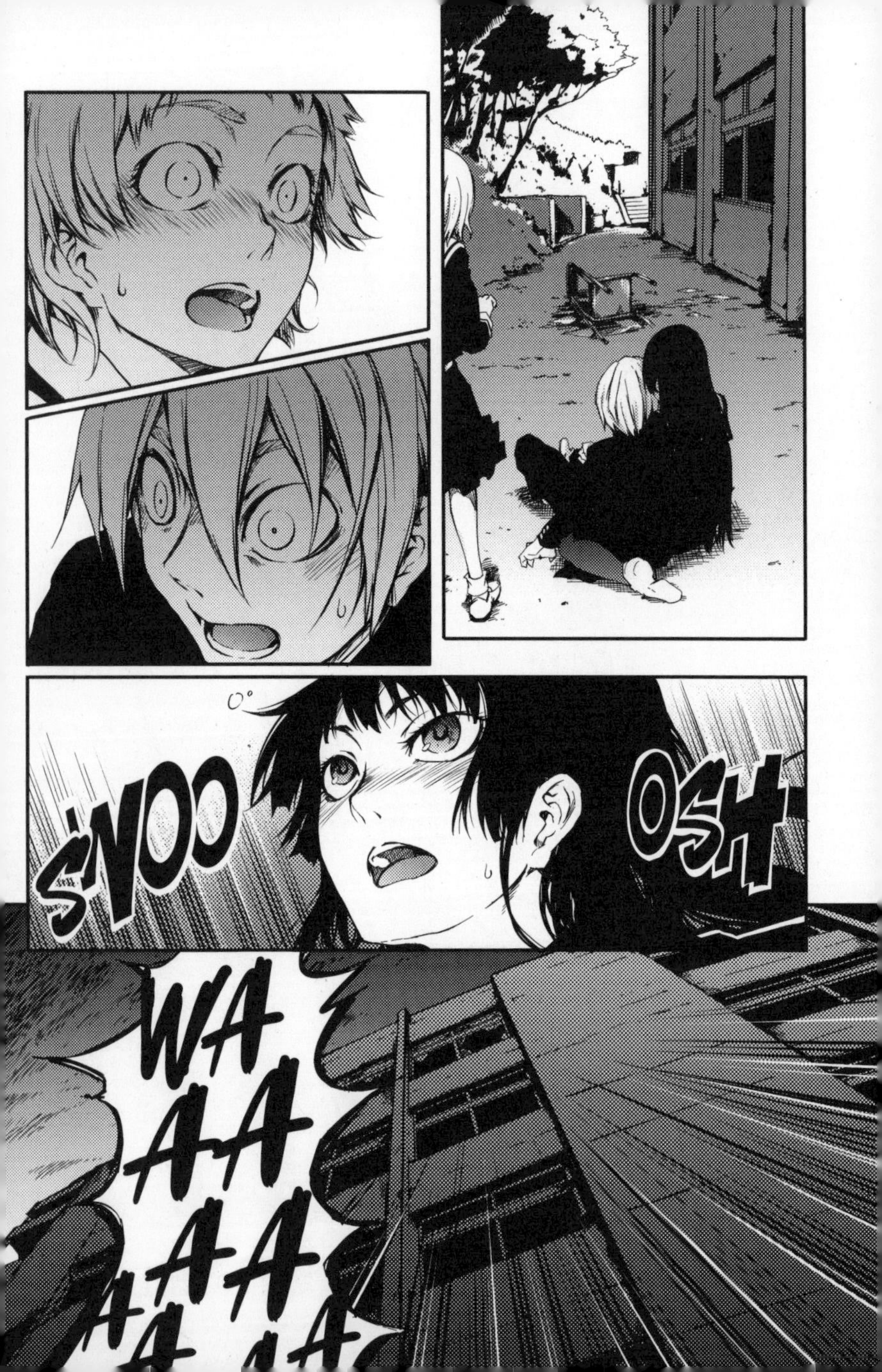

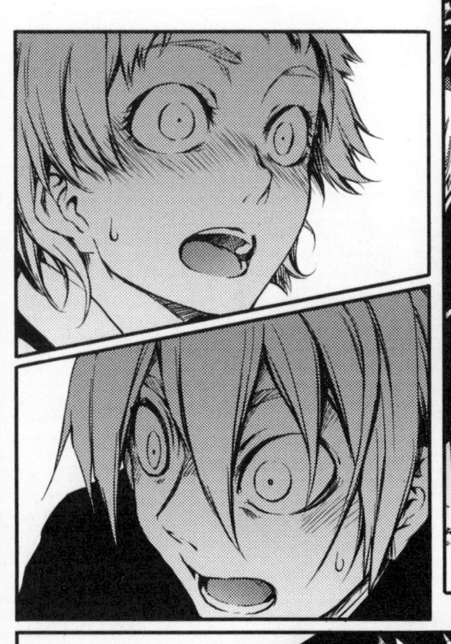

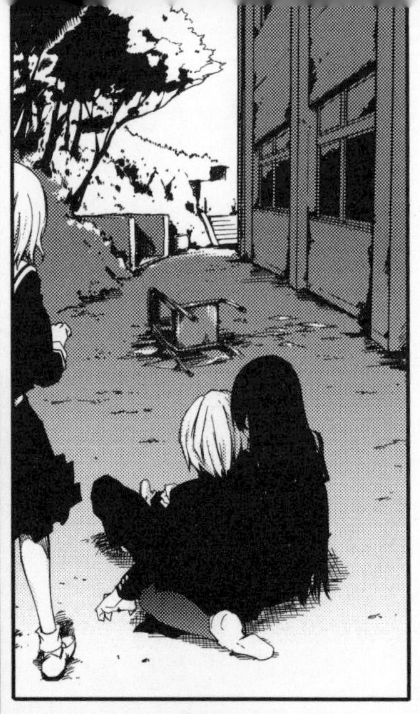

SWOO
OSH

WA
AA
AA
AA

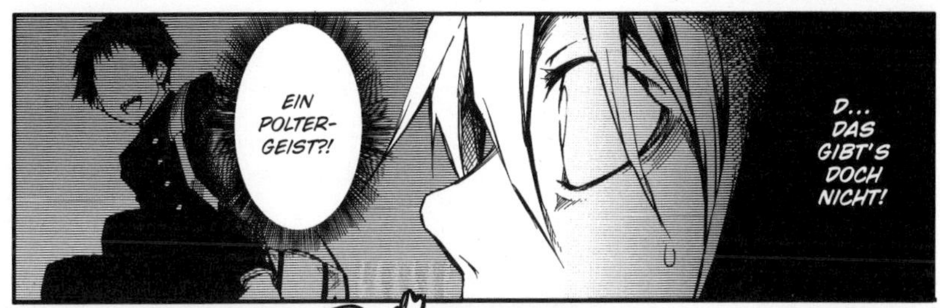
D... DAS GIBT'S DOCH NICHT!
EIN POLTER-GEIST?!

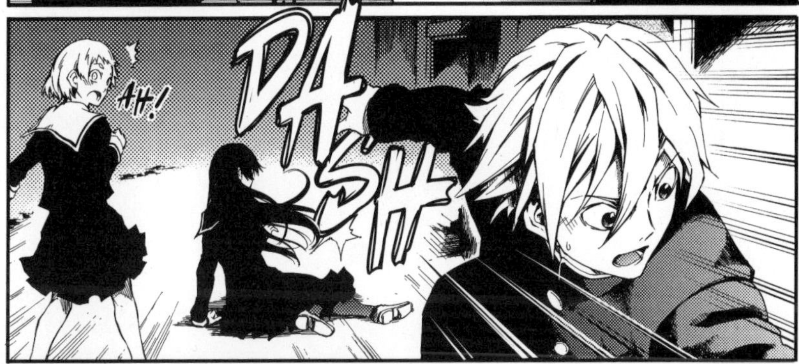
DASH
AH!

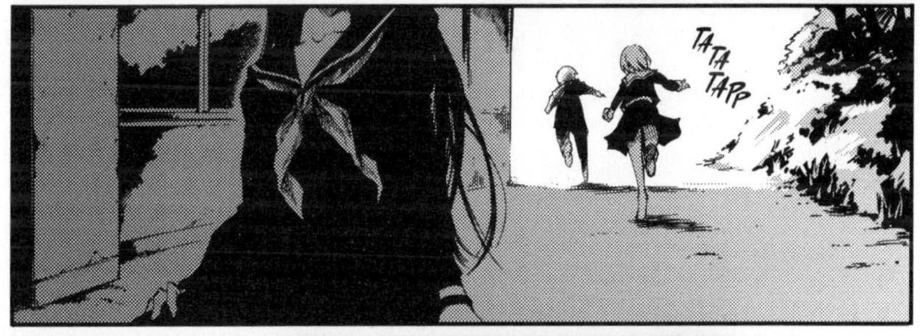
TATA TAPP

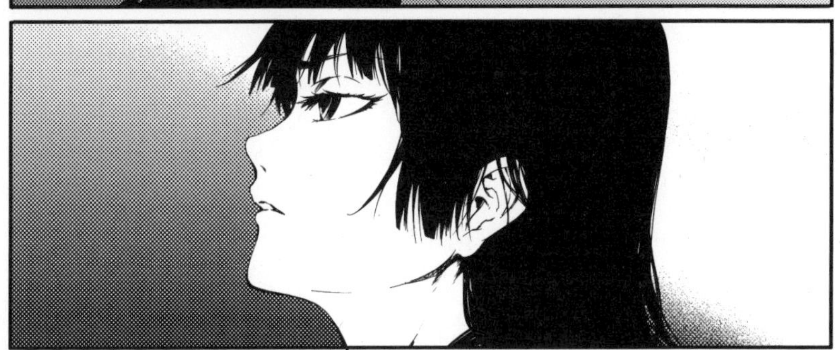

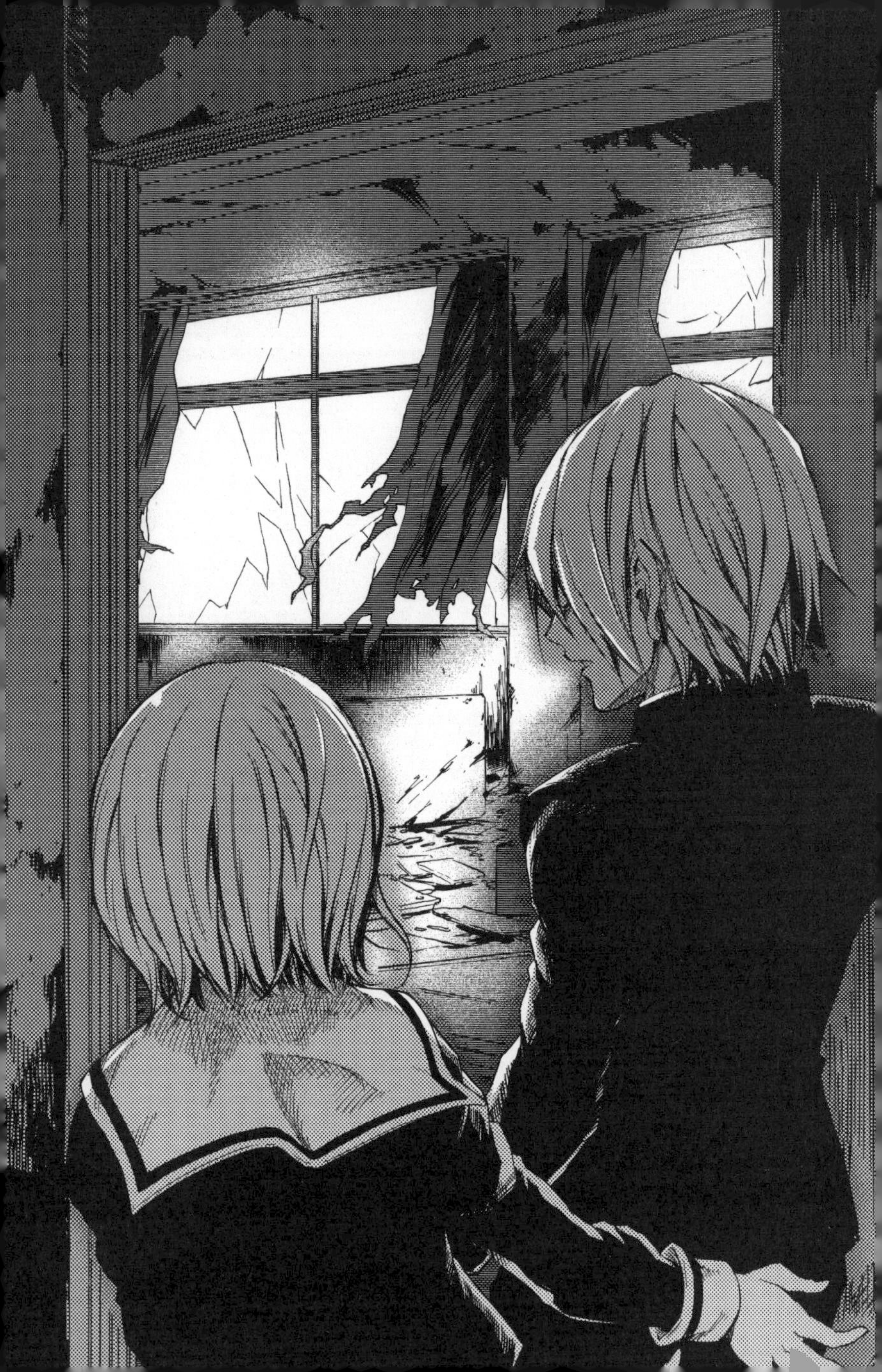

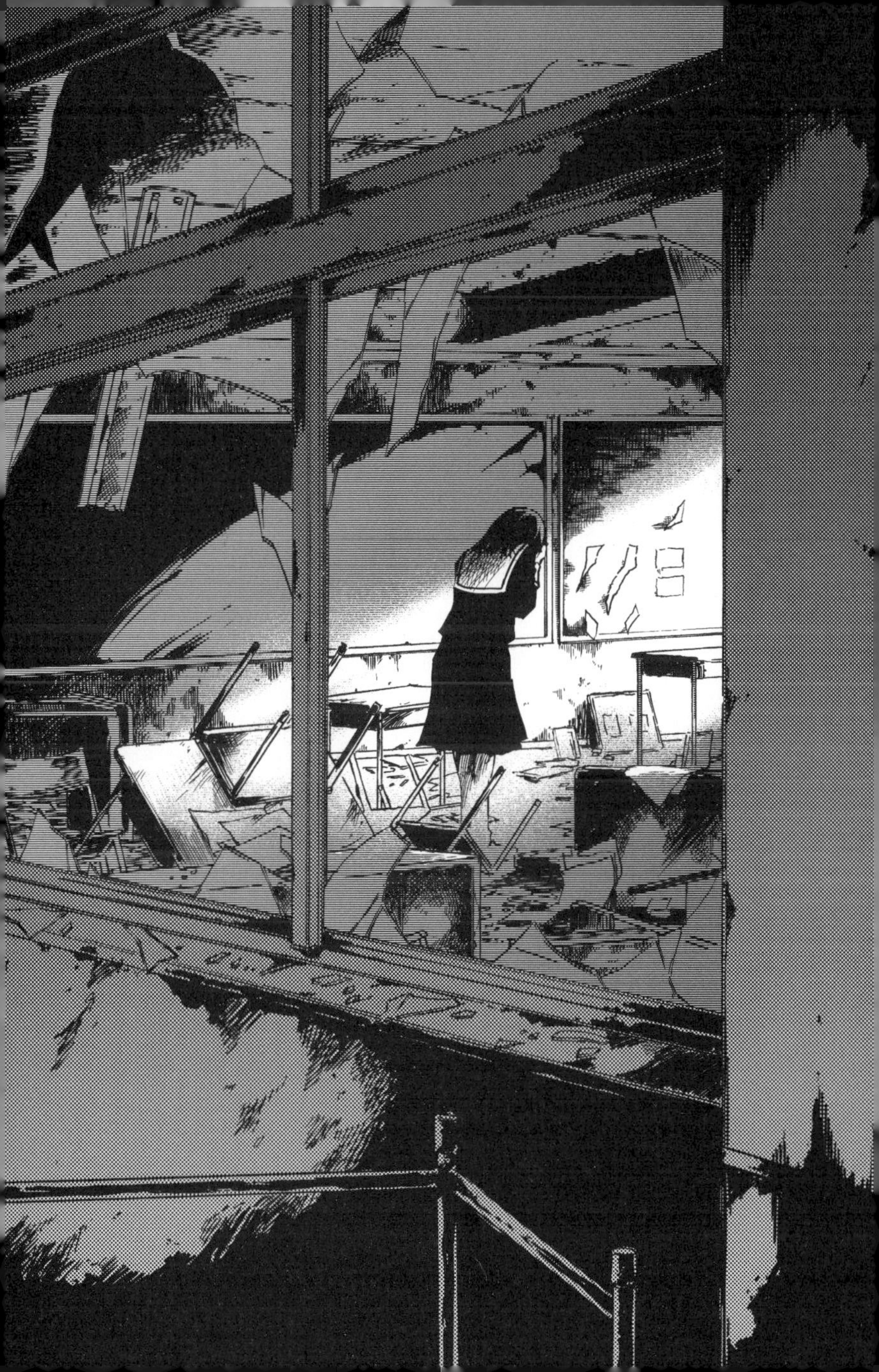

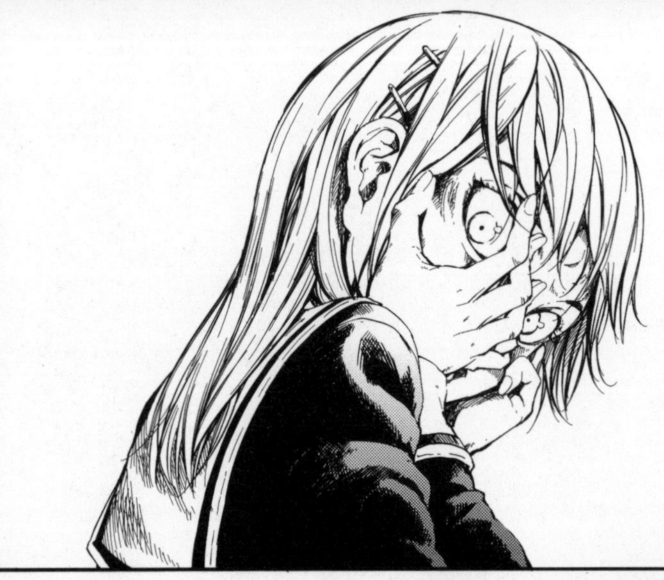

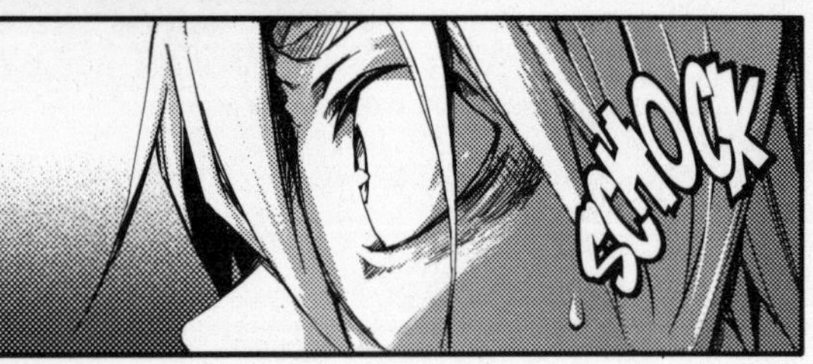

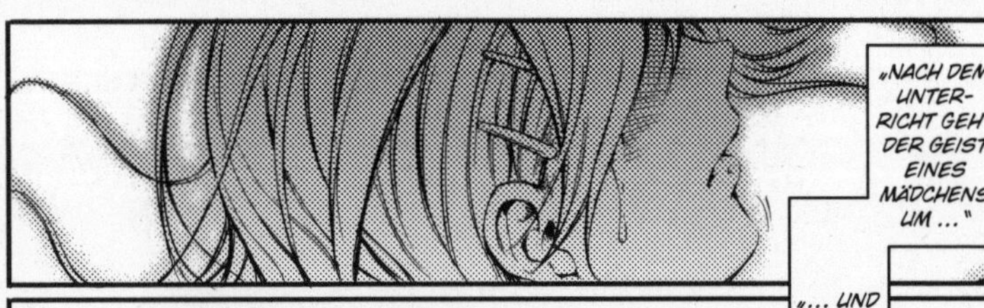

„… UND STELLT ALLES AUF DEN KOPF!"

FWUMP

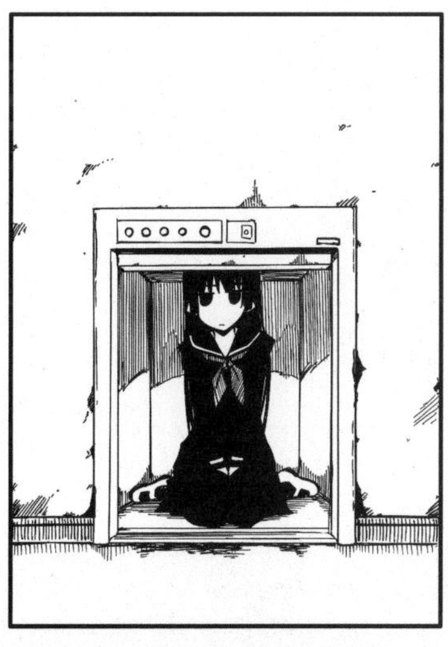

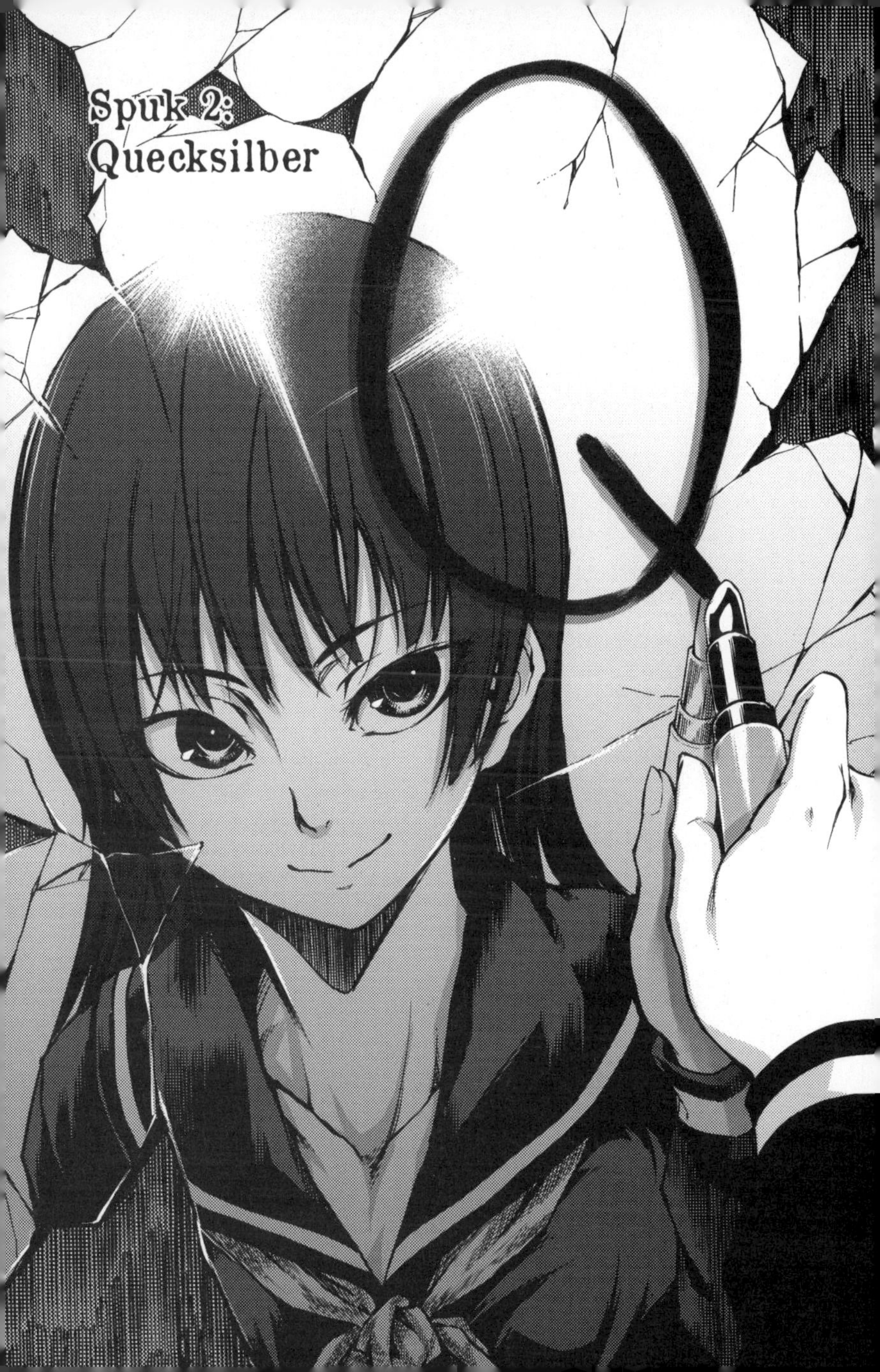
Spuk 2:
Quecksilber

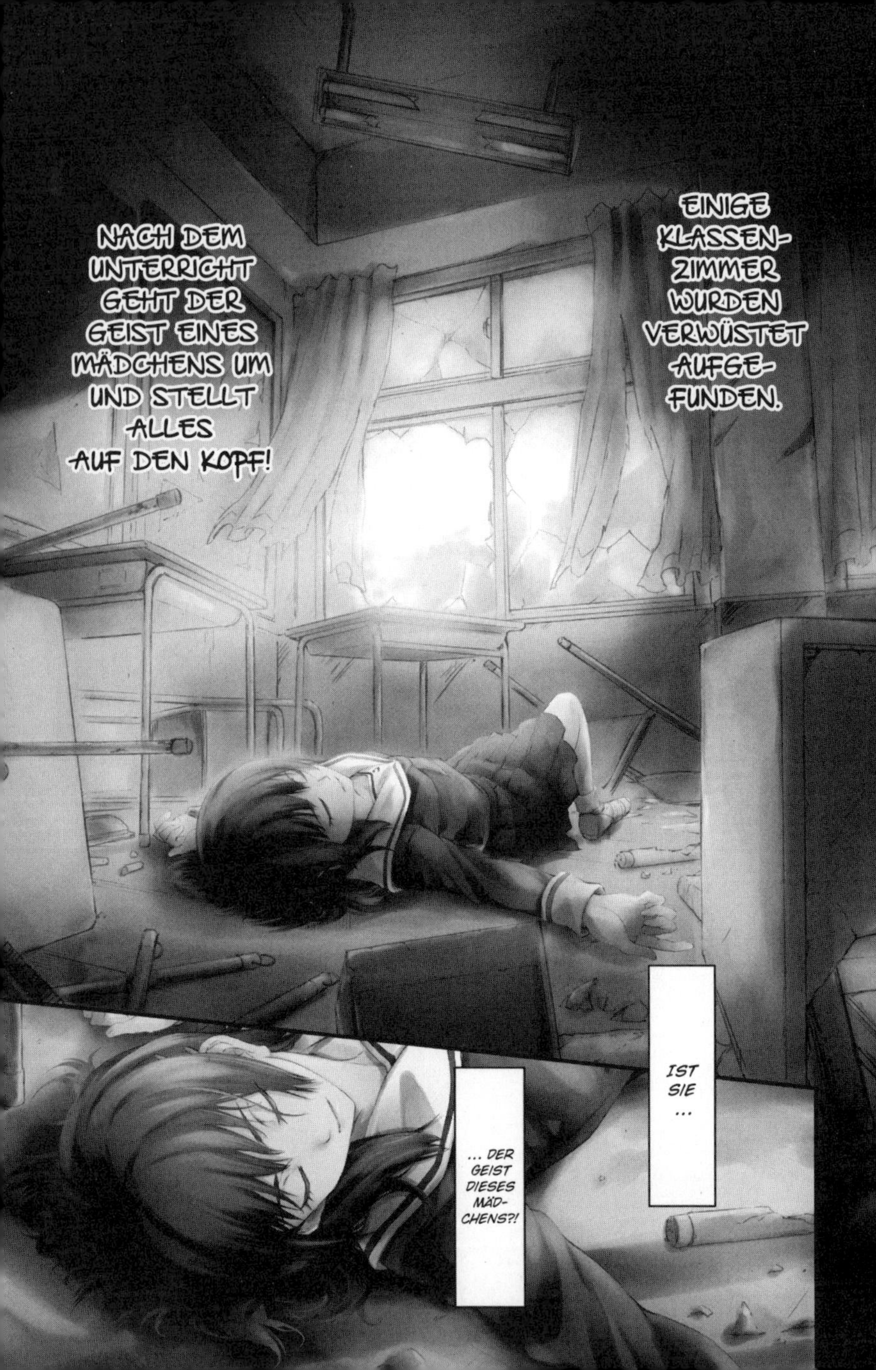
EINIGE KLASSEN-ZIMMER WURDEN VERWÜSTET AUFGE-FUNDEN.
NACH DEM UNTERRICHT GEHT DER GEIST EINES MÄDCHENS UM UND STELLT ALLES AUF DEN KOPF!
IST SIE …
… DER GEIST DIESES MÄD-CHENS?!

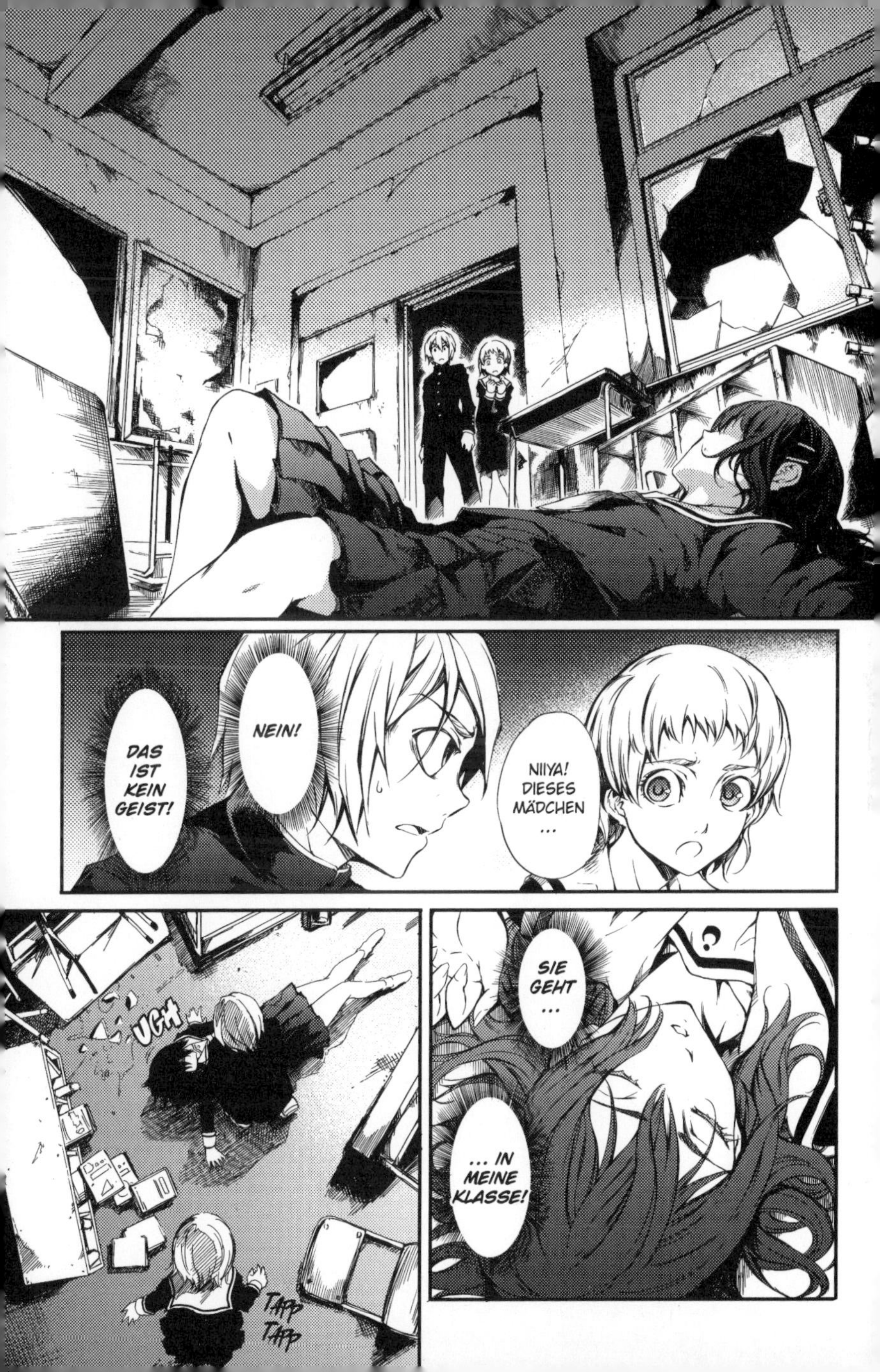

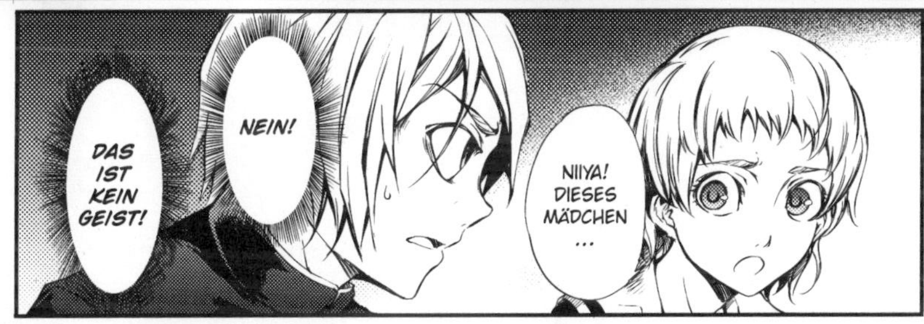
NIIYA! DIESES MÄDCHEN ...
NEIN!
DAS IST KEIN GEIST!

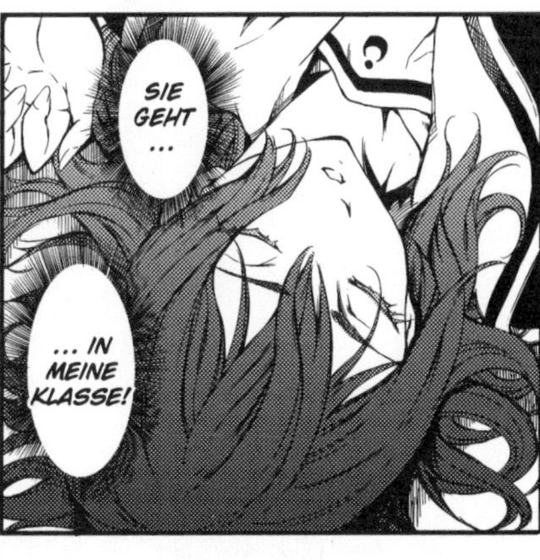
SIE GEHT ...
... IN MEINE KLASSE!

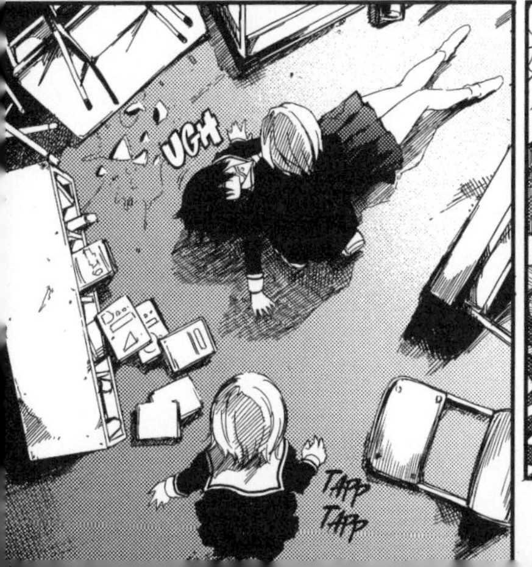
UGH
TAPP TAPP

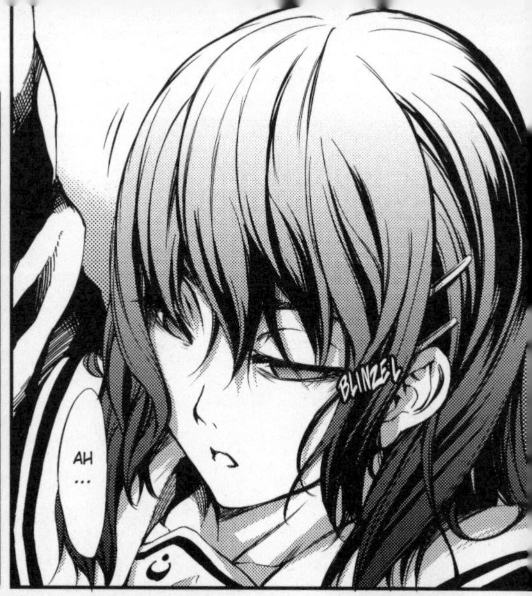
BLINZEL
AH ...

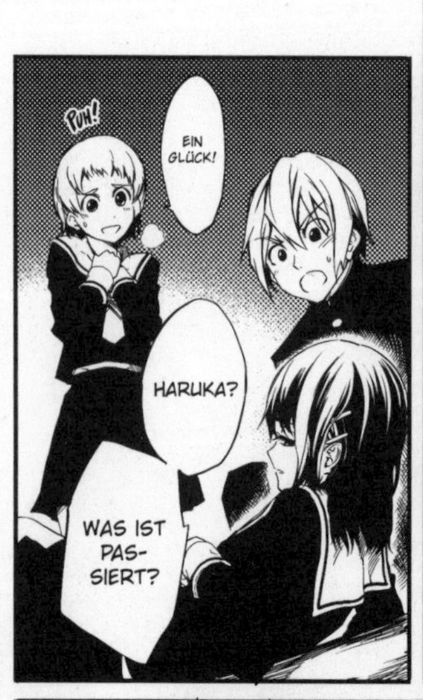
PUH!
EIN GLÜCK!
HARUKA?
WAS IST PAS-SIERT?

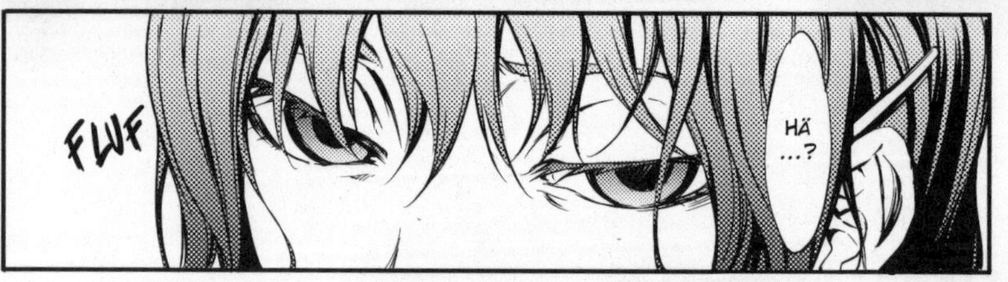
HÄ ...?
FLUF

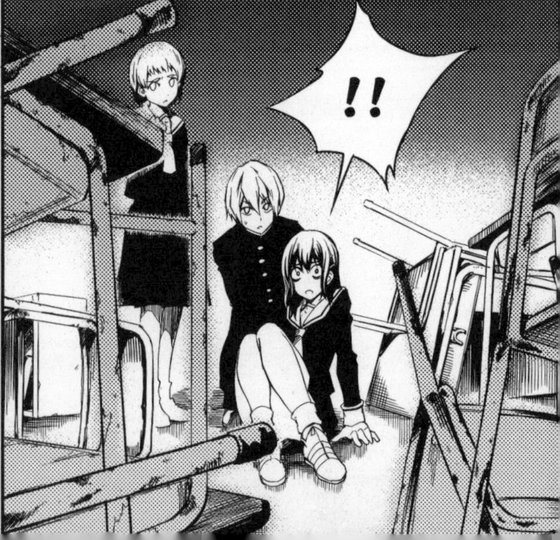
!!

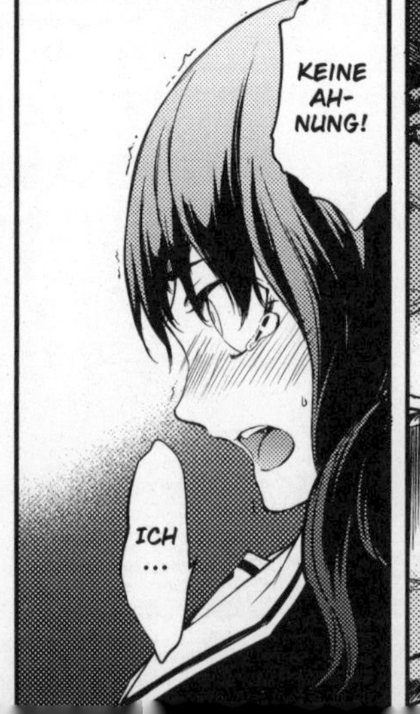
KEINE AH-NUNG!
ICH ...

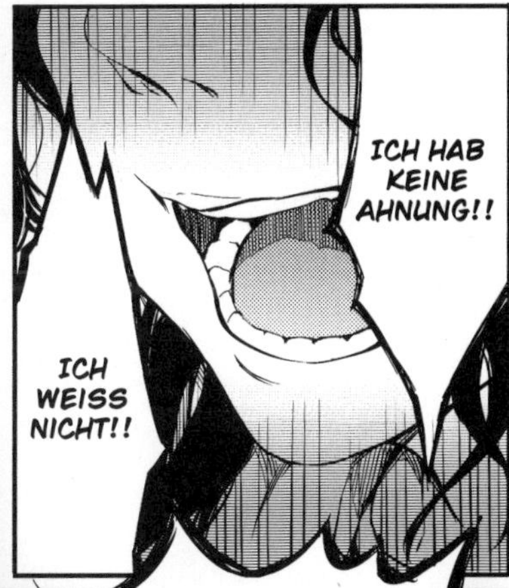
ICH HAB KEINE AHNUNG!!
ICH WEISS NICHT!!
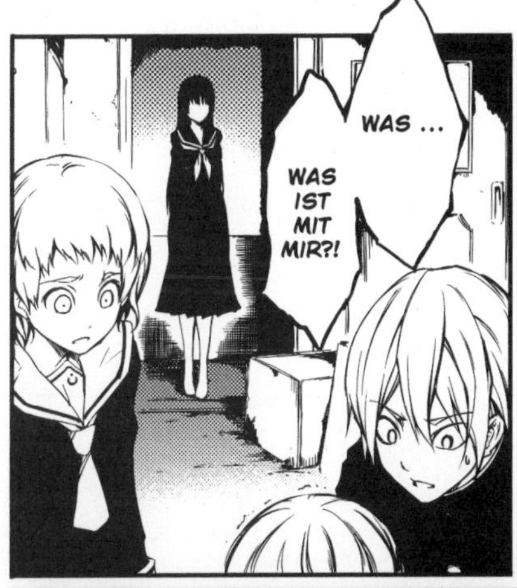
WAS ...
WAS IST MIT MIR?!
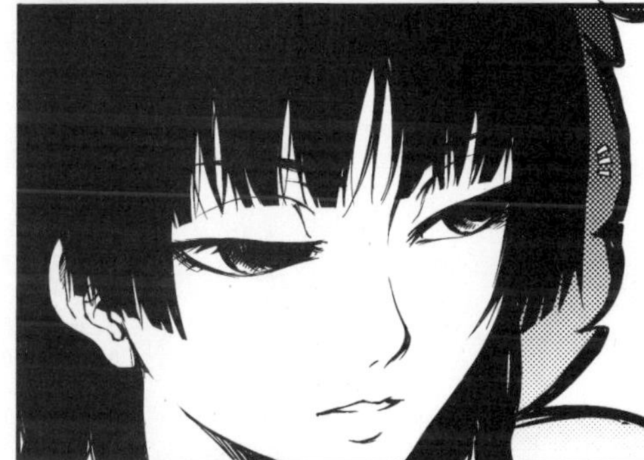
ICH ERINNERE MICH AN GAR NICHTS!!!
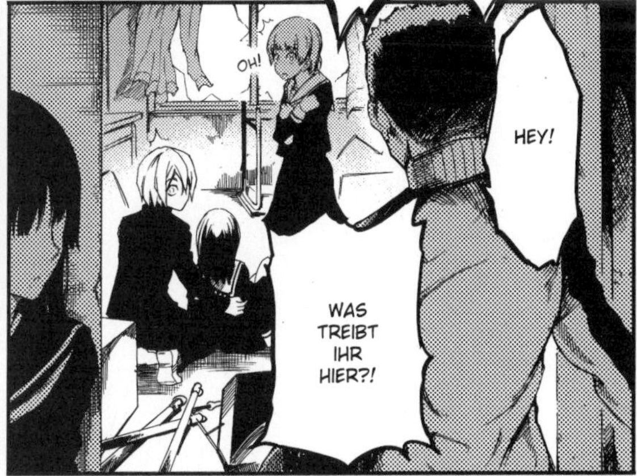
HEY!
OH!
WAS TREIBT IHR HIER?!
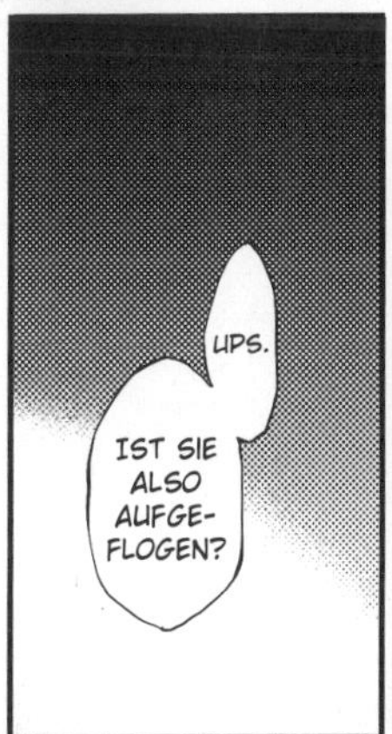
UPS.
IST SIE ALSO AUFGE-FLOGEN?

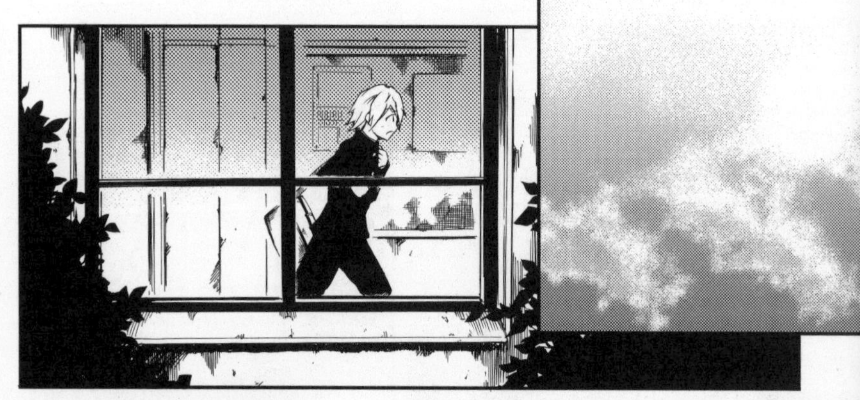

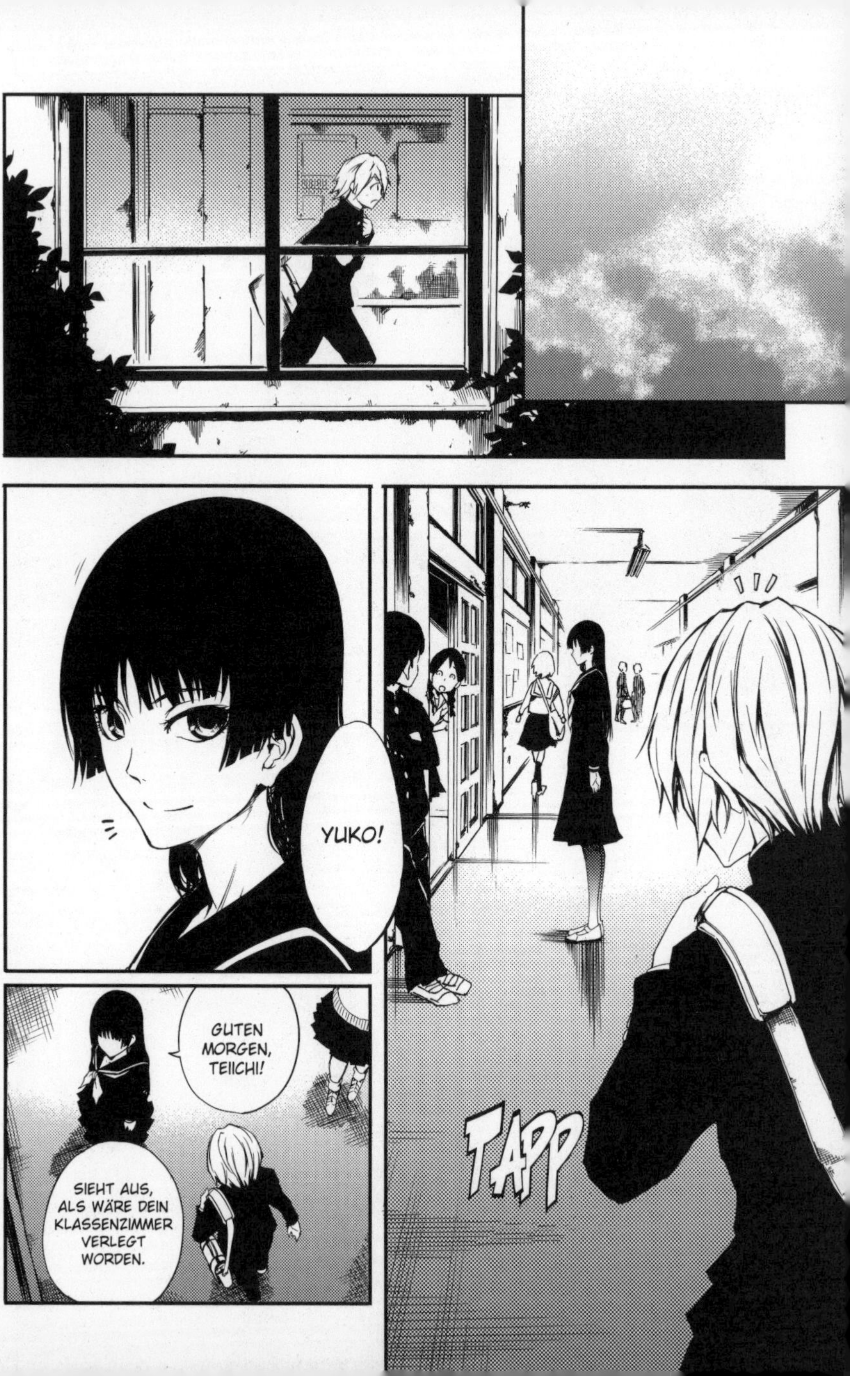

TAPP
YUKO!
GUTEN MORGEN, TEIICHI!
SIEHT AUS, ALS WÄRE DEIN KLASSENZIMMER VERLEGT WORDEN.

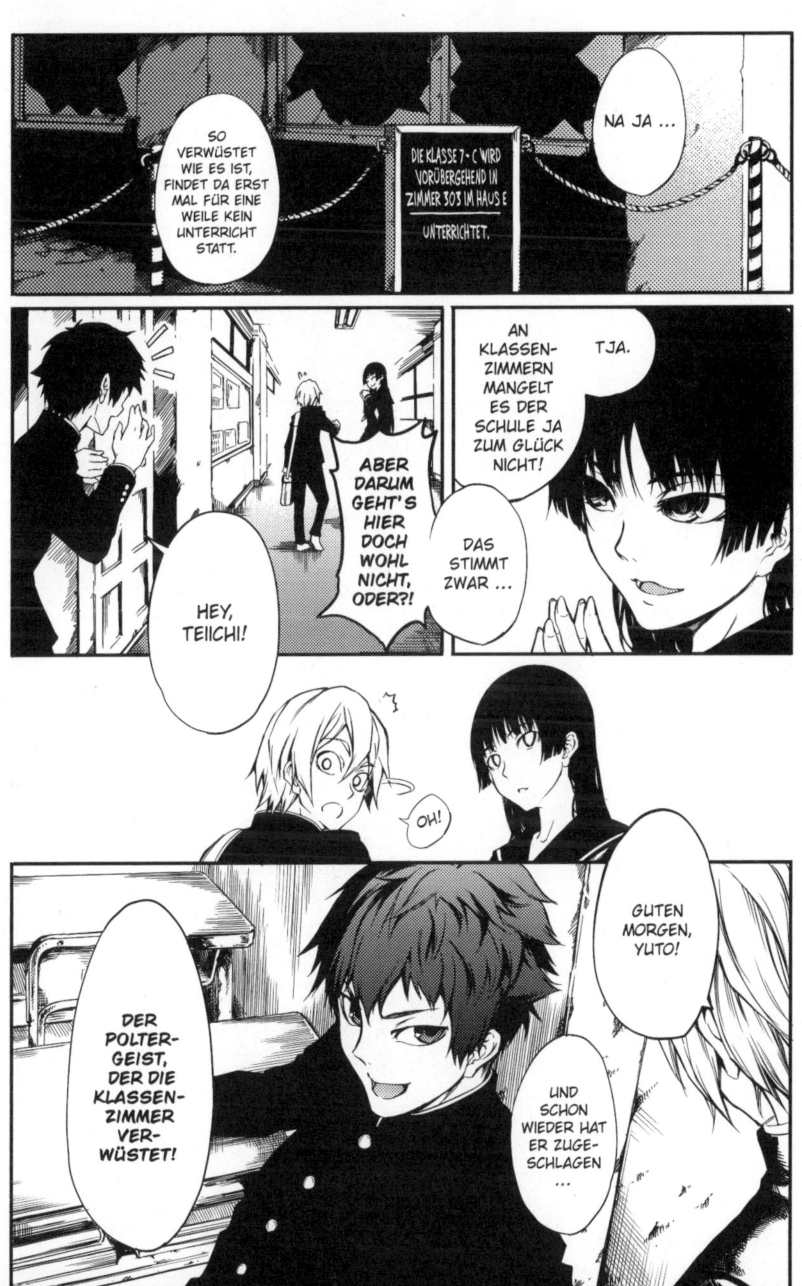
NA JA …
DIE KLASSE 7-C WIRD VORÜBERGEHEND IN ZIMMER 303 IM HAUS E UNTERRICHTET.
SO VERWÜSTET WIE ES IST, FINDET DA ERST MAL FÜR EINE WEILE KEIN UNTERRICHT STATT.
TJA.
AN KLASSEN-ZIMMERN MANGELT ES DER SCHULE JA ZUM GLÜCK NICHT!
DAS STIMMT ZWAR …
ABER DARUM GEHT'S HIER DOCH WOHL NICHT, ODER?!
HEY, TEIICHI!
OH!
GUTEN MORGEN, YUTO!
UND SCHON WIEDER HAT ER ZUGE-SCHLAGEN …
DER POLTER-GEIST, DER DIE KLASSEN-ZIMMER VER-WÜSTET!

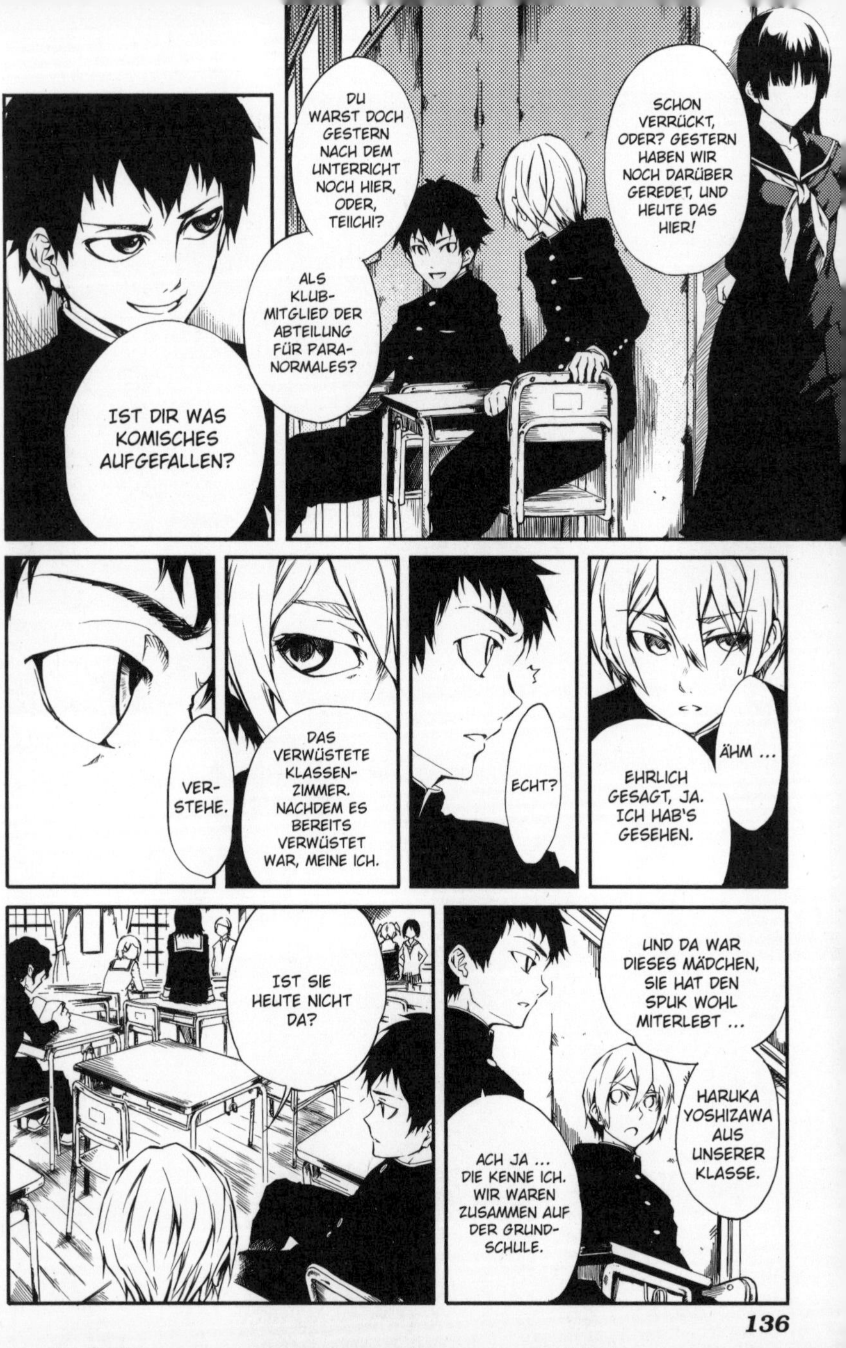

SCHON VERRÜCKT, ODER? GESTERN HABEN WIR NOCH DARÜBER GEREDET, UND HEUTE DAS HIER!

DU WARST DOCH GESTERN NACH DEM UNTERRICHT NOCH HIER, ODER, TEIICHI?

ALS KLUB-MITGLIED DER ABTEILUNG FÜR PARA-NORMALES?

IST DIR WAS KOMISCHES AUFGEFALLEN?

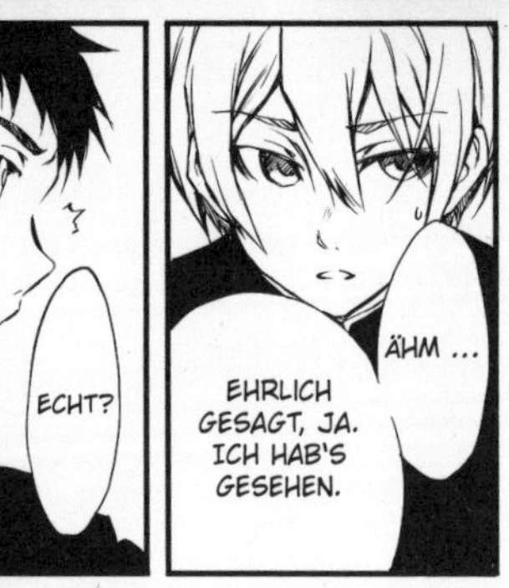

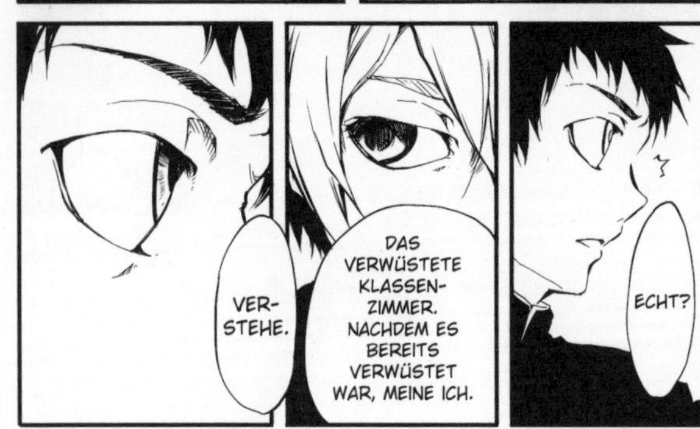

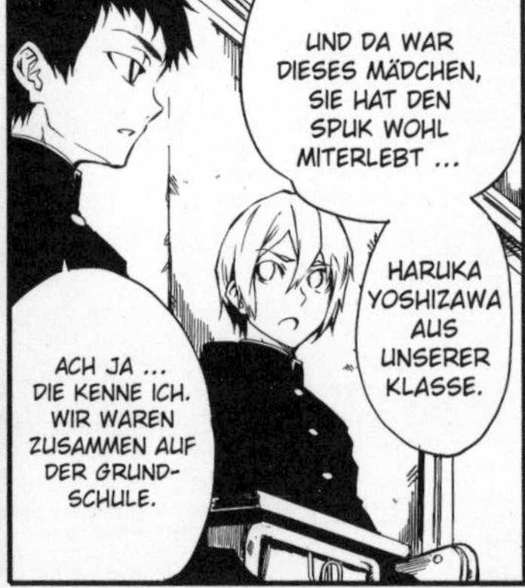

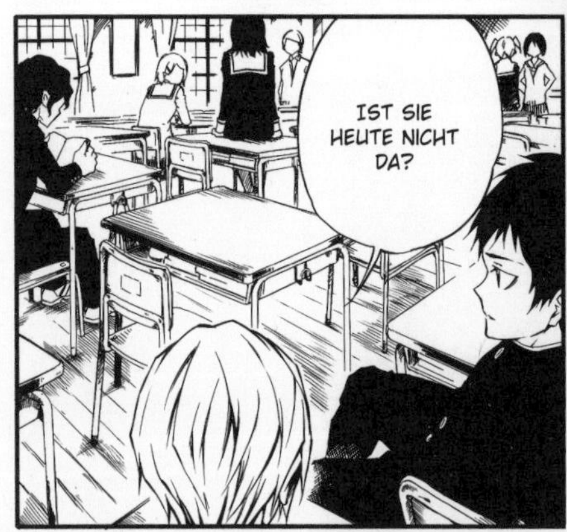

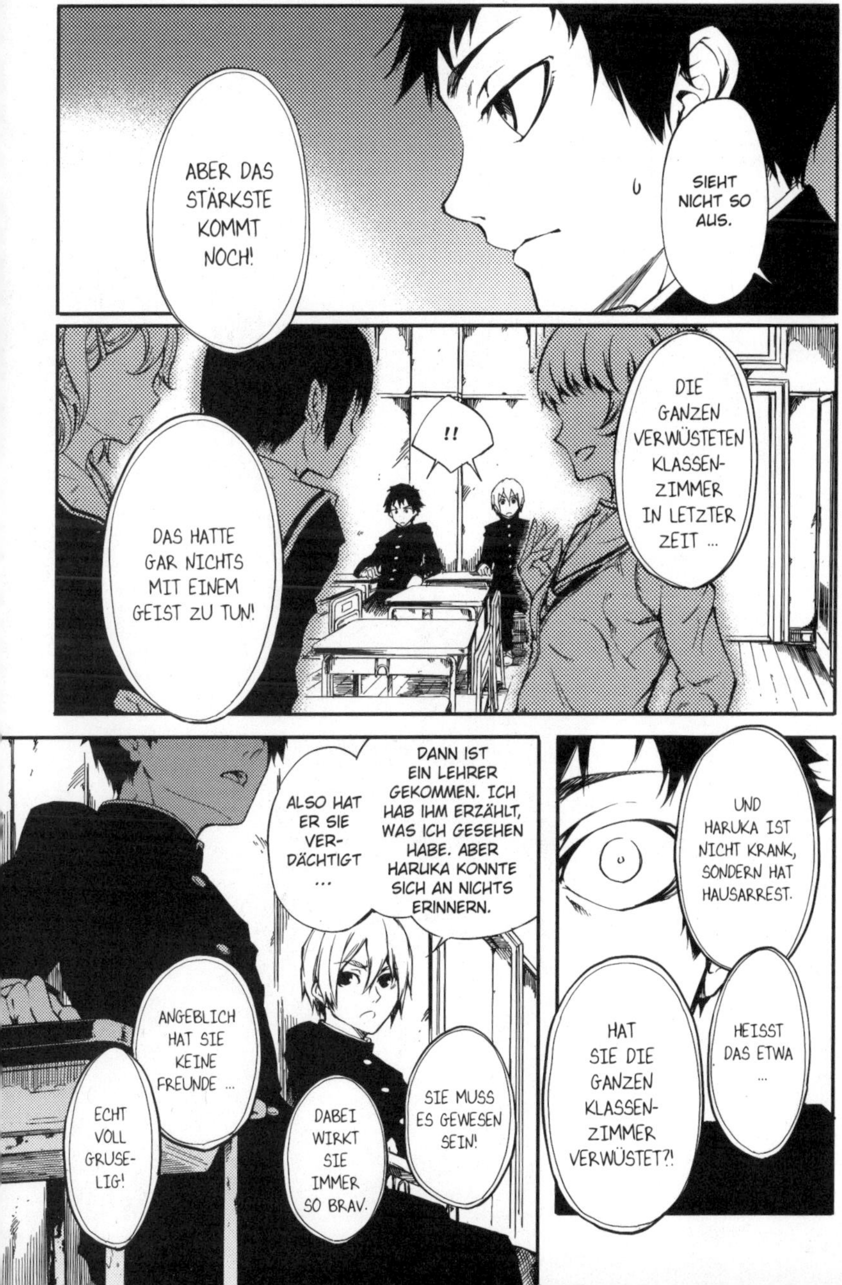

SIEHT NICHT SO AUS.

ABER DAS STÄRKSTE KOMMT NOCH!

DIE GANZEN VERWÜSTETEN KLASSENZIMMER IN LETZTER ZEIT ...

!!

DAS HATTE GAR NICHTS MIT EINEM GEIST ZU TUN!

UND HARUKA IST NICHT KRANK, SONDERN HAT HAUSARREST.

HEISST DAS ETWA ...

HAT SIE DIE GANZEN KLASSENZIMMER VERWÜSTET?!

DANN IST EIN LEHRER GEKOMMEN. ICH HAB IHM ERZÄHLT, WAS ICH GESEHEN HABE. ABER HARUKA KONNTE SICH AN NICHTS ERINNERN.

ALSO HAT ER SIE VERDÄCHTIGT ...

SIE MUSS ES GEWESEN SEIN!

DABEI WIRKT SIE IMMER SO BRAV.

ANGEBLICH HAT SIE KEINE FREUNDE ...

ECHT VOLL GRUSELIG!

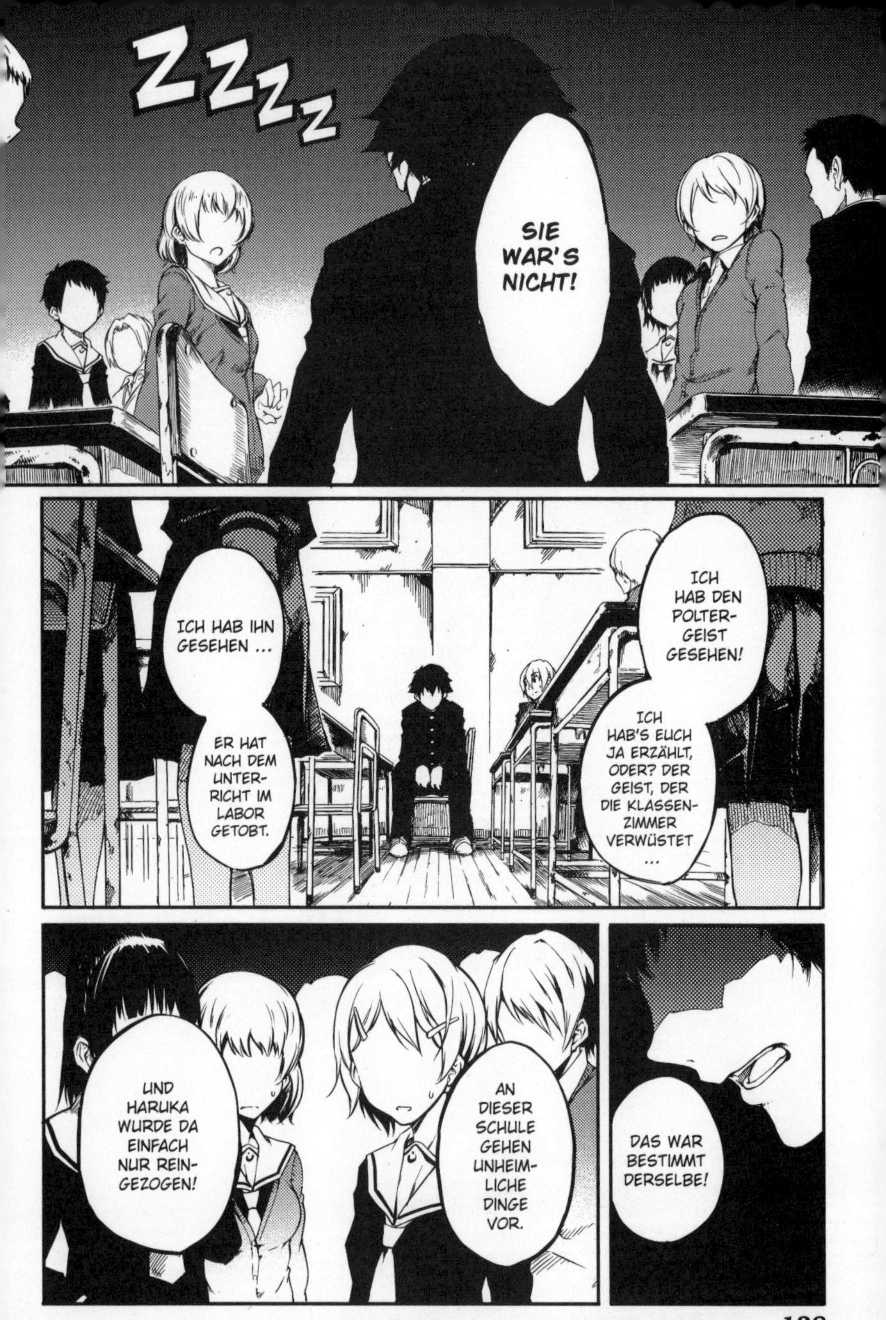

ZZZZ

SIE WAR'S NICHT!

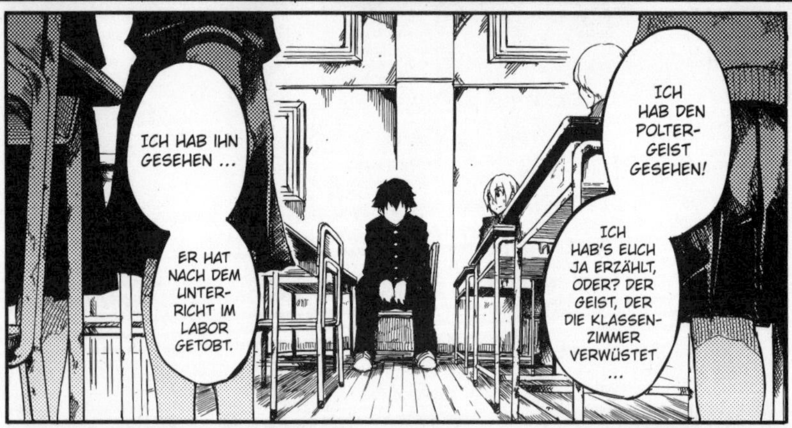

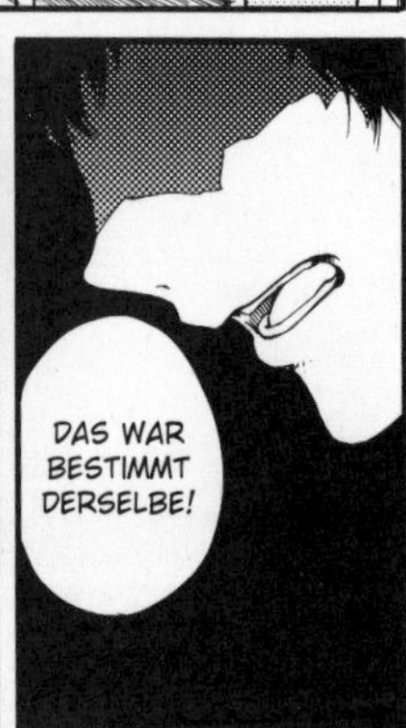

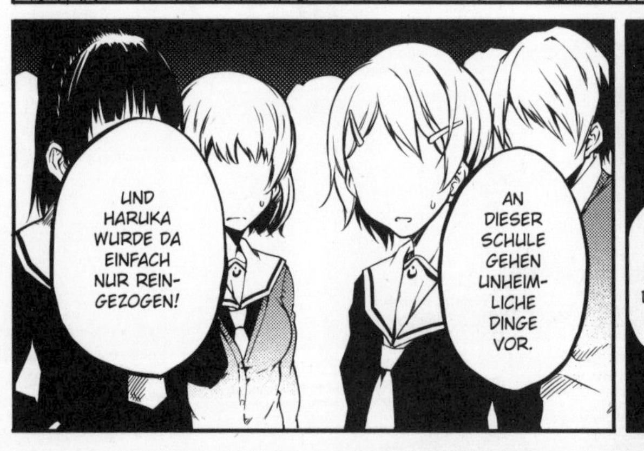

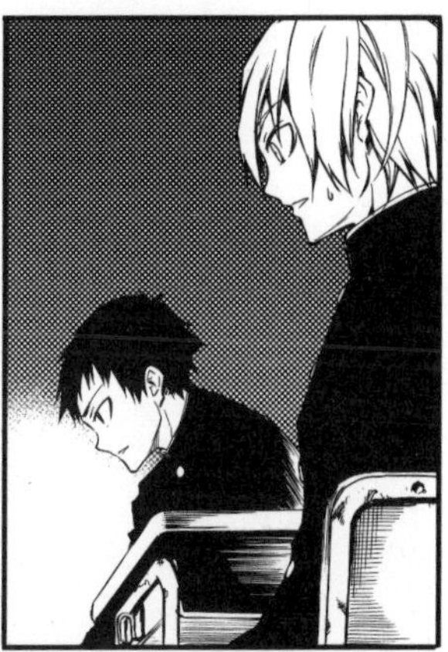

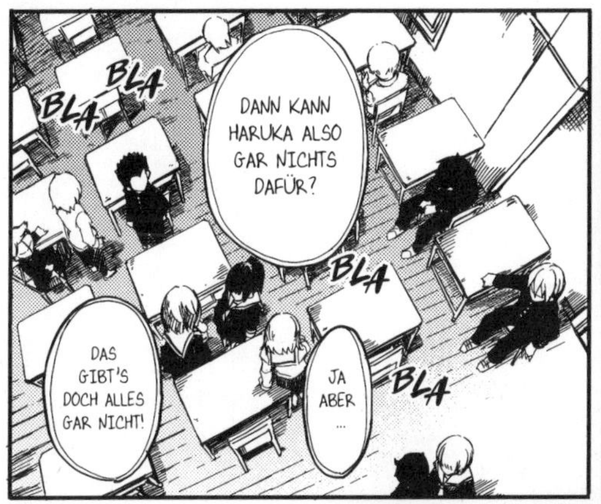
DANN KANN HARUKA ALSO GAR NICHTS DAFÜR?
BLA BLA
BLA
BLA
JA ABER ...
DAS GIBT'S DOCH ALLES GAR NICHT!

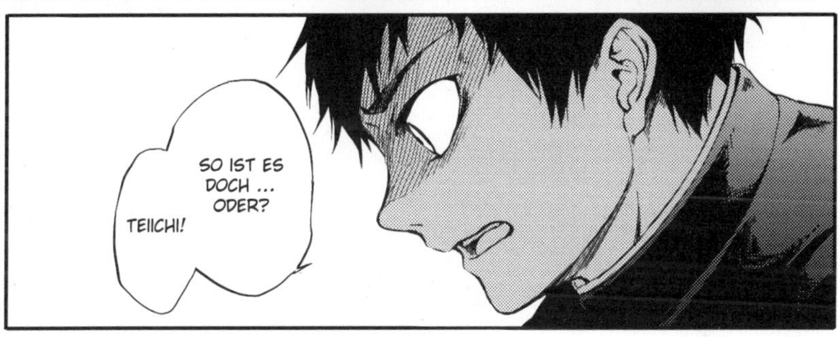
SO IST ES DOCH ... ODER?
TEIICHI!

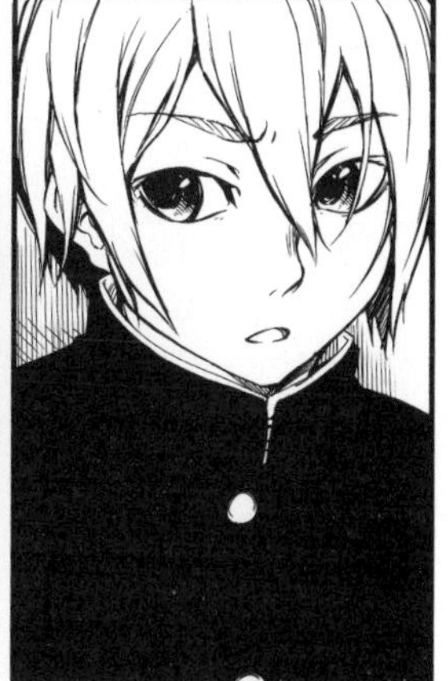

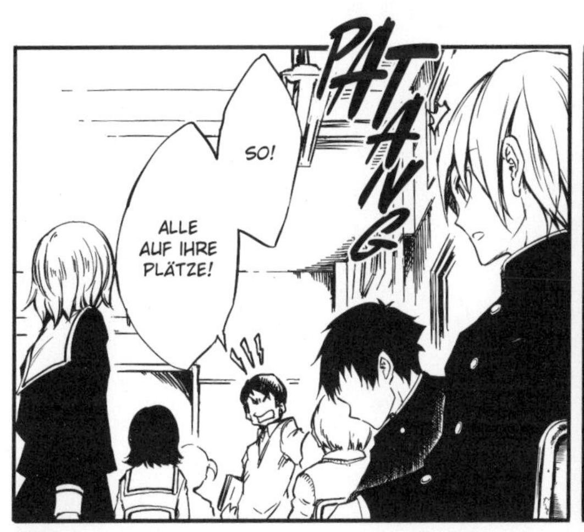
PATANG
SO!
ALLE AUF IHRE PLÄTZE!

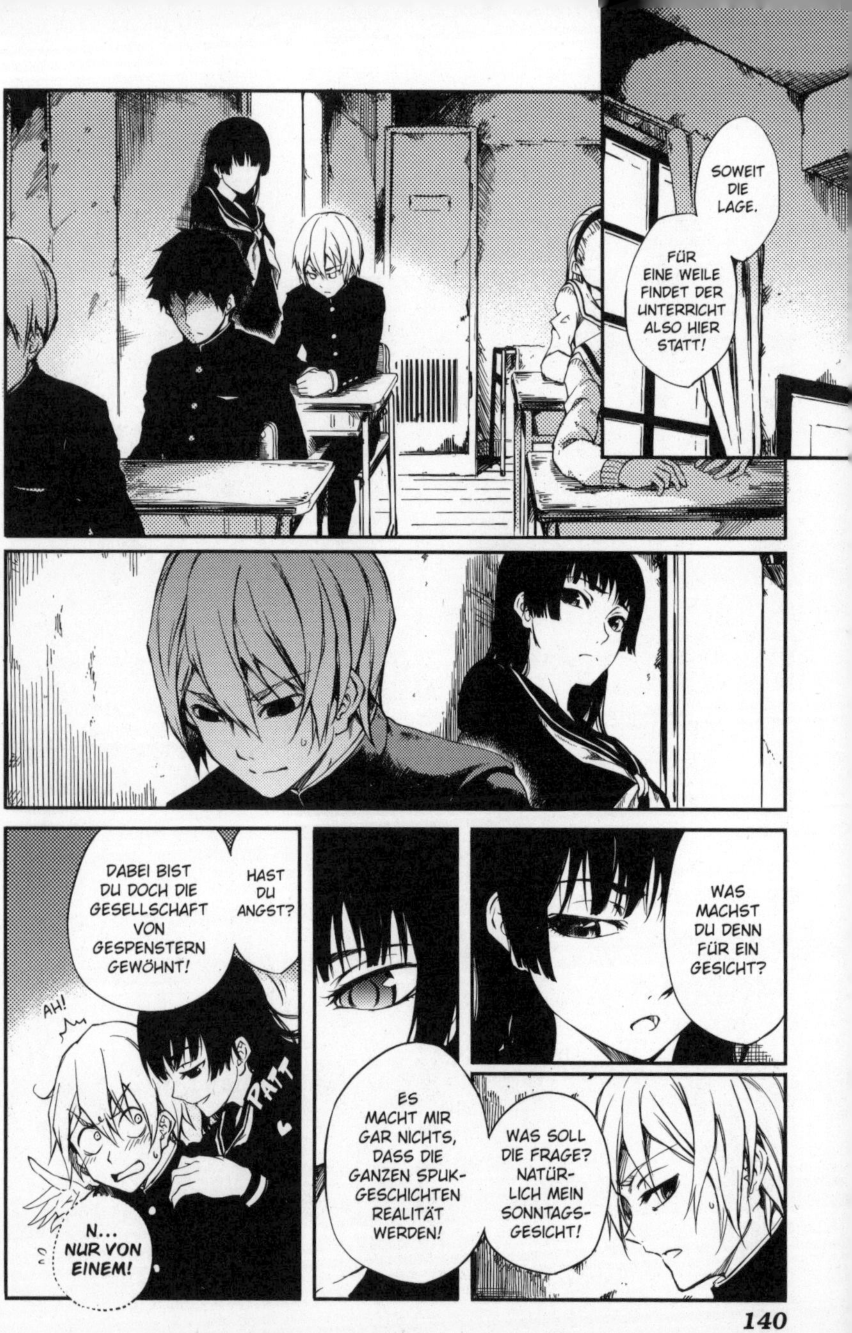

SOWEIT DIE LAGE.

FÜR EINE WEILE FINDET DER UNTERRICHT ALSO HIER STATT!

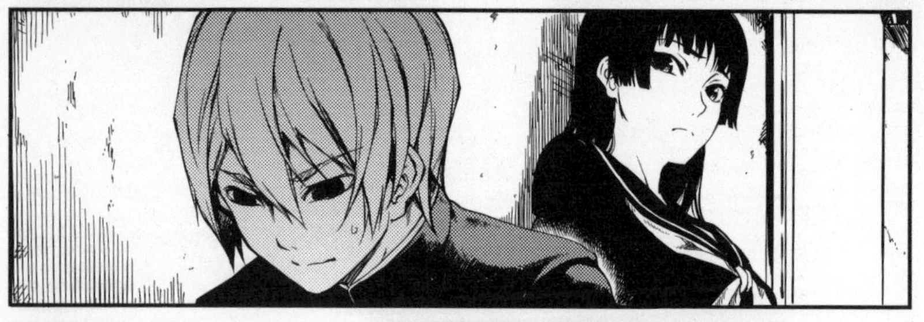

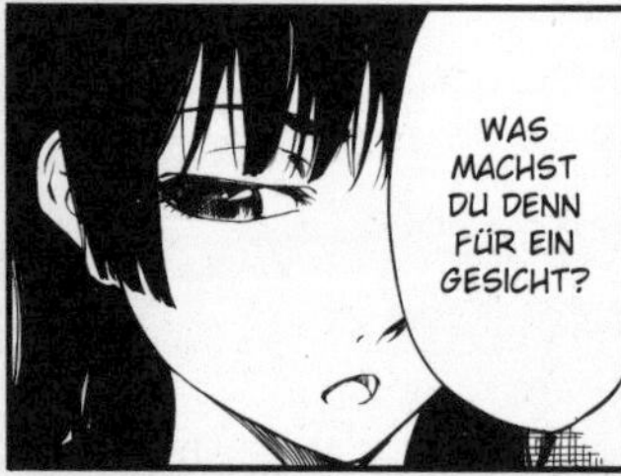

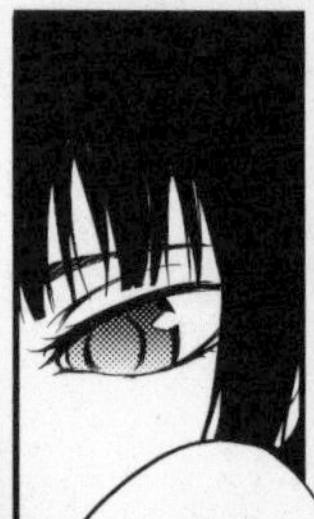

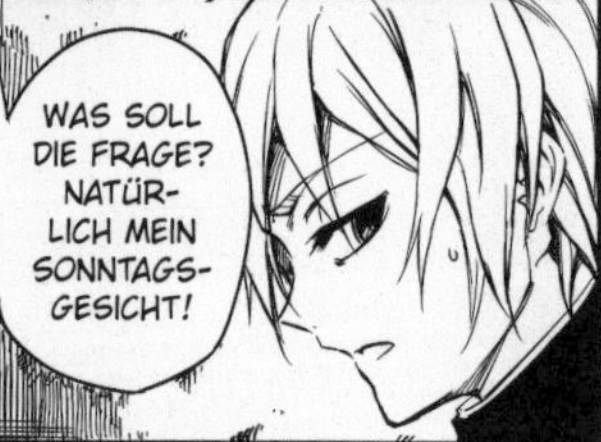

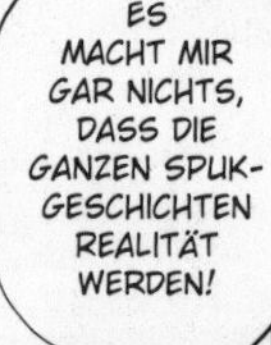

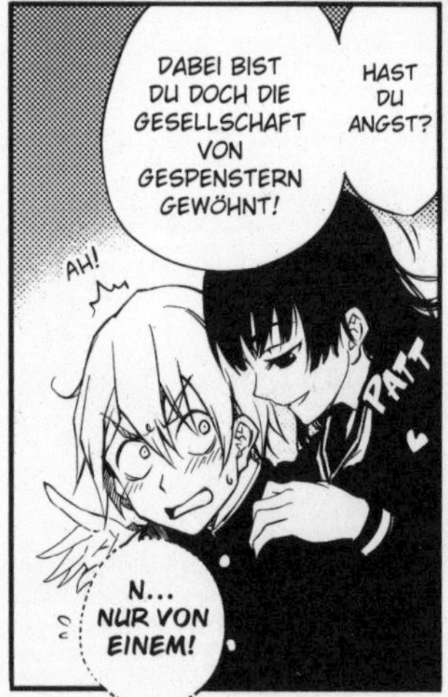

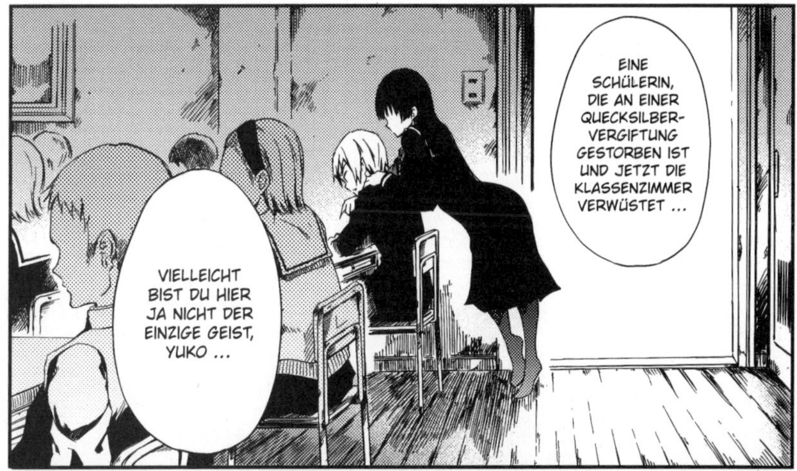
EINE SCHÜLERIN, DIE AN EINER QUECKSILBER-VERGIFTUNG GESTORBEN IST UND JETZT DIE KLASSENZIMMER VERWÜSTET …
VIELLEICHT BIST DU HIER JA NICHT DER EINZIGE GEIST, YUKO …

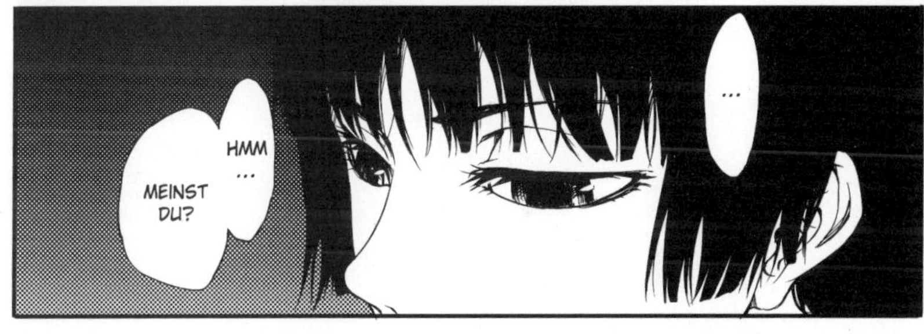
…
HMM …
MEINST DU?

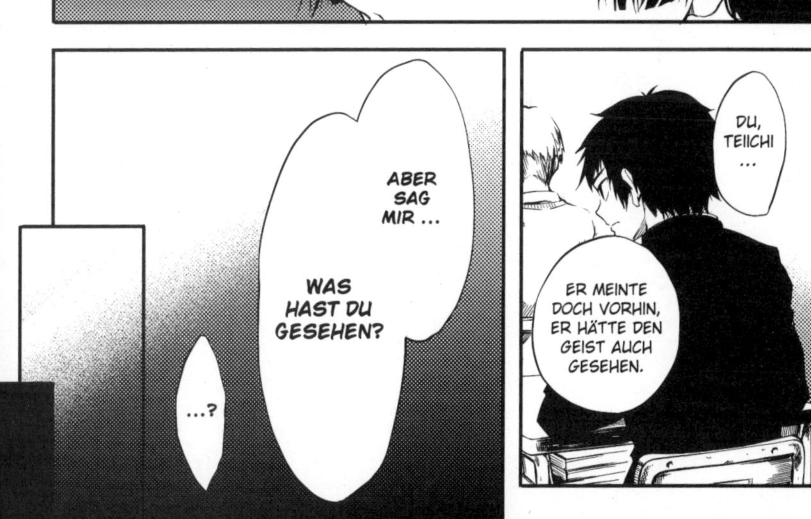
DU, TEIICHI …
ER MEINTE DOCH VORHIN, ER HÄTTE DEN GEIST AUCH GESEHEN.
ABER SAG MIR …
WAS HAST DU GESEHEN?
…?

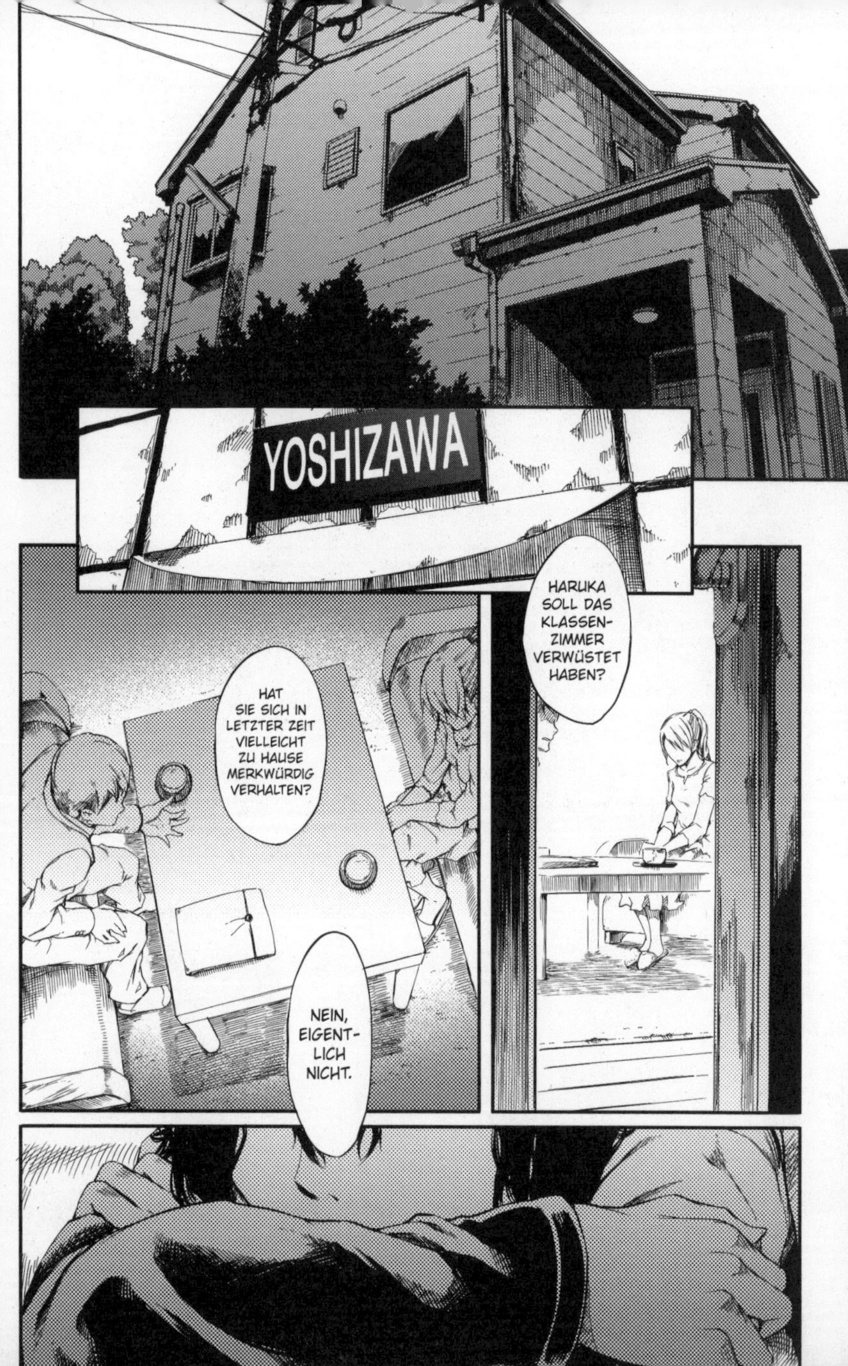
YOSHIZAWA
HARUKA SOLL DAS KLASSEN-ZIMMER VERWÜSTET HABEN?
HAT SIE SICH IN LETZTER ZEIT VIELLEICHT ZU HAUSE MERKWÜRDIG VERHALTEN?
NEIN, EIGENT-LICH NICHT.

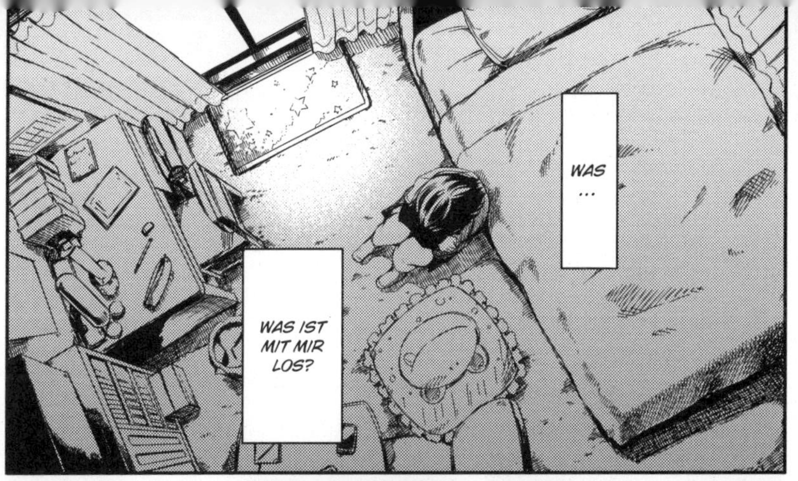

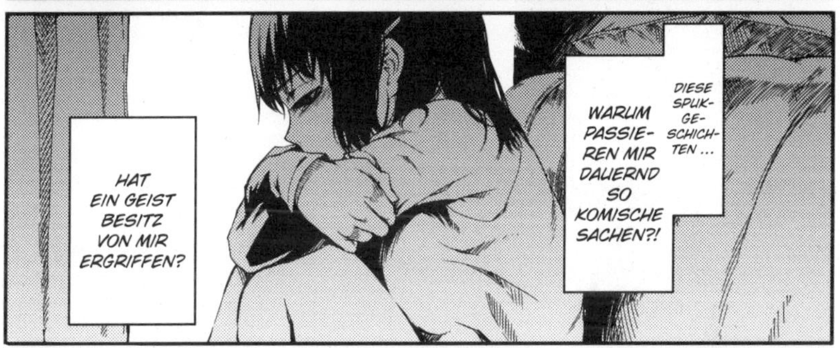

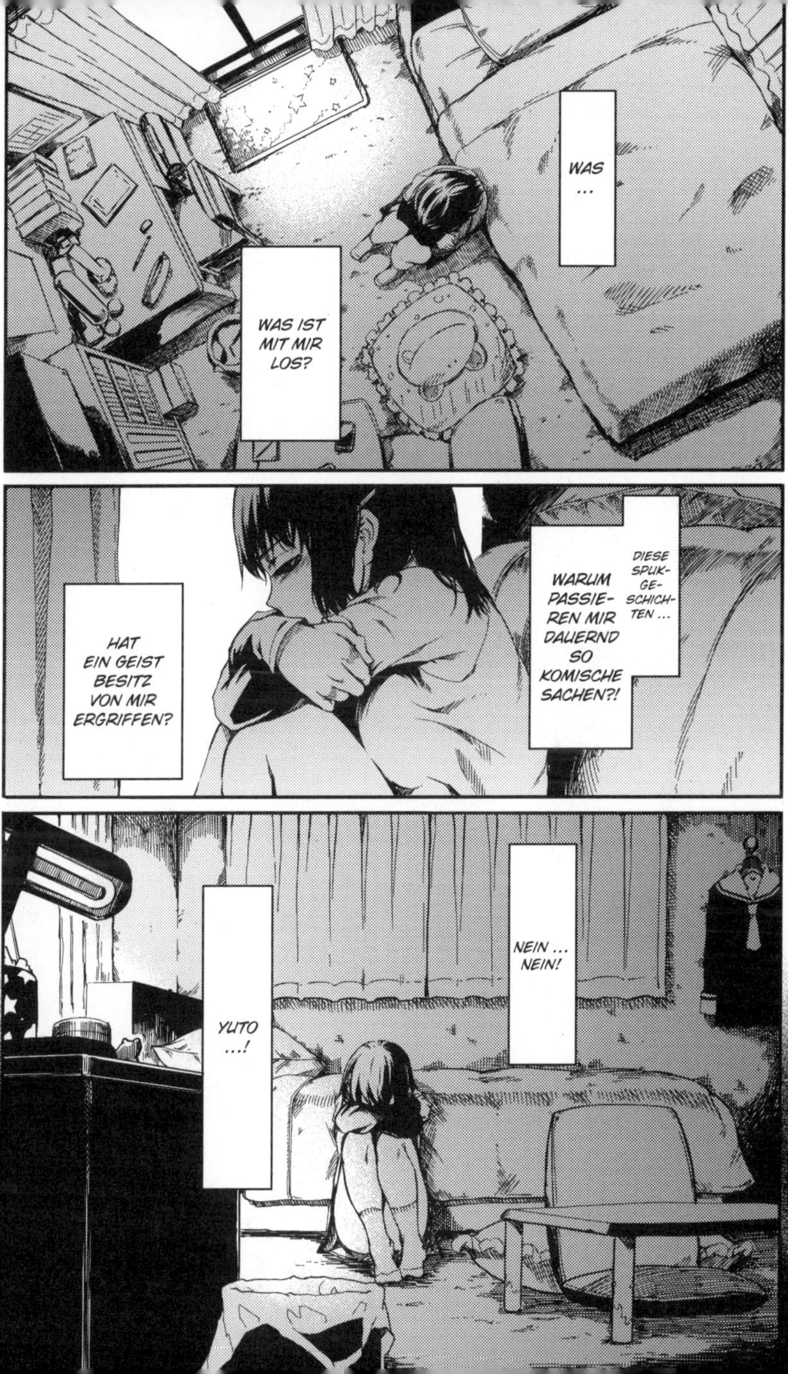

NEIN … NEIN!

YUTO …!

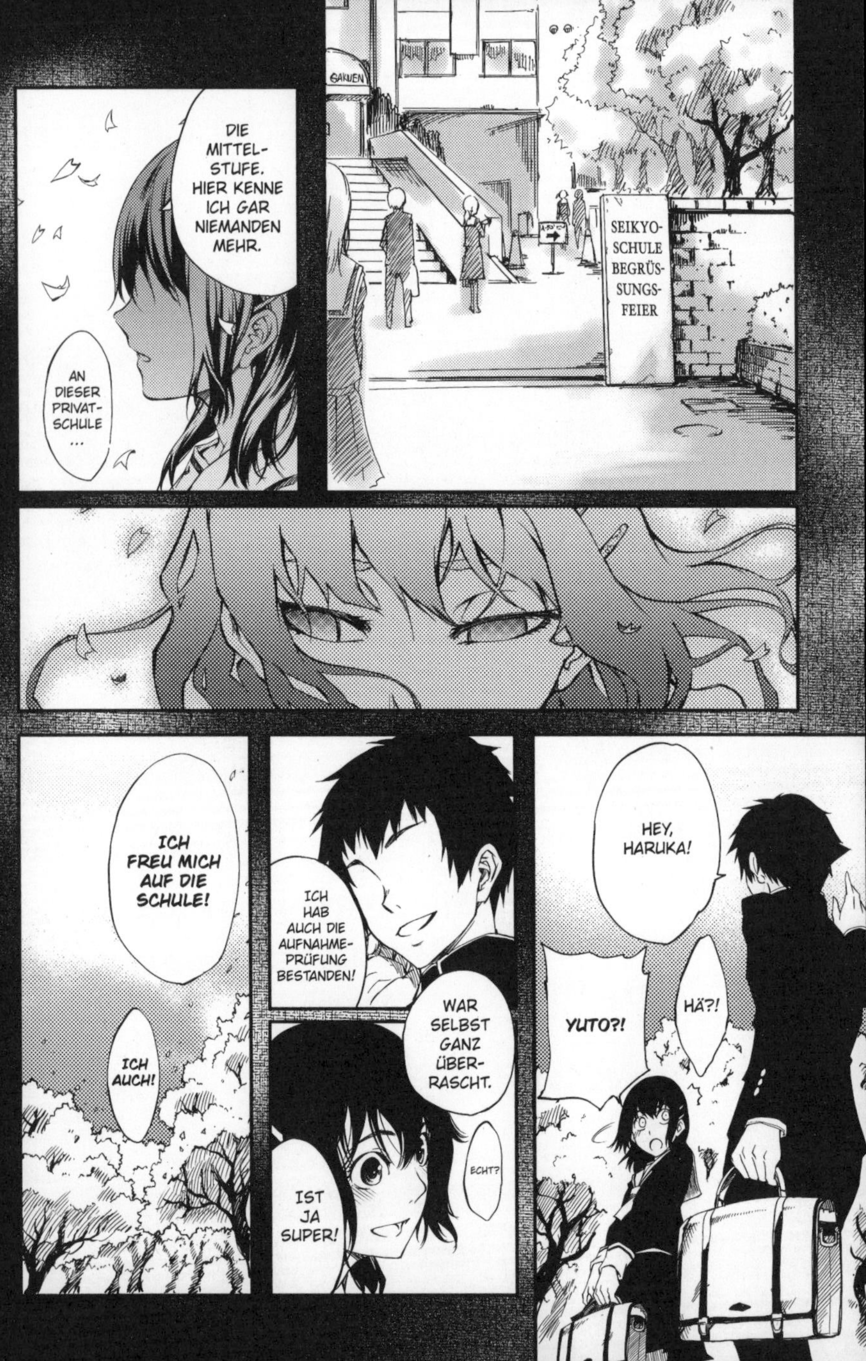
GAKUEN
SEIKYO-SCHULE BEGRÜSSUNGSFEIER
DIE MITTEL-STUFE. HIER KENNE ICH GAR NIEMANDEN MEHR.
AN DIESER PRIVAT-SCHULE ...
HEY, HARUKA!
HÄ?!
YUTO?!
ICH HAB AUCH DIE AUFNAHME-PRÜFUNG BESTANDEN!
WAR SELBST GANZ ÜBER-RASCHT.
ECHT?
IST JA SUPER!
ICH FREU MICH AUF DIE SCHULE!
ICH AUCH!

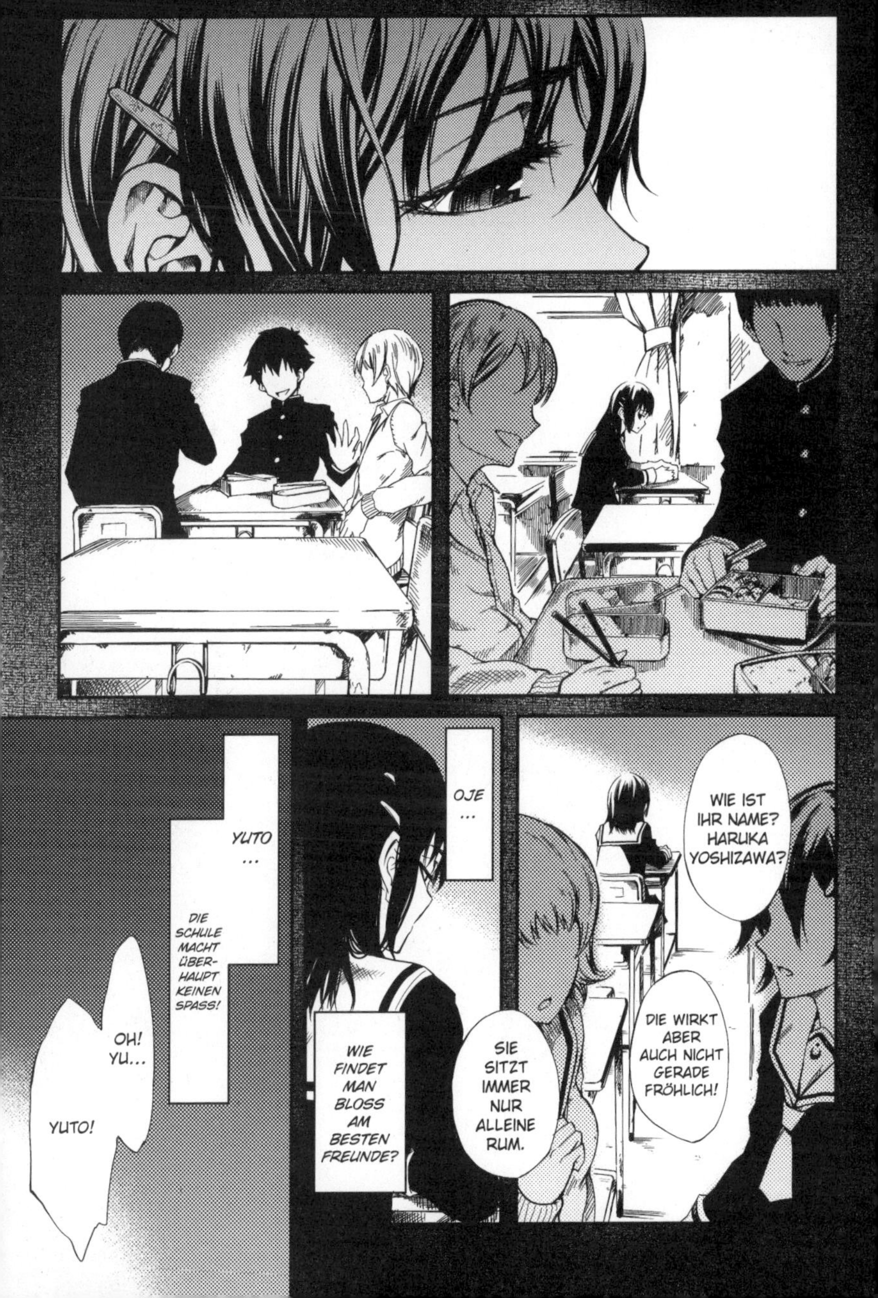

WIE IST IHR NAME? HARUKA YOSHIZAWA?

DIE WIRKT ABER AUCH NICHT GERADE FRÖHLICH!

SIE SITZT IMMER NUR ALLEINE RUM.

OJE ...

WIE FINDET MAN BLOSS AM BESTEN FREUNDE?

YUTO ...

DIE SCHULE MACHT ÜBERHAUPT KEINEN SPASS!

OH! YU...

YUTO!

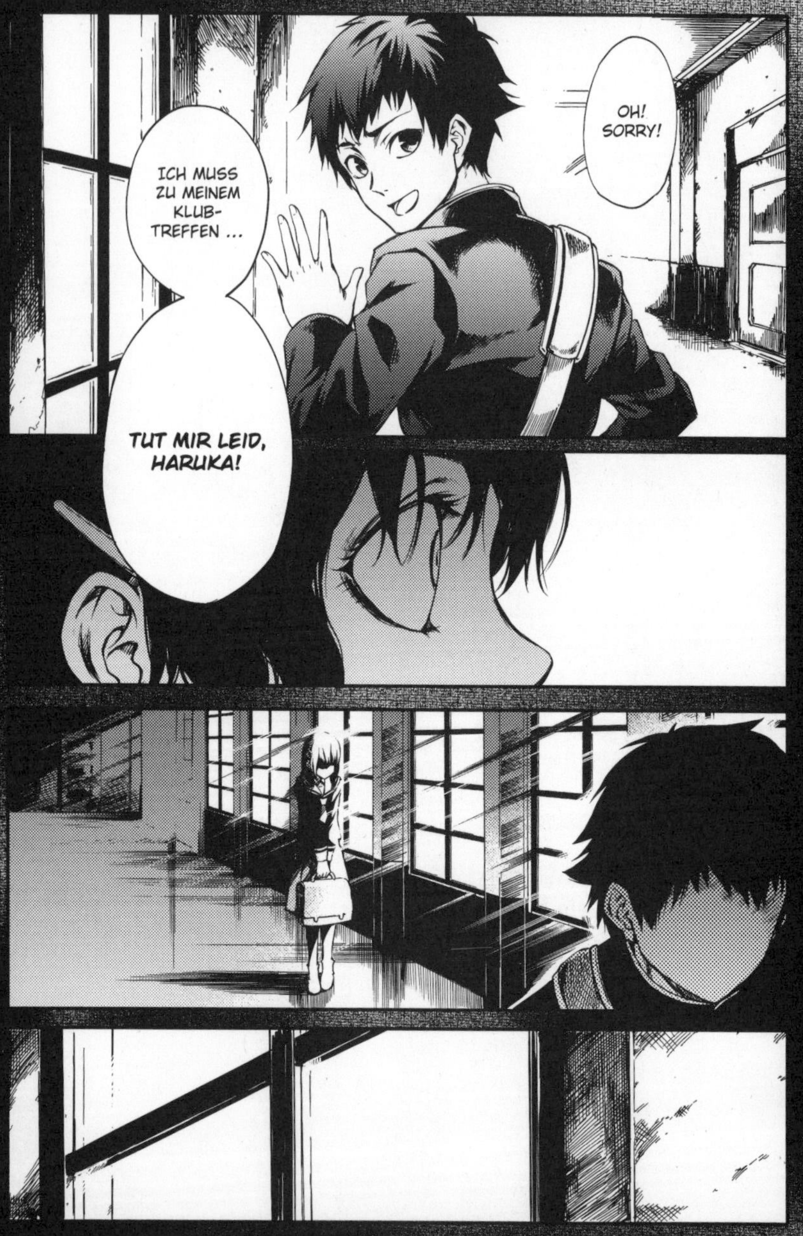
OH!
SORRY!
ICH MUSS ZU MEINEM KLUB-TREFFEN ...
TUT MIR LEID, HARUKA!

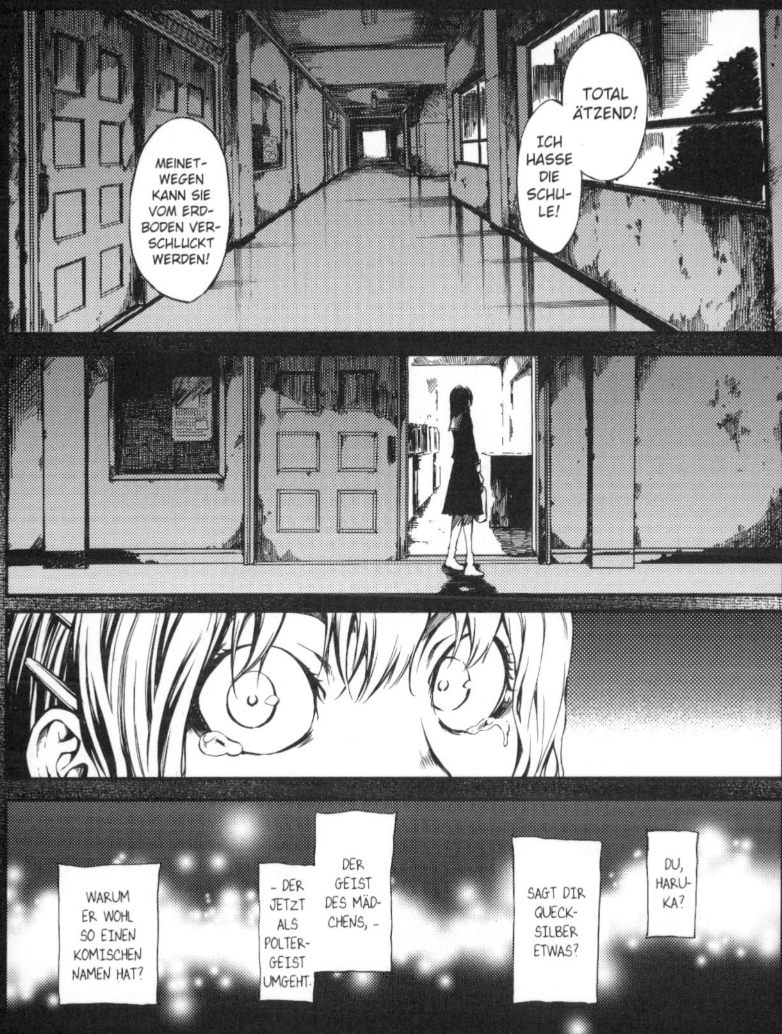

MEINETWEGEN KANN DIE SCHULE VOM ERDBODEN VERSCHLUCKT WERDEN!

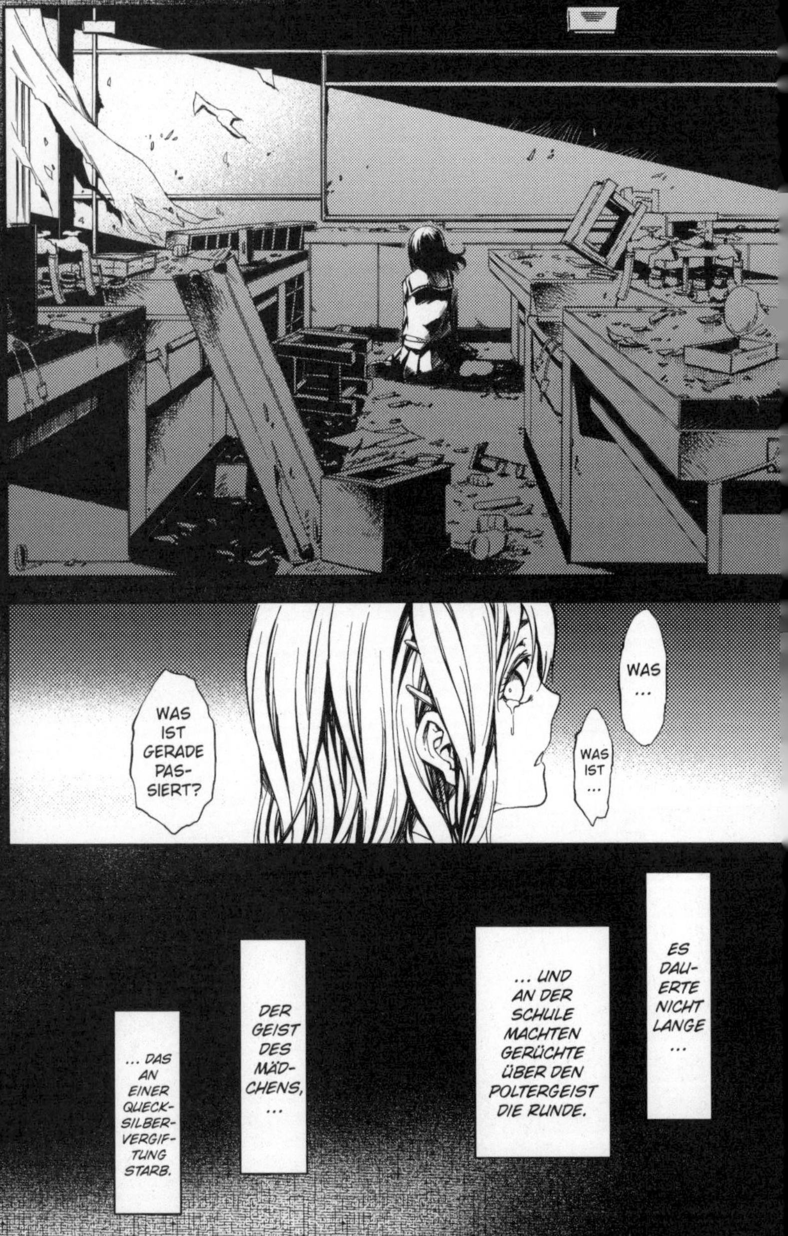

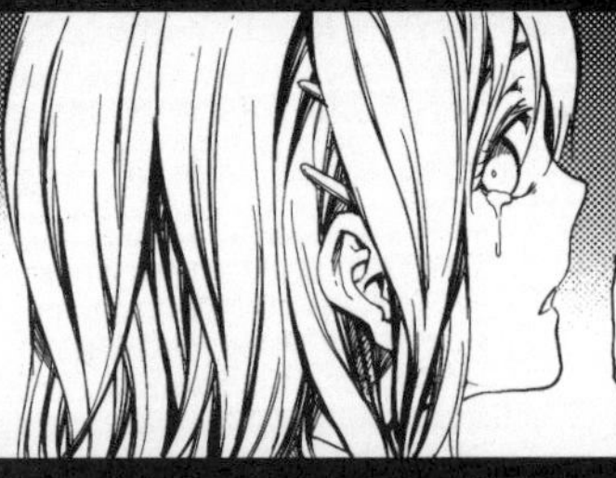

ES DAUERTE NICHT LANGE …

… UND AN DER SCHULE MACHTEN GERÜCHTE ÜBER DEN POLTERGEIST DIE RUNDE.

DER GEIST DES MÄDCHENS, …

… DAS AN EINER QUECKSILBERVERGIFTUNG STARB.

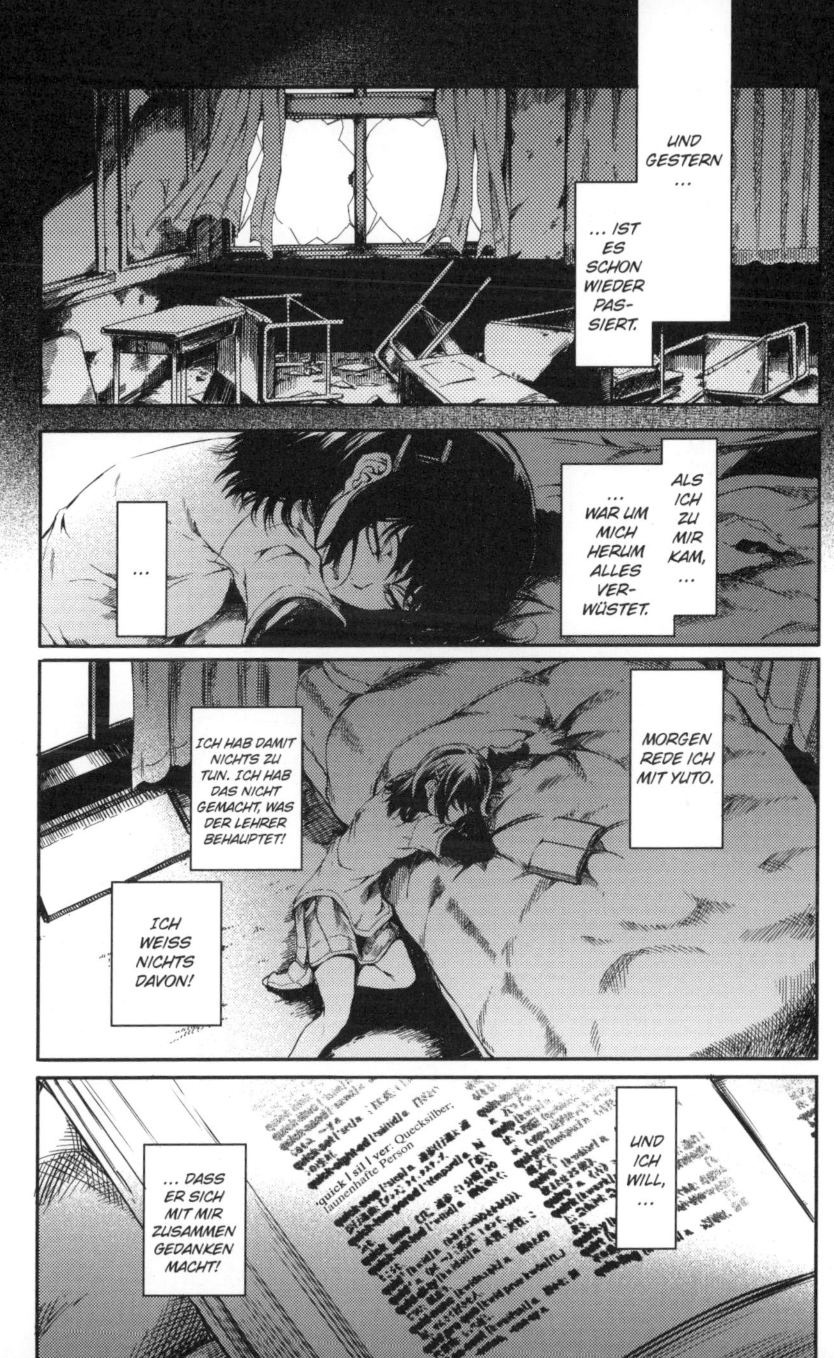
UND GESTERN …
… IST ES SCHON WIEDER PASSIERT.
ALS ICH ZU MIR KAM, …
… WAR UM MICH HERUM ALLES VERWÜSTET.
…
MORGEN REDE ICH MIT YUTO.
ICH HAB DAMIT NICHTS ZU TUN. ICH HAB DAS NICHT GEMACHT, WAS DER LEHRER BEHAUPTET!
ICH WEISS NICHTS DAVON!
UND ICH WILL, …
… DASS ER SICH MIT MIR ZUSAMMEN GEDANKEN MACHT!
quick | sil | ver: Quecksilber; launenhafte Person

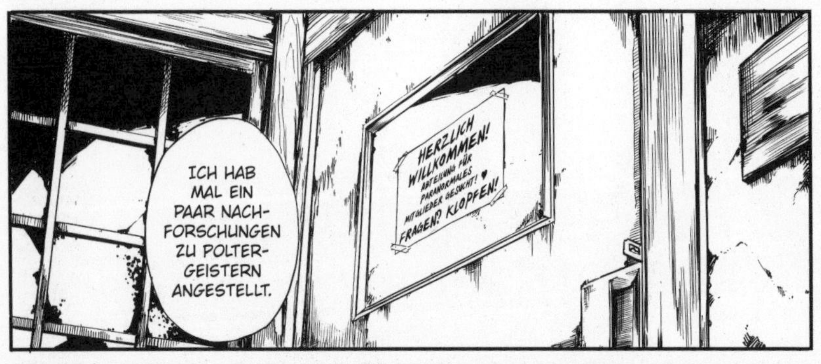

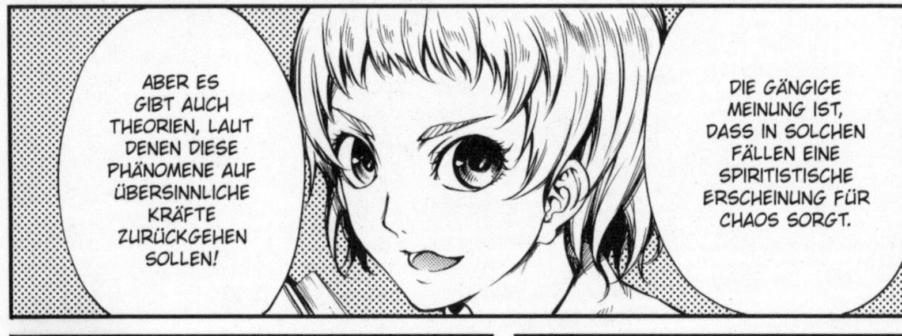

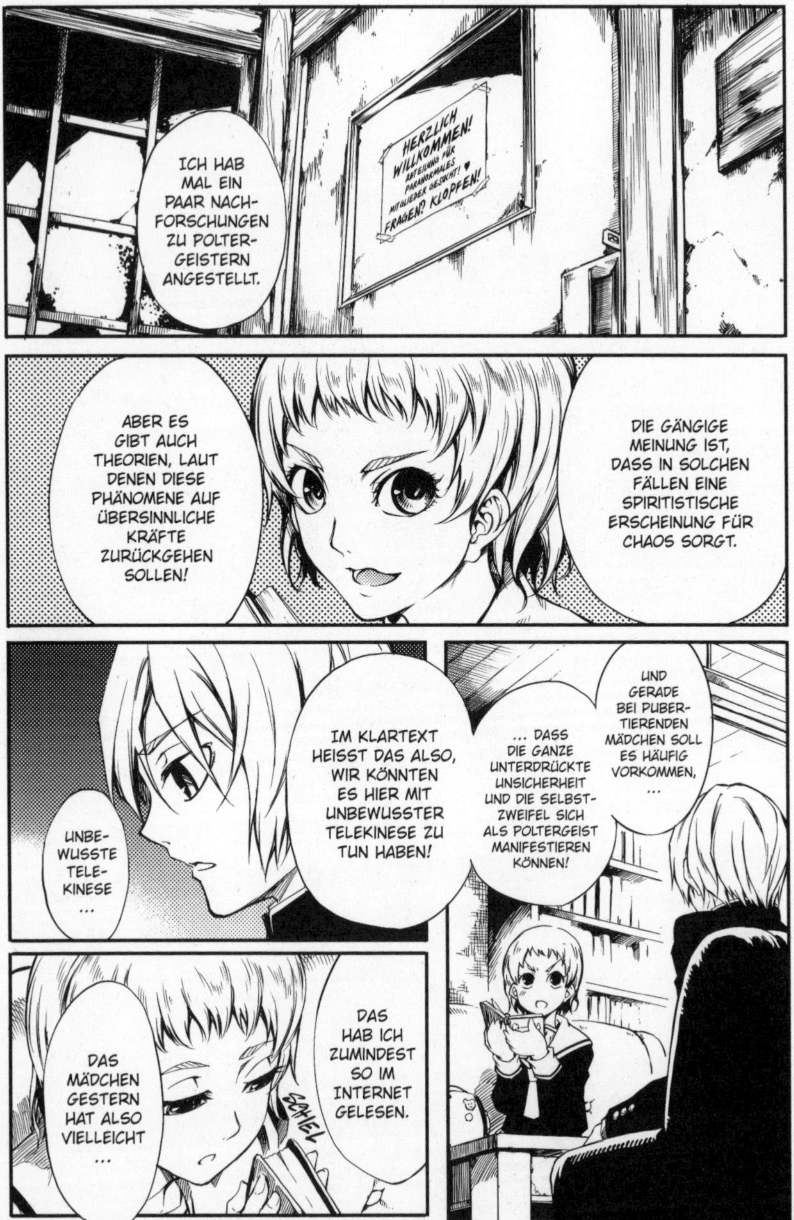

UND GERADE BEI PUBERTIERENDEN MÄDCHEN SOLL ES HÄUFIG VORKOMMEN, ...

... DASS DIE GANZE UNTERDRÜCKTE UNSICHERHEIT UND DIE SELBSTZWEIFEL SICH ALS POLTERGEIST MANIFESTIEREN KÖNNEN!

IM KLARTEXT HEISST DAS ALSO, WIR KÖNNTEN ES HIER MIT UNBEWUSSTER TELEKINESE ZU TUN HABEN!

UNBEWUSSTE TELEKINESE ...

DAS HAB ICH ZUMINDEST SO IM INTERNET GELESEN.

SCHIEL

DAS MÄDCHEN GESTERN HAT ALSO VIELLEICHT ...

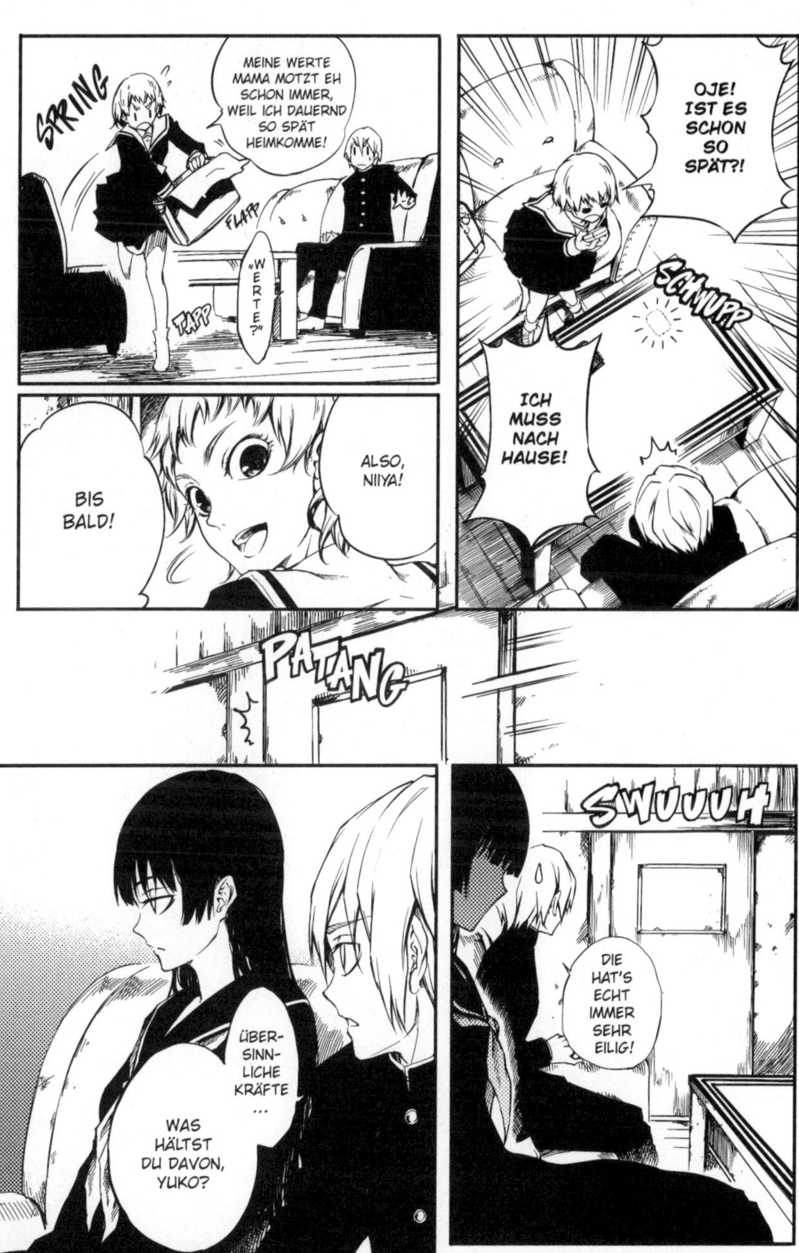
OJE! IST ES SCHON SO SPÄT?!
SCHNUPP
ICH MUSS NACH HAUSE!
SPRING
MEINE WERTE MAMA MOTZT EH SCHON IMMER, WEIL ICH DAUERND SO SPÄT HEIMKOMME!
FLAPP
„WERTE?"
TAPP
ALSO, NIIYA!
BIS BALD!
PATANG
SWUUUH
DIE HAT'S ECHT IMMER SEHR EILIG!
ÜBER-SINN-LICHE KRÄFTE ...
WAS HÄLTST DU DAVON, YUKO?

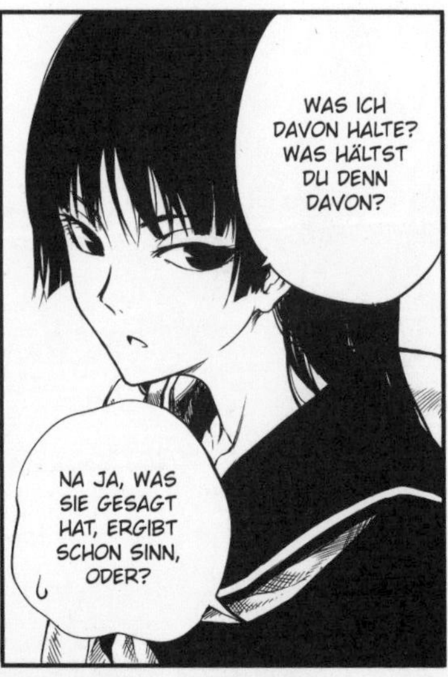
WAS ICH DAVON HALTE? WAS HÄLTST DU DENN DAVON?
NA JA, WAS SIE GESAGT HAT, ERGIBT SCHON SINN, ODER?
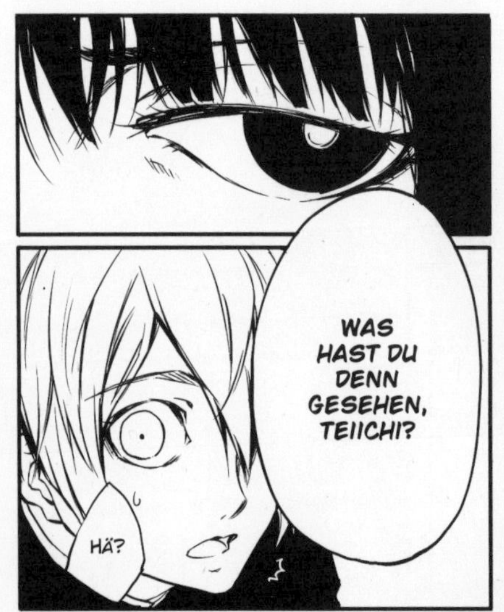
WAS HAST DU DENN GESEHEN, TEIICHI?
HÄ?
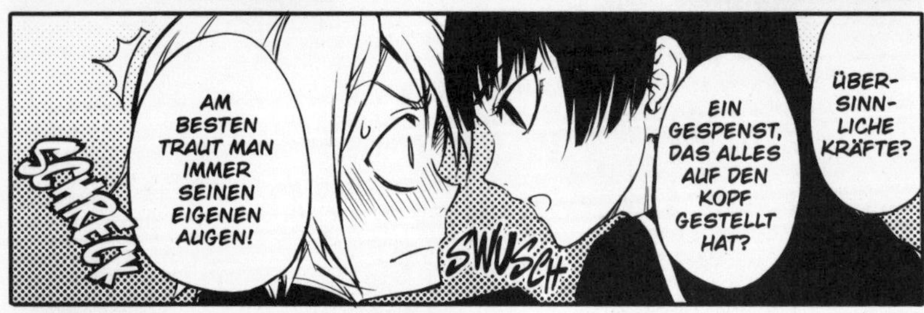
ÜBER-SINN-LICHE KRÄFTE?
EIN GESPENST, DAS ALLES AUF DEN KOPF GESTELLT HAT?
SWUSCH
AM BESTEN TRAUT MAN IMMER SEINEN EIGENEN AUGEN!
SCHRECK
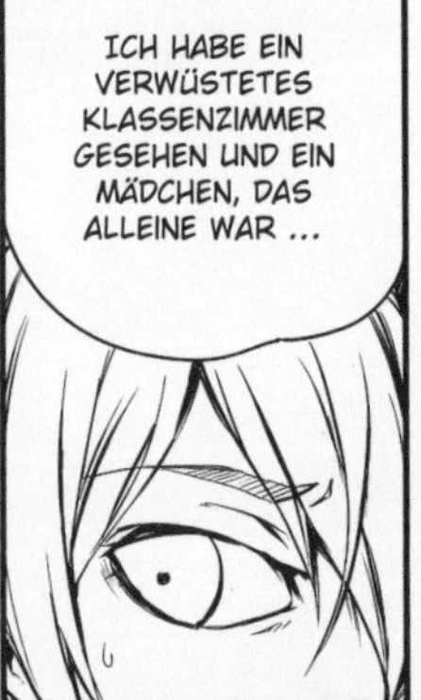
ICH HABE EIN VERWÜSTETES KLASSENZIMMER GESEHEN UND EIN MÄDCHEN, DAS ALLEINE WAR …
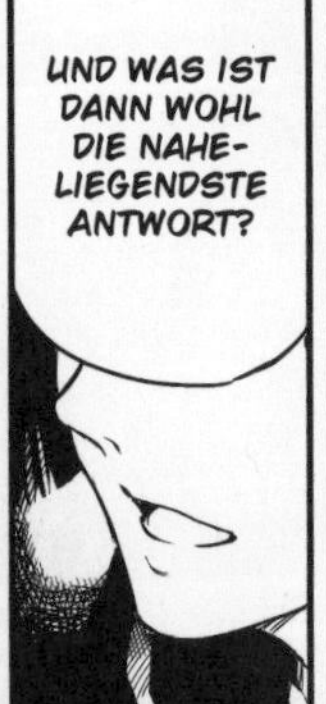
UND WAS IST DANN WOHL DIE NAHE-LIEGENDSTE ANTWORT?
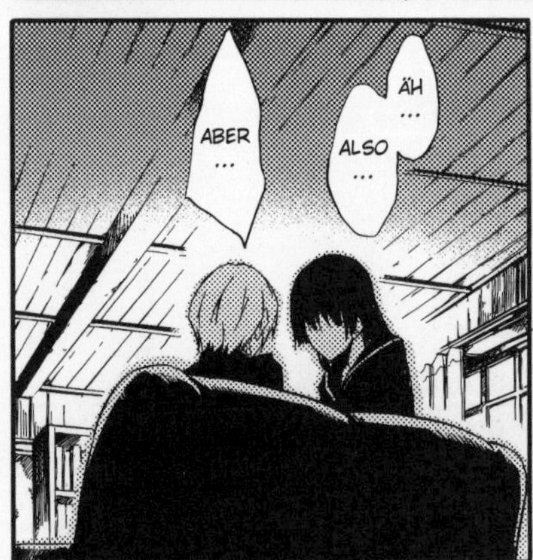
ÄH …
ALSO …
ABER …

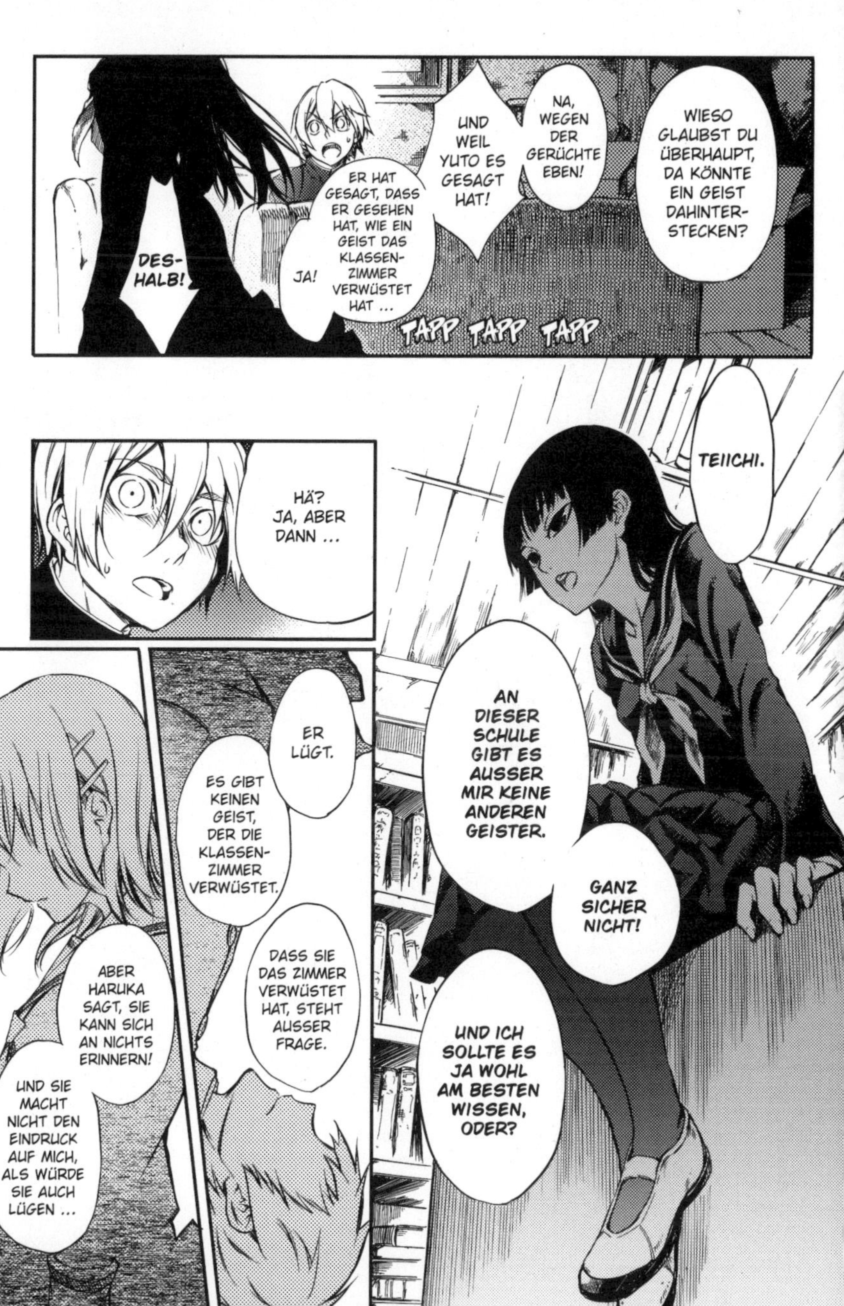
WIESO GLAUBST DU ÜBERHAUPT, DA KÖNNTE EIN GEIST DAHINTER-STECKEN?
NA, WEGEN DER GERÜCHTE EBEN!
UND WEIL YUTO ES GESAGT HAT!
ER HAT GESAGT, DASS ER GESEHEN HAT, WIE EIN GEIST DAS KLASSEN-ZIMMER VERWÜSTET HAT …
JA!
DES-HALB!
TAPP TAPP TAPP
TEIICHI.
HÄ? JA, ABER DANN …
AN DIESER SCHULE GIBT ES AUSSER MIR KEINE ANDEREN GEISTER.
GANZ SICHER NICHT!
UND ICH SOLLTE ES JA WOHL AM BESTEN WISSEN, ODER?
ER LÜGT.
ES GIBT KEINEN GEIST, DER DIE KLASSEN-ZIMMER VERWÜSTET.
DASS SIE DAS ZIMMER VERWÜSTET HAT, STEHT AUSSER FRAGE.
ABER HARUKA SAGT, SIE KANN SICH AN NICHTS ERINNERN!
UND SIE MACHT NICHT DEN EINDRUCK AUF MICH, ALS WÜRDE SIE AUCH LÜGEN …

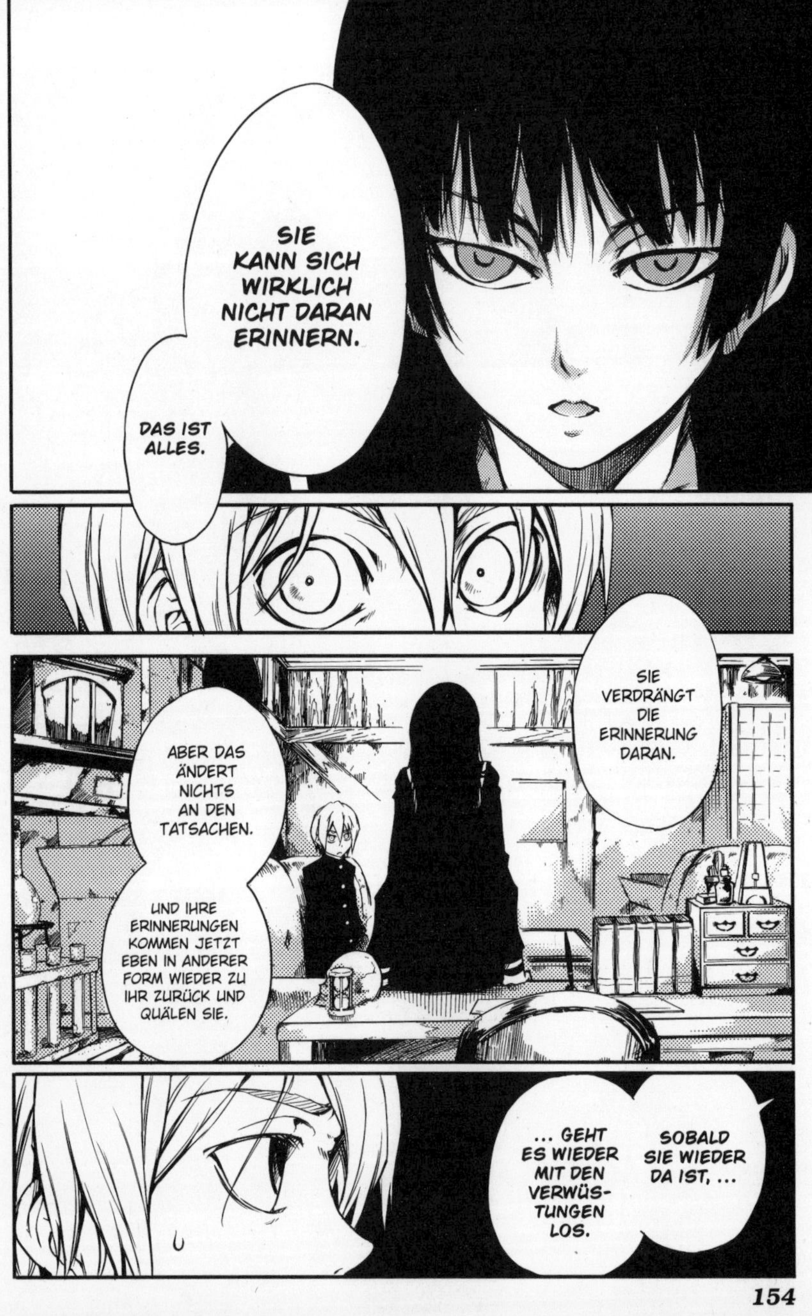
SIE KANN SICH WIRKLICH NICHT DARAN ERINNERN.
DAS IST ALLES.
SIE VERDRÄNGT DIE ERINNERUNG DARAN.
ABER DAS ÄNDERT NICHTS AN DEN TATSACHEN.
UND IHRE ERINNERUNGEN KOMMEN JETZT EBEN IN ANDERER FORM WIEDER ZU IHR ZURÜCK UND QUÄLEN SIE.
SOBALD SIE WIEDER DA IST, ...
... GEHT ES WIEDER MIT DEN VERWÜSTUNGEN LOS.

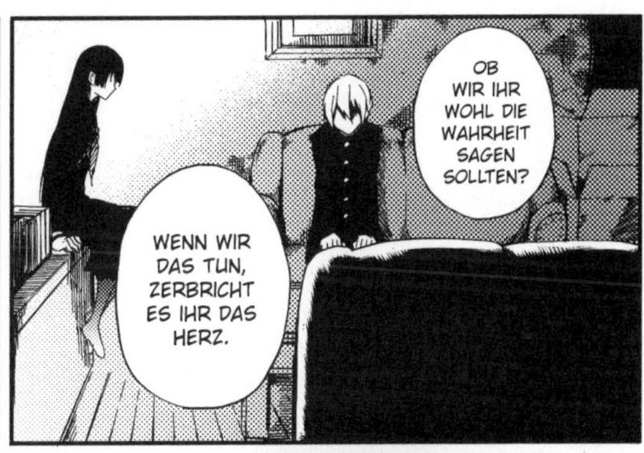
OB WIR IHR WOHL DIE WAHRHEIT SAGEN SOLLTEN?
WENN WIR DAS TUN, ZERBRICHT ES IHR DAS HERZ.

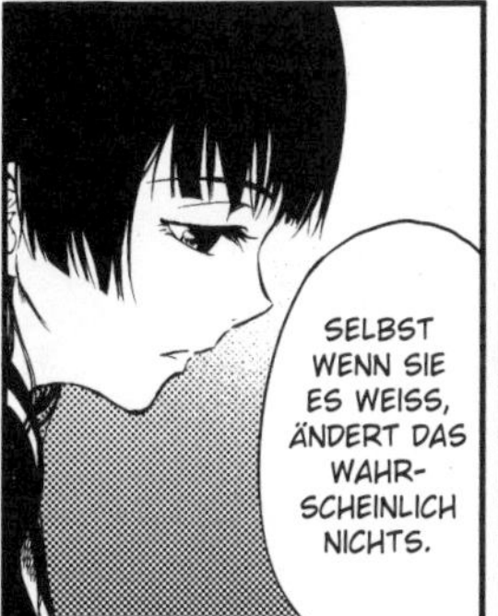
SELBST WENN SIE ES WEISS, ÄNDERT DAS WAHR-SCHEINLICH NICHTS.

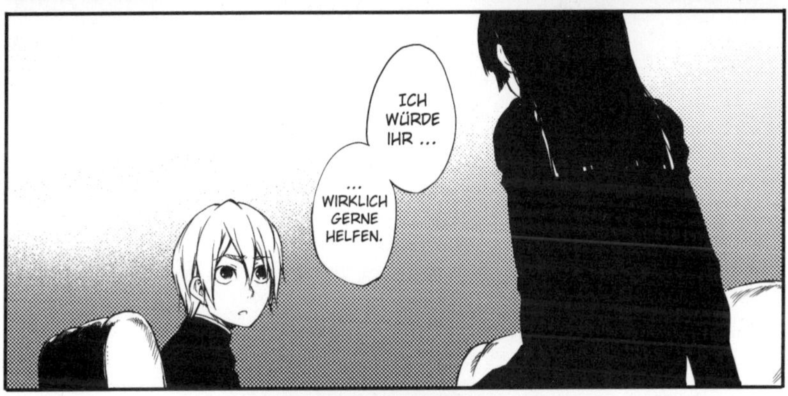
ICH WÜRDE IHR …
… WIRKLICH GERNE HELFEN.

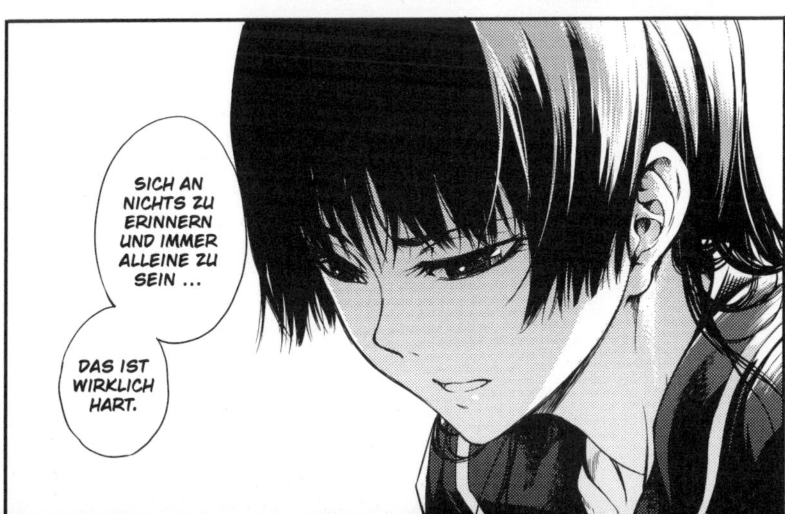
SICH AN NICHTS ZU ERINNERN UND IMMER ALLEINE ZU SEIN …
DAS IST WIRKLICH HART.

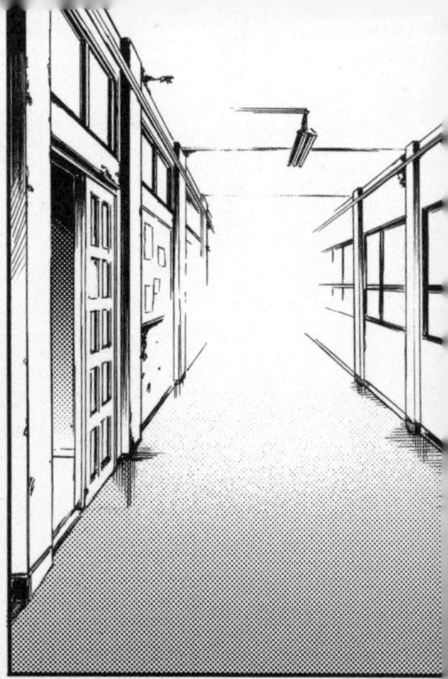
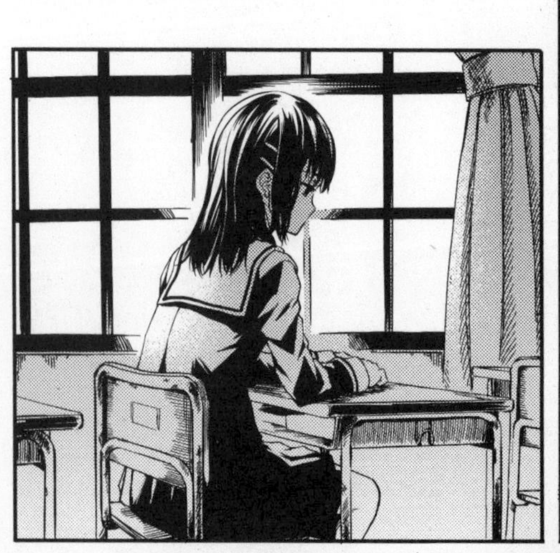
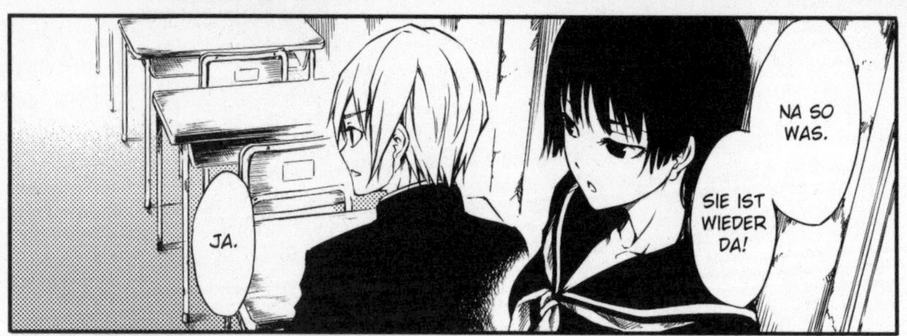
NA SO WAS.
SIE IST WIEDER DA!
JA.
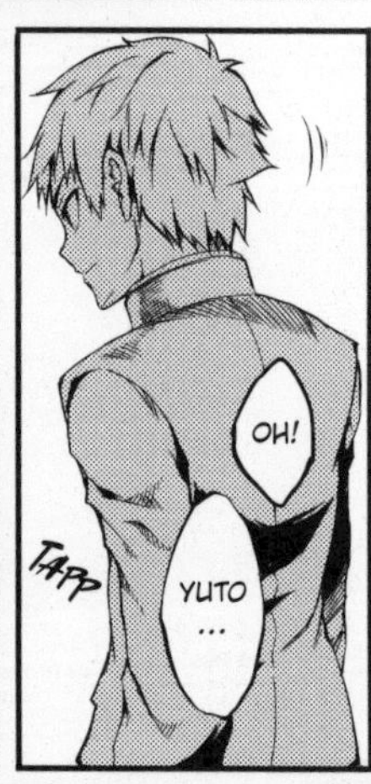
OH!
YUTO ...
TAPP
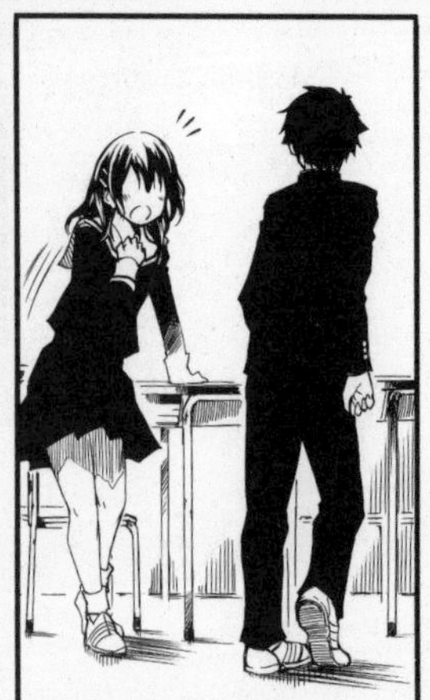
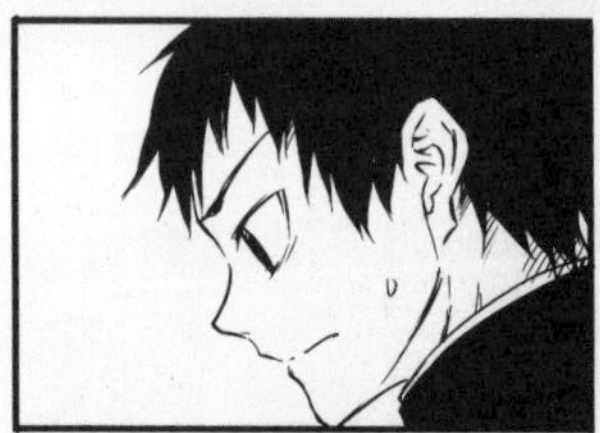
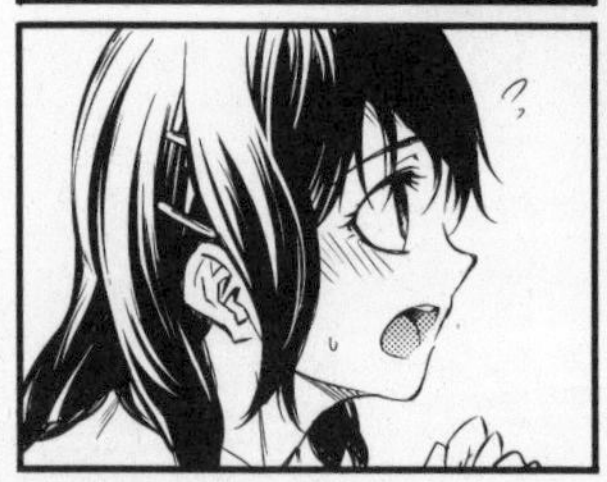

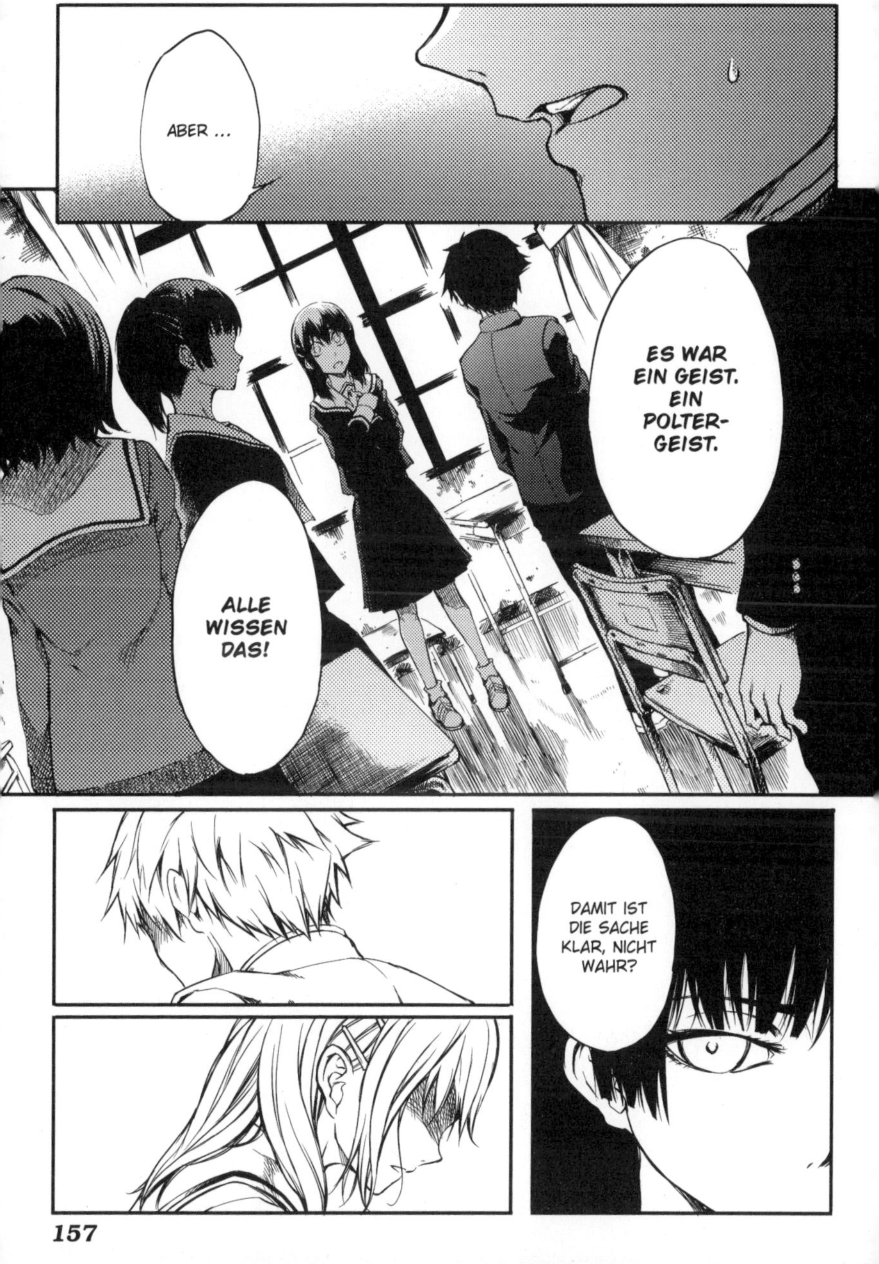

ABER ...

ES WAR EIN GEIST. EIN POLTERGEIST.

ALLE WISSEN DAS!

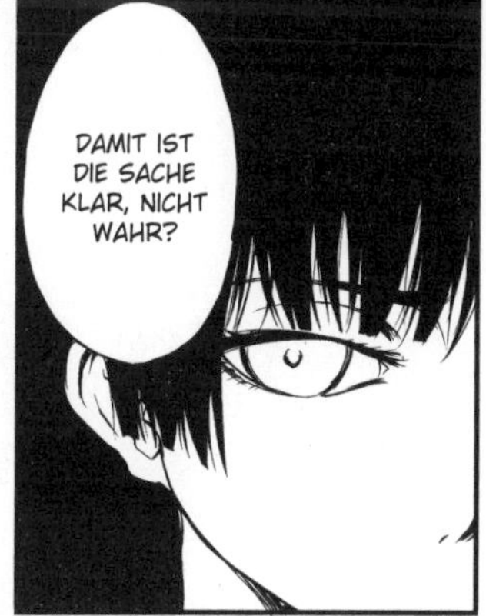

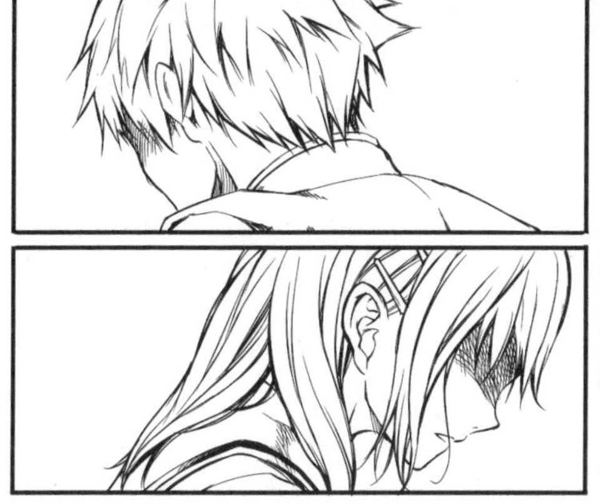

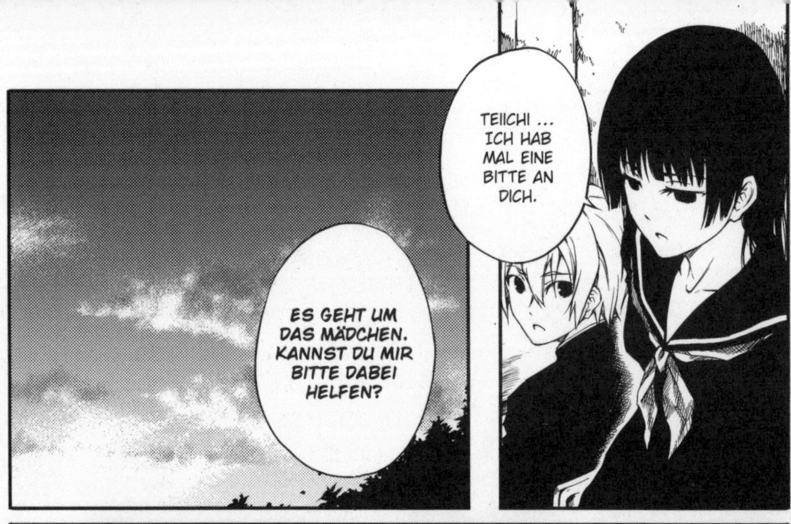
TEIICHI ... ICH HAB MAL EINE BITTE AN DICH.
ES GEHT UM DAS MÄDCHEN. KANNST DU MIR BITTE DABEI HELFEN?

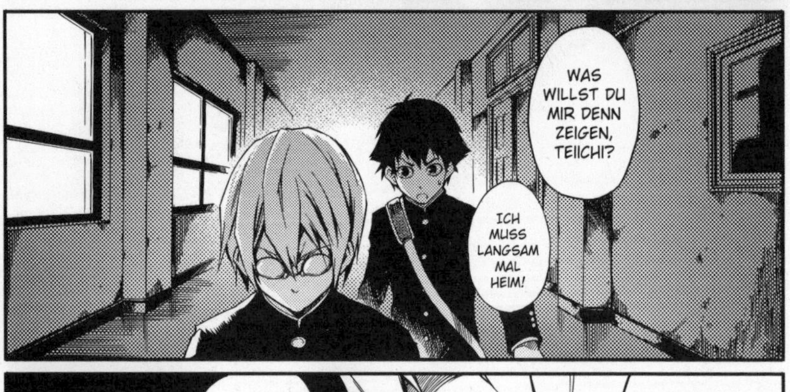
WAS WILLST DU MIR DENN ZEIGEN, TEIICHI?
ICH MUSS LANGSAM MAL HEIM!

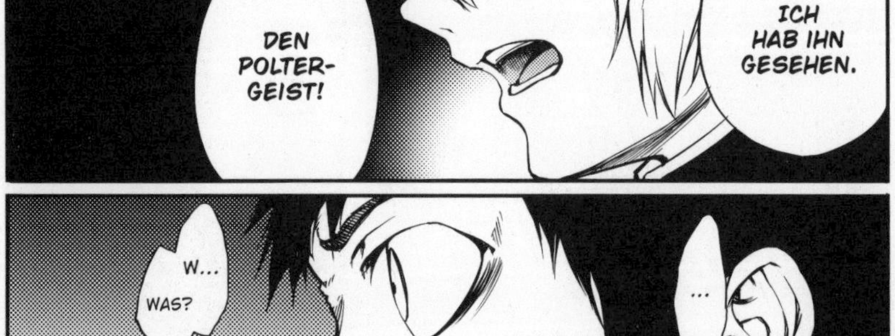
ICH HAB IHN GESEHEN.
DEN POLTER-GEIST!
...
W... WAS?

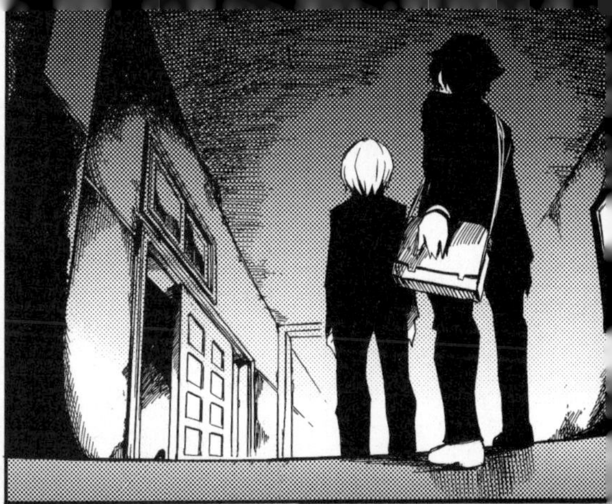
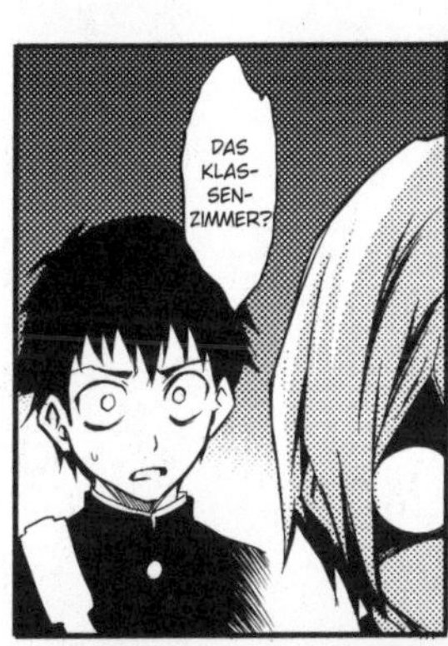
DAS KLAS-SEN-ZIMMER?
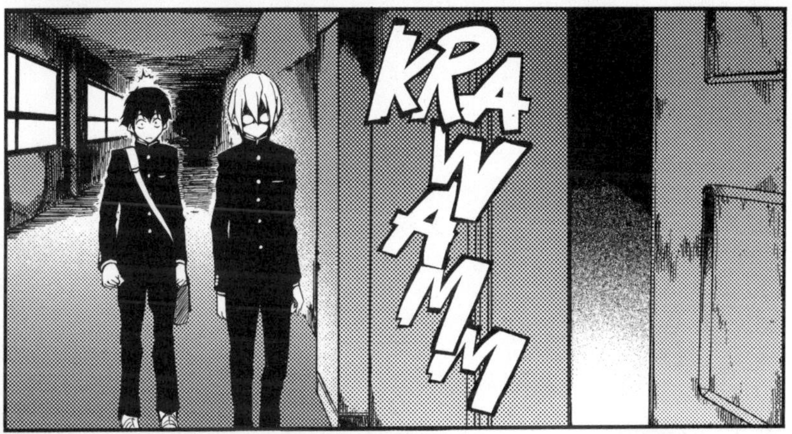
KRAWAMM
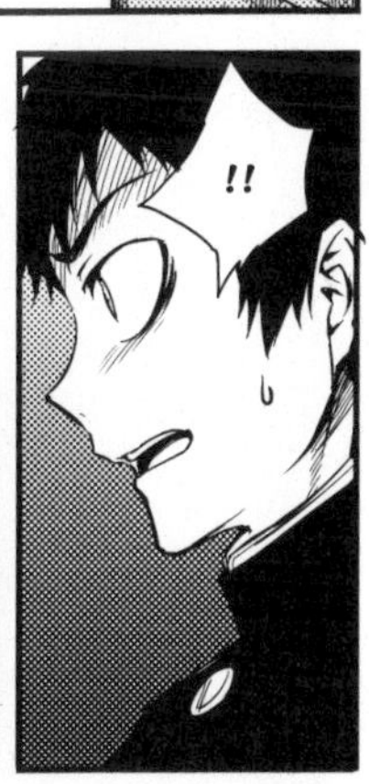
!!
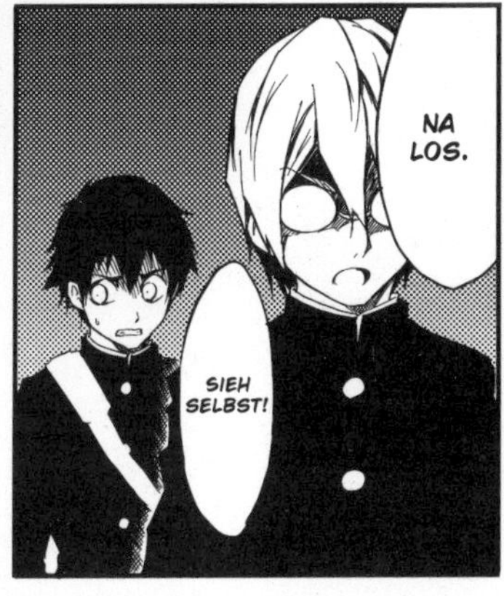
NA LOS.
SIEH SELBST!
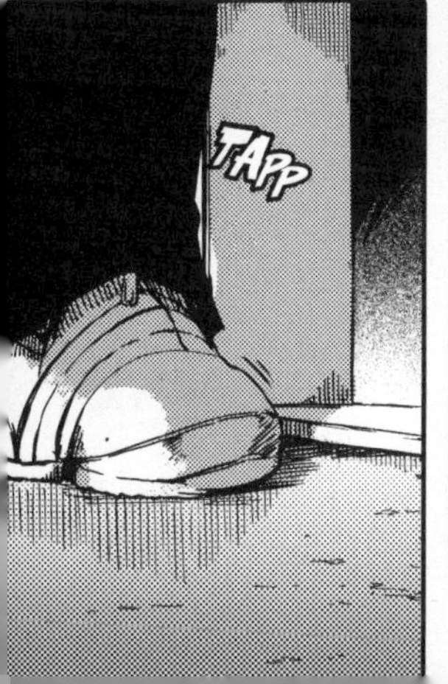
TAPP

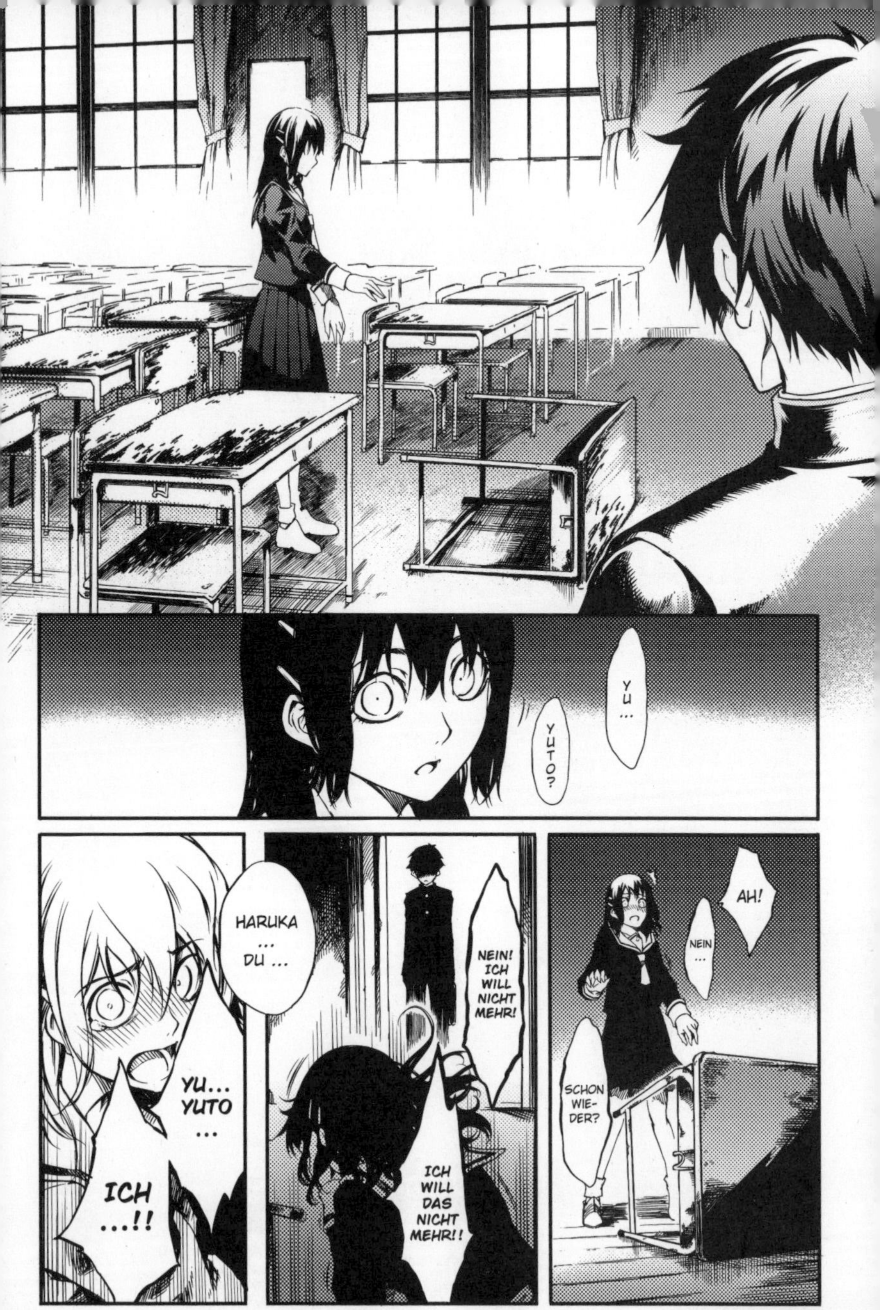

YU ...

YUTO?

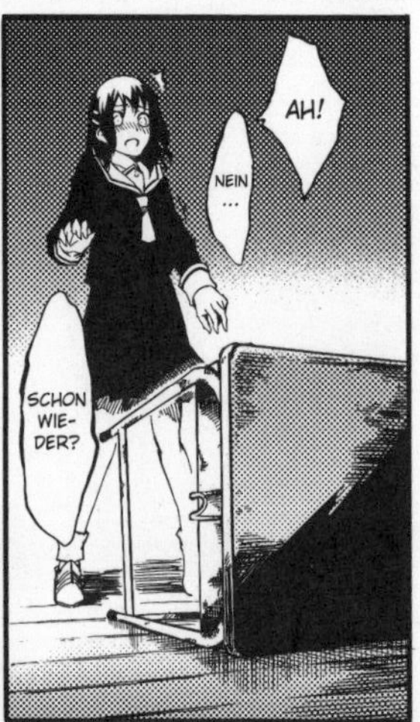
AH!
NEIN ...
SCHON WIEDER?

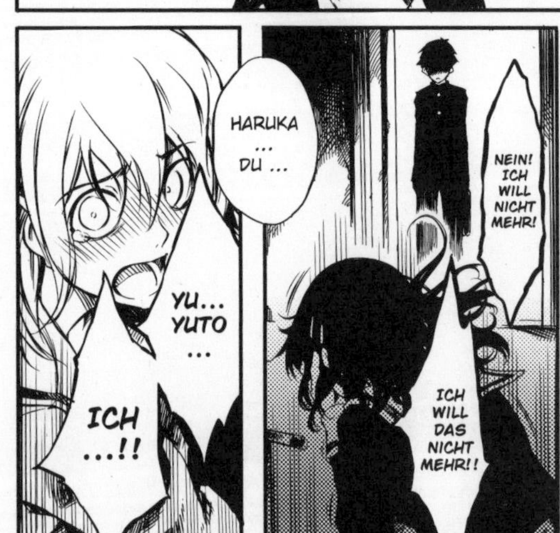
NEIN! ICH WILL NICHT MEHR!
ICH WILL DAS NICHT MEHR!!
HARUKA ... DU ...
YU... YUTO ...
ICH ...!!

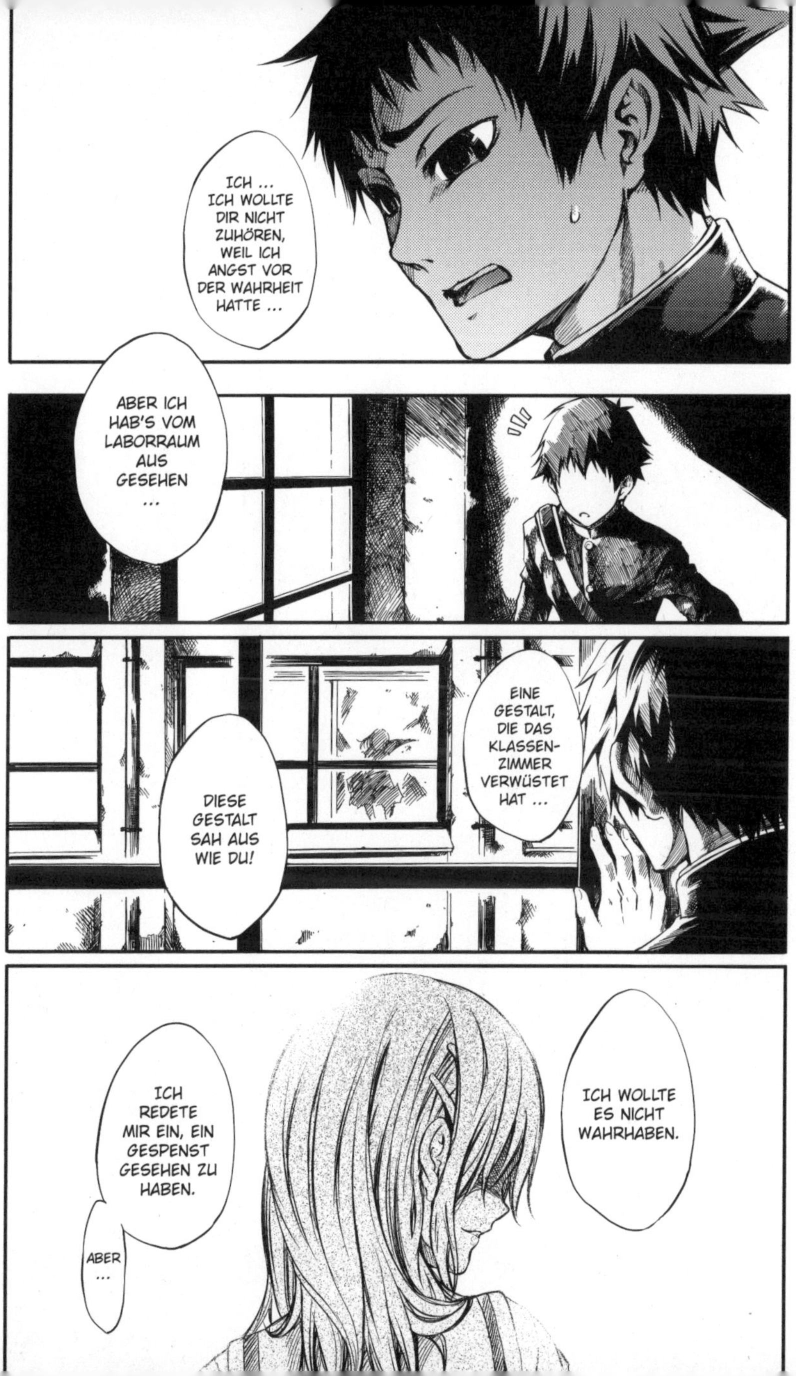

ICH … ICH WOLLTE DIR NICHT ZUHÖREN, WEIL ICH ANGST VOR DER WAHRHEIT HATTE …

ABER ICH HAB'S VOM LABORRAUM AUS GESEHEN …

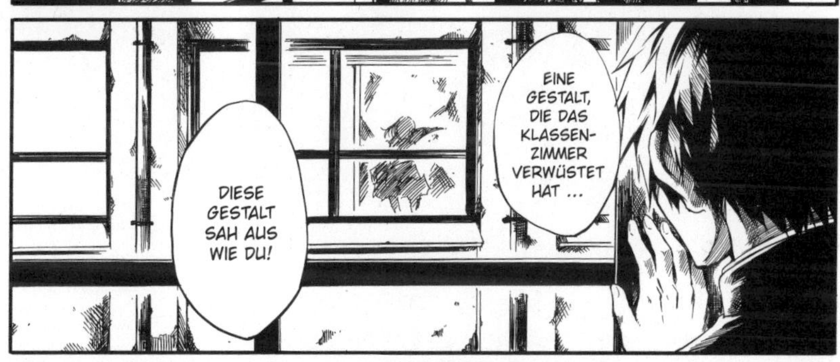

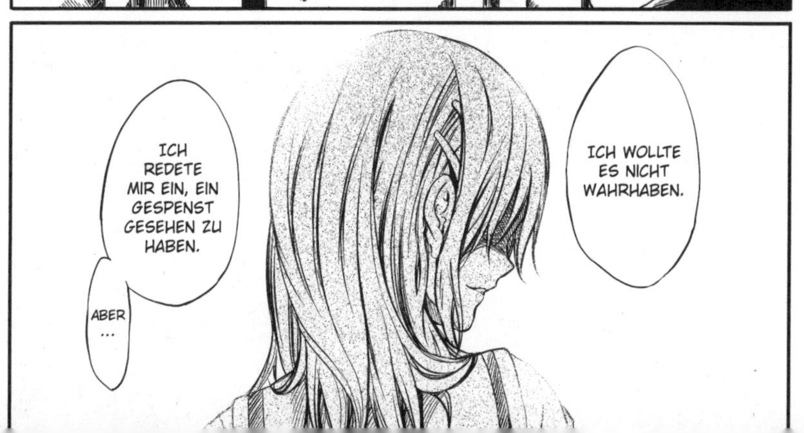

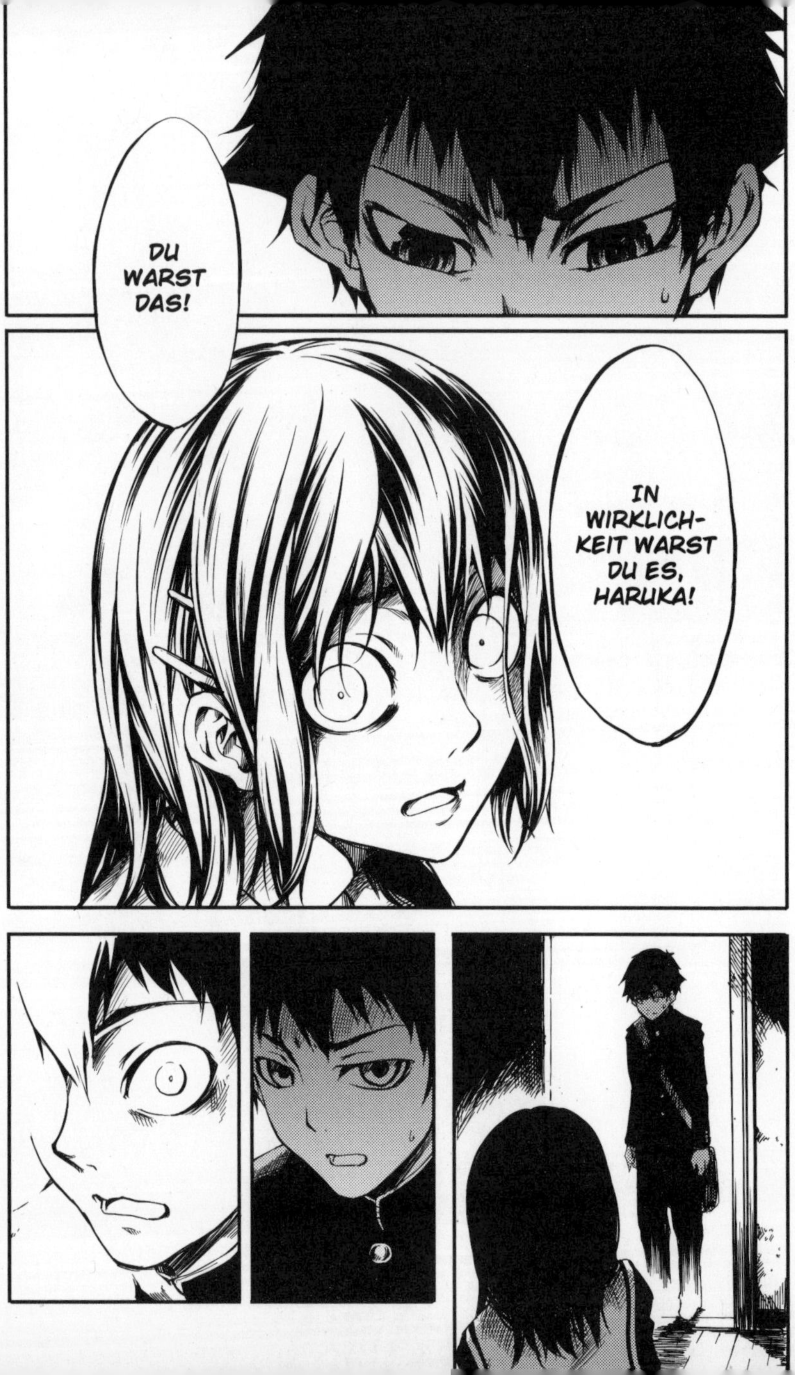

DU WARST DAS!

IN WIRKLICHKEIT WARST DU ES, HARUKA!

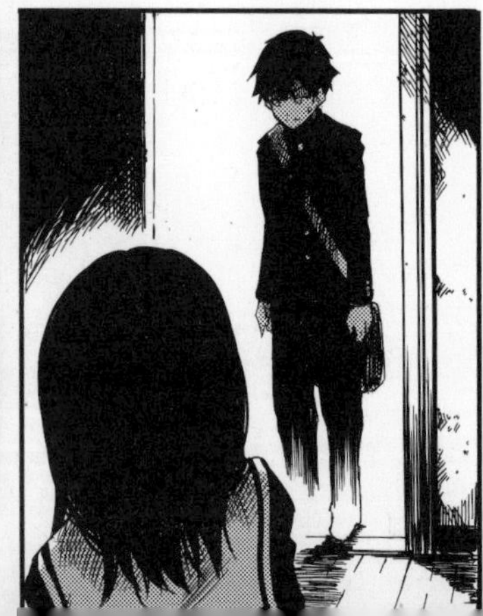

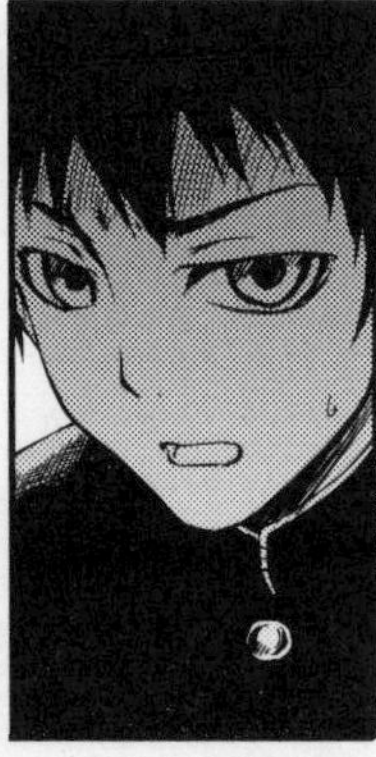

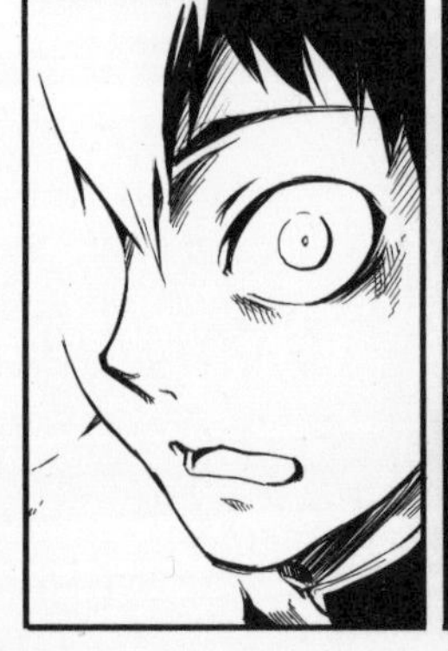

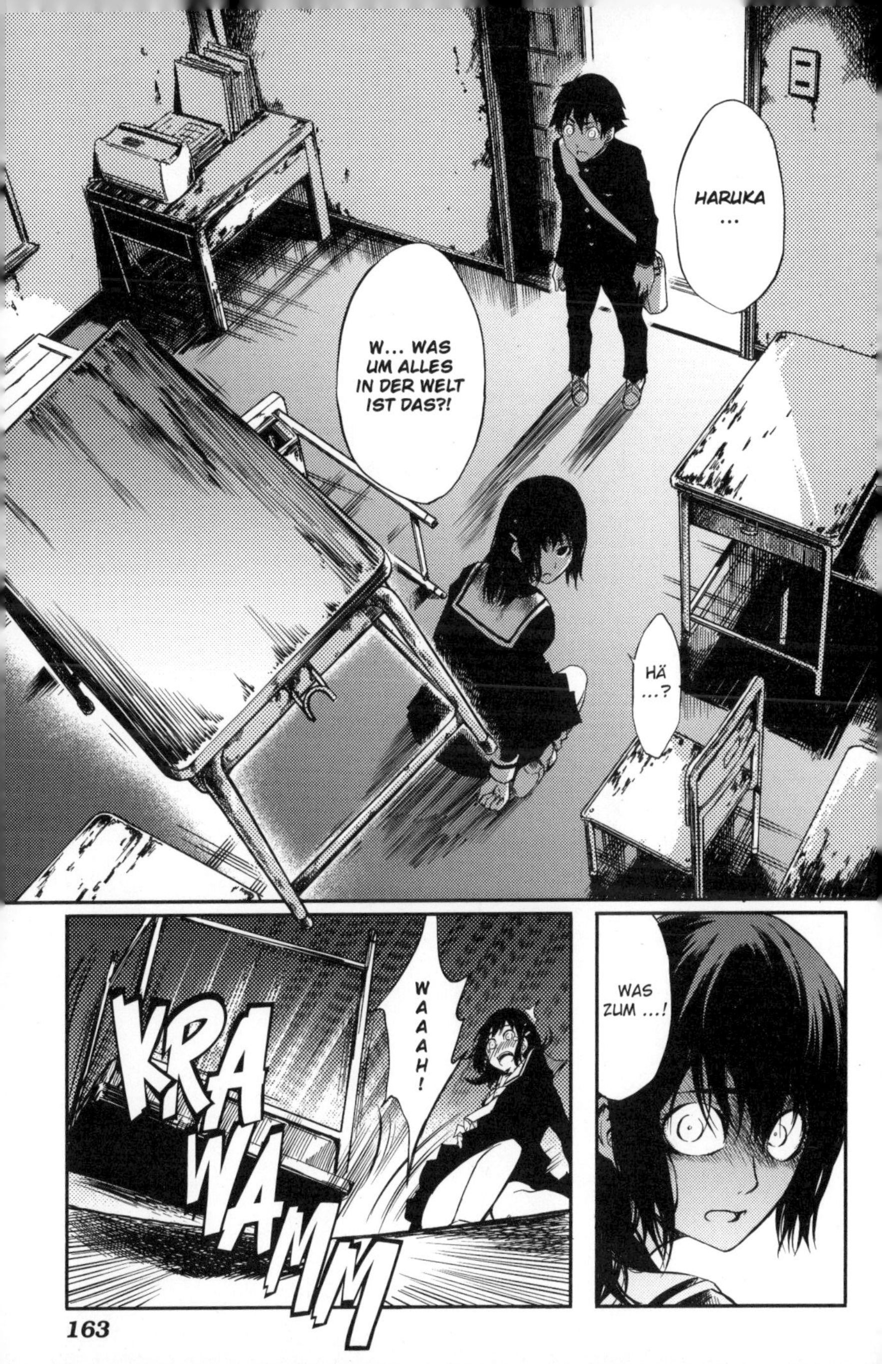

HARUKA …
W… WAS UM ALLES IN DER WELT IST DAS?!
HÄ …?

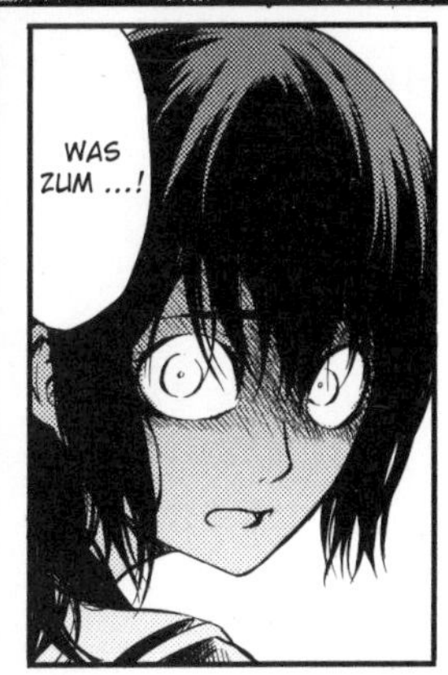

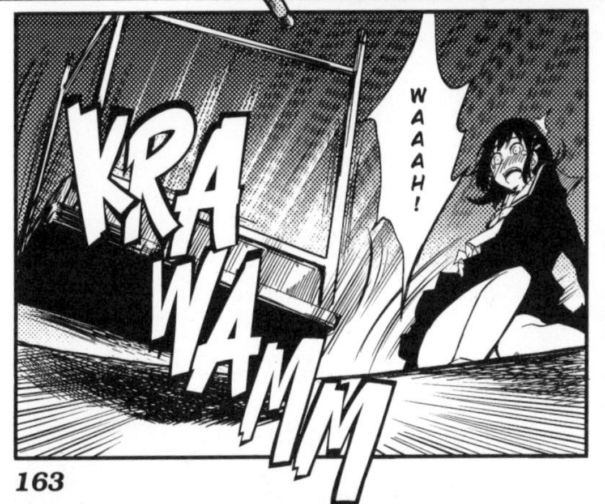

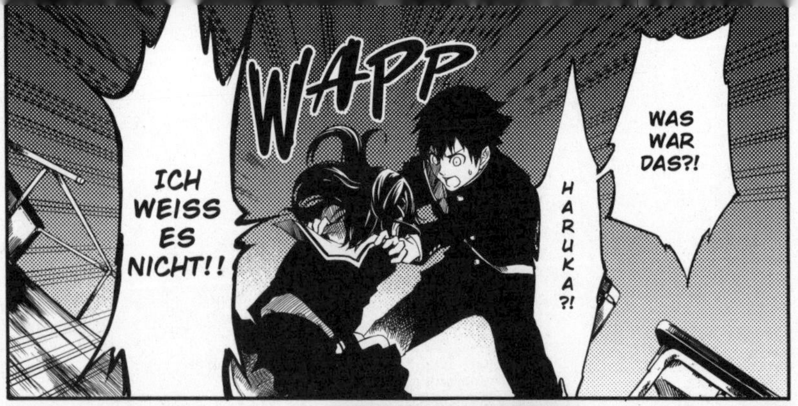
WAPP
WAS WAR DAS?!
HARUKA?!
ICH WEISS ES NICHT!!

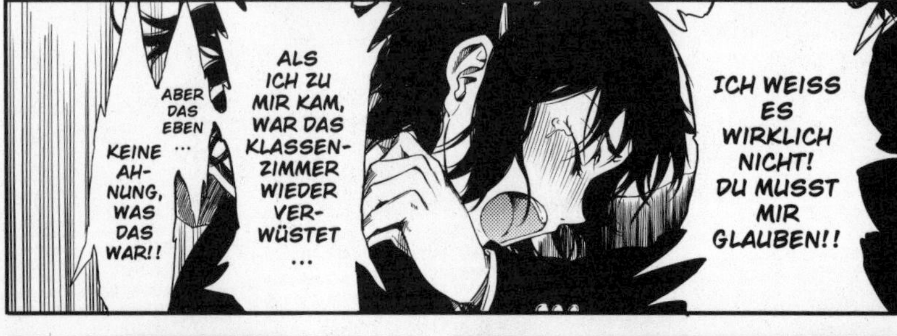
ICH WEISS ES WIRKLICH NICHT! DU MUSST MIR GLAUBEN!!
ALS ICH ZU MIR KAM, WAR DAS KLASSEN-ZIMMER WIEDER VER-WÜSTET …
ABER DAS EBEN …
KEINE AH-NUNG, WAS DAS WAR!!

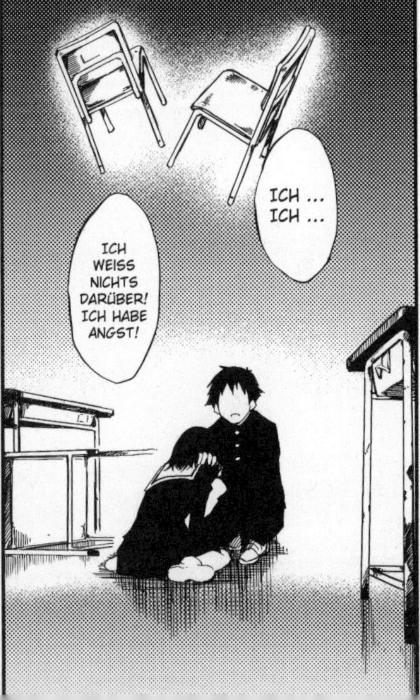
ICH … ICH …
ICH WEISS NICHTS DARÜBER! ICH HABE ANGST!

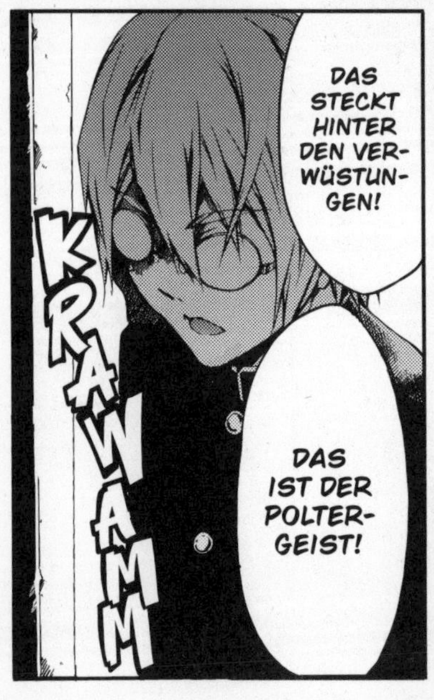
DAS STECKT HINTER DEN VER-WÜSTUN-GEN!
DAS IST DER POLTER-GEIST!
KRAWAMM

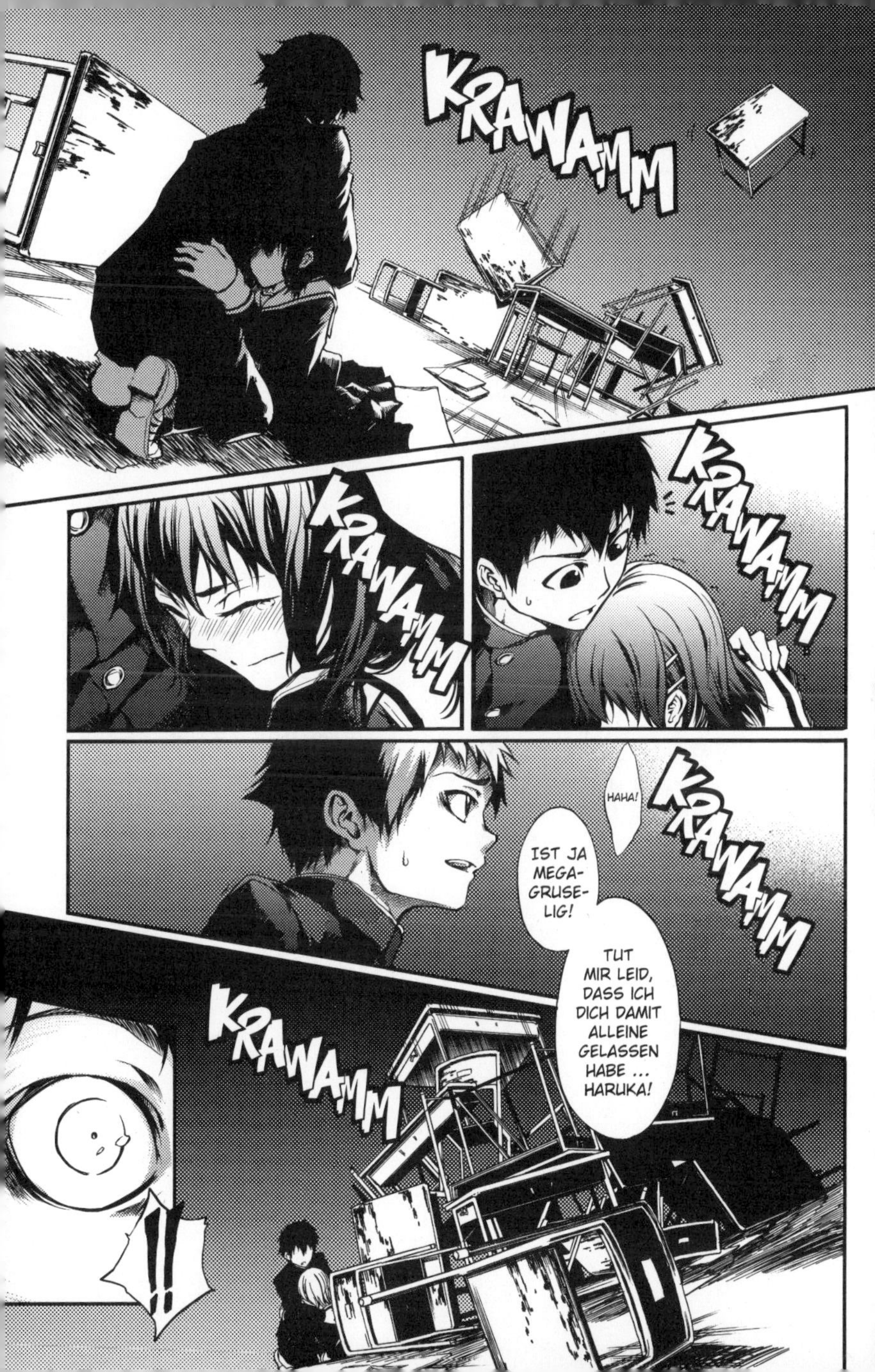
KRAWAMM
KRAWAMM
KRAWAMM
KRAWAMM
HAHA!
IST JA MEGA-GRUSE-LIG!
TUT MIR LEID, DASS ICH DICH DAMIT ALLEINE GELASSEN HABE … HARUKA!
KRAWAMM
!!

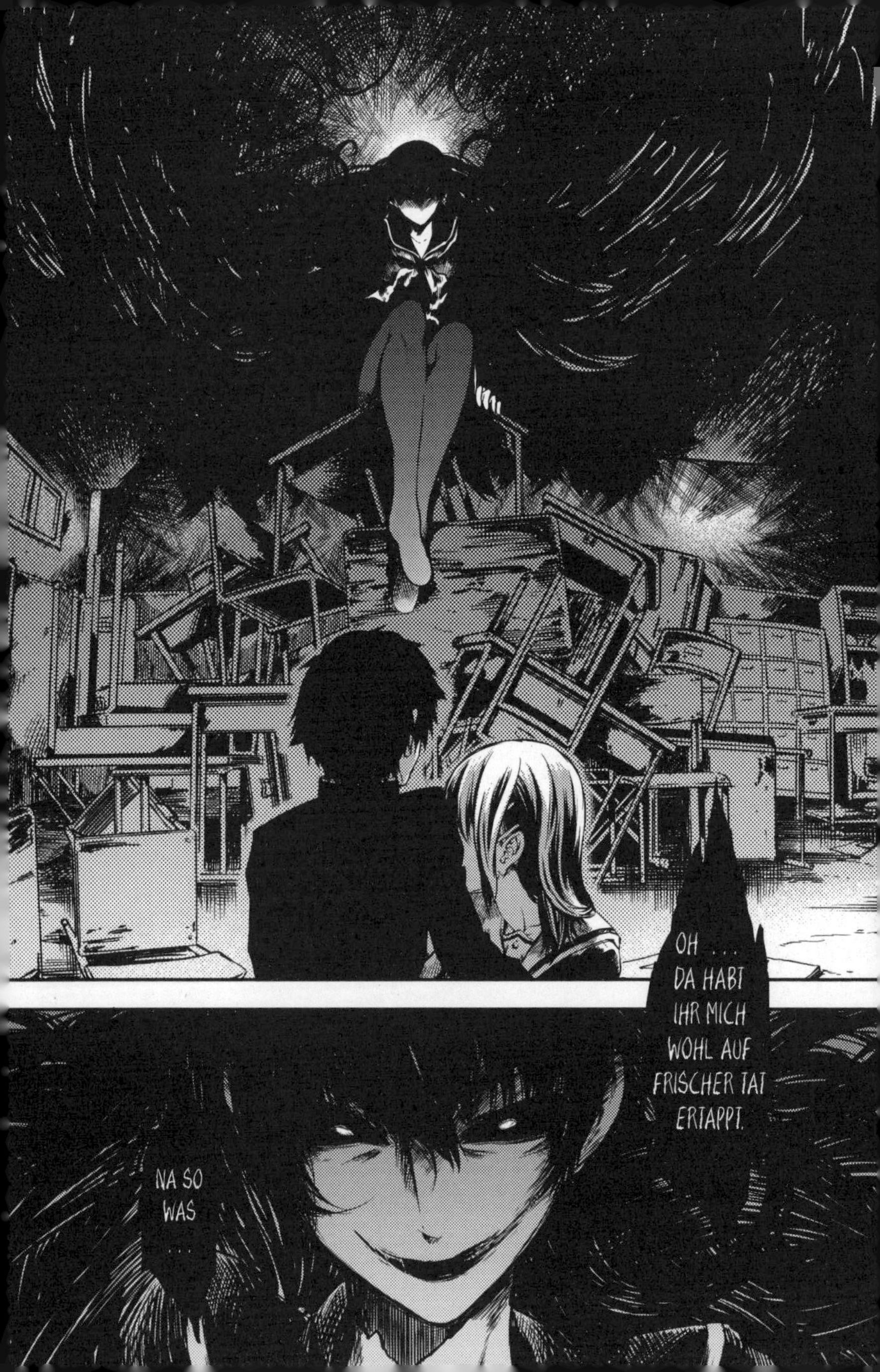
OH ... DA HABT IHR MICH WOHL AUF FRISCHER TAT ERTAPPT.
NA SO WAS

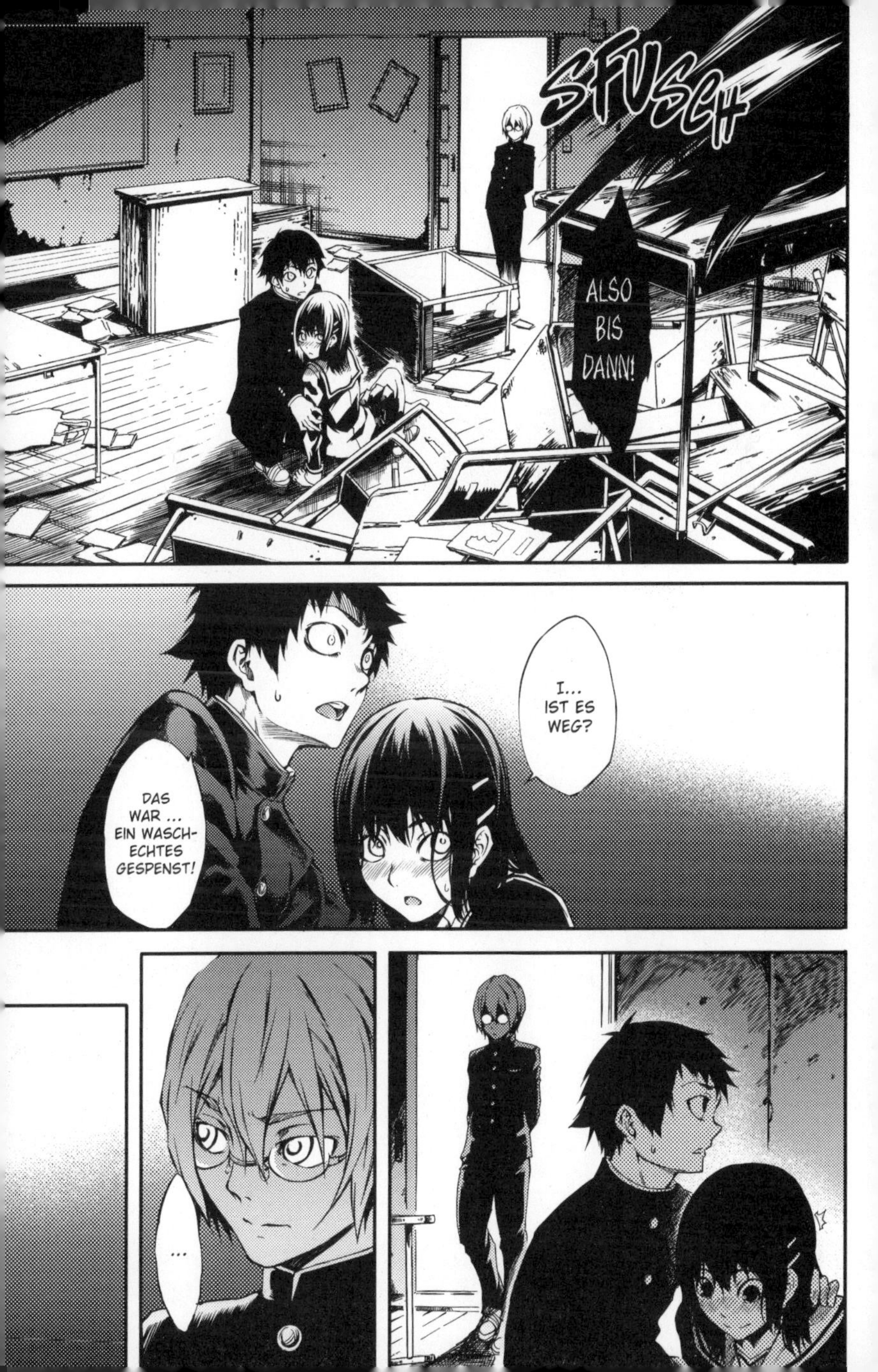

SFUSCH

ALSO BIS DANN!

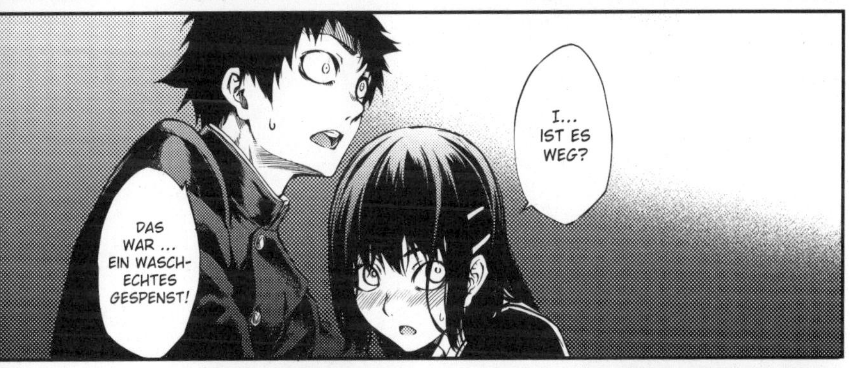

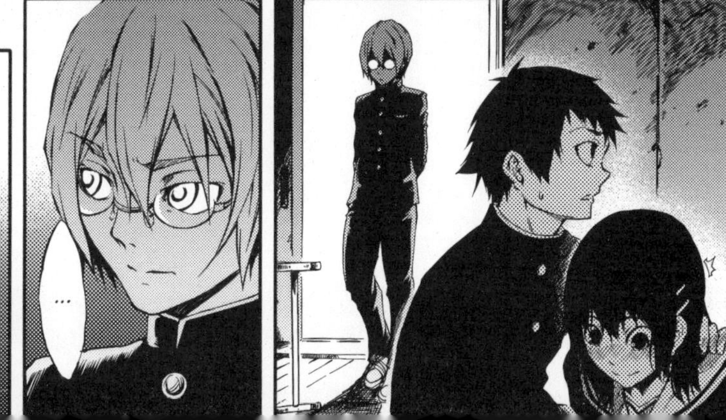

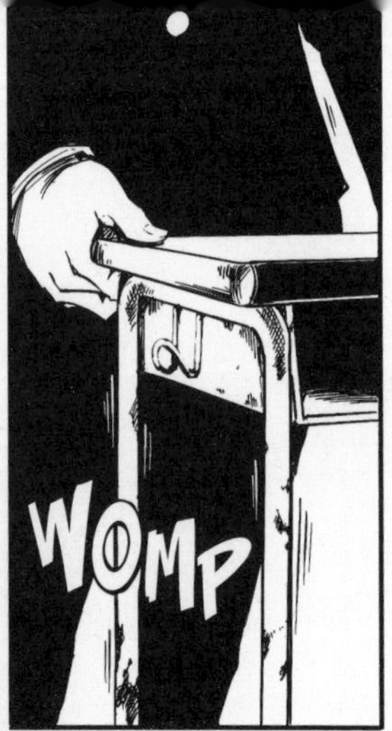
WOMP

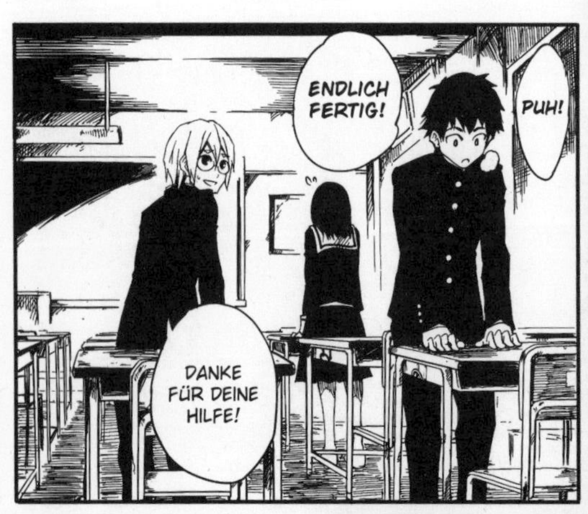
PUH!
ENDLICH FERTIG!
DANKE FÜR DEINE HILFE!

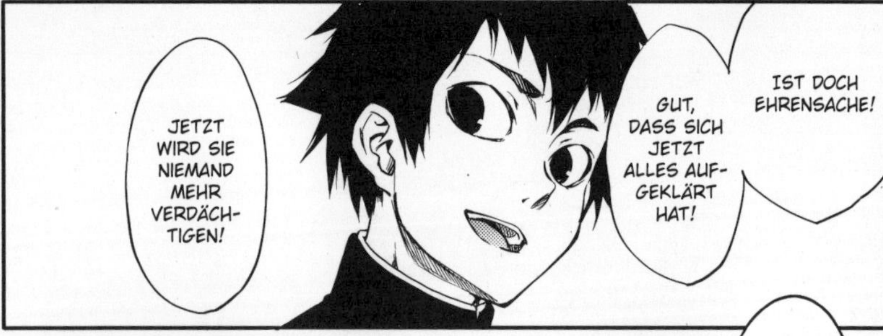
IST DOCH EHRENSACHE!
GUT, DASS SICH JETZT ALLES AUFGEKLÄRT HAT!
JETZT WIRD SIE NIEMAND MEHR VERDÄCHTIGEN!

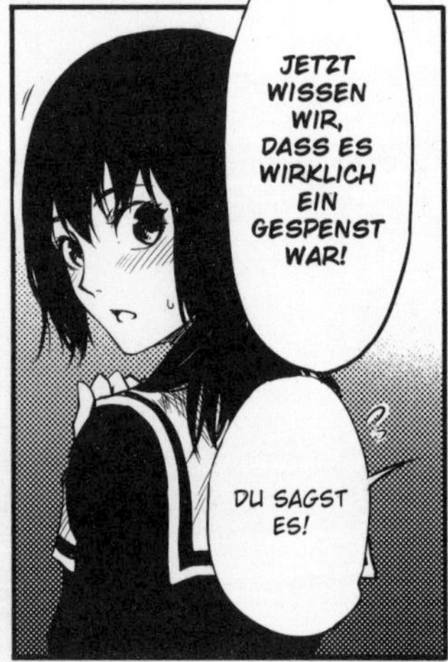
JETZT WISSEN WIR, DASS ES WIRKLICH EIN GESPENST WAR!
DU SAGST ES!

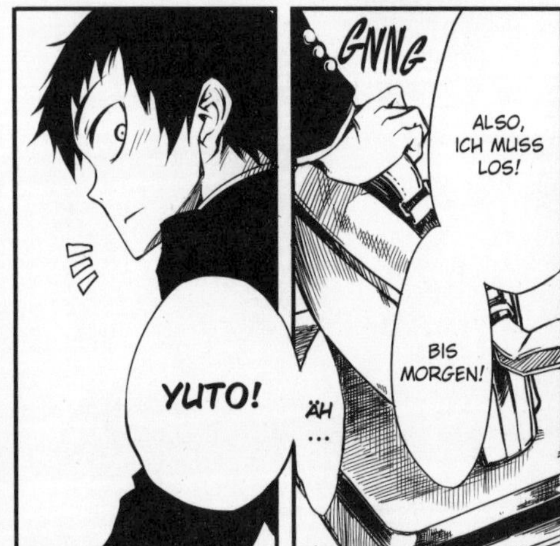
GNNG
ALSO, ICH MUSS LOS!
BIS MORGEN!
ÄH ...
YUTO!

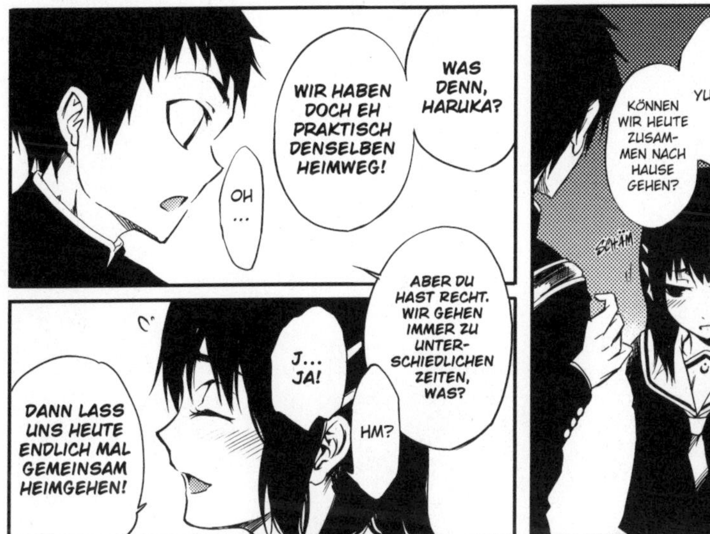
DU, YUTO …
KÖNNEN WIR HEUTE ZUSAMMEN NACH HAUSE GEHEN?
SCHÄM
SCHÄM
WAS DENN, HARUKA?
WIR HABEN DOCH EH PRAKTISCH DENSELBEN HEIMWEG!
OH …
ABER DU HAST RECHT. WIR GEHEN IMMER ZU UNTERSCHIEDLICHEN ZEITEN, WAS?
HM?
J… JA!
DANN LASS UNS HEUTE ENDLICH MAL GEMEINSAM HEIMGEHEN!

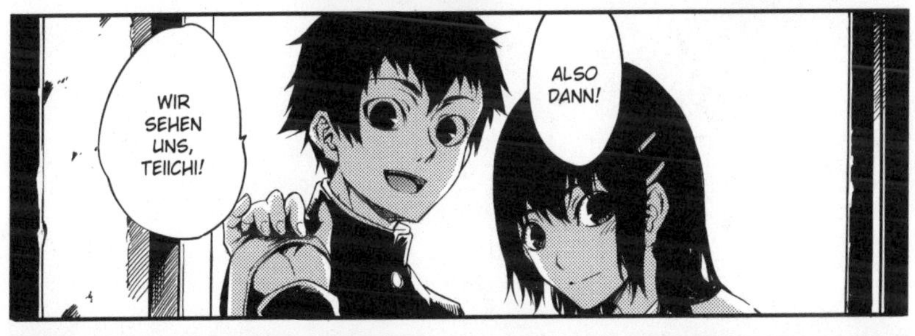
ALSO DANN!
WIR SEHEN UNS, TEIICHI!

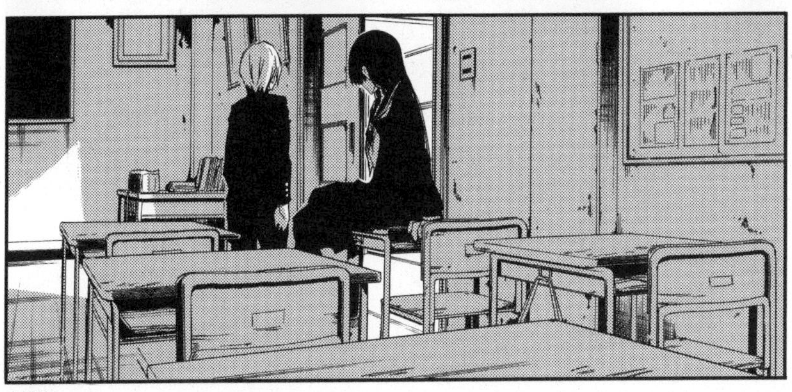

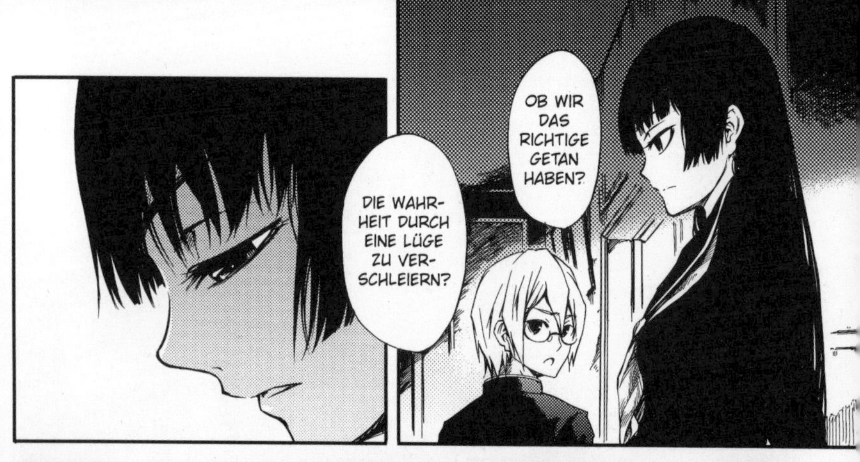
OB WIR DAS RICHTIGE GETAN HABEN?
DIE WAHRHEIT DURCH EINE LÜGE ZU VERSCHLEIERN?

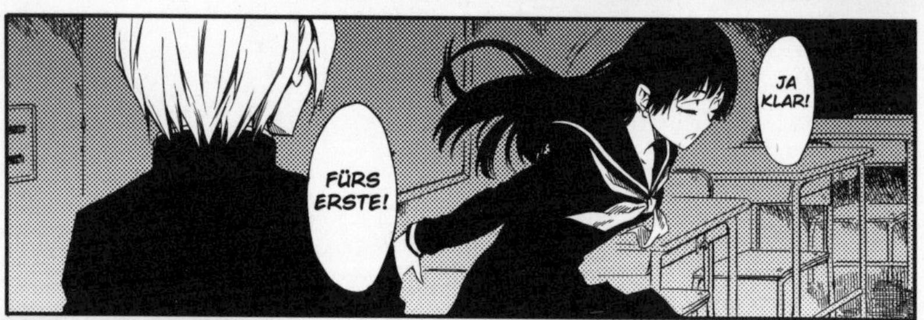
JA KLAR!
FÜRS ERSTE!

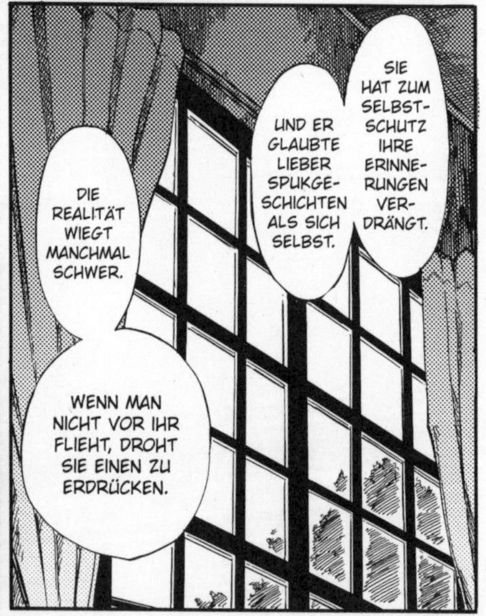
SIE HAT ZUM SELBSTSCHUTZ IHRE ERINNERUNGEN VERDRÄNGT.
UND ER GLAUBTE LIEBER SPUKGESCHICHTEN ALS SICH SELBST.
DIE REALITÄT WIEGT MANCHMAL SCHWER.
WENN MAN NICHT VOR IHR FLIEHT, DROHT SIE EINEN ZU ERDRÜCKEN.

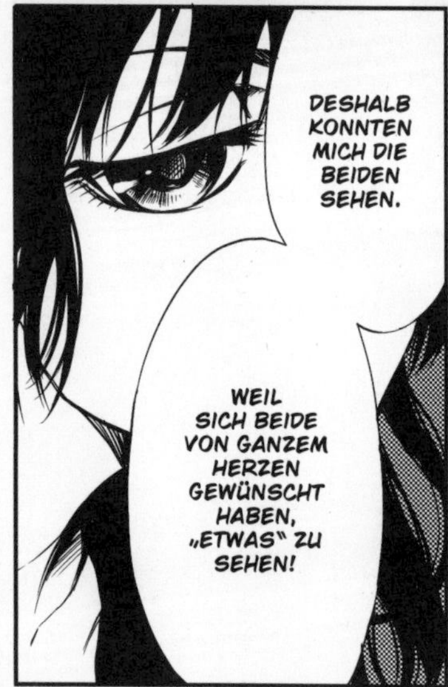
DESHALB KONNTEN MICH DIE BEIDEN SEHEN.
WEIL SICH BEIDE VON GANZEM HERZEN GEWÜNSCHT HABEN, „ETWAS" ZU SEHEN!

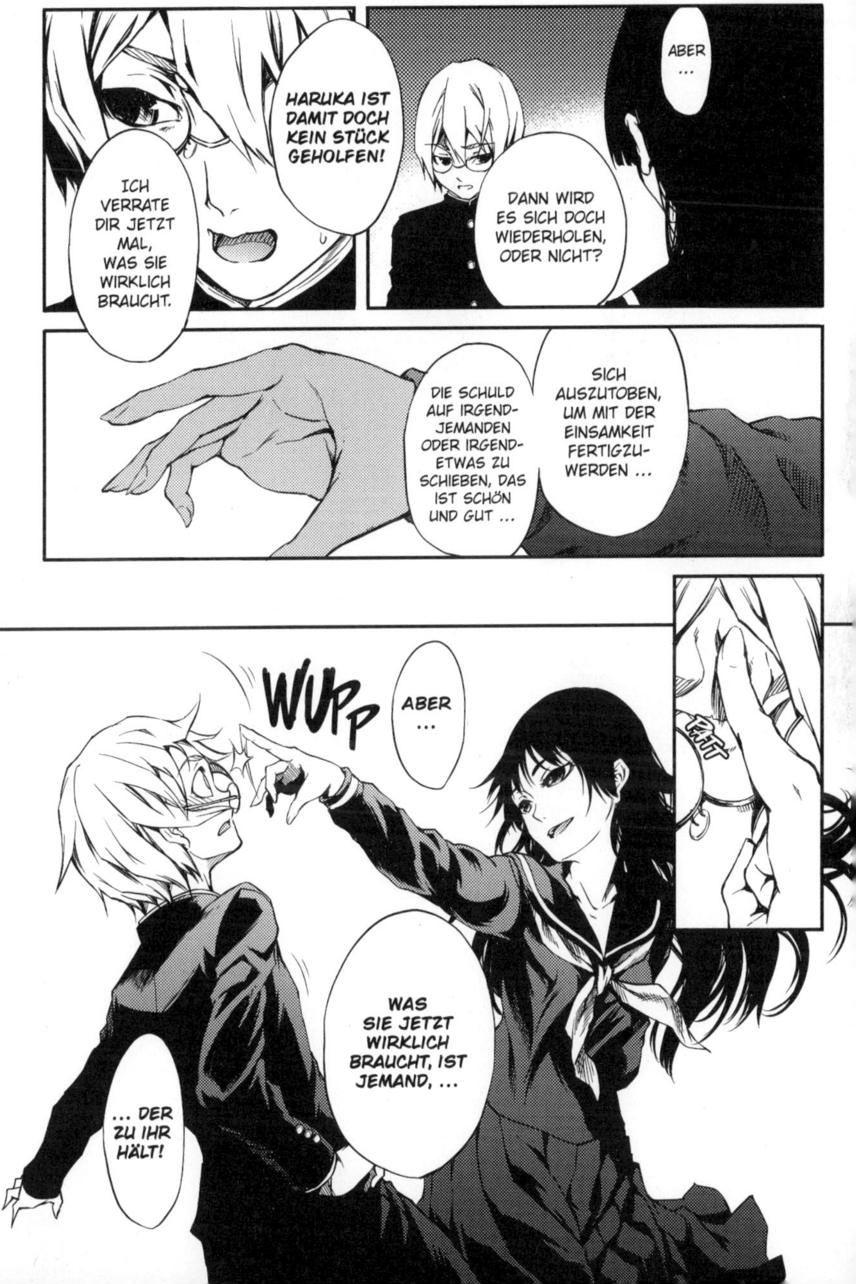

ABER …

DANN WIRD ES SICH DOCH WIEDERHOLEN, ODER NICHT?

HARUKA IST DAMIT DOCH KEIN STÜCK GEHOLFEN!

ICH VERRATE DIR JETZT MAL, WAS SIE WIRKLICH BRAUCHT.

SICH AUSZUTOBEN, UM MIT DER EINSAMKEIT FERTIGZUWERDEN …

DIE SCHULD AUF IRGENDJEMANDEN ODER IRGENDETWAS ZU SCHIEBEN, DAS IST SCHÖN UND GUT …

PATT

ABER …

WUPP

WAS SIE JETZT WIRKLICH BRAUCHT, IST JEMAND, …

… DER ZU IHR HÄLT!

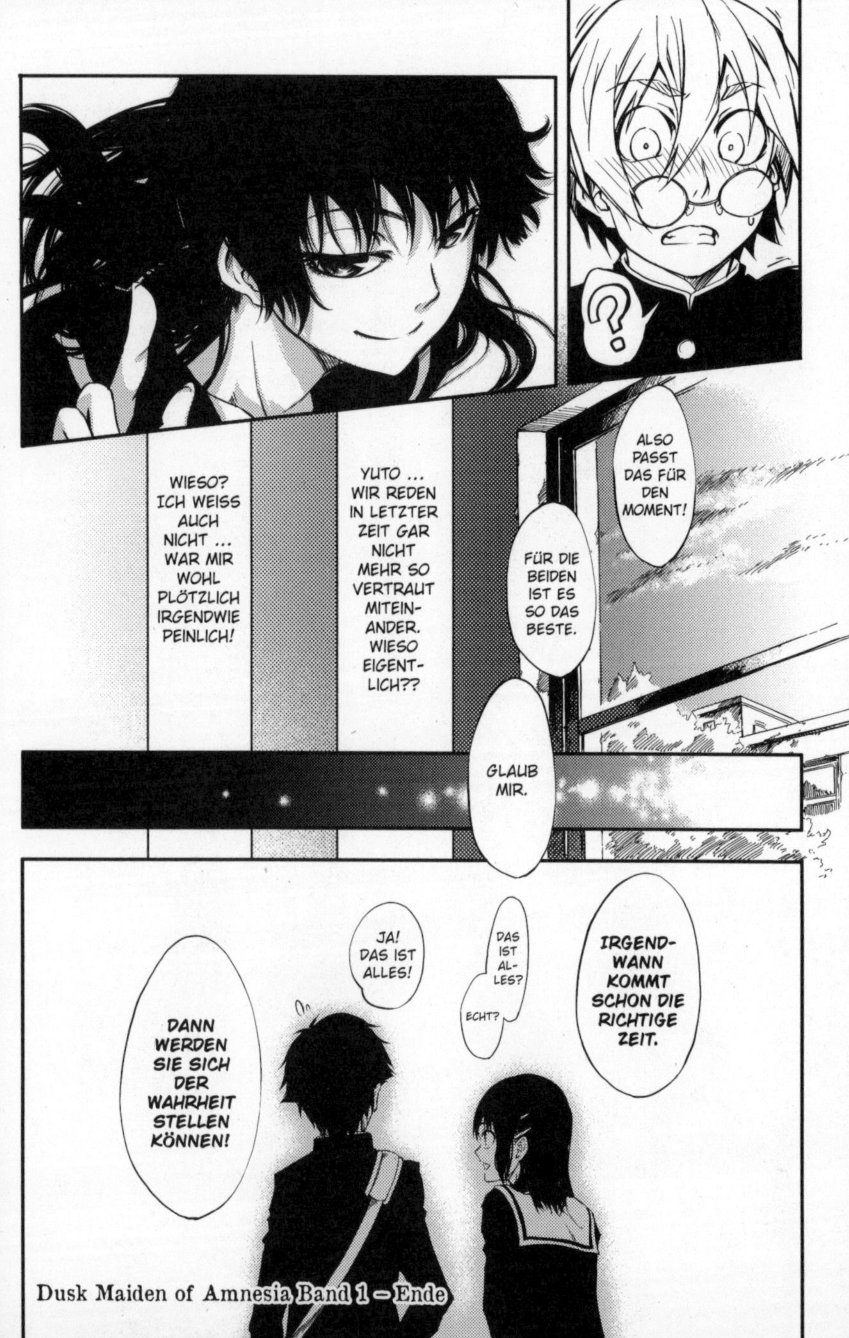

Dusk Maiden of Amnesia Band 1 – Ende

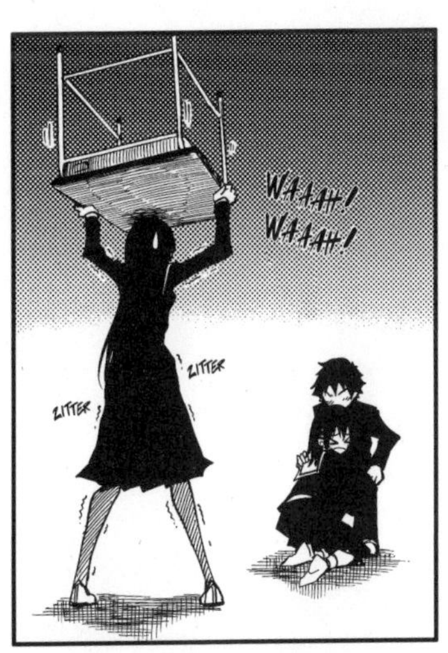
WAAAH!
WAAAH!
ZITTER
ZITTER

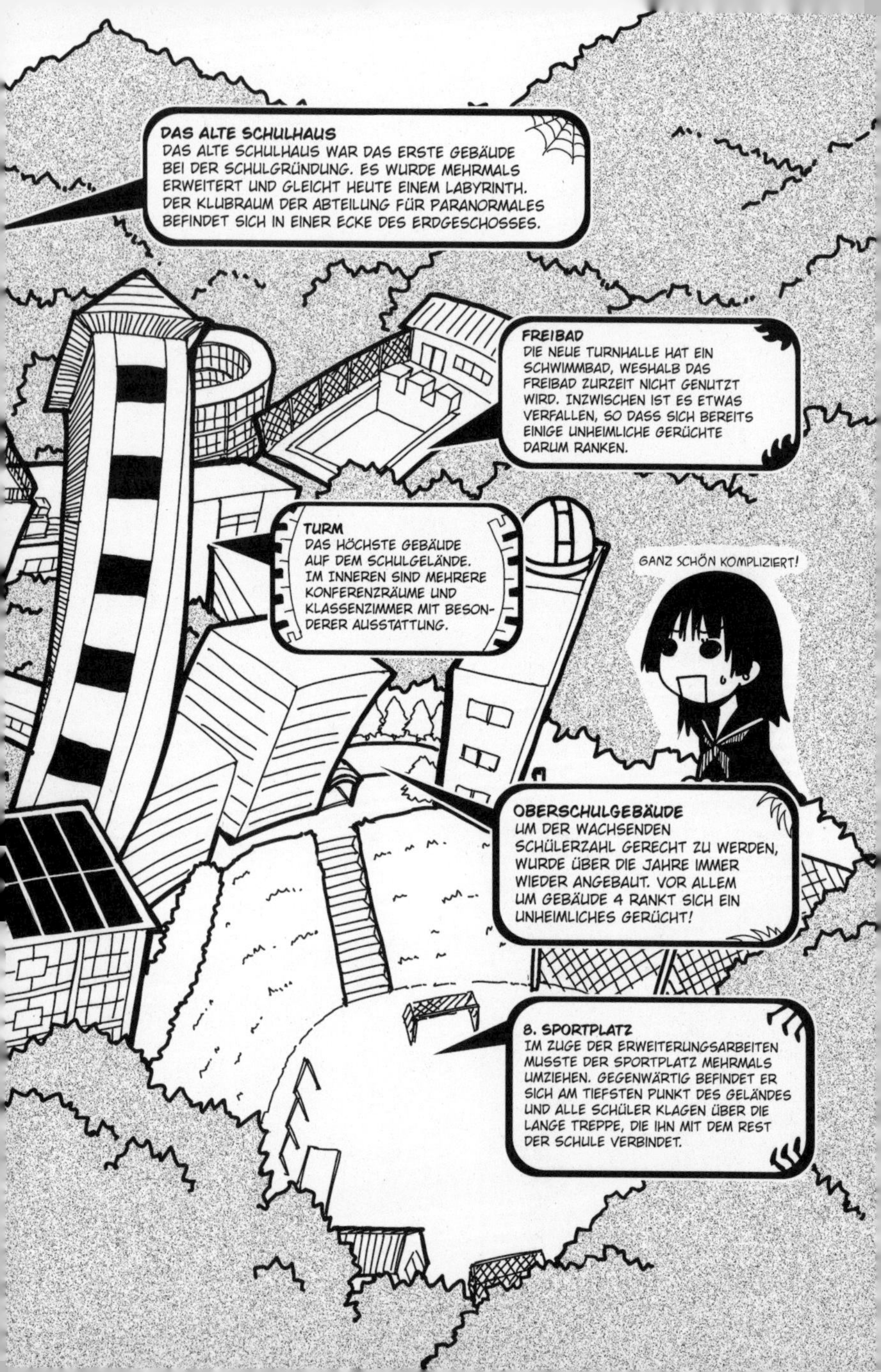
DAS ALTE SCHULHAUS
DAS ALTE SCHULHAUS WAR DAS ERSTE GEBÄUDE BEI DER SCHULGRÜNDUNG. ES WURDE MEHRMALS ERWEITERT UND GLEICHT HEUTE EINEM LABYRINTH. DER KLUBRAUM DER ABTEILUNG FÜR PARANORMALES BEFINDET SICH IN EINER ECKE DES ERDGESCHOSSES.
FREIBAD
DIE NEUE TURNHALLE HAT EIN SCHWIMMBAD, WESHALB DAS FREIBAD ZURZEIT NICHT GENUTZT WIRD. INZWISCHEN IST ES ETWAS VERFALLEN, SO DASS SICH BEREITS EINIGE UNHEIMLICHE GERÜCHTE DARUM RANKEN.
TURM
DAS HÖCHSTE GEBÄUDE AUF DEM SCHULGELÄNDE. IM INNEREN SIND MEHRERE KONFERENZRÄUME UND KLASSENZIMMER MIT BESONDERER AUSSTATTUNG.
GANZ SCHÖN KOMPLIZIERT!
OBERSCHULGEBÄUDE
UM DER WACHSENDEN SCHÜLERZAHL GERECHT ZU WERDEN, WURDE ÜBER DIE JAHRE IMMER WIEDER ANGEBAUT. VOR ALLEM UM GEBÄUDE 4 RANKT SICH EIN UNHEIMLICHES GERÜCHT!
8. SPORTPLATZ
IM ZUGE DER ERWEITERUNGSARBEITEN MUSSTE DER SPORTPLATZ MEHRMALS UMZIEHEN. GEGENWÄRTIG BEFINDET ER SICH AM TIEFSTEN PUNKT DES GELÄNDES UND ALLE SCHÜLER KLAGEN ÜBER DIE LANGE TREPPE, DIE IHN MIT DEM REST DER SCHULE VERBINDET.

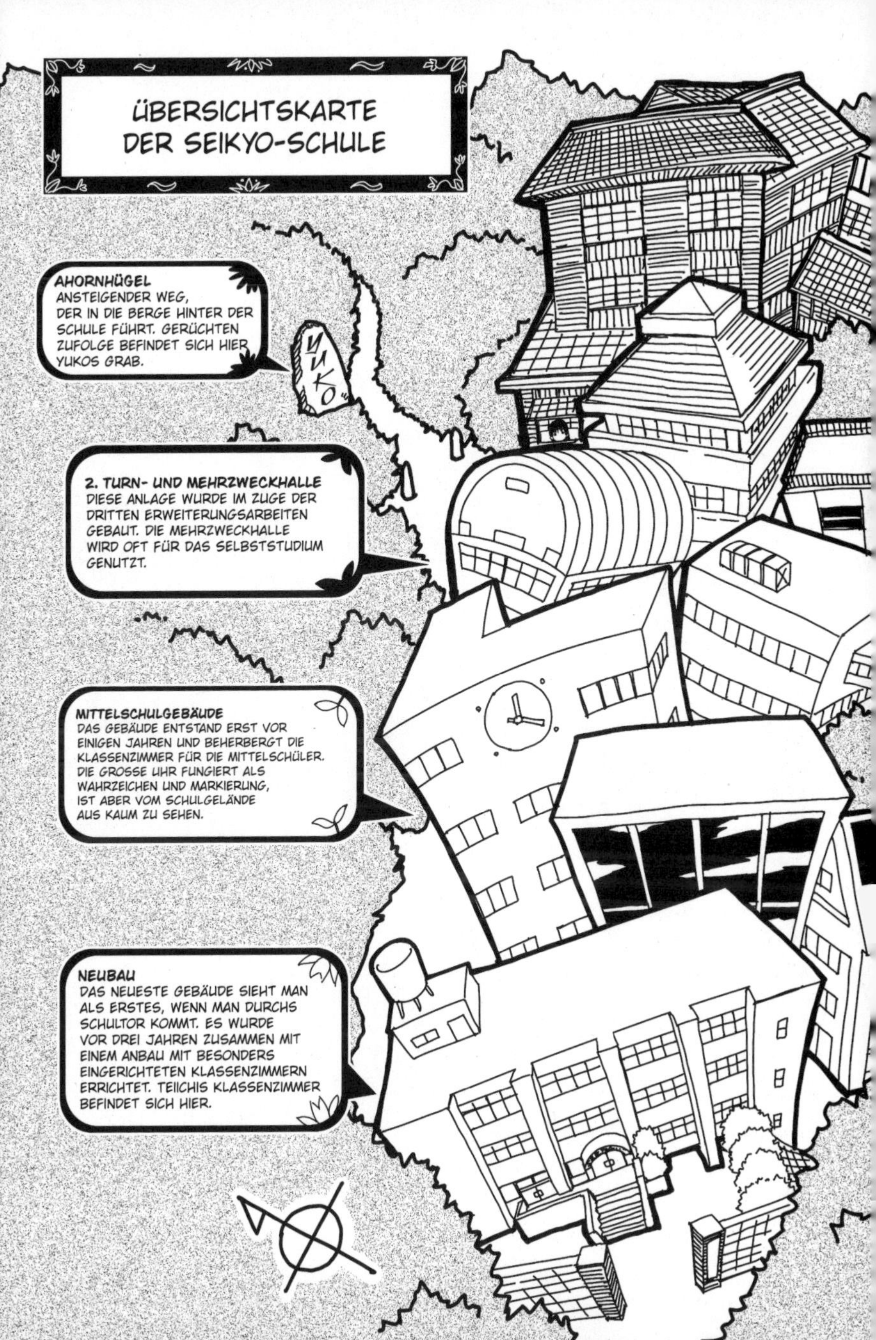
ÜBERSICHTSKARTE DER SEIKYO-SCHULE
AHORNHÜGEL
ANSTEIGENDER WEG, DER IN DIE BERGE HINTER DER SCHULE FÜHRT. GERÜCHTEN ZUFOLGE BEFINDET SICH HIER YUKOS GRAB.
YUKO
2. TURN- UND MEHRZWECKHALLE
DIESE ANLAGE WURDE IM ZUGE DER DRITTEN ERWEITERUNGSARBEITEN GEBAUT. DIE MEHRZWECKHALLE WIRD OFT FÜR DAS SELBSTSTUDIUM GENUTZT.
MITTELSCHULGEBÄUDE
DAS GEBÄUDE ENTSTAND ERST VOR EINIGEN JAHREN UND BEHERBERGT DIE KLASSENZIMMER FÜR DIE MITTELSCHÜLER. DIE GROSSE UHR FUNGIERT ALS WAHRZEICHEN UND MARKIERUNG, IST ABER VOM SCHULGELÄNDE AUS KAUM ZU SEHEN.
NEUBAU
DAS NEUESTE GEBÄUDE SIEHT MAN ALS ERSTES, WENN MAN DURCHS SCHULTOR KOMMT. ES WURDE VOR DREI JAHREN ZUSAMMEN MIT EINEM ANBAU MIT BESONDERS EINGERICHTETEN KLASSENZIMMERN ERRICHTET. TEIICHIS KLASSENZIMMER BEFINDET SICH HIER.

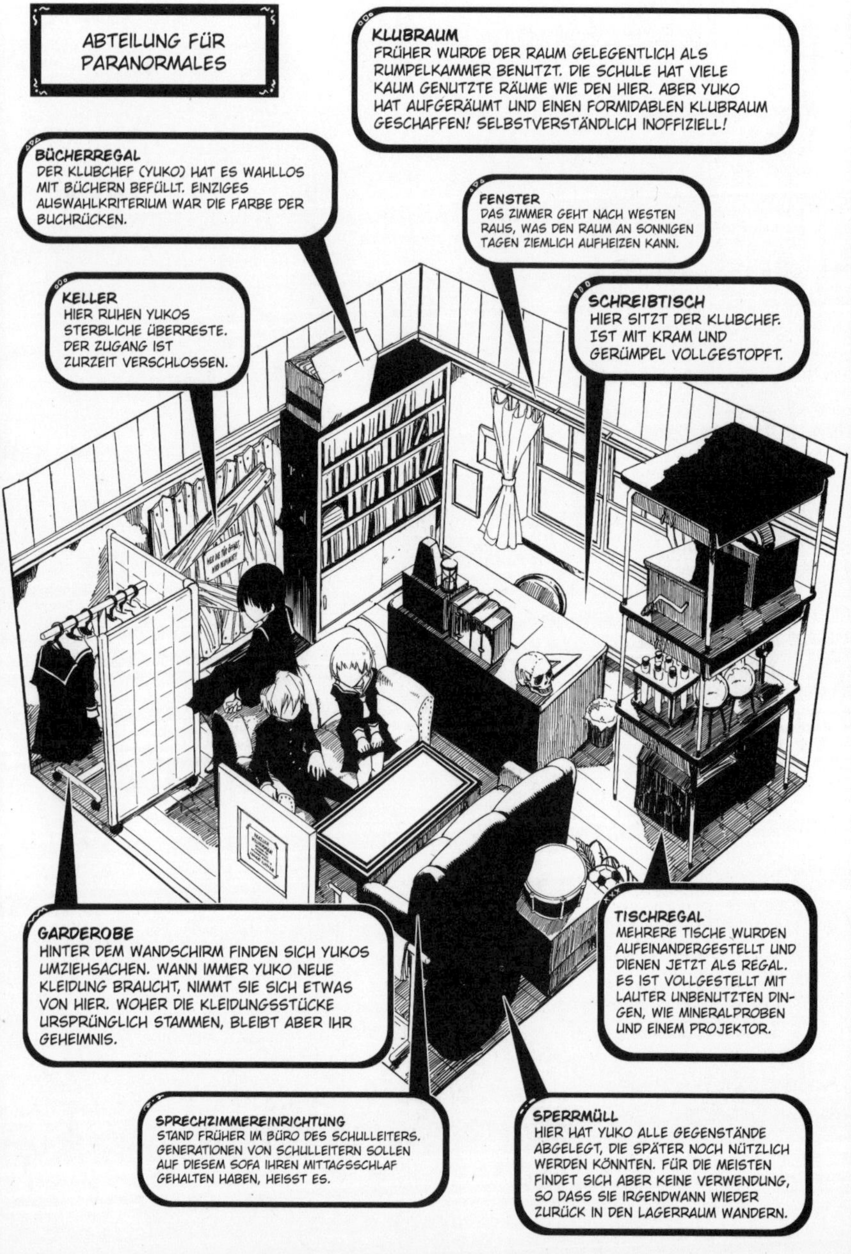

ABTEILUNG FÜR PARANORMALES

KLUBRAUM
FRÜHER WURDE DER RAUM GELEGENTLICH ALS RUMPELKAMMER BENUTZT. DIE SCHULE HAT VIELE KAUM GENUTZTE RÄUME WIE DEN HIER. ABER YUKO HAT AUFGERÄUMT UND EINEN FORMIDABLEN KLUBRAUM GESCHAFFEN! SELBSTVERSTÄNDLICH INOFFIZIELL!

BÜCHERREGAL
DER KLUBCHEF (YUKO) HAT ES WAHLLOS MIT BÜCHERN BEFÜLLT. EINZIGES AUSWAHLKRITERIUM WAR DIE FARBE DER BUCHRÜCKEN.

FENSTER
DAS ZIMMER GEHT NACH WESTEN RAUS, WAS DEN RAUM AN SONNIGEN TAGEN ZIEMLICH AUFHEIZEN KANN.

KELLER
HIER RUHEN YUKOS STERBLICHE ÜBERRESTE. DER ZUGANG IST ZURZEIT VERSCHLOSSEN.

SCHREIBTISCH
HIER SITZT DER KLUBCHEF. IST MIT KRAM UND GERÜMPEL VOLLGESTOPFT.

GARDEROBE
HINTER DEM WANDSCHIRM FINDEN SICH YUKOS UMZIEHSACHEN. WANN IMMER YUKO NEUE KLEIDUNG BRAUCHT, NIMMT SIE SICH ETWAS VON HIER. WOHER DIE KLEIDUNGSSTÜCKE URSPRÜNGLICH STAMMEN, BLEIBT ABER IHR GEHEIMNIS.

TISCHREGAL
MEHRERE TISCHE WURDEN AUFEINANDERGESTELLT UND DIENEN JETZT ALS REGAL. ES IST VOLLGESTELLT MIT LAUTER UNBENUTZTEN DINGEN, WIE MINERALPROBEN UND EINEM PROJEKTOR.

SPRECHZIMMEREINRICHTUNG
STAND FRÜHER IM BÜRO DES SCHULLEITERS. GENERATIONEN VON SCHULLEITERN SOLLEN AUF DIESEM SOFA IHREN MITTAGSSCHLAF GEHALTEN HABEN, HEISST ES.

SPERRMÜLL
HIER HAT YUKO ALLE GEGENSTÄNDE ABGELEGT, DIE SPÄTER NOCH NÜTZLICH WERDEN KÖNNTEN. FÜR DIE MEISTEN FINDET SICH ABER KEINE VERWENDUNG, SO DASS SIE IRGENDWANN WIEDER ZURÜCK IN DEN LAGERRAUM WANDERN.

BONUS-MANGA! „LIEBE YUKO!" ♡ VON ASSISTENT K2 DORA-CHAN

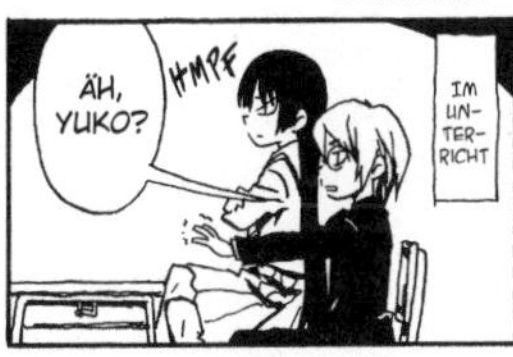

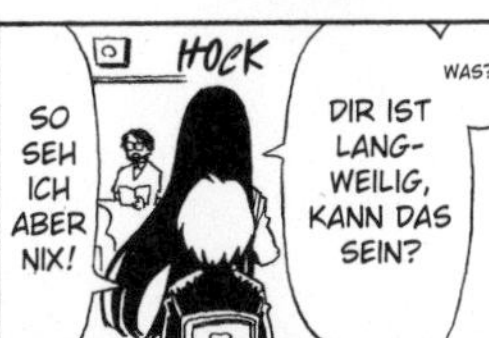

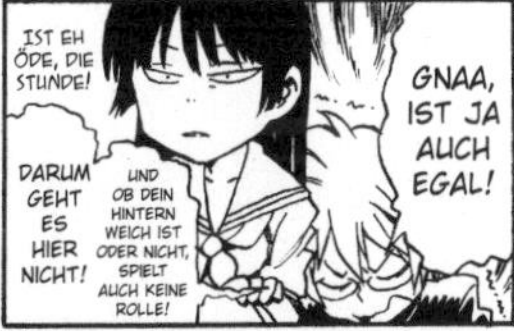

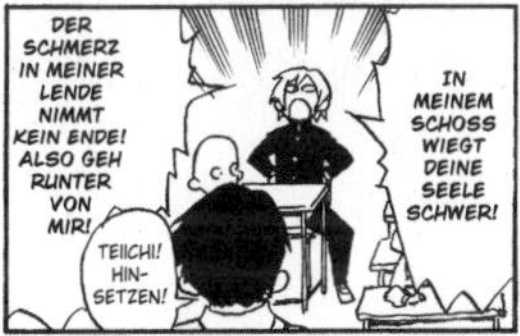

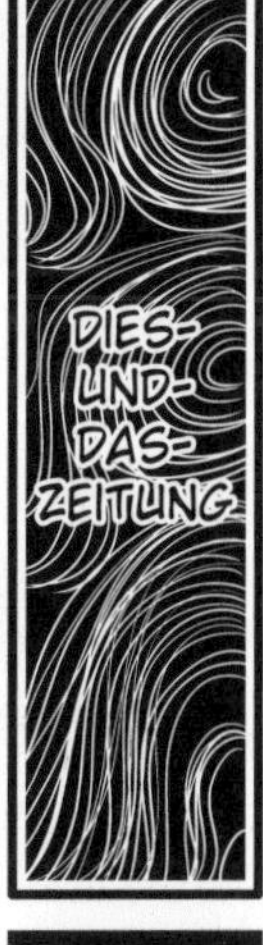

Grussworte

VIELEN DANK, DASS IHR ZU UNSEREM BLATT GEGRIFFEN HABT! MEIN NAME IST O. M. AUS DER 8. KLASSE UND ICH BIN DIE VERANTWORTLICHE REDAKTEURIN. IST MEIN ERSTES MAL. ICH BIN ZWAR EIN WENIG NERVÖS, GEBE ABER MEIN BESTES!

WIR VOM 3. ZEITUNGSKLUB HABEN NICHT DIE MITTEL DES 1. ZEITUNGSKLUBS UND KÖNNEN DAHER NICHT EXKLUSIV ÜBER ALLE EREIGNISSE AN UNSERER SCHULE BERICHTEN. AUSSERDEM HABEN WIR AUCH WENIGER MITGLIEDER, WAS ZU UNREGELMÄSSIGEN VERÖFFENTLICHUNGEN FÜHRT. DAFÜR WOLLEN WIR ABER DIE ZEITUNG SEIN, DIE EUCH MIT ALLERLEI NÜTZLICHEN INFORMATIONEN UND PRAKTISCHEN TIPPS FÜR EUREN SCHULALLTAG VERSORGT. ALSO BLEIBT UNS BITTE GEWOGEN! (O. M., 8. KLASSE)

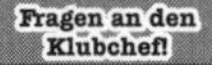

AN DIESER STELLE FRAGEN WIR BEI DIVERSEN KLUBCHEFS NACH UND BERICHTEN EUCH, WAS DIE VERSCHIEDENEN KLUBS AN DER SCHULE SO ALLES MACHEN! ALS ERSTES HABEN WIR MAL BEIM MANGA-KLUB NACHGEFRAGT. „WAS WIR IN LETZTER ZEIT SO MACHEN? JEDE MENGE EGO-SHOOTER AUF DER 360 SPIELEN! WENN WIR NICHT GERADE MIT DER KETTENSÄGE FLEISCHSALAT MACHEN, SPRENGEN WIR RIESENAMEISEN IN DIE LUFT! UND ZOMBIE-GEMETZEL GEHT NATÜRLICH AUCH IMMER! WOBEI DIE BOOMER JA ECHT FIES SIND … KOTZEN SIE DICH VOLL UND EIN „TANK" KOMMT UM DIE ECKE, DANN GUTE NACHT! ABER DAS GAME IST SO GEIL, DASS WIR JETZT AUCH NOCH DIE PC-VERSION ANGESCHAFFT HABEN! HEHE!"

„NATÜRLICH SPIELEN WIR AUCH AB UND ZU RPGS. EHER SO RETRO-KRAM. ES IST DOCH IMMER WIEDER SCHÖN, MIT IRGENDWELCHEN JUNGSPUNDEN DIE WELT ZU RETTEN. AUF SACHEN MIT ROBOTERN STEHEN WIR ABER AUCH. UNSER ERKLÄRTES ZIEL IST ES, ALLES DURCHZUSPIELEN, WAS WIR ANFANGEN! ACH JA … DAMALS GAB ES EBEN AUCH SCHON VERDAMMT GUTE SPIELE!" DAS WAR KLUBCHEF MAYBE IM O-TON. MAN MERKT FÖRMLICH SEINE LEIDENSCHAFT BEI DIESEM THEMA! BEZEICHNEND IST VIELLEICHT AUCH DIE TATSACHE, DASS DER MANGA-KLUB SEIT JAHREN KEINE KLUBZEITSCHRIFT MEHR VERÖFFENTLICHT HAT. FREUT EUCH JEDENFALLS SCHON MAL AUF DIE NÄCHSTE AUSGABE. DA ERWARTET EUCH WIEDER EIN AUFSCHLUSSREICHES INTERVIEW!

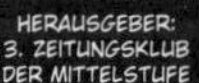

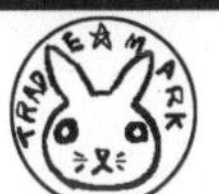

Kolumne

KOMMEN WIR DOCH MAL KURZ AUF DEN GEIST DES ALTBAUS ZU SPRECHEN. GERÜCHTEN ZUFOLGE SOLL DAS ALTE SCHULHAUS JA DAS ÄLTESTE GEBÄUDE AUF DEM CAMPUS SEIN. DA VERWUNDERT ES NICHT, DASS SICH DIE POPULÄRSTE SPUKGESCHICHTE DER SCHULE BESONDERS HARTNÄCKIG HÄLT: „DER GEIST IM ALTEN SCHULHAUS!" ES HEISST, DAS GESPENST WÜRDE AHNUNGSLOSE SCHÜLER IN DEN GROSSEN SPIEGEL ENTFÜHREN. ZUM BEWEIS GIBT ES ETLICHE AUGENZEUGENBERICHTE, DIE GEISTERERSCHEINUNGEN IM ALTBAU ODER IN DER NÄHE GESEHEN HABEN WOLLEN. MANCHE WOLLEN DEN GEIST EINES MÄDCHENS IN EINER ALTEN SCHULUNIFORM GESEHEN HABEN, ANDERE SCHWÖREN, ES SEI DER GEIST EINES MÄDCHENS GANZ IN WEISS MIT WIRREN SCHWARZEN HAAREN GEWESEN. DASS ES DER GEIST EINES MÄDCHENS WAR, DA SIND SICH ABER ZUMINDEST ALLE EINIG!

FÜHRT MAN SICH DIESE BERICHTE VOR AUGEN, KOMMT EINEM UNWEIGERLICH „YUKO" IN DEN SINN: IHRE LEGENDE BEGLEITET SCHON GENERATIONEN VON SCHÜLERN AN UNSERER SCHULE! HANDELT ES SICH BEIM GEIST AUS DEM ALTEN SCHULHAUS ALSO UM JENE YUKO? UND WAS IST DAMALS EIGENTLICH VORGEFALLEN? GEMEINSAM MIT DEM 3. ZEITUNGSKLUB SETZEN WIR ALLES DARAN, DIESE SPANNENDEN FRAGEN ZU KLÄREN. SOBALD WIR MEHR WISSEN, ERFAHRT IHR ES ALS ERSTE!

WERBUNG

DIE ABTEILUNG FÜR PARANORMALES SUCHT GEGENWÄRTIG NEUE MITGLIEDER. WER SICH ALSO FÜR SPUK INTERESSIERT ODER GLAUBT, DAS ZEUG ZUM GEISTERFLÜSTERER ZU HABEN, SOLL SICH MELDEN! ICH BEANTWORTE GERNE ALLE FRAGEN.

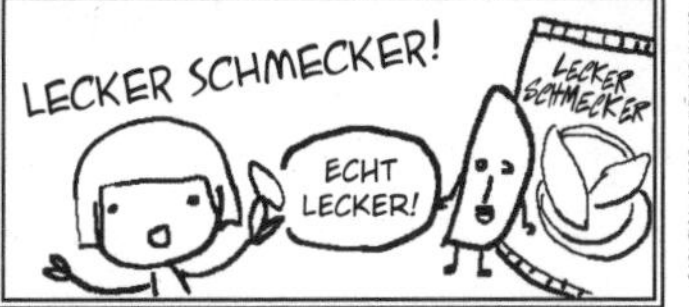

(VON: SZENARIO-BEAUFTRAGTER)

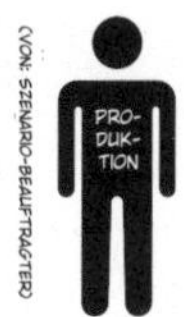

ILLUSTRATION: MAYBE (8. KLASSE)

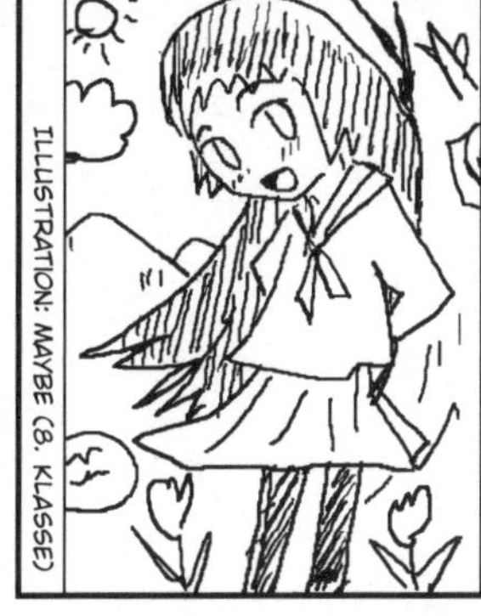

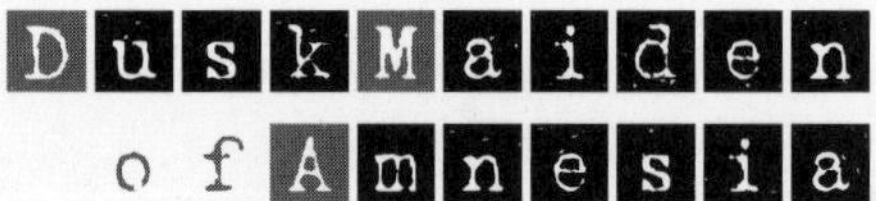

Vol. 1

First published in Japan in 2009 by SQUARE ENIX CO., LTD.
German translation rights arranged with SQUARE ENIX CO., LTD. and
Crunchyroll SA through Tuttle-Mori Agency, Inc.

Deutschsprachige Ausgabe / German Edition
2022 Crunchyroll SA
CH-1007 Lausanne
3. Auflage

Verlegt unter dem Label KAZÉ MANGA
durch Crunchyroll SA

Aus dem Japanischen von Josef Shanel

Redaktion: Patrick Peltsch

Produktion: Sandra Michalski

Lettering: Paolo Gattone, Chiara Antonelli, Valentina De Venuto

Druck und Bindung: GGP Media GmbH, Pößneck

ISBN 978-2-88921-676-5